監修　朝尾直弘
編集　住友史料館

住友史料叢書

別子銅山公用帳　七番

思文閣出版

題字　小葉田淳筆

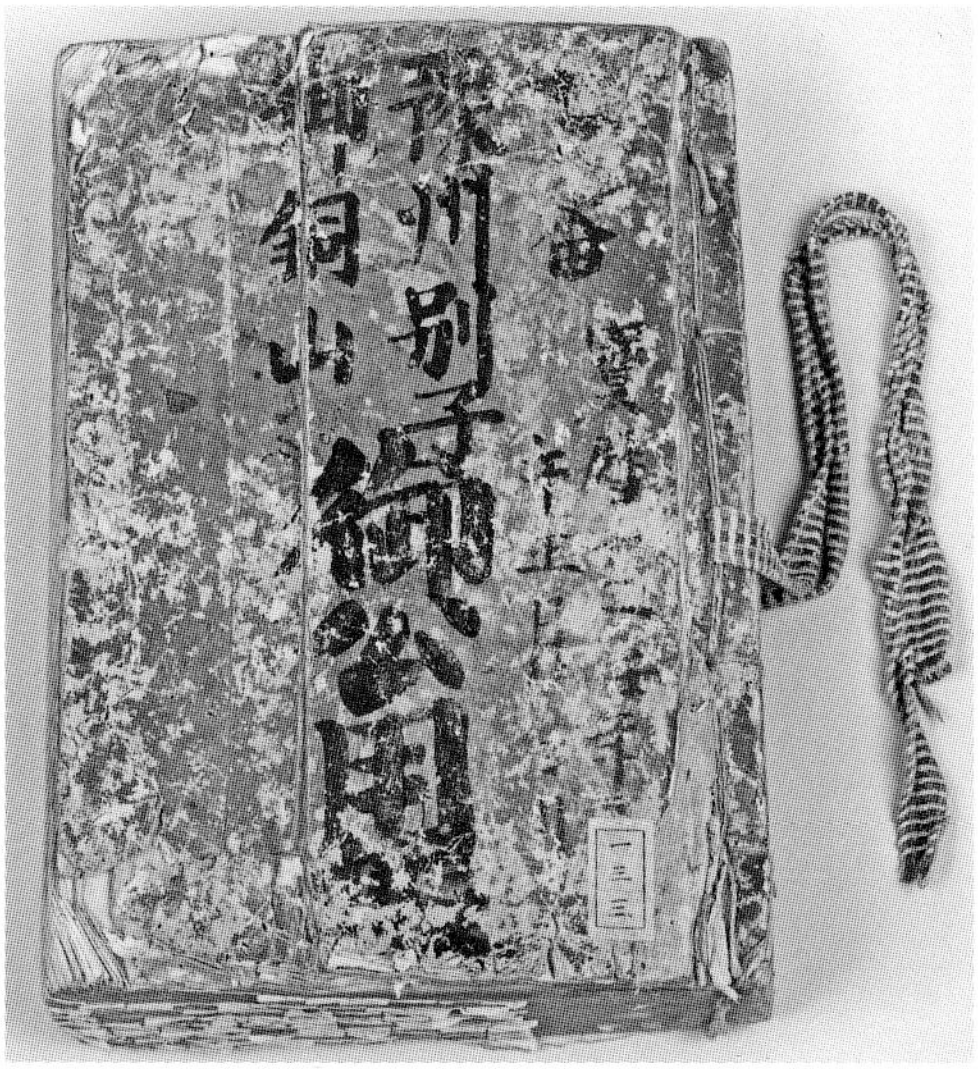

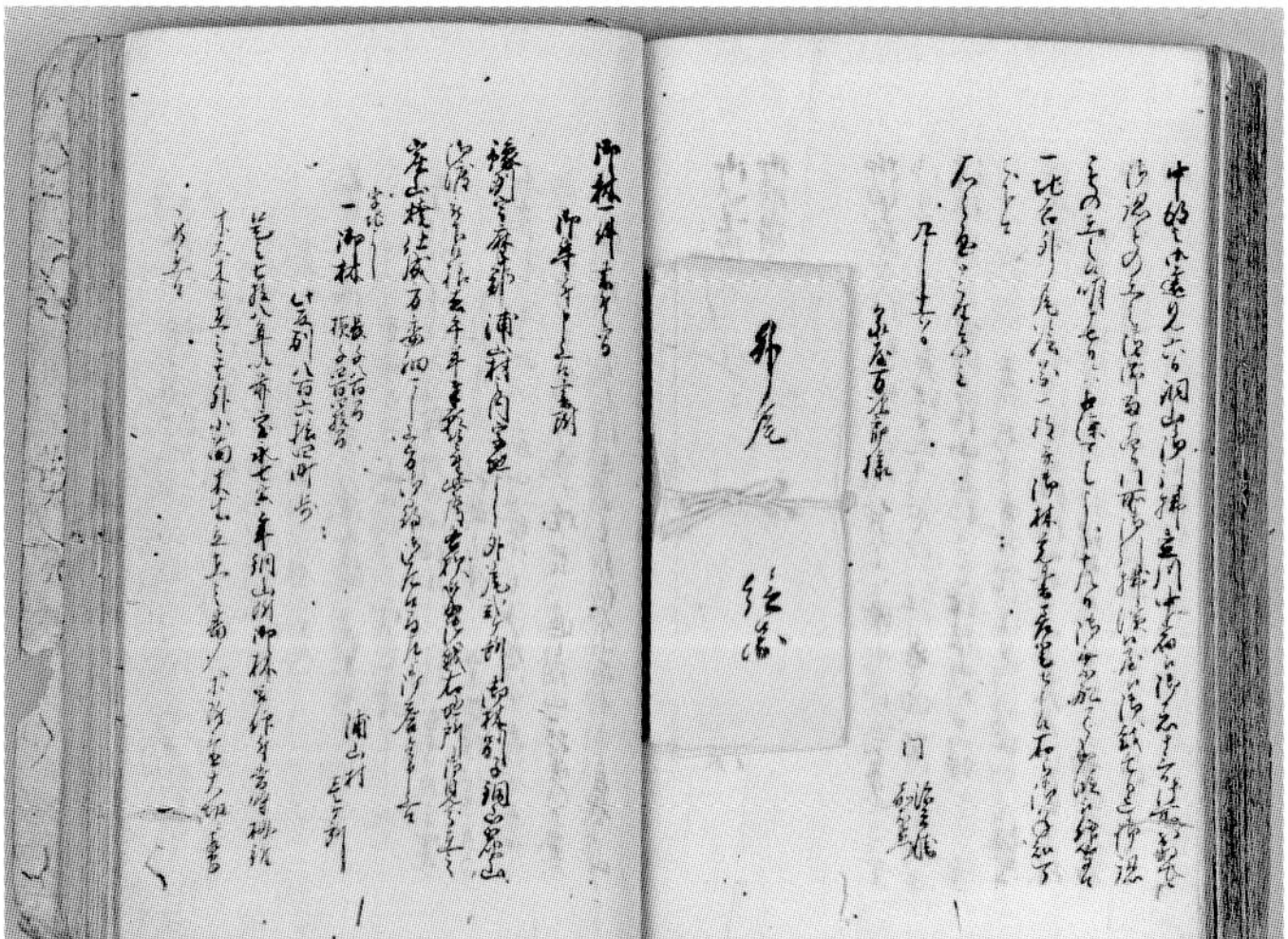

別子銅山公用帳　七番

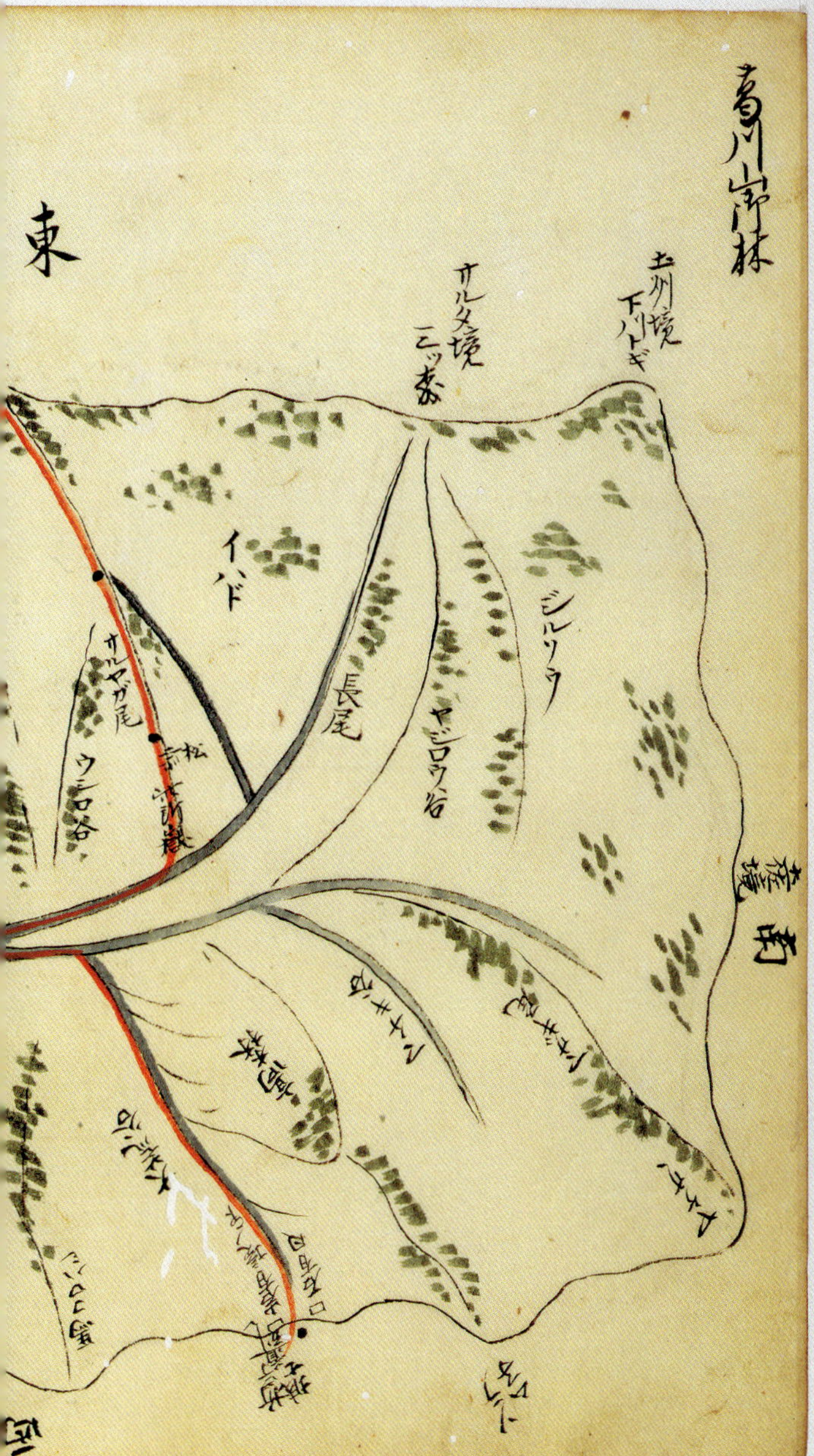

南川山御林
東
土州境
下川ハトギ
ナルタ境
二ッ森
イハド
シルソウ
長尾
ヤジロウ谷
ナルヤガ尾
ウシロ谷
南

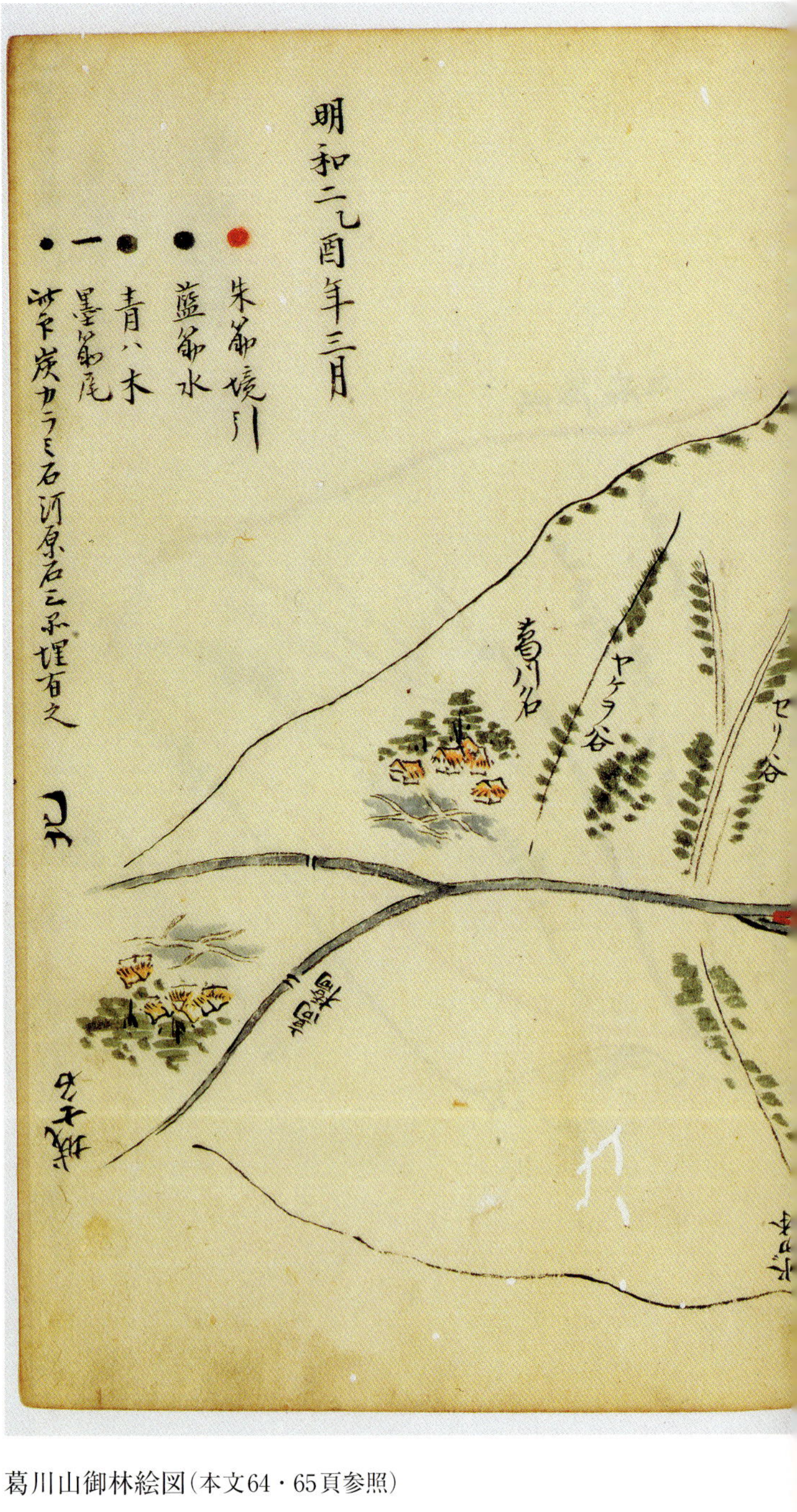

葛川山御林絵図（本文64・65頁参照）

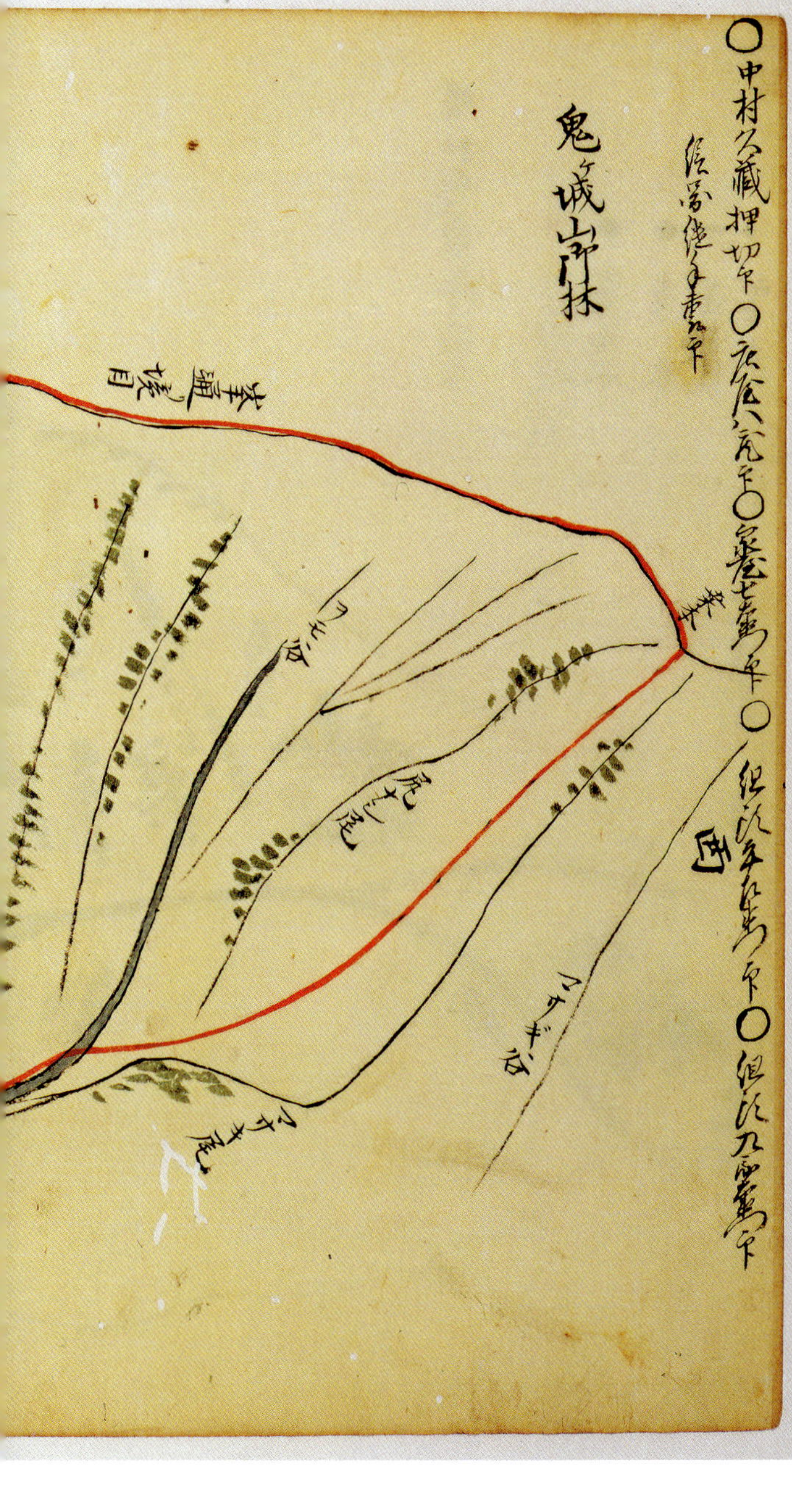
鬼ヶ城山御林
峯通堺目
西
コサギ谷

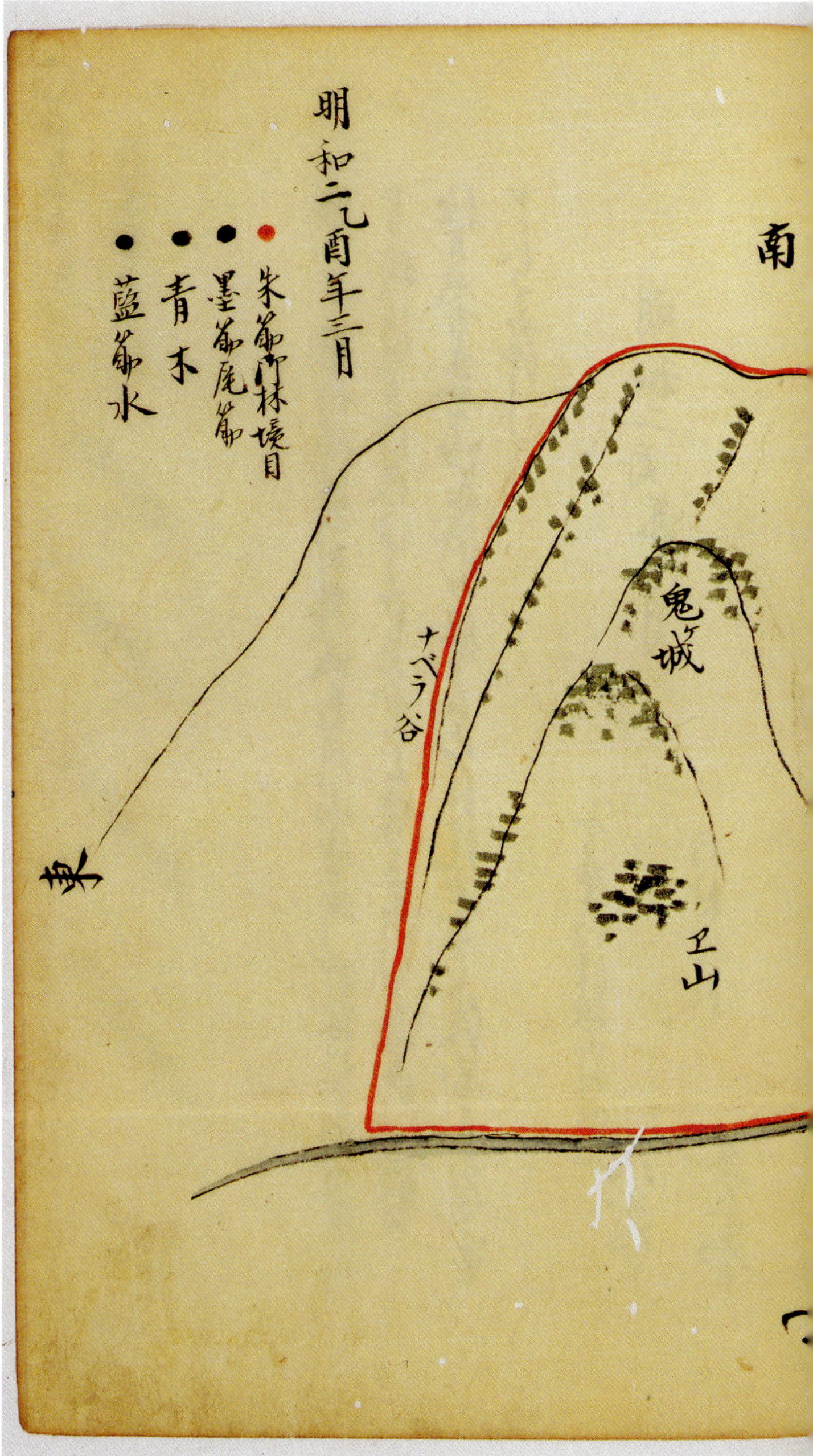

鬼ケ城山御林絵図（本文66・67頁参照）

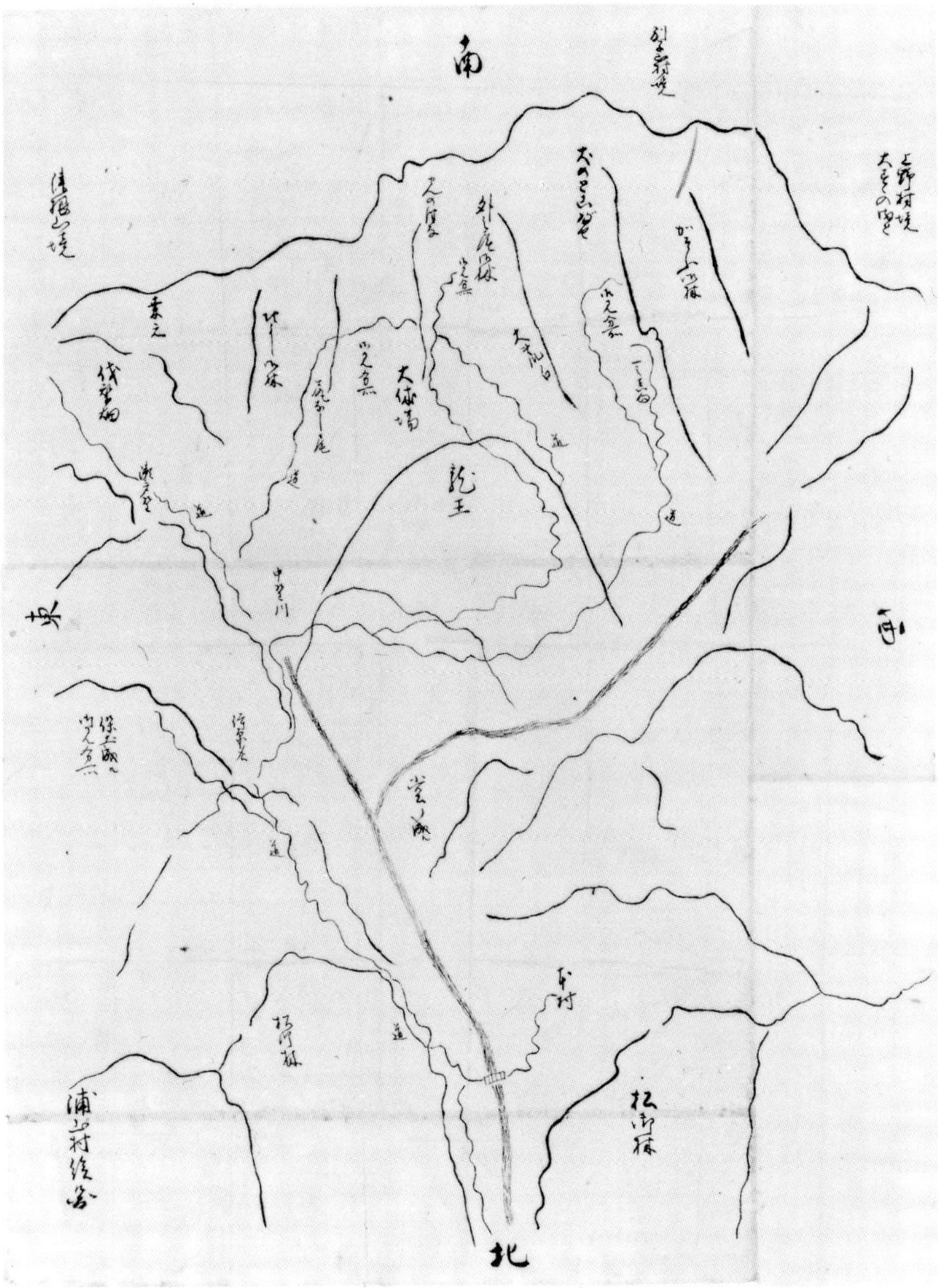

外ノ尾山御林絵図(本文325頁参照)

凡例

一、『住友史料叢書』は、住友家文書のなかから重要なものを選んで、編纂・刊行するものである。
一、本書は第二〇回配本にあたり、「別子銅山公用帳　七番」を収載した。
一、漢字はおおむね常用漢字のあるものはこれを用いた。ただし江戸時代に慣用されている若干の異体字は残した。
一、仮名は現行の仮名を用いた。ただし者（は）、而（て）、江・得（え）は残した。
一、読みやすいように、読点（、）と並列点（・）を加えた。
一、平出・闕字はともに一字あきにした。
一、判読不能の文字は□をもって示した。
一、原文が抹消されている場合はその左傍に〻を、文字の上に紙が貼られている場合はその左側に傍線を付した。ただし書き改められた文字を本文として採用した場合もある。
一、編者の注記は本文右傍（　）内に記し、または頭に〇を付して本文と区別した。
一、本文の上欄に記事の見出しを置き、また適宜、標出・注記を施した。
一、本書は監修者朝尾直弘の指導のもとに、末岡照啓が編集を担当し、史料筆写に唐澤はるみ氏の協力を得た。

目　次

口　絵
凡　例
細目次
別子銅山公用帳　七番……一
解　題
索　引（人名・事項）

細目次

別子銅山公用帳　七番

一　宝暦十二年二月〜閏四月　別子・立川銅山一手稼行願の経緯と下知……三
二　宝暦十二年四月二十九日〜五月　一手稼行聴許につき山元の動向……九
三　宝暦十二年五月　立川銅山引渡しの届書……一一
四　宝暦十二年七月　別子・立川銅山抜合場所の普請届書……二一
五　宝暦十二年六月〜十二月十三日　立川銅山の家質改め一件……二一
六　宝暦十二年五月　立川銅山請負証文……二四
七　宝暦十二年六月　銅山大雨、破損の上申……二六
八　宝暦十二年九月〜十二月　買請米に古籾摺立米の渡方一件……二八
九　宝暦十二年十月〜同十三年三月　買請米払下げ願の経緯と下知……四五
一〇　宝暦十三年正月　立川銅山の銅吹炭、他領炭で吹立願……四八
一一　宝暦十三年三月　諸国銅山未稼行・休山の分、届出の触書……四九
一二　宝暦十三年三月二十一日　松平隠岐守逝去につき家督相続の次第……四九
一三　宝暦十三年六月二十九日・八月二日　備中分買請米、渡方延引につき催促一件……五〇
一四　宝暦十三年十月・十一月　買請米払下げ願と下知……五三
一五　宝暦十二年閏四月　鬼ヶ城山御林の境界裁許願……五五

一六　宝暦十四年六月　上野山御林での炭焼き願……五五
一七　明和元年九月　松山御預り所奉行の銅山見分と掟書……五六
一八　明和元年十一月・十二月　買請米払下げ願の添書と下知……五七
一九　明和元年十月〜閏十二月　鬼ヶ城・葛川御林山の炭山仰付願の経緯と下知……五八
二〇　明和二年正月・二月　銅山上納金銀一〇分の一、歩判・小玉銀願と下知……六二
二一　明和二年三月・四月　鬼ヶ城・葛川御林山の銅山方炭山引渡しにつき境界絵図と覚……六四
二二　明和二年十一月・十二月　買請米払下げ願と下知……六九
二三　明和三年正月　銅山大雪、稼方中止の上申……七一
二四　明和三年十一月・十二月　買請米払下げ願と下知、及び銅山初発よりの上申……七一
二五　明和四年二月・同月十九日　銅船の紀州廻米御用赦免願……七四
二六　明和四年十一月十二日　買請米割賦の覚……七五
二七　明和四年十一月・十二月　買請米払下げ願と下知……七六
二八　明和五年四月　銅山燈油値段の上申……七八
二九　明和五年六月　銅山大雨、破損の上申……七八
三〇　明和五年十一月・十二月　買請米払下げ願と下知、及び早急渡方の上申……八〇
三一　明和六年正月二十三日〜三月十一日　御勘定所役人の銅山見分……八二
三二　明和六年三月　明和五年の銅山破損所入用の覚書……八三
三三　（明和六年）　予州別子・立川両御銅山仕格覚書……八七
三四　明和六年三月　銅山鉑石一〇〇〇貫目の諸入用覚……九七
三五　明和六年三月　予州銅山鋪中・炭山の御答書……九九
三六　明和六年三月　予州銅山諸賃銀の覚……九九

三七　明和六年三月　銅山師下代人数、並に役付覚……一〇二
三八　明和六年三月　明和五年の破損道橋の覚……一〇六
三九　元禄十二年五月二日・七月十八日　銅貫目改の書付……一〇八
四〇　明和五年二月・同月十九日　長崎御用銅御定高の減銅願と尋問……一〇九
四一　明和五年六月　銅山大雨、破損の上申……一一四
四二　明和五年七月十三日〜八月　長崎御用銅御定高の減銅願につき御答書と請書……一一六
四三　明和五年八月〜十二月・十一月十三日　長崎御用銅御手当銀願の聴許一件……一一九
四四　明和六年正月十六日・十七日・正月　御勘定所普請役の銅山見分請書と負担軽減願……一二七
四五　明和六年正月〜五月二十九日　長崎御用銅御手当銀の前年分より支給不許可一件……一二九
四六　明和六年五月十五日〜七月　備中分買請米、渡方延引につき催促一件……一三八
四七　明和六年十一月〜同七年正月　買請米払下げ願と下知……一四六
四八　明和七年二月十七日　銅山方より松山藩への音物、格別聴許の書付……一四八
四九　明和七年十月　備中分買請米、延滞につき渡方願……一四九
五〇　明和七年十一月二十三日〜十二月　買請米の指米代銀上納仰付につき御答書……一四九
五一　明和八年三月〜六月　買請米の安値段、不審相糺につき御答一件……一五一
五二　明和八年四月　本家家事一件につき上申……一五九
五三　明和八年七月　買請米払下げ願と下知……一五九
五四　明和八年十二月　買請米払下げ願と下知……一六一
五五　明和九年正月　買請米代等上納金、歩判・小玉銀納付の書付……一六三
五六　明和九年八月　銅山大風雨、破損の上申……一六四
五七　安永元年十二月〜同二年二月　買請米払下げ願と下知……一六八

一五八　安永二年九月～十月　買請米値段の値増し申渡と用捨願……一七〇
一五九　安永二年六月・十二月　裁許絵図証文の差出触書と届書……一七四
一六〇　安永三年正月　買請米払下げ願と下知……一七四
一六一　安永三年五月・六月　銅山傷寒流行、稼方差支の上申……一七六
一六二　安永三年七月　今治領猿田山、銅山方炭山に買請願……一七七
一六三　安永三年九月二十八日　床鍋炭中宿の出火につき上申……一七八
一六四　安永三年十二月・同元年十一月二十四日・同年十一月　買請米代銀納付期限の短縮申渡と年貢金納方定……一七九
一六五　安永三年十二月　讃州分の買請米、備中・作州に割賦替願……一八一
一六六　松山蔵屋敷上納金へ弐朱銀取交ぜの仰渡……一八三
一六七　安永二年正月　銅山上納銀月割書付……一八三
一六八　安永三年十月・同四年二月　買請米払下げ願と下知……一八五
一六九　安永四年七月　銅山大風雨、破損の上申……一八七
一七〇　安永四年十月・十二月　買請米払下げ願と下知……一九〇
一七一　安永五年二月　銅山風邪流行、稼方差支の上申……一九一
一七二　安永五年十月・十二月　買請米払下げ願と下知……一九三
一七三　安永七年七月　銅山大風雨、破損の上申……一九四
一七四　安永七年閏七月　銅山痢疾流行、稼方差支の上申……一九六
一七五　安永六年十一月　買請米払下げ願と下知……一九六
一七六　安永七年十二月　銅山雇入稼人、減少の上申……一九八
一七七　安永七年十一月・十二月　買請米払下げ願と下知……一九九
一七八　安永八年十一月・十二月　買請米払下げ願と下知……二〇〇

一七九　安永九年十一月・十二月　買請米払下げ願と下知……二〇三
一八〇　天明元年十月　買請米願書、通例通り差出方の伺……二〇四
一八一　天明元年十一月晦日　買請米代銀引当の家屋敷類焼につき上申……二〇四
一八二　天明元年十一月・十二月　買請米払下げ願と下知……二〇五
一八三　天明元年十二月・同二年二月　家督相続につき別子銅山相続願と下知……二〇六
一八四　天明二年五月　銅山風雨、破損の上申……二〇九
一八五　天明二年七月　銅山痢疾流行、稼方差支の上申……二一〇
一八六　天明二年八月　銅山大風雨、破損の上申……二一一
一八七　天明三年四月　別子支配人市兵衛病死につき上申……二一三
一八八　天明二年十月・十二月　買請米払下げ願と下知……二一三
一八九　天明三年七月　銅山風雨、破損の上申……二一五
一九〇　天明三年七月二十六日　備中代官へ買請米渡方延引の問合せ書状……二一六
一九一　天明三年十月・十二月　買請米払下げ願と下知……二一七
一九二　天明三年十二月二十七日　長崎御用銅御手当銀の渡方願……二一九
一九三　天明四年閏正月　銅山上納銀二月納分の延引願……二二〇
一九四　天明四年八月二日　銅山風雨、破損の上申……二二〇
一九五　天明四年八月三日　備中分買請米の渡方延引につき皆済願……二二一
一九六　天明四年十一月　備中分買請米、作州へ所替え願……二二三
一九七　天明四年十二月六日　買請米割賦の覚……二二五
一九八　天明四年十月・十二月　買請米払下げ願と下知……二二六
一九九　天明五年正月二十四日・二十六日　備中分買請米、作州へ所替えの報告書状……二二七

一〇〇　天明五年七月　銅山痢疾・傷寒、稼方差支の上申……二三三
一〇一　天明五年九月八日　銅山風雨、破損の上申……二三四
一〇二　天明五年十月　銅山稼人騒動につき新御掟目の覚……二三五
一〇三　天明五年十一月・十二月五日　銅山涌水の上申……二三七
一〇四　天明五年十一月　買請米代銀納付期限の延期願……二三八
一〇五　天明五年十二月　銅山涌水の上申……二三九
一〇六　天明五年十二月　買請米代銀納付期限の延期願……二四〇
一〇七　天明五年十二月　備中村方の買請米割賦願の御糺……二四一
一〇八　天明五年十月・十二月　買請米払下げ願と下知……二四三
一〇九　天明六年正月　銅山涌水につき買請米代銀納付期限の延期願……二四四
一一〇　天明五年十二月・同六年正月　備中村方の買請米割賦願の御糺につき御答書……二四五
一一一　天明五年十二月・同六年二月　銅山涌水の上申……二四九
一一二　天明五年十二月　備中村方の買請米割賦願御糺の添書……二五〇
一一三　天明五年十一月・十二月　銅山涌水の上申添書……二五一
一一四　天明六年正月　備中村方の買請米割賦願の御糺につき御答添書……二五二
一一五　天明六年三月～四月十三日　新居浜浦、河口浅瀬洲浚一件……二五三
一一六　天明六年四月　地吉・外之尾御林山の炭山願……二五九
一一七　天明六年四月　予州分買請米の所替え、様子見合せの上申……二六〇
一一八　天明六年四月～五月　備中村方の買請米割賦再願につき御糺と御答書……二六〇
一一九　天明六年七月～十一月　銅山涌水の御手当銀願につき御糺と御答書……二六三
一二〇　天明六年十二月　予州分買請米残高の渡方延引につき催促上申……二七六

一二一　天明六年十二月〜同七年正月　銅山涌水御手当銀の聴許一件……二七八
一二二　天明七年正月　銅山付炭山御尋につき御答書……二八三
一二三　天明七年正月〜二月　銅山涌水御手当銀の引当家質につき口上……二八九
一二四　天明七年正月・二月　銅山臨時入用銀の借用願と借用証文……二九三
一二五　天明七年正月　銅座役所へ提出の根証文減少につき書増証文……二九五
一二六　天明七年三月　銅座より別子御用銅高御尋につき御答書……二九八
一二七　天明七年三月　銅山請負引当古証文書替につき取寄せ願……二九九
一二八　天明七年三月・四月五日　銅山涌水御手当銀の再願……二九九
一二九　天明六年十一月〜同七年正月　買請米払下げ願と下知……三〇三
一三〇　天明六年十二月　地吉・外之尾御林山の炭山願……三〇四
一三一　天明七年四月　銅山涌水御手当銀再願の上申……三〇五
一三二　天明七年三月　地吉・外之尾御林山、炭山願の経過……三〇六
一三三　天明七年六月　予州分買請米の渡方延引につき催促願……三一〇
一三四　天明七年八月　銅山風雨、破損の上申……三一一
一三五　天明七年八月七日　銅山涌水御手当銀の再願書、差戻の訳書……三一三
一三六　天明七年八月〜九月　買請米引当の家質証文書替一件……三一四
一三七　天明七年八月〜九月　銅山附御林山の見分一件……三一四
一三八　天明七年八月　越智・桑村両郡へ買請米貸付御尋につき御答書……三三八
一三九　天明七年八月〜十月　銅山悪病流行、稼方差支の上申……三四〇
一四〇　(天明七年)　買請米代銀の延納願……三四一
一四一　天明七年六月〜九月十二日　予州分買請米催促願の提出方手違い一件……三四二

一四二 天明七年二月〜十二月 地吉・外之尾御林山の炭山願聴許一件……三四五
一四三 天明七年十二月 銅山傷寒流行、稼方差支の上申……三五六
一四四 天明八年二月 銅山風雨、破損の上申……三五七
一四五 天明七年十月・十二月 買請米払下げ願と下知……三五九
一四六 天明八年二月 地吉・外之尾御林山の炭山願請書の訂正……三六〇
一四七 天明八年三月・同月十五日・十六日 銅代銀未受領につき上納銀借用一件……三六一
一四八 天明八年三月二十一日 銅山涌水普請料の借用願……三六六
一四九 天明八年三月二十一日 銅代銀の下渡し願……三六八
一五〇 天明八年三月十九日〜四月 銅山病人、稼方差支につき仰渡……三六九
一五一 天明八年四月 銅代銀未受領にて上納銀延納につき仰渡……三七一
一五二 天明八年四月十日 銅代銀の下渡し願……三七二
一五三 天明八年四月 銅代銀の渡方御尋につき御答書……三七三

別子銅山公用帳　七番

(表紙)

七番　宝暦壬年
午正月ヨリ

予州別子
御銅山　御公用帳

(縦 31,5cm, 横 23.0cm)

(見開き右端書)
「宝暦十二壬午年閏四月ヨリ」

一 別子・立川銅山一手稼行願の経緯と下知

立川銅山師からの願書

乍恐以書付奉願上候覚

一 予州立川御銅山之儀、前々請負人京都糸割賦之者共より、大坂屋久左衛門方江相譲度旨奉願上、相久左衛門江請負被為　仰付、弐拾弐ヶ年之間種々勘弁仕、鋪中仕替等手を尽シ相稼候得共、相続仕兼身上不勝手ニ罷成、上納金三千五百両程滞難儀仕候、右滞金奉上納、跡請負仕度段奉願上候者無御座候由ニ而、所々請負人御聞合被為　仰出候節、私奉請負度旨、寛延二巳年奉願上候処、願之通被為　仰付、難有奉存候御事

上納金三五〇〇両滞り

立川銅山の来歴

一 立川御銅山者開発より百余年ニ及候付、鋪道遥遠ク罷成、其上鋪水強百三拾余挺之繰樋を立、夥人夫ニ而昼夜出水引捨、鋪中普請六ヶ敷失墜弥増、追年鉑石歩附者相劣り、炭木山遠山ニ罷

成、何角ニ付稼場不勝手故、無益之入用多御座候付、前々銅山師京都糸割賦之者共、其後大坂屋久左衛門も稼方相続不仕、身上不手廻ニ罷成候儀、無拠訳と奉存候、私奉請負当年迄拾四ヶ年之間、種々手を尽し、鋪中風廻シ仕替等夥入用銀を懸ケ、永々奉請負度勘弁仕候得共、次第ニ損銀嵩ミ難儀仕候、然共跡請負人無之内ハ、何ヶ年成共鋪内痛不申様手当可仕旨、證文奉指上候御儀、殊ニ出銅減少仕間敷旨、毎度厳敷被為　仰渡候御事故、去巳年中迄ハ不顧損失、出銅高出劣不申、御運上金銀・御米代銀無滞、奉上納候御事ニ御座候、此上調義才覚仕、稼方取続候内ニ者弥困窮仕、おのづから鋪内外之普請懈怠仕、水引人夫一日怠候而も、鋪中痛ニ罷成候御事ニ御座候、万一上納金銀手支候様困窮仕候而者、重々奉恐入候御事

別子銅山師泉屋吉左衛門は親類

一隣山別子御銅山師泉屋吉左衛門義者、近キ親類ニ而御座候間、種々世話仕呉候得共、是迄之稼方ニ而者、所詮相続難仕趣ニ御座候、依之何卒立川御銅山も一手ニ奉請負、相稼候存入有之候者、乍恐其趣双方ゟ奉願上度段、内談仕候処、何分是迄之稼口ニ而者鋪道遠、明り方・焼吹不勝手多、誰奉請負候而も相続仕兼可申候付、稼之仕方改替候積をも不奉願上候而者、相続相成間敷奉存候付、此後稼方改替之儀、　御免被成下候ハヽ、是迄之通銅出劣り不申、永々相続仕候様存寄有之旨、吉左衛門申聞候、依之別紙吉左衛門願之通、両山一手ニ稼方被為　仰付被下置候様、奉願上候御事

右之趣ニ御座候間、　御憐愍を以　御聴済被成下、立川御銅山吉左衛門江請負被為仰付被下置候者、是迄之通出銅御運上減少不仕、御山永久繁昌仕、百余年地付候稼人等産業無難ニ相続仕、御慈悲重々難有可奉存候、以上

予州立川御銅山師
泉屋理兵衛

宝暦十二午年二月

山田四郎兵衛殿

乍恐以書付奉願上候覚

別子銅山師からの願書

一予州立川御銅山者開発より及百余年、鋪道遠、涌水強、樋引人夫夥相懸り、明り方焼吹仕候炭木持運、不勝手成場所ニ而無益之失墜相懸り、前々御銅山師京都糸割賦之者共、引続大坂屋久左衛門困窮仕候、当時請負人泉屋理兵衛も拾四ヶ年奉請負、追年損銀多難儀仕候次第、理兵衛以書付奉申上候通御座候、依之跡御山奉請負呉申間敷哉之段、申聞候付、稼方如左奉窺候通、御免さへ被成下候ハヽ、可奉請負段申答候、右ニ付双方ゟ奉願上度、乍恐存寄之趣奉申上候御事

泉屋理兵衛より請負の依頼

一立川御銅山と別子御銅山とハ、同根性之御山ニ而御座候得共、古来ゟ立川山村と別子山村と南北両請負人ニ而稼来候付、別子・立川と両山之名目ニ有之候、然共土底ニ而ハ双方より稼寄候ニ付、鋪中ニ而境目相立候場所御座候、立川御銅山者及百余年候古鋪故、格別鋪道遠、涌水多、水引人夫夥相懸、其上屈曲難儀之石窟、遙々往来仕候付、稼方甚六ヶ敷無益之人夫相嵩ミ申候、且又炭木持運不勝手成難所故、焼吹等手支、万端失墜多相懸り候場所ニ付、誰奉請負候共、相続仕兼候儀と奉存候、此上理兵衛ゟも御願奉申上候通、私江御請負　御免被為　仰付被下置候ハヽ、両山之鋪道程近キ別子歓喜間府(符)と申古鋪より掘通シ、立川御銅山之鉑石共ニ別子山内江運出、両山鉑石一所ニ焼吹仕候ハヽ、人手間格別減少可仕候、尤両山鋪中双方、銅水ニ差障無御座場所ゟ通路を付替、立川御銅山鉑所ゟ別子山内明り方江通路仕候故、是迄之立川稼人往来

一手稼ぎの利点

仕候鋪道よりハ、余程近ク罷成、其外勘弁を以稼候ハヽ、既ニ衰微可仕御山、再相栄候様可相成候、然共余人ニ立川御銅山請負被為　仰付候而者、数千之下財昼夜之稼往来、混（ママ）雑諍論仕候儀ニ付、別子之鋪内通路借（貸）シ遣候儀者、難仕奉存候御事

立川附の下財、別子へ引取

一立川御銅山之稼口替候儀、御聴済被成下、立川買請御米、是迄之通ニ被為　仰付被下置候ハヽ、難有奉請負、立川附之下財別子山内江引取、別子下財同様ニ養育仕、出銅劣り不申様相稼、御用銅無滞奉売上、御運上金銀少も減少不仕奉指上、諸事是迄仕来之通可奉請負候、尤立川御銅山計ニ而御座候ハヽ、稼方自力ニ不及候得共、私儀隣山奉請負罷在候付、両御山一所ニ相稼、勿論鋪内普請等不怠取立、永久相栄候様出精仕、追々出銅相増候様ニ随分勘弁可仕候、右奉願候通被為　仰付被下置候ハヽ、乍恐御請可奉申上候、以上

宝暦十二午年二月　予州別子御銅山師
泉屋吉左衛門

山田四郎兵衛殿

右願書の添書

右者隠岐守御預所、予州立川銅山師泉屋理兵衛儀、先銅山師大坂屋久左衛門及困窮、銅山仕込難相成、其上辰巳両年上納高、金ニ〆三千五百両程之分相納候調儀無之、及難渋候節、跡銅山譲請、右金高無滞上納可仕者、承合候様被　仰付、所々聞合候得共、立川銅山之儀者鉑性堅ク歩付不宜、其上炭木山最寄悪敷、京都糸割賦之者共ゟ久左衛門迄、終ニ相続仕兼候ニ付、何分承合候而も相望候者無御座、依之漸右理兵衛江譲渡之相談仕候上、寛延二巳年双方願書差上之、御吟味之上願之通　御聴済被成遣、右金高無滞上納仕、今年迄拾四年身上抛相稼候得共、百余年ニ及候老山、鋪内道遠ク、剰涌水強、風廻悪敷、莫太（大）之失墜有之、累年損銀相嵩候ニ付、始終相続之所無覚束、

尤去巳年迄諸上納金銀無滞相納候得共、此上不時之損失も御座候時ハ、上納等可相滞哉と恐入、隣山別子銅山師泉屋吉左衛門者近キ親類ニ付、立川銅山も一手ニ譲請相稼呉候様ニ相談仕候処、是迄之通別子・立川と両山境を立相稼候時者、立川者稼方至而六ヶ敷、既追々身上不勝手ニ罷成、及困窮候程之難山、諸事無益之失却多相掛候ニ付、難引請候得共、別子銅山之方江土中道法近ク候得ハ、当時迄之稼口改替、別子歓喜間府と申古鋪之内、程能所ゟ切抜、鉑石等取越、一所ニ焼吹仕、鋪内普請入用之板材木も、別子ゟ取入候工面ニ仕候ハヽ、万端都合能可相成候条、立川買請米一所ニ被　仰付候ハヽ、譲請随分後々迄御山衰微不仕、諸事当時迄之通上納可仕旨申合、理兵衛・吉左衛門ゟ願書差出候ニ付、委吟味仕候処、両人願之趣相違無御座候、右之趣ニ而理兵衛稼方無覚束奉存候間、吉左衛門願之通、鋪中抜合一手稼　御免被成遣、且買請米是迄之通八千三百石被　仰付候ハヽ、石高相当之家質御預所江取付置可申候、吉左衛門儀数年来稼方功者、身上向も丈夫之者ニ御座候得者、追々銅山相栄出銅も相増可申候、願之通被　仰付候ハヽ、右抜合候場所両山境為改、役人差遣印杭建置、後年紛敷儀無之様仕置可申候、将又立川方在山役人手代壱人・足軽弐人、此御給扶持壱ヶ年三拾壱石ニ三人扶持、并番所入用銀百目余、年々相減候之間、旁　御益之筋ニ御座候得者、願之通被　仰付可然哉と奉存候ニ付、此段奉伺候、以上

吉左衛門儀、稼方功者、身上向も丈夫

松平隠岐守内
山田四郎兵衛印

午三月

御勘定所

右　御聴済御證文之写、如左

右出願の御勘定所下知

書面之予州立川銅山之儀、寛延二巳年泉屋理兵衛□長　印

先請負之者ゟ譲請、当午年迄拾四ヶ年之間相稼候　○　安　芸
処、年々損銀相嵩ミ、請負相続難相成趣、及難儀　○　備　後
候ニ付、隣山別子銅山師泉屋吉左衛門江対談之上、○　左　太　夫
譲渡度旨、双方相願候ニ付、被遂吟味候処、吉左　御用ニ付無印形　与　七　郎
衛門譲請、両山一手ニ而相稼候ハヽ、勘弁を以相　御用ニ付無印形　源　太　郎
稼、追々出銅も相増御益筋も可有之旨、且又両銅　○　三郎右衛門
山買請米一所ニ買請可申旨、相願候ニ付、被相伺　○　郷右衛門
候趣令承知、右之段松右近将監殿江相伺候処、願
之通理兵衛ゟ為譲渡、別子・立川両銅山吉左衛門
一手ニ而為相稼、買請米之儀も両山石高八千三百
石買請可申付旨、被　仰渡候、於然者立川分之石
高相応之家質取之、両山一手ニ為買請、代銀并運
上等上納方、諸事是迄之通可被取計候、断者本文
ニ有之候、以上

午閏四月

(割印)
押切
三郎右衛門

連印の名前

御連印御名前

一 御月番 御勘定御奉行御勝手方

一色安芸守様

一御同役　石谷備後守様
一御吟味　小野左太夫様
一御同役　古坂与七郎様
一御同役　上遠野源太郎様
一御月番御組頭御勝手方御取箇　吉川三郎右衛門様
一御同役　佐久間郷右衛門様

右御連印如此御座候、以上
宝暦十二午年閏四月四日
御聴済

二　一手稼行聴許につき山元の動向

一立川御銅山稼方、別子山内ニ而焼吹等諸稼一所ニ仕度段、奉願上候処、　御聞済被成下候趣之御附紙御證文、宝暦十二壬午年閏四月四日江戸御預所御役人中江、於　御勘定所御渡被遊候ニ付、右　御用書入江戸店江請取差登セ候序ニ、　御聴済之訳申越候趣を以、同十一日予州山元江以書状申遣候事

松山表での仰渡

予州立川御銅山稼方、別子へ一手願之儀、宝暦十二壬午年四月廿九日江戸於　御勘定所、松山屋敷詰役福富市右衛門殿被為　召、右願之通　御聞済被為　仰付候ニ付、同閏四月廿日於松山、山元名代九右衛門・七右衛門江被仰渡候書付写

先達而相伺候立川銅山譲請渡之儀、願之通被　仰付候段、右近将監殿ゟ被仰出候間、伺之通

泉屋吉左衛門一手稼、鋪中抜合、買請米之儀も是迄之通八千三百石高相渡之、相当之家質吟味之上、御預所江取付置可申候、右之趣昨日被　仰出候付、先申渡候、附紙連印ハ一両日中出来次第相渡可申旨

右之通　御殿御勘定所江、江戸詰役人福富市右衛門被召呼、吉川三郎右衛門殿・長谷部藤蔵殿御出席、三郎右衛門殿被仰渡之

午四月廿九日

一手稼行の手続き覚

覚

一請取渡相済候ハヽ、抜合普請出精いたし、稼方無油断取懸り可申事

一家質可差出事

一別子・立川此度抜合之場所、高何程幅何程ニ切通、境杭如斯役人見分を受、建置候趣可申達事

一右譲渡場所為見分、当方ゟも役人可差出事

〆

右書付を以予州松山於御役所、山田四郎兵衛殿ゟ被仰渡候段、宝暦十二年午閏四月廿七日出、伊右衛門船登便、同五月五日着拾弐番状ニ而、与州山元より申来候

立川銅山役人退山の報告書状

一右之通両山稼方願之通　御聴済被　仰出候ニ付、同年閏四月下旬、予州川之江御陣屋御代官岸本三太夫殿より御呼出ニ而、両山番所役人中出勤、名前如左

別子山より　銅山常詰手付格　大村官右衛門殿

下役
生田弥兵衛殿

〆

立川山より

上役
坂井津右衛門殿
下役
吉田権左衛門殿
下役
座光寺弥平太殿

〆

立川銅山付役人、永の御暇仰渡

右役人中山元江帰足之上、大村官右衛門殿ゟ山元名代之者へ被仰聞候者、此度両銅山一手稼願之通被　仰付、鋪中抜合、立川分も別子山内ニ而焼吹等一所ニ相成候上ハ、自今立川番所入不申ニ付、右立川山付三人之役人中、永ク御暇被仰渡候、日限者閏四月廿四日限相片付、同月中ニ可致退山筈ニ候、尤引払相済候ハヽ、川之江御陣屋江別子山付番所ゟ届書差出シ申候筈之由、被仰聞候段、山元より右拾弐番状ニ申登

〆

右　坂井津右衛門殿　吉田権左衛門殿　座光寺弥平太殿、五月七日立川山御退キ御下山被成候旨、山元来状ニ申越候

三　立川銅山引渡しの届書

宝暦十二壬午年五月三日、江戸　御勘定所江御預所ヨリ、御差上被成候立川山引渡届書之写、右届書同廿四日ニ御勘定江御差上被成候趣、同日江戸店ゟ書状差登ス、六月朔日大坂着

乍恐以書附御届奉申上候

予州立川御銅山之儀、私江一手稼・鋪中抜合　御免被　成下、買請御米之儀も是迄之通被為　仰附、難有仕合奉存候、右抜合普請早速取掛り、猶又山稼無油断出精仕、御運上増上候様可仕旨、厳敷被為　仰付奉畏候、即五月三日御役人中様御立会、引渡請取方相済候ニ付、早速鋪中抜合之場所普請ニ取掛り申候、何分出精仕、無程切通普請相調次第、御届可奉申上候、以上

宝暦十二午年五月

別子・立川御銅山師
泉屋吉左衛門印

山田四郎兵衛殿

右届書の添書

右者隠岐守御預所、予州新居郡立川銅山譲受渡、泉屋理兵衛・泉屋吉左衛門より願之通吉左衛門一手稼・鋪中抜合、買請米之儀も是迄之通八千三百石高御渡被下候間、相応之家質吟味之上、御預所江取附置可申旨、被　仰出候趣申渡候処、難有御請仕候、依之役人差出引渡、請取方相済申候、将又買請米石高相当丈夫之家質取附置申候、抜合場所普請之儀も、早々取掛候様申付候ニ付、右之段御届申上候、以上

午五月

松平隠岐守内
山田四郎兵衛印

御勘定所

但シ午五月廿二日御勘定所江指上ル

四　別子・立川銅山抜合場所の普請届書

乍恐以書附御届奉申上候

予州立川御銅山之儀、私江一手稼就被為　仰付候、鋪中抜合場所之普請、五月四日ヨリ掘懸り、昼夜無間断両方より出精仕、七月十日迄ニ切抜成就仕候ニ付、抜合候境目江者御改を請、左之通

印杭相建置申候、将亦諸稼人居小屋等、不残取越引移セ申候

一杭木弐本　此印者　北ハ立川銅山分
南ハ別子銅山分

右之段御届奉申上候、以上

宝暦十二午年七月

別子・立川御銅山師
大坂
泉屋吉左衛門印

山田四郎兵衛殿

右届書の添書

右者隠岐守御預所予州立川銅山之儀、別子銅山師泉屋吉左衛門江一手稼、願之通先達而被　仰付候ニ付、鋪中抜合普請早々取掛り、七月十日迄ニ相済、役人差出相改候上、右抜合場所境目江者、前書之通り印杭弐本建置セ申候ニ付、右之段御届申上候、以上

午七月

松平隠岐守内
山田四郎兵衛印

御勘定所

但此書付、午八月八日御勘定所江指上ル

五　立川銅山の家質改め一件
立川銅山譲受につき家質差上げの覚

立川御銅山古家質證文、御下ヶ被下候迄之内、御預所江差上置候家質書入覚書之写

覚

備後町三町目西北角、瓦葺弐軒役
一表口拾壱間　裏行弐拾間
地尻ニ而東西三間五尺、南北五間入地有之
代銀四拾貫目

家主
泉屋吉左衛門印

一谷町弐丁目大手筋東北角、瓦葺弐軒半役
一表口弐拾間　裏行町並拾六間　家主　泉屋吉左衛門印
右同所北続
一表口拾三間　裏行拾五間半
〆弐ヶ所
代銀九拾貫目

南堀江五町目浜面北東西三方表、瓦葺四軒役
一表口三拾七間　裏行弐拾間　家主　泉屋吉左衛門印
代銀百弐拾貫目

堂島裏弐町目浜側、瓦葺三軒役
一表口拾間五寸　裏行東拾七間壱尺弐寸　西拾七間三尺八寸　家主　泉屋吉左衛門印
右同断西続
一表口五間　裏行東拾七間三尺八寸　西拾七間五尺壱寸
〆弐ヶ所
代銀五拾貫目

本町三丁目南側、瓦葺壱軒弐分役
一表口五間半　裏行弐拾間　家主　泉屋吉左衛門印
代銀三拾貫目

家数合七ヶ所
代銀三百三拾貫目

右者予州立川御銅山、泉屋理兵衛ョリ此度譲受、別子御銅山一手稼ニ被　仰付候ニ付、不取敢、右之通家屋鋪為家質、差上置候、尤先年従理兵衛　御勘定所江差上置候家質證文、御下ヶ被成下候ハヽ、町役人連印之本證文差上可申候、其砌此證札御引替可被下候、勿論夫迄者此書面之家屋鋪、何方江も質物ニ差入申間敷候、為後證家屋鋪書入證文、仍如件

宝暦十二午年六月　　　　泉屋吉左衛門印

松平隠岐守様御役人
山田四郎兵衛殿

右につき家質銀差上の覚

覚

一　銀三百三拾貫目　　家質沽券銀高

右者予州新居郡立川御銅山、泉屋理兵衛より此度譲受、別子御銅山一手稼ニ就被　仰付候、御運上金・買請御米代等為御引当、家質差上置申処、実正ニ御座候、以上

宝暦十二午年七月　　　　大坂
泉屋吉左衛門印

山田四郎兵衛殿

右添書

右者隠岐守御預所立川銅山伺之上、泉屋吉左衛門江一手稼ニ就被　仰付候、御運上金・買請米代等為引当、書面之通銀三百三拾貫目之沽券家質、御預所江取付置申候ニ付、此段御届申上候、以上

宝暦十二年午七月　　　　松平隠岐守内
山田四郎兵衛印

御勘定所

右者八月八日於　御殿、藤本豊吉様・岸本弥三郎様江、御預所御役人中村久蔵御持参、御差上被成候由

寛延二年差上の家質証文下渡し願

寛延二己巳年、立川御銅山分家質證文、御下ヶ之願書写

乍恐以書附奉申上候

立川御銅山買請御米代銀御引当之家質、先年於大坂、泉屋理兵衛より　御勝手方江奉差上置候、然処此度立川御銅山も別子御銅山と一手稼ニ、泉屋吉左衛門奉願候通被為　仰付、立川分家質も別子同様ニ吉左衛門より　御預所江差上置候様、被　仰付候ニ付、早速立川分家質、丈夫ニ御預所江吉左衛門より差上申候間、先達而従理兵衛、　御勝手方江奉差上置候、立川分家質御下ヶ被成下候様、奉願上候、以上

宝暦十二午年五月　　泉屋理兵衛印

山田四郎兵衛殿

右願書の添書

右者隠岐守御預所立川銅山、此度双方より奉願候通、別子銅山師泉屋吉左衛門江一手稼被　仰付候ニ付、買請米引当之家質吟味之上、従吉左衛門　御預所江取付置申候、然上者先年御勝手方江泉屋理兵衛ヨリ差上置候家質、願之通御下ヶ被成遣候様仕度奉伺候、以上

宝暦十二午年五月　　松平隠岐守内　山田四郎兵衛印

御勘定所

御勘定所より家質銀高相違の御下問につき上申

右立川御銅山御米代銀御引当家質、先年泉屋理兵衛より御勝手方江差上置候間、御下ヶ奉願上候処、家質銀高御勘定所ヨリ御尋被　仰出候間、銀高三百拾七貫目之段奉申上候、其後御

懸り藤本豊吉様・岸本弥三郎様ゟ被仰渡候ハ、家質銀高　御勘定所御控と證文銀高と相違有之候、如何之訳ニ而違ひ有之哉、銀高内訳委細書付可差上之段、被　仰付候間、於江戸店如左相認、午六月十六日福富市右衛門様江差上申候

乍恐以書附奉申上候

予州立川御銅山買請御米代御引当之家質、宝暦弐申年二月大坂泉屋理兵衛より　御勝手方江奉指上置候、委細書附可申上旨、被　仰付奉畏候、則左ニ奉申上候

南側瓦葺壱軒半役
一表口拾五間半四寸　裏行拾弐間半　豊後町 泉屋理兵衛

代銀三拾五貫目

北側瓦葺壱軒半役
一表口拾五間半四寸　裏行拾三間　同町 同　人

代銀六拾五貫目

北側瓦葺西角壱軒役
一表口四間六寸　裏行拾六間　呉服町 同　人

代銀弐拾六貫目

北側瓦葺壱軒役
一表口三間五尺三歩　裏行拾六間　同町 同　人

代銀拾四貫目

東側瓦葺東角三軒役
一表口九間　裏行拾七間　長堀茂左衛門町 同　人

代銀四拾五貫目

一表口八間　南側瓦葺弐軒役　裏行弐拾間　高間町 同　人

代銀拾七貫目

一表口四拾壱間壱尺　瓦葺四方表屋鋪四軒役　裏行弐拾七間　橘通弐丁目 泉屋吉左衛門

裏幅四拾弐間

代銀百拾五貫目

沽券銀高合三百拾七貫目

右之通御座候、以上

宝暦十二午年六月　大坂 泉屋理兵衛 代泉屋清七印

福富市右衛門殿

家質証文銀高齟齬の理由

巳年家質證文御下ヶ被成下候儀、齟齬仕候訳如左

右理兵衛方ヨリ先年差上置候家質、御下ヶ被成下度之段、願書江戸御屋鋪江相廻、六月十日頃福富市右衛門殿御持参、御勘定所江御差上被成候処、同八月十三日御勘定所より御召出、市右衛門殿御出勤被成候処、寛延二巳年九月、理兵衛より差上置候立川御銅山分之家質證文壱通、御下ヶ被成下候、巳年家質差上候節ハ、山先美坂杢兵衛於江戸、御奉行神尾若狭守様江直ニ奉願上候ニ付、家質證文も大坂御奉行様江被　仰遣候而、直ニ差上候事故、御預所ニ而

ハ立川山之儀御存知不被成、右巳年家質證文、今日御請取被成、予州松山御役所へ御差出被成候、依之同九月二日、右巳年家質證文、予州御銅山九右衛門方へ御下ヶ被成下候、大坂表ニ而兼而心得違ひ罷在候ハヽ、宝暦弐申年二月、山先杢兵衛病死仕候節、家質證文書改、於大坂　御奉行様ヨリ被　仰付證文差上候砌、巳年古證文ハ御引替、御下ヶ被成下候御儀と奉存候ニ付、此度巳年家質證文山元江請取、即日差登セ候間、相改候処、申年證文ニ而無之間、甚驚入、同九月十日申年御證文御下ヶ之願書、理兵衛ヨリ松山御役所江差出候

宝暦二年の家質証文下渡し願

申年家質證文御下ヶ之願書如左

乍恐以書附奉申上候

予州立川御銅山、買請御米代御引当之家質、沽券銀高三百拾七貫目之分、寛延二巳年九月　御勝手方江奉差上置候證文壱通、此度御下ヶ被成下、難有奉請取之候、然処宝暦弐申年二月、山先杢兵衛病死仕候後、理兵衛一名ニ請負被為　仰附候ニ付、家質證文書改被為　仰付、同年三月右同様之家質證文、従理兵衛　御勝手方江奉差上置候、依之乍恐右申年家質證文一通、御下ヶ被成下候様奉願上候、以上

宝暦二年杢兵衛病死

宝暦十二午年九月　　泉屋理兵衛印

山田四郎兵衛殿

右願書の添書

右者隠岐守御預所、予州立川先銅山師泉屋理兵衛より諸上納為引当、寛延二巳年奉差上候家質證文、先達而御下ヶ被下候処、宝暦弐申年同様之證文書替、差上候分御座候由、書面之通願出申候、右證文も何卒御下ヶ被成遣候様仕度奉伺候、以上

午九月　松平隠岐守内
山田四郎兵衛印

御勘定所

宝暦二年の家質証文、松山表を通じて別子に下渡し

右九月廿一日福富市右衛門殿御持参、　御勘定所江御出勤、於御殿藤本豊吉様・岸本弥三郎様江御差上被成候処、其後御吟味御座候上ニ而、同十月四日立川山申年分家質證文壱通、并豊後町年寄奈良屋忠兵衛より之添證文壱通、合両通江戸御預所江御下ヶ、御同所ヨリ予州松山江相廻り、午十一月三日予州山元七右衛門方迄御渡被成下、同七日大坂着請取之

立川銅山請負の家質証文、本証文書替仰渡

右立川山分理兵衛より差上置候家質古證文、御下ヶ被成下候ニ付、吉左衛門方より先達而立川山跡請負被　仰付候節、七ヶ所家屋鋪沽券銀高三百三拾貫目之書入之證文壱通、予州松山御役所へ差上置申候間、本證文ニ書替可差出之段、被　仰付候
但先達而理兵衛より差上置候證文、此度御下ヶ被成下候上者、是迄之通り理兵衛所持之家屋敷六ヶ所ニ、橘通り弐町目吉左衛門所持之家屋敷を加、都合七ヶ所沽券高銀三百三拾貫目ニ引合セ、家質ニ差上置度旨、松山御役所江奉伺候処、御聞届被成下候、依之家質ニ差入候所之年寄・五人組江、理兵衛より頼候得者、何方も無故障被致、承知相済申候、此度理兵衛より家質地所、吉左衛門方江借シ置候訳者、後年ニ至り理兵衛子孫自分勝手を以、地所売払候歟、又ハ家質ニ差入させ申儀、不相成候様之心配りニ而、如右致対談相定置候、此訳豊後町幸助、長堀ニ而ハ伝右衛門承知罷在候、以上

豊後町の家質証文

差上申家質證文之事

一南側瓦葺壱軒半役
表口拾五間半四寸　裏行拾弐間半　豊後町家主
泉屋理兵衛印

代銀六拾五貫目

一　北側瓦葺壱軒半役
　　表口拾五間半四寸　裏行拾三間

同町
家主
同　　人印

代銀三拾五貫目

銀高合百貫目

右者予州立川御銅山稼方、同国別子御銅山師泉屋吉左衛門江、此度一手稼被　仰付候ニ付、立川御銅山諸働人為飯米、買請御米被　仰付候ニ付、右御米代上納期月迄為質物、右之家屋鋪差上置申所実正也、万一吉左衛門儀御米代御上納銀相滞候ハヽ、此家屋鋪　御公儀様江可被　召上候、其節一言之御訴訟申上間敷候、尤此後買請御米被　仰付候内者、何方江も質物ニ書入させ申間敷候、為其年寄・五人組迄加判仕候所、仍如件

宝暦十二午年十二月

請負人
豊後町泉屋理兵衛　泉屋吉左衛門印
五人組
小西知貞家守　日野屋八右衛門印
同
川崎屋嘉右衛門家守　伏見屋彦左衛門印
同
大和屋登見代判　和泉屋治兵衛印
同
泉屋理兵衛家守　紀伊国屋六兵衛印
同
　　泉屋幸助印
同
　　住吉屋源兵衛印
同
河内屋七郎兵衛家守　立野屋平兵衛印
同
　　島屋武兵衛印

松平隠岐守様御役人
山田四郎兵衛殿

呉服町の家質証文

差上申家質證文之事

一北側瓦葺西角壱軒役
表口四間六寸　裏行拾六間
代銀弐拾六貫目

一北側瓦葺壱軒役
表口三間五尺三歩　裏行拾六間
代銀拾四貫目

銀高合四拾貫目

前文之通

宝暦十二午年十二月

松平隠岐守様御役人
山田四郎兵衛殿

同　日野屋松之助家守
桜井屋治兵衛　印

年寄　鍛冶清左衛門　印

呉服町
家主
泉屋理兵衛　印

同町
同　人　印

請負人　泉屋吉左衛門　印

呉服町泉屋理兵衛家守
紙屋三郎兵衛　印

五人組　墨屋利兵衛　印

同　田夫屋武兵衛　印

同　和泉屋茂兵衛　印

同　加賀屋茂兵衛家守
柏屋与兵衛　印

年寄　池田屋三郎右衛門　印

長堀茂左衛門町の家質証文

差上申家質證文之事

一東側瓦葺東角三軒役
　表口九間　裏行拾七間

　代銀四拾貫目

前文之通

宝暦十二年年十二月

長堀茂左衛門町
家主　泉屋理兵衛印

請負人　泉屋吉左衛門印
長堀茂左衛門町泉屋理兵衛家守
　泉屋太郎兵衛印

五人組　橘屋忠右衛門印

同　奈良屋弥兵衛印

同　銭屋弥右衛門家守
　銭屋伊兵衛印

同　泉屋理右衛門印

年寄　奈良屋清右衛門印

松平隠岐守様御役人
　山田四郎兵衛殿

高間町の家質証文

差上申家質證文之事

一南側瓦葺弐軒役
　表口八間　裏行弐拾間

　代銀拾七貫目

前文之通

宝暦十二年年十二月

高間町
家主　泉屋理兵衛印

請負人　泉屋吉左衛門印

松平隠岐守様御役人
山田四郎兵衛殿

南堀江橘通二丁目の家質証文

差上申家質證文之事
一表口四拾壱間壱尺　裏行弐拾七間
瓦葺四方表屋鋪四軒役
裏幅四拾弐間
代銀百三拾三貫目
前文之通
宝暦十二壬午年十二月

松平隠岐守様御役人
山田四郎兵衛殿

高間町泉屋理兵衛家守　河内屋太郎兵衛印
五人組紙屋ゆき家守　京屋元助印
同　播磨屋徳兵衛印
年寄　多田屋又右衛門印

長堀茂左衛門町(主)家守　泉屋吉左衛門印

請負人家主　泉屋吉左衛門印
南堀江橘通弐町目泉屋吉左衛門家守　泉屋忠右衛門印
五人組　中屋喜右衛門印
同金屋庄助家守　金屋源兵衛印
同大坂屋三右衛門家守　大坂屋藤兵衛印
同大坂屋又次郎家守　大坂屋十兵衛印
年寄　金屋庄九郎印

右家質証文予州松山役所差下し、その後銅山七右衛門より報告

右宝暦十二壬午年十二月六日・八日、大坂松山御蔵屋鋪御内用方渡辺勘右衛門殿・長山源助殿御両人、町々会所江御入来、印形御見届被成、其上ニ而御屋鋪御留守居堤十左衛門殿御封印被成、御添状・御用書入両紙包御封印之儘、此方江御渡被成、早々松山御役所江可相達之旨、被仰渡候間、同十二日予州銅船十左衛門船便ニ差下候処、同廿一日新居浜口屋江参着、即日松山　御役所江差上候之段、其後銅山七右衛門ヨリ申来候

一茂左衛門町吉左衛門居屋鋪、別子御銅山諸働人為飯米、買請御米被為仰付候、右御米代上納期月迄ニ滞候ハヽ、右之家屋鋪成共銀子ニ而成共、御指図次第上納可仕趣之御文言御座候ニ付、如何様之滞出来候共、加印之各方江御難御損相懸ヶ申間敷趣之一札、證人泉屋理助、印形本人泉屋吉左衛門印形ニ而、享保十二丁未年十二月差入置、宛所者茂左衛門町、家質加印之組中年寄伏見屋新右衛門殿也

享保十二年差入れの家質一札

右各々加印掛り之内者、我等所持之家屋鋪共ニ、外江書入致間敷之趣一札、泉屋理助印形ニ而同年月差入置、宛所同断

右泉屋理助所持之内、町内持家屋鋪、表ロ九間・裏行拾七間・三軒役之所、此度私江譲請申候、且又吉左衛門家屋鋪書入之内者、此家屋鋪外江書入致間敷候趣之一札、譲請人泉屋権左衛門印形ニ而、元文四己未年十一月四日差入置、宛所者年寄奈良屋弥兵衛殿幷五人組中也

元文四年差入れの家質一札

右之通弐拾弐年以前、元文四未年十一月私印形仕置候段、相違無御座候得共、此度御町内御年寄奈良屋弥兵衛殿御退役被成、其御元御勤被成候ニ付、相改印形仕候、尤前書之趣慥ニ承知仕候段之一札、泉屋理兵衛印形ニ而宝暦十庚辰年五月差入置、宛所ハ年寄奈良屋清右衛門殿・五

宝暦十年差入れの家質一札

宝暦十一年別子分の家質書替仰付け

下家質一札の町内預り用捨

九之助町の下家質一札返却の寛

寛延二年、右下家質一札

人組奈良屋弥兵衛殿・同橘屋忠右衛門殿・同銭屋伊兵衛殿・同泉屋理右衛門也

右四通継キ證文ニ而町内年寄方ニ有之候処、宝暦十一辛巳年二月別子御銅山分之家質書替被仰付、證文印形取揃、古證文引替候節、理兵衛・吉左衛門ヨリ年寄幷町衆江断申入候ハ、茂左衛門町理兵衛所持之家屋鋪ハ、宝暦二申年二月立川御銅山分之家質ニ　御公儀様江差上置候処、吉左衛門奉請負罷在別子御銅山分之家質居屋鋪、　御預所江差上候ニ付、其下家質として、理兵衛より立川御銅山分之家質ニ差上置候、右家質之家屋鋪を町内江書入置候儀ハ、不相済事ニ候、其上吉左衛門居屋敷沽券銀高、五割も引下ケ候而、家質ニ入置候上ハ、如何様之儀有之候而も、町内江御難御損懸り可申御気遣無之筈ニ候間、向後ハ下家質一札預御用捨(致脱カ)度旨、申出候処、年寄奈良屋清右衛門殿幷町衆一同尤ニ聞請被申、先年入置候右一札、町内より被致返却候、此以後町内ニ下家質一札相止ミ申候

九之助町壱町目家屋鋪、立川御銅山分家質之下タ家質として、茂左衛門町年寄方へ一札入置候処、右之断ニ而此度被致返却候覚

一札

堺筋東北角屋鋪三軒役
一表口九間　裏行拾七間
　右者豊後町泉屋理兵衛掛屋鋪也

右之家屋鋪予州立川銅山、江戸上槇町奈良屋長兵衛借家、美坂李兵衛相稼申ニ付、諸働人為飯米、買請御米被為　仰付候、右御米代銀上納期月迄為質物、右請人豊後町泉屋理兵衛御当地ニ有之候掛屋敷、幷居宅共ニ家質ニ差上申ニ付、御町内理兵衛掛屋敷壱ケ所、代銀四拾五貫目之家質ニ差

上申ニ付、五人組中御年寄御加印被下候、御證文御文言ニ万一右御米代於滞者、右之家屋鋪成共、又者銀子ニ而成共、御指図次第上納可仕趣之御印形被成被下候段、忝奉存候、然上者右理兵衛家質差上置候御證文相済候迄ハ、九之助町壱町目箒屋町東北角私家屋鋪、表口拾間半・裏行弐拾間・三軒役壱ヶ所、外江一切書入等仕間敷候間、万一上納滞、理兵衛家屋敷代銀ニ而差上候儀有之而、銀子不足仕候者、右私掛屋敷を以急度相弁、加印之各江少も御損御難掛ヶ申間敷候、為後日仍而如件

寛延弐巳年九月　　泉屋吉左衛門印

年寄　奈良屋弥兵衛殿
五人組　橘屋忠右衛門殿
同　銭屋伊兵衛殿
同　泉屋熊四郎殿
同　奈良屋清右衛門殿

宝暦九年、右下家
質一札

右之通予州立川銅山為飯米、買請御米被為　仰付候、右御米代銀・上納銀御引当ニ付、泉屋理兵衛居宅掛ヶ屋鋪、家質差上申候、證文五人組中・御年寄御印形被成被下候故、右家屋鋪代銀差上候儀有之候而、銀子不足仕候節者、私掛ヶ屋鋪を以、急度相弁可申段、寛延弐年巳九月親吉左衛門印形仕置候段相違無之、慥ニ承知仕候、此後幾年経候共、右前書之通急度相弁可申候、為後日、印形仍而如件

宝暦九己卯年二月　　泉屋吉左衛門印

年寄　奈良屋弥兵衛殿
五人組　橘屋忠右衛門殿
同　銭　屋伊兵衛殿
同　泉屋理右衛門殿
同　奈良屋清右衛門殿

宝暦十年、右下家質一札

右之通去卯二月、私印形仕置候処、相違無御座候得共、此度御町内御年寄奈良屋弥兵衛殿御退役被成、其御元御勤被成候ニ付、猶又相改印形仕候、尤前書之趣慥ニ承知仕、少も相違無御座候、為後日印形、仍而如件

宝暦十庚辰年五月　泉屋吉左衛門印

年寄　奈良屋清右衛門殿
五人組　奈良屋弥兵衛殿
同　橘屋忠右衛門殿
同　銭　屋伊兵衛殿
同　泉屋理右衛門殿

宝暦十二年、右家質一札の返却

右一札前段ニ記置趣を以、町内年寄・五人組へ断申入、宝暦十二壬午年十二月町内より被致返却候、此以後一札相止ミ申候

寛延二年、南堀江橘通二丁目へ提出の一札

(南脱)
堀江橘通弐町目年寄方江差入置候一札も、右同断ニ而、此度被致返却候

証文之事

一予州立川銅山稼方請負證人、豊後町入江理兵衛江被　仰附候付、御拝借米等も有之候付、為此引当御町内我等所持之家屋鋪、表口四拾壱間壱尺・裏幅四拾弐間・裏行弐拾七間之家屋敷壱ヶ所、家質ニ差入、銀百拾五貫目之家質證文、各々御印形御調被成被下候、然者前方家質ニ入候御町並之銀高百貫目ニ而御座候付、此度之家質銀高と引合候時者、銀高拾五貫目相増候、此拾五貫目者、此度差入候家質銀高之算用詰ニ而、相増候事ニ御座候故、此方より格別ニ御頼申入候儀ニ御座候、万一銀拾五貫目之高相増候儀、後日ニ御町内御差支之儀御座候者、此拾五貫目者此方ゟ差戻シ、町並之銀高百貫目之證文ニ仕替可申候、為後日、證文仍而如件

寛延弐巳年九月　泉屋吉左衛門印

橘通弐町目年寄
富屋九郎左衛門殿
同組中
淡路屋吉兵衛殿
同　木津屋嘉右衛門殿
同　大坂屋宇兵衛殿

寛延二年、高間町へ提出の一札

立川御銅山家質差上候ニ付、高間町へ差入置候一札、此度前段断申入取戻シ、向後一札差入不申候筈

請負證文之事

一予州立川銅山稼方請負、泉屋理兵衛江被　仰付候ニ付、高間町泉屋理兵衛家屋鋪、御公儀様江家質差上候覚

一表口八間　　裏行弐拾間　　但弐軒役

代銀拾七貫目

右之通五人組・年寄連判證文　御公儀様江被差上候、万一銅山請負方相滞儀有之候者、右家屋鋪被　召上候歟、又者代銀ニ而上納候節、家屋鋪売払直段銀不足仕候者、何程成共私共より相弁、御町中五人組江少も御難儀掛ヶ申間敷候、尤左之請負印形之内、差支之儀も有之候者、相残ル者ゟ急度相弁可申候、為後日、請負證文仍而如件

寛延弐年巳九月　　家質置㊟　泉屋理兵衛印

請負人　泉屋吉左衛門印

同　　同　安兵衛印

高間町年寄
中道屋喜兵衛殿

五人組中

御町中

右證文此度取戻シ、向後證文差入不申筈、申定候事

宝暦十二年、立川銅山家質証文書改め届書

立川御銅山分、家質印形御取揃被成候後、宝暦十二壬午年十二月十三日、大坂御蔵屋敷御留守居堤十左衛門殿如左、御書付を以、東御番所江御届被成候写、如左御座候

右、松山御預り所大坂蔵屋敷届出分

御奉行所　鵜殿出雲守様御役所也

覚

大坂豊後町南側瓦葺、壱軒半役
一表口拾五間半四寸　裏行拾弐間半

家主
泉屋理兵衛

代銀六拾五貫目　　　　　　　　　　　　　右　同　人

一同町北側瓦葺、壱軒半役
表口拾五間半四寸　裏行拾三間

代銀三拾五貫目　　　　　　　　　　　　家主 泉屋理兵衛

一大坂呉服町北側瓦葺、西角壱軒役
表口四間六寸　裏行拾六間

代銀弐拾六貫目　　　　　　　　　　　　右　同　人

一同町北側瓦葺、壱軒役
表口三間五尺三歩　裏行拾六間

代銀拾四貫目　　　　　　　　　　　　　家主 泉屋理兵衛

一大坂長堀茂左衛門町東側瓦葺、東角三軒役
表口九間　裏行拾七間

代銀四拾貫目　　　　　　　　　　　　　家主 泉屋理兵衛

一大坂高間町南側瓦葺、弐軒役
表口八間　裏行弐拾間

代銀拾七貫目　　　　　　　　　　　　　家主 泉屋吉左衛門

一大坂南堀江橘通弐町目瓦葺、四方表屋敷四軒役
表口四拾壱間壱尺　裏行弐拾七間
裏幅四拾弐間

代銀百三拾三貫目
〆家数七ヶ所
此代銀三百三拾貫目
右者松平隠岐守御預所予州立川銅山之儀、今般同国別子銅山師泉屋吉左衛門江一手稼、就被　仰付候、諸働人為飯料、買請米被　仰付候、右代銀為引当、書面之通家屋鋪相改、町年寄・五人組印形之家質證文取置申候、将又右家屋鋪多ク泉屋理兵衛家屋敷御座候訳者、仝躰理兵衛・吉左衛門儀伯父甥之間柄ニ付、今度家屋鋪吉左衛門江貸シ遣、家質ニ差加候儀ニ御座候、右之段御届申上候、以上
宝暦十二午年十二月十三日
松平隠岐守内
堤十左衛門印
御宛所なし
立川御銅山家質證文書改候ニ付、大坂　御番所江御届書差上候写
乍恐口上
大坂長堀茂左衛門町泉屋吉左衛門病気ニ付
代　兵右衛門
一松平隠岐守様御預所予州立川御銅山、従泉屋理兵衛譲受、同国私相稼候御銅山一手稼ニ被為　仰付候ニ付、右立川御銅山諸働人為飯料、買請御米被為　仰付候、右御米代銀為引当、家屋鋪左之通指上置申候
右、泉屋吉左衛門
届出分
大坂豊後町南側瓦葺、壱軒半役
一表口拾五間半四寸　裏行拾弐間半
家主
泉屋理兵衛
代銀六拾五貫目

同町北側瓦葺、壱軒半役
一表口拾五間半四寸　裏行拾三間
代銀三拾五貫目
同
右同人

大坂呉服町北側瓦葺、西角壱軒役
一表口四間六寸　裏行拾六間
代銀弐拾六貫目
家主
泉屋理兵衛

同町北側瓦葺、壱軒役
一表口三間五尺三歩　裏行拾六間
代銀拾四貫目
同
右同人

大坂長堀茂左衛門町東側瓦葺、東角三軒役
一表口九間　裏行拾七間
代銀四拾貫目
家主
泉屋理兵衛

大坂高間町南側瓦葺、弐軒役
一表口八間　裏行弐拾間
代銀拾七貫目
家主
泉屋理兵衛

大坂南堀江橘通弐町目瓦葺、四方表屋鋪四軒役
一表口四拾壱間壱尺　裏行弐拾七間
家主
泉屋吉左衛門

裏幅四拾弐間
代銀百三拾三貫目
〆家数七ヶ所
此代銀三百三拾貫目
右之通　松平隠岐守様御役人衆御改之上、町年寄・五人組立会印形仕、家質證文差上置候、且又右家屋鋪之内、泉屋理兵衛家屋鋪多ク御座候訳者、理兵衛儀者私伯父之儀故、相対を以右家屋鋪私方江借請候而、家質ニ相加差上置候儀ニ御座候、乍恐右之段御断奉申上候、以上
宝暦十二午年十二月十三日　泉屋吉左衛門
代　兵右衛門印
御奉行様
但御月番東御番所　鵜殿出雲守様也
一御蔵屋敷より之御届書ハ、御留守居堤十左衛門殿御持参ニ而、御番所御用人衆御取次ニ而、御書付差出シ被申候由
一此方届書者、地方　御役所へ差上候処、書面之通　御聞置被成置候段、被　仰渡候
〆

六　立川銅山請負証文

予州松山御役所山田四郎兵衛殿江、立川御銅山請負置證文差上置、右写如左
但午十二月三日新居浜忠七船出帆、同廿七日大坂着、右置證文無滞御請取被成候段、三拾弐番状ニ申来候

差上申一札之事

立川鋪中から別子鋪中へ抜合せ、別子山内で焼吹等、一手稼ぎしたい

一予州立川御銅山、是迄泉屋理兵衛奉請負候処、及百余年候古鋪ニ而、年々失墜弥増、鉑石銅気薄ク罷成、稼方相続難仕、請負　御免奉願上候ニ付、跡稼之儀、立川御銅山鋪中ヨリ別子御銅山鋪中江抜合セ、於別子山内焼吹等ニ至ル迄、一手稼ニ仕度旨奉願上候処、願之通請負被為仰付、難有奉存候、然上者出銅減少不仕候様出精相稼、諸仕入丈夫ニ仕、栄久之御山ニ相成候様勘弁可仕候事

運上銀の額

一出銅御運上之儀、前々御定之割合を以、御運上幷口銅共、出銅千貫目ニ付百拾五貫四拾四匁弐分四厘八毛宛之積、此御運上銅百貫目ニ付、代銀五百目宛之御定を以、出銅高ニ応シ銀子ニ而上納可仕候、且又御運上之儀者、前々御定之通、壱ヶ年ニ金五拾両宛上納可仕候事

買請米の石高

立川分二五〇〇石仰付

一買請御米之儀、前々請負之者江壱ヶ年ニ御米六千石、又者四千石宛被　仰付候処、先ン請負人理兵衛稼之節より、毎歳弐千五百石宛買請被　仰付候ニ付、此度も立川御銅山分毎年弐千五百石宛買請被　仰付、難有奉存候、代銀之儀者、前々御定之通、所相場ニ弐割安之積を以、御米請取候月より十ヶ月延ニ、急度上納可仕候事

立川銅山村の御林山

一御銅山入用吹炭・薪・鋪内矢木・留木等之儀者、立川御銅山前々御附山林、立川山・大永山・種子川山・上野山、右四ヶ山之内ニ而、御定之通仕成シ可申候、炭御運上之儀者、前々御定之通、吹銅千貫目ニ付此入用炭三千八百九拾貫目、此御運上銀五拾弐匁弐分七厘六毛宛之積を以、毎月吹銅高ニ応シ上納可仕候、但御他領より炭買調候節者、御断申上、貫目御改を請、買炭御運上銀者、　御赦免被成下候御定ニ而御座候事

一金銀之舷見当り候者御注進申上、御下知を請可申候事
一右御銅山奉請負候上者、御法度幷前々御山法之儀不及申上、此以後被　仰渡候趣、下代幷諸働人等迄大切ニ相守、少も違背為仕間敷候事
一宗門之儀、下代幷諸働人入念相改可申候、幷火之用心入念大切ニ可仕候事
一右御銅山万一稼方難取続、請負　御免奉願上候節者、跡請負人所々承合、譲渡候様可仕候、若請負候者無御座候者、御山可奉差上候事
請負の家質銀高一三〇貫目差上げ
一右御銅山請負被　仰付候ニ付、於大坂家質沽券高銀三百三拾貫目之分、指上置申候、若御運上金銀・買請御米代銀等相滞候ハヽ、請負被　召放、家質被　召上候共、違背仕間敷候事
右之条々御請仕候上者、諸事稼方別子御銅山御定之通、相守可申候、為後日請負證文、仍而如件
宝暦十二午年五月　予州御銅山師　泉屋吉左衛門印
山田四郎兵衛殿
但此請負證文之写、前後ニ記置候ハヽ、家質方一件ニ記置申度ニ付、月附ニ不差構候、以下倣之

七　銅山大雨、破損の上申

宝暦十二壬午年六月廿五日・廿六日、予州銅山大風破損所届書之写
乍憚以書附申上候
別子御銅山当月廿五日巳刻より大雨降出、剰巳午の方より風烈敷吹、漸翌廿六日未下刻風雨相止申候、依之破損所左ニ申上候

一吹家　六軒
但屋根・垣廻り吹取申候
一焼竈　百三拾六枚
但上家垣廻り不残吹取、尤竈押潰申候
一鉑石壱万八百貫目
但焼竈江焚込置候処、押潰流申候
一山師居小家
但大築地弐拾弐間半押崩申候
一稼人居小家之内　四拾六軒
但内拾五軒ハ地形押崩申候、其外屋根・垣廻り吹取申候
一炭宿　壱ヶ所
但屋根・垣廻り吹取、地形崩水入申候
一蔵数　弐拾七ヶ所
但屋根・垣廻り吹取、地形江水廻築地崩、荒物過分濡、板柱夥押流申候
一炭竈　百弐拾八枚
但不残打潰、竈台共押流申候
一吹炭三万八千貫目余
但山元ニ焼溜置候処、不残押流申候

一炭焼居小家　　六拾八軒
　但不残押流申候
一諸方往来道橋夥痛申候、従銅山麓幷炭山迄、数日通路相止申候
右御見分被成下候通、夥破損有之、難儀至極奉存候、然共吹家普請之儀者、急々取立、吹方不怠様ニ被　仰付候ニ付、不取敢出精仕候得共、一日者懈怠仕候、尤下財居小家数ヶ所地形押崩候処、怪我人等無御座、諸普請無間断仕居申候、右御届申上度、如此御座候、以上
　宝暦十二午年六月　　泉屋七右衛門印
右届書午七月下旬、江戸御屋敷江廻着仕候ニ付、八月上旬　御勘定所江御差上被成候

八　買請米に古籾摺立米の渡方一件

宝暦十辰年籾摺立米渡方仰付

宝暦十二壬午年九月五日、江戸　御勘定所より御召出ニ付、御預所江戸御役人福富市右衛門殿御出勤被成候処、　御組頭松本利右衛門様　御割賦方関川庄五郎様御立会ニ而被　仰渡候ハ、去々辰年籾御囲米を、当新米ニ御詰替ニ被　仰出候、依之辰籾此度摺立米を以、諸向御渡米御割賦被　仰付候、予州両銅山買請米も、辰籾摺立米ニ而割賦済候条、此趣為念銅山師江可被申渡候
　福富殿奉畏候、在所役人共方へ申遣シ、銅山師江申渡候筈、早速通達可仕候、乍去銅山稼人飯米等ニ付、差支之儀も可有御座候者、追而奉伺候様之儀も可有御座之段、御答被成候之由、
　江戸店より以書状申越候
右被　仰渡之趣、江戸御屋鋪福富市右衛門殿・本岡彦兵衛殿より、予州松山御役所山田四郎兵

衛殿方江早速被仰達候由、依之江戸店儀兵衛江も福富殿より被仰聞候由ニ而、江戸店ゟ書状を以申越候、其書状大坂江同十二日ニ相達候ニ付、予州山元江申遣候趣、如左

右一件、江戸福富殿よりの情報を予州山元へ申遣す

一此度於江戸　御役所、予州御銅山買請御米、去々辰年御囲籾摺り立米を以、御渡可被遊之旨、被　仰渡候由、江戸店より申越候、右之趣近々従松山御役所、其方被召出、委細之訳可被仰渡候、然時者其趣を以、其方より当方江申越候上ニ而、願書其表江差下候儀、順道ニ而有之候得共、左候而ハ延引ニ罷成、御割賦被　仰渡候以後、御願奉申上候而者、其詮無之事ニ候、依之千万恐多略儀之至ニ候得共、松山御役所ゟ其方御召出被成、籾米之訳可被　仰渡候条、及其時其方御断可被申上趣意ハ、此度大坂より加様〳〵申越候間、何卒此願書之趣を以、江戸御役所江御伺可被成下候、定而一統被　仰渡、御請御申上被成候儀、今更奉願候共、容易ニハ御取上被下間敷候得共、幾重ニも奉願度趣、取詰ニ猶難儀之筋、能々可被申上候、即願書此度態々差下候、何分籾米ニ而奉請取候而ハ、書面之外ニも難渋多可在之之趣共、予州七右衛門方へ委細申遣候

江戸店支配人伝右衛門、野州在所から出府宝暦十二午年の新米渡方を依頼

一伝右衛門儀、此度野州在所江罷越、此節可致出府ニ付、右之趣委細申遣、予州松山御役所より江戸御屋鋪江、右願書相廻り候上ハ、何分ニも当午新御米ニ而御渡被成下度之段、儀兵衛相談之上、幾重ニも御頼可被申上之趣、精々申遣候

新米渡方願書を採用、江戸屋鋪へ差下す

一同廿一日予州松山御役所江、山元七右衛門被　召出、籾米之訳、被　仰渡候ニ付、当方ゟ申遣候趣を以、種々御頼申上候故、無拠被思召、願書御取上被下、早速江戸御屋鋪江御差下被下候段、山元七右衛門方ゟ申越候

一十月十四日右願書、江戸御屋敷江参着仕候由、江戸店ゟ早速申越候

宝暦十二年買請米の新米渡方願

乍恐以書附御願奉申上候

予州別子・立川両御銅山、当午年買請御米御渡方之儀、去々辰年御囲籾摺立米を以、来未春御渡可被成下段、被為　仰出候御趣被　仰渡之、奉承知候

四年前の古米では諸働人ども気力衰え、銅出劣り

右両御銅山買請御米之儀者、諸稼人飯料為　御救、先年ヨリ新御米ニ而御渡被成下、年来数千之下財産業仕、難有仕合ニ奉存候、然ル処両銅山鋪中諸働人共者、昼夜無間断荒働仕候故、当年始而右辰年御米、来未春ニ至御渡被下候而者、四ヶ年米ニ相成候ニ付、諸働人共気力衰、おのつから稼後レニ罷成、銅出劣り可申哉と恐入奉存候、依之乍恐　御慈悲之上、是迄之通何卒当午年新御米ニ而御渡被成下候様、偏奉願上候、以上

宝暦十二午年九月

予州両御銅山師
泉屋吉左衛門印

山田四郎兵衛殿

右願書の添書

右者隠岐守御預所予州別子・立川両銅山、当午年買請米之内、四千七百石程去々辰年御囲籾摺立米、最寄国々より御渡可被遣旨、被　仰渡候趣申渡候処、銅山方之儀ハ数千之下財、来未年中飯料ニ奉買請候処、四年米ニ相成候而ハ、米性薄ク、下財共自然と働前も不精仕候而ハ、銅出劣り、随而御運上相減候様ニ罷成候時ハ、恐入候御儀ニ付、何卒前々之通、当午年米御割賦被成下候様、願出申候、尤御囲籾御一統御渡被成候段、被　仰渡候由も申聞候得共、一向書面之通歎出申候、願之趣無拠儀ニ奉存候ニ付、此段奉伺候、已上

午
九月

松平隠岐守内
山田四郎兵衛印

御勘定所

右十月十六日於　御勘定所、野田文蔵様江御預所江戸御役人中村久蔵殿より御差上被成候段、江戸店より申来候

右願書につき江戸店からの情報

一同十八日夕従御預所、三田御屋鋪御呼出被成候ニ付、即刻儀兵衛参上仕候処、福富市右衛門殿・本岡彦兵衛殿幷中村久蔵殿御立会ニ而、福富殿被仰聞候者

今日　御勘定所より御召出ニ付、彦兵衛致出勤候処、御取箇御組頭野田文蔵様・御勘定関川庄五郎様御列座ニ而

予州銅山諸働人共飯料米、去々辰御囲籾摺立米を以、御渡可被成候旨、先達而被　仰出候趣、在所役人中より銅山師江被申渡候由ニ付、銅山師籾米請取候而ハ、不勝手之趣願出候故、去ル十六日右願書を以被相伺候、籾米御渡方ハ予州銅山ニ不限、諸向一統ニ被　仰渡候御儀故、一同ニ御請被申上候、然処予州銅山師一分計御請不申上候儀、我儘成願方ニ而候得者、御預所ニ而各方取次被申候も不埒之儀ニ候、籾摺立米先達而申渡候通、性合能此節御蔵米ニも御渡被成候処、随分何方も無異儀候、将又四年米ニ相成、稼人食用不勝手筋も有之候ハヽ、二椀之処江三椀用候而も可相済候、何分此願取上候儀難相成候、此上銅山師押而願出候ハヽ、買請不被仰附候共、籾米請取かたく候哉、二ツ一ツ之了簡を定可願出之段、入念可被申渡候、予州銅山師違背之様申出候故、諸国御割符不相定、毎日々々御代官所・御預所役人被　召出候得共、空手ニ而退出被申候、明十九日ハ諸向江御割符一同ニ被　仰渡候間、銅山師願方有無之訳、明日四ツ時迄ニ可被申出候段、御厳重ニ被　仰渡候

籾米渡方は諸国一統への申渡し

予州銅山師だけ請けないのは我儘で不埒

予州銅山師の願書は採用しがたい

強いて出願すれば買請米差止め

右之趣ニ候得者、此上強願出候ハヽ、買請御差留可被遊も難計候、我等共も何分難取次存候間、右願方御下ヶ之伺書相認置候、明日罷出申下ヶ可致候段、被仰聞候儀兵衛返答被　仰渡之趣、重々恐入奉存候、即答ニハ善悪如何共決定難仕候間、一先罷帰伝右衛門へ相談仕、明朝迄ニ有無之訳可申上之段、申答罷帰候

請書提出の延期依頼

一同十九日朝御預所御屋敷江、儀兵衛罷越申上候者昨夜中相談仕候処、幾重ニも奉願候積ニ御座候得共、余り御急速ニ而今朝迄之御請書出来難仕候間、今日者御日延御伺可被下段、奉頼候ニ付、無拠御聞届被下候而、長尾文内殿　御勘定所江御出勤被成、右之訳御断被申上候処

十月二十日迄に請書提出の仰付

関川庄五郎様御申渡被成候ハヽ、昨日も申渡候通、予州銅山師計片付不申故、今以御割賦滞、諸国之御差支ニ相成候、今朝迄ニ請書調兼候由ニ候得者、不及是非候、明廿日四時迄ニ急度書附可被差上之段、被　仰付候

江戸三田屋鋪へ請書持参の節の口上

一同廿日朝迄ニ如左御請書認候而、伝右衛門・儀兵衛御預所三田御屋鋪江参上仕、福富市右衛門殿・本岡彦兵衛殿幷中村久蔵殿御立会之席江、書付差出入御覧、猶又口上ニ而申上候者昨日被　仰渡之趣ニ而ハ、此度願方御下ヶ可奉願儀ニ御座候得共、野田文蔵様御意被遊候ハ、四ヶ年米ニ而稼人食用不勝手ニも候ハヽ、譬ハ二椀之所江三椀用候而も可相済之段、被　仰出候由、銅山師此度御歎奉申上候極意之処ハ、野田様被　仰出候通、二椀之処江三椀用候様ニ可相成哉と、此儀重々歎ハ敷奉存候向之願ニ而御座候、二椀之処江三椀用候様ニ相成候而ハ、惣石数ニ而五割増ニ調不申候而ハ難相成候、然時ハ御米八千三百石之処江、壱万弐千四

百石余不奉買請候而ハ、飯料不足可仕道理ニ候、其上当午新米御直段を以、奉買請候処江、
四ヶ年経候古米奉請取候而ハ、目前損毛ニ相成候、被　仰渡候通、此節御当地御蔵米、去々
辰年御囲籾摺立之御米御渡被為成候而も、此御米町払被成候御方様御座候得者、当午新米相
場よりハ弐割も下直ニ相場立申候、是等之訳共有躰ニ存分之書付差上候儀、重々恐入奉存、
彼是を相含ミ、迂遠成文段ニ而御請書認差上候ニ付、猶々御呵可被　仰出哉と恐怖仕罷在候
得共、数千之下財困窮可仕儀ニ付、不顧恐右之趣意を含、御請書ニ再三御歎申上候間、乍憚
右之趣を以、可然様御申取可被成下段、申上候処、無拠御聞届被下、本岡殿御奥書即刻御認
被成下、今日　御勘定所江者中村殿御出勤可被成下筈ニ御座候趣、江戸店伝右衛門・儀兵衛
より書面を以申越候

乍恐以書附御答奉申上候

買請米、囲籾摺立米では難渋につき答申

予州両御銅山諸稼人、御救当午年買請御米、来未春御渡方之儀、去ル辰年御囲籾摺立米ニ而
御渡可被遊段、先達而被　仰渡候ニ付、両銅山稼方障りニ相成候間、当午年新御米ニ而御渡被
成下度旨、御歎奉申上候処、右書附之趣計ニ而格別之申立無之候而ハ、御聴済難被遊旨被　仰
渡候、此上御歎奉申上候儀、恐多奉存候得共、先達而奉願上候書面之外、難儀仕候趣、乍恐左
ニ奉申上候

四ヶ年古米では稼人の気力が衰える

右当午年新穀御直段を以奉買請、来未春ニ至四ヶ年古米ニ而奉請取候時者、食事ニ付気力衰候計
ニも無御座、御直段之相違も御座候故、諸働人共難儀仕、彼是申出候得者、銅山師より御渡米之
訳申聞候共、大勢之者共故取扱方隙取、自然と稼後ニ罷成銅出劣り、御運上ニも相拘り候耳なら

す、長崎　御用銅御定数奉請負罷在候ニ付、銅出劣り御定数減少仕候様罷成候而者、千万恐多奉存候、且又毎歳新御米御渡被成下候而も、米性ニ依り土用持越更ヶ米ニ罷成、難儀仕候儀も御座候、然ル処四ヶ年御米御渡被成下、土用持越万一飯米ニ成兼候而者、諸働人飯料差支必至と難儀可仕儀と恐入奉存候、勿論於松山御役所、先達而願書差上候節、御吟味被　仰出候ニ付、右之趣奉申上候御儀ニ御座候得共、逐一申立候儀恐多奉存、差扣罷在候、此上恐多御歎ニ御座候得共、御憐愍之上　御聴済被成下、当午年新御米ニ而御渡被下置候者、諸働人一同重々難有可奉存候、以上

土用持越米は飯米とならない

新米渡方の依頼

宝暦十二午年十月

予州両御銅山師泉屋吉左衛門
代　泉屋儀兵衛印

本岡彦兵衛殿

右者隠岐守御預所、予州別子・立川両銅山買請米ニ、去々辰年御囲籾摺立米御渡之儀ニ付、御断書差出候処、御一統之儀ニ付、格別之申立も無之候而者、御聞届難被成段、被　仰渡之趣、銅山師名代之者江申渡候処、何分是迄之通、当年米御渡不被成下候而者、差支之事共有之候之由、書面之通申出候、無拠儀ニ奉存候ニ付、又候成段奉伺候、以上

右答申の添書

午十月

松平隠岐守内
本岡彦兵衛印

御勘定所

右願書十月廿日、御勘定所江中村久蔵殿御出勤被成、御取箇御組頭野田文蔵様・御勘定関川庄五郎様江御差上被成候処、御伺御評定之上、追而否哉可被　仰付段、被　仰聞候由、中村殿より伝承仕候旨、江戸店より申登セ候

新米渡方の申渡

一同廿三日、　御預所三田御屋鋪より御呼出被成候ニ付、儀兵衛罷出候処、福富殿・本岡殿幷中村殿御列坐ニ而被仰渡候者、今日御勘定所江御召出ニ付、久蔵罷出候処、　野田文蔵様・関川庄五郎様御立会ニ而被　仰渡候ハ

予州銅山諸働人共飯米、銅山師願之通、当午年之新米ニ而御渡被成遣候旨、被　仰出候、然上ハ稼方無油断致出精、御運上不致減少候様、其外差障不申様可被申付候

如右被　仰渡候旨、被仰渡之候間、重々難有奉存候、早速大坂表江可申登候、吉左衛門儀者不及申上、両銅山諸働人一同嘸難有可奉存段、申上罷帰候

一右御聴済之訳、江戸店ヨリ同廿四日出状ニ申登セ、大坂表江同十一月朔日、右書面相達候

一予州松山御役所よりハ、右　御聴済被　仰渡候段、同十二月九日銅山七右衛門方江被　仰渡候由、七右衛門より十二月十四日、忠七船登り便拾三番状ニ申登セ、同廿七日大坂江着船承知之

九　買請米払下げ願の経緯と下知

宝暦十二壬午年買請御米伺書之写

乍恐奉願上候覚

予州別子・立川両御銅山、当午買請御米、去年之通八千三百石御割賦被成下候趣被　仰渡、難有仕合奉存候、御直段之儀者例年之通、国々所相場弐割安、代銀十ヶ月延納ニ被為　仰付被下候様、奉願上候、両山共御米之御救を以可也ニ取続、数千之下財無恙産業仕、冥如至極難有奉存候、御引当家質之儀、御預所江指上置申候、以上

宝暦十二午年十月

予州別子・立川両御銅山師
泉屋吉左衛門印

右願書の添書

山田四郎兵衛殿

右隠岐守御預所両銅山、当午年買請米、去年之通別子江五千八百石、立川江弐千五百石、都合八千三百石御割賦被成遣候趣、申渡候処、直段之儀者、例年之通国々所相場ニ弐割安、代銀十ヶ月延納ニ被　仰付被下度旨、願出申候、高之内伊予米三千六百五石五斗七升九合者、所相場壱石ニ*付銀四拾七匁四分替、備中米四千百四拾四石四斗弐升壱合者、所相場壱石ニ付銀五拾八匁四分壱厘七毛替、讃岐米弐百五拾石者、所相場壱石ニ付銀六拾四匁五分替、美作米三百石者、所相場壱石ニ付銀四拾九匁四分三厘三毛、弐割安之積を以代銀取立、差上可申上候間、願之通被　仰付被遣可被下候、御引当家質之儀者、両山共御預所江取付置申候、山稼之儀者随分出精仕候様、常々申付置候、以上

午十二月　　松平隠岐守内
　　　　　　山田四郎兵衛印

御勘定所

（＊印余白書込み、朱書）
「右御米御割賦之内、此讃岐米御払底御振替、備中米弐百五拾石増石、備中直段同断、直ク
奥ニ記」

右願書の御勘定所下知

御附紙

長　印
安芸守
日向守
加役在勤ニ付無印形
備後守
与七郎

書面之御預所予州両銅山買請米之儀、別子江五千八百石、立川江弐千五百石、合八千三百石、直段之儀者伊予・備中・讃岐・美作国所相場外弐割安之積り被伺之、令承知候、於然者米八千三百石買

源　太　郎　請被申付、伊予米三千六百五石五斗七升九合、米
五郎左衛門　壱石ニ付銀三拾九匁五分替、備中米四千百四拾四
久　三　郎　石四斗弐升壱合、米壱石ニ付銀四拾八匁六分八厘＊
文　　　蔵　壱毛替、讃岐米弐百五拾石、米壱石ニ付銀五拾三
理右衛門　匁七分五厘替、美作米三百石、米壱石ニ付銀四拾
壱匁壱分九厘四毛替、米相渡候月ゟ十ヶ月延、代
銀取立之可被相納候、尤米相渡候ニ応家質取置、
不納有之候ハヽ、家質取上候積り入念可被申付候、
断者本文ニ有之候、以上

押切
久三郎　未二月

右割賦米の振替一件

（＊印余白書込み、朱書）
「右御米御割賦之内、此讃州米御払底ニ付御除キ、代りニ備中米弐百五拾石増石御振替一件、委細ニ奥ニ記」

（朱書）
「右御米御割賦之内、讃州御米弐百五拾石御払底ニ付、備中御米と御振替ニ相成候一件、如左
右讃州米弐百五拾石之代り、備中米ニ而御渡被成度段、同国御代官浅井作右衛門様ゟ、先達而　御勘定所江御届相済、弥備中御米ニ而請取可申段、関川庄五郎様ゟ未三月八日ニ被仰渡之、福富市右衛門殿・本岡彦兵衛殿ゟ御割賦御請書ヲ認直シ、御差上被成相済申候、尤願書御奥書幷御聴済之御附紙等ハ、先達而御連印相済御事故、御認替難被成ニ付、於御勘定所讃州米之代りニ、備中米御渡シ被遊候趣ヲ御附紙ニ而御断書被成、相済候筈ニ御

座候、右願書・御附紙共ニ御預所江毎歳御渡シ切ニ而、ふたゝひ御役所江出不申事之由、尤毎春御勘定仕上之節者、御割賦御請書一通を以、御引合相済候事故、石高内訳・御直段代銀付等委細ニ、先達而御書上有之候ニ付、此度讃州米御除キ被成候分、備中米ニ而御増シ、勿論御直段、備中去冬所相場二割安之積を以、代銀御定御認替被成、同三月九日ニ福富市右衛門殿ゟ関川庄五郎様江御差上被成、弥相済申候」

御附紙連印の名前

御附紙御連印御名前如左

御勘定御奉行
一色安芸守様
御吟味
古坂与七郎様
御取箇方
川口久三郎様

右同断
小野日向守様
御吟味
上遠野源太郎様
御取箇方
野田文蔵様

右同断長崎御奉行御兼役
石谷備後守様
御吟味
柘植五郎左衛門様
御取箇方
松本理右衛門様

〆

御割賦方
関川庄五郎様
松山御預所御役人常府
福富市右衛門殿
同
本岡彦兵衛殿

〆

一〇　立川銅山の銅吹炭、他領炭で吹立願

乍恐口上之覚

立川御銅山銅吹炭之儀、拾四年以前午年御断申上、御料大永山江炭竈を付焼出、貫目御改を請、是迄御運上銀差上候通御座候、然ニ右御林山年々焼尽、出炭大減仕候ニ付、不足之分者御他領炭を以、吹立候様仕度奉存候、右之趣御聞届被成下候様、奉願上候、以上

未正月

別子・立川両御銅山師泉屋吉左衛門代
泉屋七右衛門

一一　諸国銅山未稼行・休山の分、届出の触書

宝暦十三年
未三月
松平右近将監様御渡被遊候御書附之写

諸国銅山是迄不相稼場所、并前々出銅有之、当時休山ニ相成候場所可有之候間、御料者御代官、私領者領主・地頭より遂吟味、相稼出銅有之様可取計候、尤出銅有無ともニ吟味之趣、御勘定所江書附可指出候

三月

右之趣可被相触候、以上

右江戸町中家持并借屋人迄、御請證文指上候旨、江戸店より申来ル、奥書略之、三月廿二日被仰渡、町中御触同廿五日、御請書廿七日差上ル

一二　松平隠岐守逝去につき家督相続の次第

一宝暦十三癸未年三月廿一日、於江戸表　松平隠岐守様御逝去被遊候ニ付、御家督之儀御舎弟直次郎様、被為蒙仰候訳、如左

一隠岐守様未三月十八日御急症ニ付、御病中ゟ御舎弟直治郎様御猶子御願置、同廿一日夜御逝（ママ）去被遊候

一三月廿二日御願之通、御猶子御聴済被　仰出候

一三月廿九日未刻過御葬送、済福寺江御入棺、御法号顕徳院殿様

一三月廿三日直治郎様御定式之御忌服御請、御出府可被遊旨、被仰出候ニ付、四月七日松山表

御乗船、同十五日夕大坂御着、同十七日朝陸路ゟ大坂御出立、五月朔日八ツ時江戸表御着
一隠岐守様御病中御願之通、五月十六日　直治郎様、弥御家督被為蒙　仰候
一五月十日、五十日之御忌明ニ候へとも、　直治郎様御聞忌御日取ニ而、同廿一日御精進上ケ之由
一直治郎様御家督被為蒙　仰候御礼、六月朔日被為済候、幷予州御預所御支配も御先格之通、被為蒙　仰候
一直治郎様七月朔日ゟ月並御礼御登　城被遊、御席者先達而帝鑑之御間、被為蒙　仰候
〆

一三　備中分買請米、渡方延引につき催促一件

浅井代官所は皆済覚つかない口ぶり

一宝暦十二壬午年御米御割賦之内、備中国浅井作右衛門様御代官所分、弐千五百九拾四石四斗弐升之内、未正月ゟ同五月十四日迄、追々御渡被成、残米弐千百石余御渡方御延引ニ付、於予州表松山御役人中ゟ御催促之御状、両度申請、山元手代共四度致渡海、及催促候処、六月中ニも御皆済之程、無覚束御口ふりニ付、右之趣江戸中橋店江申遣候処、此状江戸着不申已前ニ、松山御役所ゟも江戸御預所御役人中江委曲被仰遣候由ニ付、未五月廿九日福富市右衛門殿、御勘定所江御出勤被成、五月八日・同十四日弐口御米請取之、御届相済候上ニ而、福富殿御申被成候者、浅井様御代官所御渡米御延引、六月中ニも御皆済無覚束御口ふり之由ニ而、銅山師致当惑候段申届候、先達而二月皆済ニ被　仰渡候処、如此延引相成候而者、銅山数千之稼人飯料指支者勿論、御預所勤方帳幷六月御勘定仕上候ニも指支、甚難儀仕候条、右御代官所江被仰遣、

一日も早ク御渡有之様仕度段、松本理右衛門様・浦野彦大夫様江書付を以、御届被成候処、即日浅井様御手代中被　召出、右御両所様ゟ被仰渡候者、銅山師指支者勿論、御預所御用指支ニ相成候条、残米早々皆済可被相渡旨、急度被仰渡候旨、江戸六月八日出、同十四日着状ニ申来候、然ル処六月中ニも御皆済無之ニ付、又々六月廿九日江戸御預所ゟ　御勘定所江御届被成候由、江戸七月六日出、同十三日着状ニ申来ル、右御届書之写、如左

勘定所提出の延引米届出書

直治郎御預所予州別子・立川両銅山、去午年買請米御割賦之内、浅井作右衛門様御代官所ゟ御渡可被成石高、未余計相残候而、銅山方難渋仕候段、申出候ニ付、在所役人共ゟ御同所様江、毎度御催促申上候得共、今以過半之残石書面之通御座候、此分近々御渡切不被下候而者、無程差上候御勘定帳・勤方帳等之差支ニも罷成、迷惑至極仕候間、何卒被為掛　御声被下候様ニ仕度、此段奉申上候、以上

一弐千五百九拾四石四斗弐升壱合　御割賦高

内

六百弐石壱合
午五月六日ゟ六月十四日迄、追々請取御届申上候分

残千九百九拾弐石四斗弐升　未御渡無之分

未六月廿九日
松平直治郎内
福富市右衛門

御勘定所

右延引の経緯

一右浅井作右衛門様御代官所ゟ御渡米、七月中ニも御皆済無御座、銅山方難渋ハ勿論、御預り所御用御勘定御仕上ケ御指支ニ相成候ニ付、江戸御預り所福富市右衛門様ゟ毎々　御勘定所へ御

勘定組頭より備中米皆済かとお尋ね

申届被成候、然所当未八月十八日外御用ニ而、福富様又々　御勘定所へ御出勤被成候節、御組頭松本理右衛門様ゟ備中米もはや相済候哉と御尋ニ付、福富氏ゟ御即答ニハ、八月二日内渡り在之候石数御届申上候已来、国元より否哉不申越候間、七月中ニハ不相済事と遠察仕候、何卒一日もはやく皆済在之候様仕度候段、御申上被成候所、追々厳敷申渡候間、飛脚倉鋪へ参着次第、一日も遅滞不相成筈ニ候、扨皆済在之候ハ丶、勿論内渡りニても其時々早速可被相届候、右渡り口委細ニ聞度候、弐百石・三百石宛之内渡りニても、早速被相届候様致し度旨、福富氏へ被仰渡候由

一色勘定奉行より浅井代官所への督促状

一右浅井作右衛門様御米御渡方御延引ニ付、御預所ゟ度々　御勘定所江御申届被成候ニ付、御勘定御奉行　一色安芸守様ゟ浅井作右衛門様江被遣候御書写、江戸御預所ニ而拝見仕候由ニ而、右御写中橋ゟ指登候ニ付、左ニ記置

予州銅山師買請米、其方御代官所ゟ可相渡割賦高、渡方延引ニ付、松平直治郎御預り所役人ゟ毎度催促申候得共、遅滞ニ付、早々相渡候様致度旨、再三書付指出候ニ付、其度々手代呼出、早速相渡候之様可申遣旨、申渡候得共、七月ニ至候而も過半不相渡候ニ付、直治郎御預所午年御勘定仕上ヶニ指支、難儀之段、尚又此度書付指出候風祭甚三郎方ゟ相渡候割賦高ハ、四月中不残相渡候段、相届候処、如何之訳ニ而其方渡方令延引候哉、此節迄渡り残り有之候ハ丶、早々被相渡、其段可被申聞候、已上

八月二日　　　　　　　　　　　　　　　　　　一色安芸守印

浅井作右衛門殿

右御書当未八月十日比、御指出シ有之候由ニ相聞候

宝暦十三未年買請御米伺書之写

乍恐奉願上候覚

予州別子・立川両御銅山、当未年買請御米、去年之通八千三百石御割賦被成下候趣被　仰渡、難有仕合奉存候、御直段之儀者、例年之通国々所相場弐割安、代銀十ヶ月延納ニ被為　仰附被下候様、奉願上候、両山共御米之御救を以、可也ニ取続、数千之下財無恙産業仕、冥加至極難有奉存候、御引当家質之儀、御預所江差上置申候、以上

宝暦十三未年十月

予州別子・立川両御銅山師
泉屋吉左衛門

山田四郎兵衛殿

一四 買請米払下げ願と下知

右直治郎御預所両銅山、当未買請米、去年之通別子江五千八百石、立川江弐千五百石、都合八千三百石御割賦被成遣候趣、申渡候処、直段之儀者例年之通、国々所相庭弐割安、代銀十ヶ月延納ニ被　仰付被下度旨、願出申候、高之内伊予米三千三百四拾九石弐斗三合、所相場壱石ニ付銀三拾八匁五分五厘替、備中米弐千八百石者、所相庭壱石ニ付銀五拾三匁九分六厘替、美作米弐千百五拾石七斗九升七合、所相庭壱石ニ付銀四拾八匁六分弐厘五毛替、弐割安之積を以、代銀取立差上可申候間、願之通被　仰付被遣可被下候、御引当家質之儀者、両山共御預所江取付置申候、山稼之儀者、随分出精仕候様、常々申附置候、以上

右願書の添書

未十月

松平直次郎内
山田四郎兵衛印

右願書の御勘定所下知

御勘定所

御附紙

御勘定所
□ 御長印

○安芸守様
加役在勤
備後守様
○日向守様
無出座
伊奈半左衛門様
○古坂与七郎様
御用
上遠野源太郎様
○柘植五郎左衛門様
○松本理右衛門様
無出座
川口久三郎様
○栗林平五郎様

書面之予州両銅山、当未年買請米之儀、別子江五千八百石、立川江弐千五百石、都合八千三百石、直段之儀者、伊予・備中・美作国相庭ニ外弐割安之積被伺之、令承知候、於然ハ米八千三百石買請被申付、伊予米三千三百四拾九石弐斗三合、米壱石ニ付所相庭銀三拾八匁五分五厘、此弐割安直段銀三拾弐匁壱分弐厘五毛替、備中米弐千八百石、米壱石ニ付所相場銀五拾三匁九分六厘、此弐割安直段銀四拾四匁九分六厘七毛替、美作米弐千百五拾石七斗九升七合、米壱石ニ付所相場銀四拾八匁六分弐厘五毛、此弐割安直段銀四拾匁五分弐厘壱毛替、米相渡候月ゟ十ヶ月延、代銀無滞取立之可被相納候、尤米渡方ニ応シ家質取置、不納有之候者、家質取上候積可被申付候、断ハ本文有之候、
以上

未十一月

）理右衛門様
御押切印

一五　鬼ヶ城山御林の境界裁許願

乍恐以書付奉願上候

予州宇摩郡津根山村之内、葛川山・鬼ヶ城山之儀者、先年一柳権之丞様御領地ニ而御座候処、元録(禄)十五午年吉左衛門儀、御江戸江御召下被為成候節申上候者、末々御銅山銅吹炭・敷内留木払底仕、及差支可申段奉申上候処、宝永元申歳遠藤新兵衛様御代官所之節御替地ニ成、右両御林山共、別子御銅山御付山ニ被為　仰付、依之数十年来銅山方ゟも、不絶番手仕候ニ付、苗木等迄追年生立、結構成御山ニ相成候様申候、然処鬼ヶ城山御林之内ニ而、津根山村庄屋八蔵切替畑之由ニ而、近年炭釜拾枚余付候而、白炭専ニ仕成、里方江出申候ニ付、毎度銅山方ゟ彼是申聞候得共、不得止事炭焼出、当春ニ至候而者、杣人・木挽差入木仕成、里出致候ニ付、木仕成之分者、村方役人中江預留置申候、且又去月十四日、御山守中鬼ヶ城山へ御立越、御林境引有之候処、前々ゟ御林と相守候をも谷と申所江、境引御座候、然時者弥御林縮り申候、此御山之儀者、名高達　御聴居候得者、後難之程恐入奉存候間、御再見被成下候様奉願候、勿論御見分之上、御裁許被成下候迄者、炭仕成・木仕成とも急々御差留被成下度、右之趣奉願上候、以上

津根山村庄屋、切替畑の由にて炭釜取付け

宝暦十二午年閏四月　　泉屋九右衛門

一六　上野山御林での炭焼き願

乍憚以書付御断申上候

別子・立川両御銅山銅吹炭之儀、立川御銅山付上野山江追々炭焼之人夫差入、為焼申度奉存候、尤右上野山之儀者、御百性中持分之切替畑数十ヶ所御座候ニ付、先々御銅山師ゟ御年貢米を差出、数ヶ所番人附置、生立セ申儀ニ御座候、勿論去亥年御断申上候通、焼取候跡山ニ而、未小木ニ御

座候得共、少ニ而も伸立候分ハ焼出申度奉存候、且又先達而御断申上候通、他領国炭御座候内ゟ、御料山ゟも焼取、後年銅吹炭指支不申様仕度奉存候、右御山御林之分ハ御見分を請、前々御定之通御運上差上可申候、右之趣御聞済被成下候様奉願上候、以上
宝暦十四申年六月
別子・立川両御銅山師大坂泉屋吉左衛門代
泉屋七右衛門印

一七　松山御預り所奉行の銅山見分と掟書

明和元申年九月、松山御預所御奉行并御役人中、郷中検見御巡廻り被成候ニ付、同四日銅山江御登、同夜銅山御泊、翌五日立川中宿御昼休、同六日洲之内出賄相済申候、右御登山御役人中御名前、如左

御預所御奉行　稲川八右衛門殿
手付　坂苗六左衛門殿
郡御奉行　稲川杢右衛門殿
同　林　嘉平太殿
川之江御代官　大河原磯之介殿
郡手代　村井和助殿
同　佐伯源蔵殿
同　中村久蔵殿

右御役人中御登山之節、銅山師へ御掟書御渡被成、山内働人共請書印形取候様被仰渡、則右御掟書写、如左

銅山の掟書

覚

一於銅山博奕ハ不及申、諸勝負之儀者前々ゟ堅禁制之処、近年猥ニ相成候哉、下代共之内ニも志悪鋪、出奔之者間々有之、苦々敷事ニ候、向後違犯之族有之候者、人別名付を以可申届候、且

又銅山下財・諸働之者共、前々定置候掟を不守、近比勘庭幷役所へ押懸及狼藉、大切之稼方差支に成候段相聞、不届ニ候、此後先規定置候通、銅山作法急度相守可申候、勿論働人共自分為渡世、銅山江入込相稼候上ハ、山師申付、少も相背申間鋪事ニ候、万一山師へ可相達品も有之候者、其稼役所迄、頭分下財之内一両人罷出、相断可申候、若大勢相催し狼藉いたし候ハヽ、押入・強盗之仕形可為同罪候、山師存分ニ申付置、其旨注進次第遂吟味、急度可申付候、此旨銅山炭山、其外諸稼人共江為申聞、印形之請書取置可申候、猶又向後召抱候働人も可為同前候、若違背之族於有之者、曲事ニ可申付者也

申九月　　　　稲川八右衛門

一八　買請米払下げ願の添書と下知

右直次郎御預所両銅山、当申買請米、去年之通別子江五千八百石、立川江弐千五百石、都合八千三百石御割賦被成遣候趣、申渡候処、直段之儀者、例年之通国々所相場ニ弐割安、代銀十ヶ月延納ニ被仰付被下度旨、願出申候、高之内伊予米三千五百八拾七石五升五合ハ、所相場壱石ニ付銀四拾六匁四分四厘替、備中米千五百石、所相場壱石ニ付銀五拾四匁七分七厘四毛替、美作米弐千八百六拾弐石九斗四升五合ハ、所相場壱石ニ付銀四拾七匁弐分三厘三毛替、讃岐米三百五拾石ハ、所相場壱石ニ付銀六拾目弐分七毛替ニ、弐割安之積を以、御引当家質之儀ハ、両山共御預所江取付置申候、山稼之儀者、随分出精仕候様、常々申付置候、以上

十一月　　　　松平直次郎内
　　　　　　　稲川八右衛門印

御勘定所

右添書の御勘定所
下知

長　印

(朱書)「一　色」安　芸
加役在勤
(朱書)「石　谷」備　後
(朱書)「小　野」日　向
(朱書)「伊　奈」半左衛門
(朱書)「古　坂」与　七　郎
(朱書)「上遠野」源　太　郎
(朱書)「柘植」五郎左衛門
(朱書)「栗　林」平　五　郎
御殿詰助
(朱書)「川　口」久　三　郎
忌
(朱書)「松　本」理右衛門

御附紙ニ
書面之御預り所、予州両銅山買請米之儀、別子江五千八百石、立川江弐千五百石、合八千三百石、直段之儀者、伊予・備中・美作・讃岐国所相場外弐割安之積り伺之趣、令承知候、於然者米八千三百石買請被申付、伊予米三千五百八拾七石五升五合、米壱石ニ付銀四拾六匁四分四厘替、備中米千五百石、米壱石ニ付銀五拾四匁七分七厘四毛替、美作米弐千八百六拾弐石九斗四升五合、米壱石ニ付銀四拾七匁弐分三厘三毛替、讃岐米三百五拾石、米壱石ニ付銀六拾目弐分七毛替、米相渡候月ゟ十ヶ月延、代銀無滞取立之可被相納候、尤米相渡候ニ応シ家質取置、不納有之候ハヽ、家質取上ヶ候積り入念可被申付候、断者本文有之候、以上

申十二月

一九 鬼ヶ城・葛川御林山の炭山仰付願の経緯と下知

十一月八日
予州別子銅山炭山伺書
松平直次郎
御預所

近辺の土州山林を伐尽し

乍恐奉願上候覚

予州別子御銅山銅吹炭之儀ハ、前々ゟ御料御林山ニ而無滞被下置候、然共莫太(大)之入用ニ付、御料御林山迄ニ而稼尽候而者、先々差支之程奉恐入、近辺之土州山林買請相稼候処、数年来之儀ニ付伐尽、最早向寄ニ山林無御座候、依之先年奉願置候趣を以、此度御預所津根山村ニ而鬼ヶ城山・葛川山弐ヶ所之御林、炭山ニ御渡被下置、御運上銀者御定之通、差上候様ニ被為　仰付被下候様、奉願上候、吹炭指支候而者、御用銅も相滞候様罷成、難儀至極仕候間、乍恐右之趣　御聴済被成下候ハヽ、難有可奉存候、以上

明和元申年十月

予州別子・立川両御銅山師
泉屋吉左衛門印

稲川八右衛門殿

右願書の添書

右者松平直次郎御預所予州別子銅山、銅吹炭差支候旨、書面之之(衍)通願出候ニ付、先年願請候趣遂吟味候処、宝永七寅年石原新左衛門殿御代官所之節、御伺有之、其節別子山続津根山・浦山ニ而、雑木伐取跡々之通被仰付、然共猥ニ伐荒不申様ニ傍(牓)示相建渡置、伐尽候時分ハ又御伺可申上旨、

他領近山を伐尽し

御聞済之御證文写指出申候、此節他領近山伐尽、吹炭甚差支難儀仕候段、相違無御座候、津根山村鬼ヶ城・葛川両山御林之儀者、前々御林帳ニ書上候通、深山雪深ク、難所道法遠ク、出方無之

御林帳

候ニ付、尋常之御林山ニも難相成、勿論跡地新田畑等ニも相成候場所ニ無御座候、然上ハ向寄ニ付、銅山炭山ニ御渡被遣候ハヽ、御運上之儀者御定之通、出来銅千貫目ニ付入用炭高三千八百九拾貫目、此代銀五拾弐匁弐分七厘六毛宛之積を以、日々相改取立差上可申候、左候得者、御益之方ニも可有御座候間、右願之通被　仰付可然奉存候ニ付、此段奉伺候、以上

松平直次郎内
稲川八右衛門印
明和元年申十月
松平隠岐守
御預所
御勘定所

右出願の尋問につき御答書

予州別子銅山炭山願出候ニ付御尋之御答書
隠岐守御預所、宇摩郡津根山村かそう(峨蔵)山御林、先年別子銅山師泉屋吉左衛門願請、銅山入用木々伐採候跡、荒山ニ相成居申候ニ付、苗木植付之儀御尋被　仰出候、左ニ御答申上候

峨蔵山御林一一一六町歩

右かそう山御林之儀、反別千百拾六町歩ニ而、場所広御座候得共、土地悪敷嶮岨難所ニ而、苗木植付候而も生立不申、勿論容易ニ植付も難相成候、先年根株迄も掘取候哉、多分生立無御座、

元来悪地にて苗木伸立たず

漸端々ニ樅・栂・檜苗木等少々生立居申候処、元来悪地ニ而伸立不申、至而小木寸尺改候様ニ者無御座候
右同村鬼ヶ城山御林・葛川山御林、此度別子銅山師泉屋吉左衛門炭山ニ御渡被下候様、申出候ニ付、右両御林之内、御用ニも可相立木六百本余御座候、此分残置炭木仕成候而、可然旨被　仰出候、左ニ御答申上候
右両御林之儀、前々御林帳ニも書上候通、先年私領之節請所ニ申付、伐採候而、阿州撫養浦と申湊迄、川路三拾里余川流ニ仕、差出候処、夥敷失却相懸り、悉者出方も得不仕候由、申伝候、右川流ニ仕候外ニ者、出方決而無御座候得者、御用ニも可立木品伐残置候様ニ被仰付候而も、

御用木残らず炭山渡しが利益

無詮御儀と奉存候、木数不残炭山ニ御渡被遣候ハヽ、御運上差上候儀ニ御座候得者、還而御益之方と奉存候、殊ニ一山ニ入交り有之御用木、残置候儀者、諸木伐採候差支ニも罷成、難渋可仕奉存候之間、旁木数不残御渡被遣候様ニ仕度奉存候、右場所ハ高山嶮岨之難所、足場無之巌

石之所ニ付、御払山ニ被、仰付候而も、常ニ稼ニも入込候場所ニ而ハ無御座、勿論深山雪深ク
御座候得者、跡地新田畑等ニ相成候土地ニ而も無御座候
右鬼ヶ城山・葛川山御林、此度伐遣候跡、苗木植付之儀被　仰渡候、左ニ御答申上候
右御林々々前条申上候通、高山嶮岨之難所、足場無之岩山ニ付、容易ニ植付相成不申候、自然
之実生数年を経候ハヽ、成木仕、退転之儀者有之間敷奉存候
右御尋被　仰出候ニ付、御答申上之候、以上

申十一月　　松平隠岐守内
　　　　　　福富市右衛門印

御勘定所

炭山仰付願の御勘定所下知

御附紙ニ
書面之予州津根山村之内、鬼ヶ城・葛川弐ヶ所御
林木、別子銅山炭木相願候ニ付、被遂吟味候処、
先年願請候伺済有之、此節他領山伐尽炭木差支、
殊ニ右御林木外々江出方無之場所ニ付、願之通炭
山相渡、運上取立可然旨伺之趣、令承知候、於然
者右御林弐ヶ所相渡、猥ニ伐荒不申様前々之趣取
計、定之通出来銅千貫目ニ付、運上銀五拾弐匁弐
分七厘六毛宛之積を以、日々相改取立之、年々銅
山方運上銀之内江差加、御勘定組可被仕上候、断

長　印
(朱書)「一　色」安　芸
(朱書)「小　野」日　向　加役在勤
(朱書)「石　谷」備　後
(朱書)「伊　奈」半左衛門
(朱書)「古　坂」与　七　郎
(朱書)「上遠野」源　太　郎
(朱書)「柘　植」五郎左衛門
(朱書)「原　」弥一兵衛

(朱書)「大　原」彦四郎　　者本文有之候、以上

(朱書)「土　山」甚十郎　　申十二月

(朱書)「孤　田」仁右衛門

押切
弥一兵衛

右下知につき演説

演説

銅山方ゟ先達而願指出候炭山之儀、御聞済有之、去月廿三日三宅久右衛門殿ゟ被　仰渡之旨、江戸表ゟ申来之、尤大造之願ニ付、御聞済之程無覚束存候之処、於東武御吟味之節、御用掛り共ゟ程能申執、都合宜相済候、御證文写之儀者、追而御指向可被成之旨、炭山引渡之儀者、追而御沙汰可有之候、以上

閏十二月

二〇　銅山上納金銀一〇分の一、歩判・小玉銀願と下知

乍恐以書附奉願上候

予州別子・立川両御銅山、毎歳上納金銀高之内、十分壱歩判小玉ニ而相納候様被　仰付、奉承知候、右上納金銀之儀者、御米代銀幷御運上等ニ而御座候ニ付、古来ゟ小判・丁銀ニ而上納仕来候、毎歳金百両、銀高凡四百貫目程、二月・三月両月ニ上納仕候、此内十分壱銀四拾貫目程、小玉納ニ被　仰付候而者、小玉急ニハ難相調、難儀至極仕、上納差支ニ相成候時者、奉恐入候御儀ニ御座候間、両御銅山上納金銀之儀者、是迄納来候通り、小判・丁銀ニ而上納仕候様被　仰付被下候

右上納、従来通り小判・丁銀仰付け願

様奉願上候、以上

明和二酉年正月　　　　　　　　予州両御銅山師
　　　　　　　　　　　　　　　泉屋吉左衛門印

稲川八右衛門殿

右願書の添書

右者去申年九月、御年貢金銀十分一、歩判・小玉相納可申旨、被　仰渡候ニ付、予州別子・立川両銅山、買請米代銀・銅山運上銀・御山運上金等も、以来十分一歩判・小玉相加、上納可仕旨申渡候処、古来ゟ終ニ歩判・小玉相加上納不仕候、然共少々之儀ニ御座候ハヽ、御請可仕候得共、凡四百貫目程之銀高ニ御座候得者、十分一小玉之調達難相成、遅々仕候時者、上納ニ指支奉恐入候、何分当時迄之通ニ被　仰付被下度旨、書面之趣願出申候、依之吟味仕候処、四拾貫目と申小玉、急ニ者難相調趣紛無御座、上納ニ指支候而者、恐入候御儀ニ御座候間、是迄納来候通ニ被　仰付候様仕度、此段奉伺候、以上

　　　　　　　　　　　松平隠岐守内
　　　　　　　　　　　　稲川八右衛門印

酉二月

御勘定所

（御殿御勝手方　御役所　御判）如右八角之御印一ッ計ニ而、御連印無之候

右願書の御勘定所下知

御附札

書面予州別子・立川両銅山買請米代銀、幷銅山運上金銀之儀、十分一歩判・小玉銀難相納ニ付、是迄納来候通致度由ニ候、然上ハ可成丈ケ、歩判・小玉銀取立相納、尤連（御判）々相増候様可被取計候、以上

酉二月

二一　鬼ヶ城・葛川御林山の銅山方炭山引渡しにつき境界絵図と覚

葛川山の境界絵図

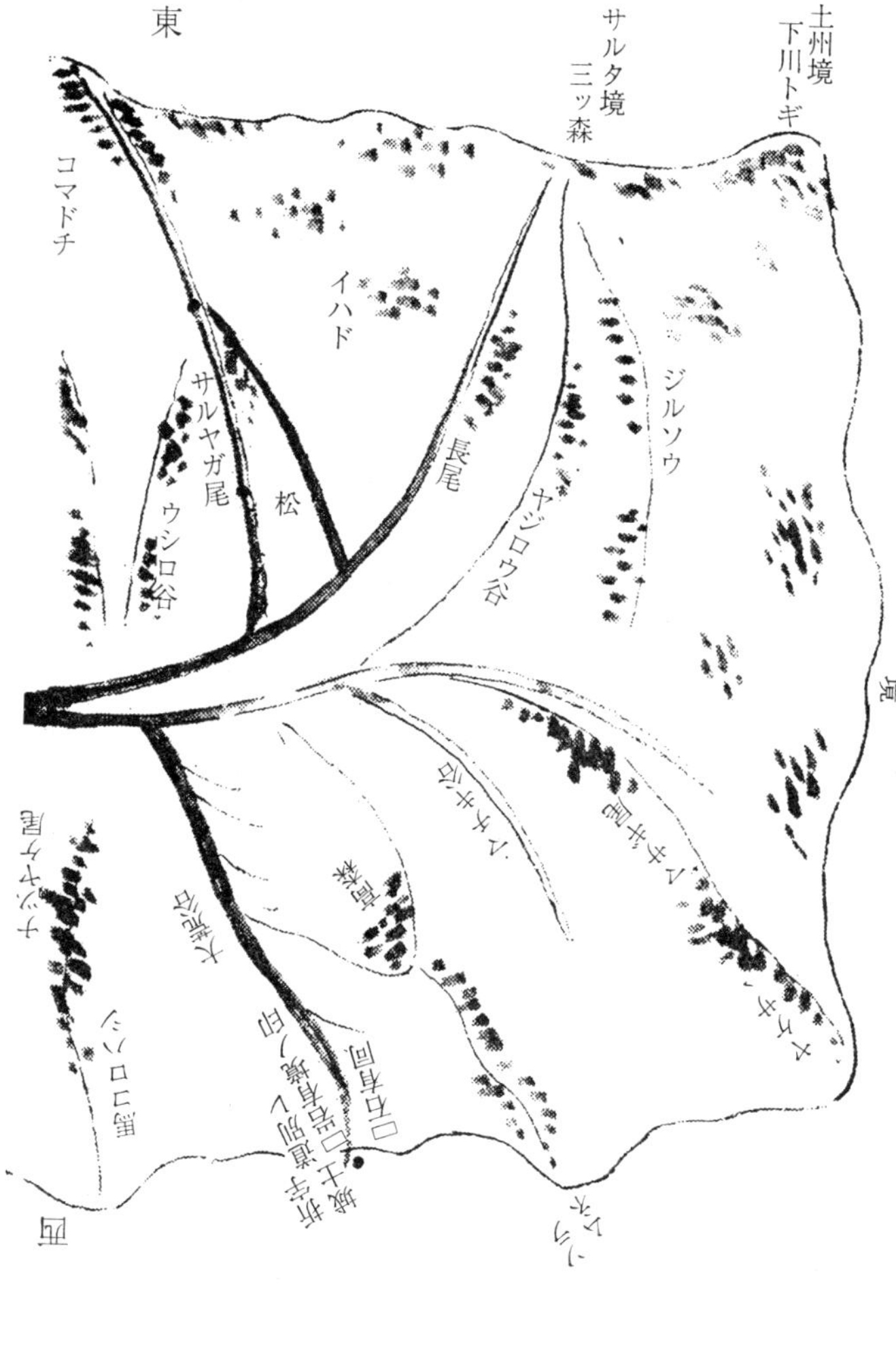

明和二乙酉年三月
◉朱筋境引
◉藍筋水
◉青ハ水
一墨筋尾
•此印炭カラミ石河原石
三品埋有之

○中村久蔵押切印　○庄屋八蔵印　○泉屋七右衛門印　○組頭平左衛門印　○組頭九郎右衛門印

絵図継手裏印

鬼ヶ城山の境界絵図

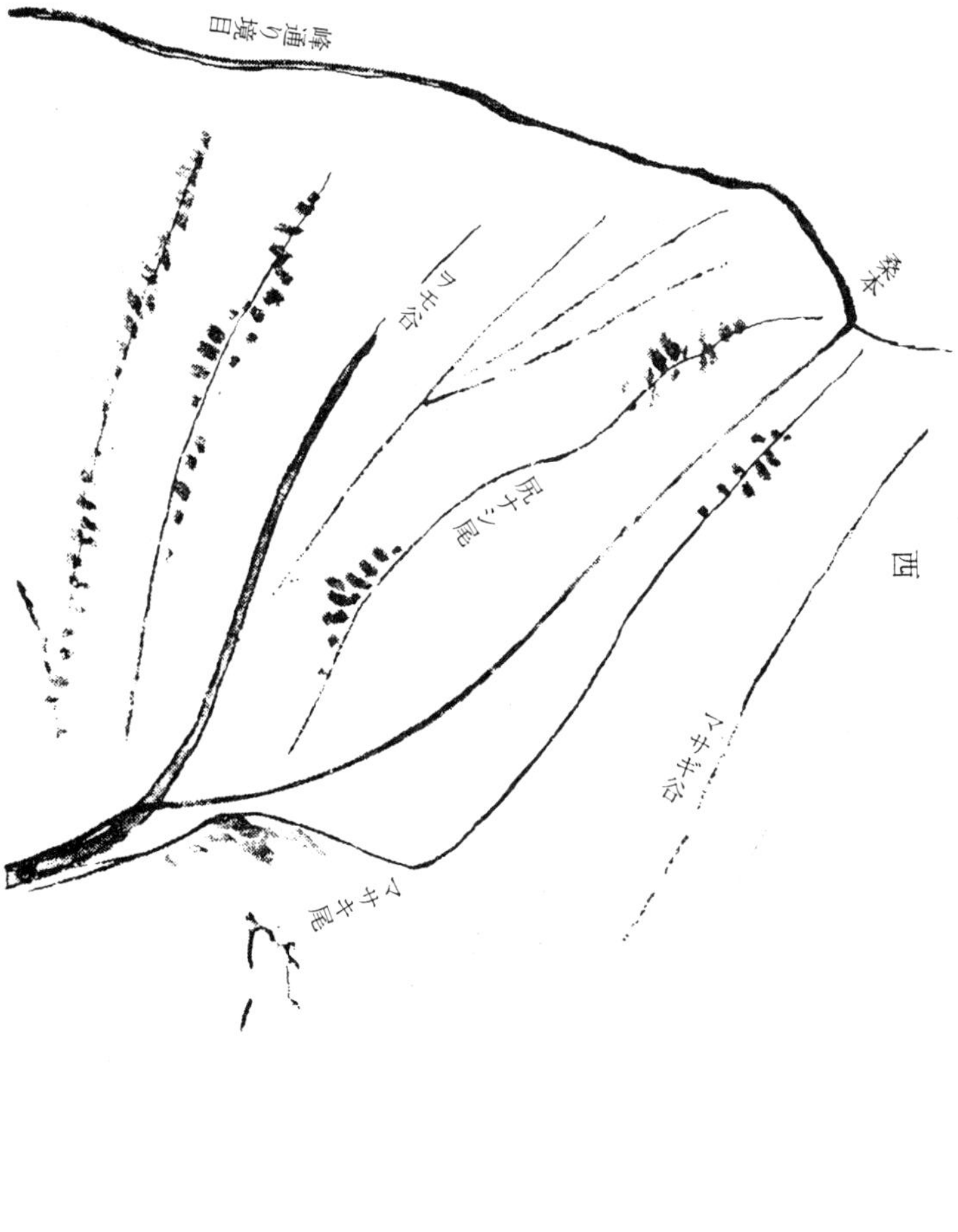

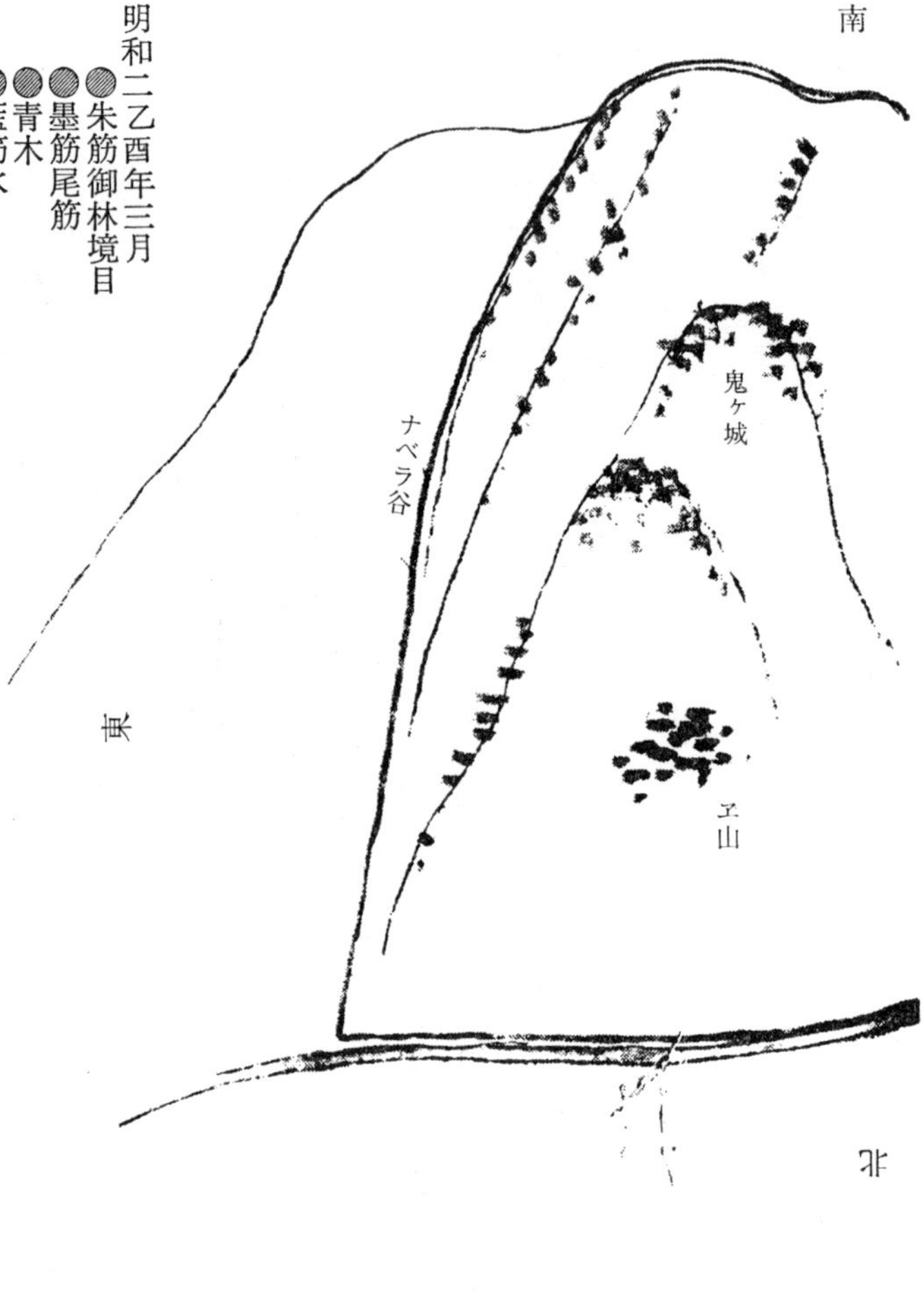

明和二乙酉年三月
●朱筋御林境目
●墨筋尾筋
●青木
●藍筋水

○西原多助押切印　○庄屋八蔵印　○泉屋七右衛門印　○組頭平左衛門印　○組頭九郎右衛門印
絵図継手裏印

右者宇摩郡津根山村鬼ヶ城・葛川山弐ヶ所御林、別子銅山炭山ニ奉願請候ニ付、御役人中御見分之上、境々朱引之通御引渡被　仰付、双方立会請取渡相済申候、為後證連印之絵図取為替置申処、如件

明和二酉年四月

宇摩郡津根山村庄屋
八　蔵印
同村組頭
平左衛門印
同
九郎右衛門印
別子銅山師泉屋吉左衛門代
泉屋七右衛門印
山守
長左衛門印

右之通立会相改申所、如件

中村久蔵印
西原多助印

右之通相違無之候、以上

右、引渡し覚

伊予国宇摩郡津根山村御林銅山方江御引渡覚

一鬼ヶ城山御林　長千八百間　横千弐百間　壱ヶ所
此反別七百弐拾町歩　但東西南北四ヶ所ニ傍（牓）示建之

一葛川山御林　長四千弐百間　横千八百間　壱ヶ所
此反別弐千五百弐拾町歩　但東西南北四ヶ所ニ傍（牓）示建之

右弐ヶ所御林、別子銅山炭山ニ奉願候、去申十二月願之通就被　仰付候、此度双方立会御林境目御見分之上、夫々傍（牓）示相建之、絵図相添御引渡被　仰付候上者、以来何之申分も無御座候、尤銅

山方稼、猥ニ伐荒不申様被　仰出之趣、奉畏候、仍而御請書差上申所、如件

津根山村庄屋
八　蔵印
同村組頭
平左衛門印
同
九郎右衛門印
別子銅山師泉屋吉左衛門代
泉屋七右衛門印

明和二年酉四月

西原多助殿

右者松山より下書被遣之ニ付、認出ス

二二　買請米払下げ願と下知

乍恐奉願上候覚

予州別子・立川両御銅山、当酉年買請御米、去年之通八千三百石御割賦被成下候趣、被　仰渡、難有仕合奉存候、御直段之儀者、例年之通国々所相場弐割安、代銀十ヶ月延納ニ被為　仰付被下候様、奉願上候、両山共御米之御救を以、可成ニ取続、数千之下財無恙産業仕、冥加至極難有奉存候、御引当家質之儀、御預り所江差上置申候、以上

明和二酉年

予州別子・立川両御銅山師
泉屋吉左衛門印

稲川八右衛門殿

右願書の添書

右隠岐守御預所、両銅山当酉買請米、去年之通別子江五千八百石、立川江弐千五百石、都合八千三百石御割賦被成遣候趣、申渡し候処、直段之儀者、例年之通国々所相場ニ弐割安、代銀十ヶ月延納ニ被　仰付被下度旨、願出申候、高之内伊予米七千三百九拾九石八斗五升弐合五勺ハ、所相

場壱石ニ付銀五拾六匁替、備中米九百石壱斗四升七合五勺者、所相場壱石ニ付銀六拾四匁五分弐厘五毛替ニ、弐割安之積を以、代銀取立可申候間、願之通被　仰付被遣可被下候、御引当家質之儀者、両山共御預り所江取付置申候、山稼之儀者、随分出精仕候様、常々申付置候、以上

酉十一月　松平隠岐守内
稲川八右衛門印

御勘定所

御附紙写

書面之御預り所予州両銅山買請米之儀、別子江五千八百石、立川江弐千五百石、合八千三百石、直段之儀者、伊予・備中国共所相場外弐割安之積り伺之趣、令承知候、於然者米八千三百石買請被申付、伊予米七千三百九拾九石八斗五升弐合五勺、米壱石ニ付銀五拾六匁、此外弐割安四拾六匁六分六厘七毛替、備中米九百石壱斗四升七合五勺、米壱石ニ付銀六拾四匁五分弐厘五毛、此外弐割安五拾三匁七分七厘壱毛替を以、米相渡候月ゟ十ヶ月延、代銀無滞取立之可被相納候、尤米相渡候ニ応シ家質取置、不納有之候ハヽ、家質取上ヶ候積り、入念可被申付候、断者本文有之候、以上

長　印
備後守印
日向守印
半左衛門印
御蔵出勤
与七郎
御蔵出勤
源太郎
五郎左衛門印
次郎兵衛印
理右衛門印
御殿詰助
久三郎
退出
平五郎

右出願の御勘定所下知

酉十二月

押切
理右衛門印

二三　銅山大雪、稼方中止の上申

乍恐御註進奉申上候覚

予州別子・立川両御銅山之儀、旧冬大雪降積り、難儀仕罷有候処、去ル九日辰刻より同十二日未刻迄降続、剰風烈敷罷成、諸方通路者勿論、人家出入等迄も難相成、依之稼方も一向相止、去ル十日より同十二日迄懈怠仕候ニ付、此段御届奉申上候、以上

明和三戌年正月

予州別子・立川両御銅山師大坂泉屋吉左衛門代
泉屋七右衛門

二四　買請米払下げ願と下知、及び銅山初発よりの上申

明和三戌年買請御米願書幷御聴済之扣

銘書
予州別子・立川両銅山買請米願書

松平隠岐守
御預所

乍恐奉願上候覚

予州別子・立川両御銅山、当戌年買請御米、去年之通八千三百石御割賦被成下候趣、被　仰渡、難有仕合奉存候、御直段之儀ハ例年之通、国々所相場弐割安、代銀十ヶ月延納ニ被為　仰付被下候様、奉願上候、両山共御米之御救を以、可也ニ取続、数千之下財無恙産業仕、冥加至極難有奉存候、御引当家質之儀、御預所江指上置申候、以上

明和三戌年十一月

予州別子・立川両御銅山師
泉屋吉左衛門印

右願書の添書

稲川八右衛門殿

右隠岐守御預所両銅山当戌買受米、去年之通別子江五千八百石、立川江弐千五百石、都合八千三百石御割賦被成遣候趣、申渡候処、直段之儀者例年之通、国々所相場ニ弐割安、代銀十ヶ月延納ニ被　仰付被下度旨、願出申候、高之内伊予米七千百三拾六石壱斗壱升壱合者、所相場壱石ニ付銀五拾壱匁五分、備中米千百六拾三石八斗八升九合者、所相場壱石ニ付銀六拾壱匁九分三厘替ニ弐割安之積りを以、代銀取立可申候間、願之通被　仰付被遣可被下候、御引当家質之儀者、両山共御預所江取付置申候、山稼之儀者随分出精仕候様、常々申付置候、以上

戌十一月　　松平隠岐守内　稲川八右衛門印

御勘定所

右願書の御勘定所下知

御附紙ニ

長　印　書面之御預り所、予州別子・立川両銅山買請米之
備　前　儀、別子江五千八百石、立川江弐千五百石、合米
日　向　八千三百石、直段之儀者定例之通、伊予・備中国
加役在勤　備　後　共ニ所相場外弐割安積り伺之趣、令承知候、於然
御用　与七郎　者右米八千三百石買請被申付、伊予米七千百三拾
源太郎　六石壱斗壱升壱合者、所相場壱石ニ付銀五拾壱匁
治郎兵衛　五分、此外弐割安四拾弐匁九分壱リン七毛替、備
無出座　平　七　中米千百六拾三石八斗八升九合者、所相場壱石ニ

久左衛門　　付銀六拾壱匁九分三厘、此外弐割安五拾壱匁六分
仁右衛門　　八毛替を以、米相渡候月ゟ十ヶ月延、代銀取立之
無出座
甚十郎　　可被相納候、尤米高ニ応家質取置、代銀不納有之
御用
平五郎　　候ハヽ、家質取上候積り、入念可被申付候、断者
　　　　本文ニ有之候、以上
　　　　　　戌十二月
　　押切
　　　仁右衛門

右願書ニ付、銅山開発ゟ之儀御尋被仰出候ニ付、稼方等之訳共申上候扣

銅山初発よりの上申

覚

一予州別子銅山之儀、元禄四未年後藤覚右衛門様御代官所之節、大坂泉屋吉左衛門奉請負候以来、今以相稼罷有候

一立川銅山之儀者、私領之節、金子村与一右衛門と申者山入仕、宝永元申年御料ニ相成、遠藤新兵衛様御代官所之節、京都糸割賦(符)之者請負相稼、享保十二未年ゟ大坂町人大坂屋久左衛門江譲渡、寛延元辰年迄同人相稼罷在候処、追年困窮仕相続難相成、同所町人泉屋理兵衛江譲渡之儀、願之通被　仰付、宝暦十二午年迄相稼候処、損銀相嵩ミ相続難仕由ニ付、御吟味之上泉屋吉左衛門江両山一手稼ニ被　仰付、当時相稼罷有候

一金百両、別子・立川両銅山御山運上壱ヶ年分ニ而御座候

一出銅高并銅御運上等之儀、別紙伺書写指上申候　付札此別紙伺書と申ハ、酉年銅炭御運上伺書之御證文を美濃紙帳ニ致写指出申候

一右出高在山役人貫目相改御運上取付、此代銀取立、大坂御金蔵江御預所より上納仕候、銅之儀者、長崎御用銅ニ吉左衛門ゟ相納候由ニ御座候、委細之儀ハ不奉存候

右御尋就被　仰付候、奉申上之候、以上

戌十二月　松平隠岐守内
福富市右衛門印

御勘定所

右御聞済、亥ノ正月十六日被仰出、菰田仁右衛門様ゟ右御連印之御附紙、御渡被遊候段、中橋より同十八日出廿五日着状ニ申来ル

二五　銅船の紀州廻米御用赦免願

忠七船、紀州御廻米を積み破船す
近年、御廻米御用で長崎廻銅差支え

乍恐奉願上候覚

御領分新居浜浦船持、忠七・庄五郎・十左衛門・仁右衛門船之儀者、別子・立川両銅山御用銅為積候ニ付、先年ゟ船造仕候節、銅山方ゟ船代銀貸渡、此造船を以数十年来之間、御用銅無遅滞積立方相弁来候儀御座候、然処去冬忠七船、紀州御廻米を積破船仕、其上去十一月下旬比ゟ早春迄、西北風頻ニ吹詰、差為登候銅船之分得下り込不申、旁以御用銅相滞申候、就中近年御廻米御座候ニ付、御用船ニ被為仰付、依之為登銅相滞、　御公儀様御用御差支ニ罷成、恐入奉存候、両山ゟ出候銅之分者、長崎御用銅ニ被　召上候御儀御座候、然処近来御用銅御差急ニ付、大坂於　御奉行所、厳被為仰付候得共、廻銅少ク弥以長崎御用御差支ニ付、去酉年従御江戸、御役人中様大坂表ニ御詰被為成、日々銅方御吟味被為　仰出候処、去冬者廻銅過半不足仕候ニ付、種々御詮儀（議）被為成候得共、海上風烈敷、通船難相成趣を以、早春ニ至御断申上居候趣共申越候、両山銅為登方

之儀、以来者月割ニ相成、万一遅々仕候時者、急度御咎可被仰出旨、厳重ニ被為　仰付候故、御請書指上置申候、前条奉申上候通ニ御座候間、銅船四艘之分者、御用船ニ被為仰付候御儀、御赦免被成下候様奉願上候、右之趣幾重ニも可然様、被仰上可被下候、以上

銅船四艘の赦免願

明和四亥年二月
別子・立川両御銅山師大坂泉屋吉左衛門代
泉屋七右衛門印
西条御領船木組御大庄屋
鈴木庄左衛門殿

右につき船木村大庄屋より新居浜庄屋への来状

船木村大庄屋より新居浜庄屋江来状之写

一筆申達候、然者此間泉屋より願書被差出候、大坂江積廻候銅差支候ニ付、紀州江御廻米忠七・庄五郎・十左衛門・仁右衛門船江御積せ候儀、御免被成下候様ニとの義申達候之処、願之通相済候間、御申通可被成候、右之通ニ候得共、是者常式ニ有之事ニ者無之候得共、万一急成御用等有之、右船之内居合候節者、被　仰付候儀も可有之候、如何様之儀ニ而も右四艘之内江者、御用不被　仰付候と御極被成候事ニ者無之候、此段無急度御通置可被成候、以上

右の赦免願聞届けるが、万一急の時には仰付

二月十九日
鈴木庄左衛門
新居浜浦
三郎左衛門殿

二六　買請米割賦の覚

亥十一月十三日出、江戸中橋ゟ申来候御割賦書付写

覚

亥年御割賦
一米三千三百弐拾弐石五斗四升　渡辺半助殿御代官所、伊予国納米
一同千百九拾石四斗六升　御同人御代官所、備中国納米

一同弐百石　　　　野村彦右衛門殿御代官所、備中国納米
一同三千五百八拾七石　　松平隠岐守様御預所、伊予国納米
〆八千三百石
右之通十一月十二日ニ被　仰渡候也

二七　買請米払下げ願と下知

予州別子・立川両銅山買受米願書
乍恐奉願上候覚
予州別子・立川両御銅山、当亥年買請御米、去年之通八千三百石御割賦被成下候趣被　仰渡、難有仕合奉存候、御直段之儀者例年之通、国々所相場弐割安、代銀十ヶ月延納ニ被為　仰付被下候様、奉願上候、両山共御米之御救を以、可也ニ取続、数千之下財無恙産業仕、冥加至極難有奉存候、御引当家質之儀者、御預所江指上置申候、以上
予州別子・立川両御銅山師
泉屋吉左衛門印
明和四亥年十一月
松平隠岐守
御預所
稲川八右衛門殿

右願書の添書

右隠岐守御預所両銅山、当亥年買受米、去年之通別子江五千八百石、立川江弐千五百石、都合八千三百石御割賦被成遣候趣、申渡候処、直段之儀者例年之通、国々所相場弐割安、代銀十ヶ月延納ニ被　仰付被下度旨、願出申候、高之内伊予米六千九百九石五斗四升者、所相場壱石ニ付銀五拾三匁七分、備中米千三百九拾石四斗六升者、所相場壱石ニ付銀六拾五匁八分九厘壱毛替ニ、弐

割安之積りを以、代銀取立可申候間、願之通被　仰付被遣可被下候、御引当家質之儀者、両山共
御預所江取付置申候、山稼之儀者、随分出精仕候様、常々申付置候、以上
松平隠岐守内
稲川八右衛門印
亥十一月
御勘定所

右願書の御勘定所下知
御附紙ニ
書面之御預所予州両銅山買受米之儀、別子江五千八百石、立川江弐千五百石、合八千三百石、直段之儀者、伊予・備中国所相場外弐割安之積伺之趣、令承知候、於然者米八千三百石買受被申付、伊予米六千九百九石五斗四升、米壱石ニ付銀四拾四匁七分五厘替、備中米千三百九拾石四斗六升、米壱石ニ付銀五拾四匁九分九毛替を以、米相渡候月より十ヶ月延、代銀取立之可被相納候、尤米相渡候ニ応シ家質取置、不納有之候ハ、、家質取上候積り、入念可被申付、断者本文ニ有之候、以上
亥十二月

長　印
備　前
備　後
日　向
与七郎
御用
源太郎
治郎兵衛
平　七
小十郎
御用
甚十郎
煩
仁右衛門

押切
小十郎

二八　銅山燈油値段の上申

子四月予州両御銅山御入用物之内、燈油直段等之訳御申上候書付写

隠岐守御預所予州別子・立川両銅山御入用物之内、運上改番所燈油、一夜八勺宛燈来候儀、外方御見合被成候処、御引合難被成、其上油直段魚油ニ而者直段も高直ニ思召候ニ付、御吟味被　仰渡、奉承知候

隠岐守御預所与州別子・立川両銅山、運上改番所有明行燈之儀者、一通り之明り方ニ而者相済不申、終日吹方仕、及晩刻ニ相仕廻、改番所江持出候ニ付、別而改之節燈真余計入相燈、銅斤目相糺帳面ニ印置、御運上銀取立候事故、右改之儀御大切之儀ニ付、外々有明行燈同様ニ者無御座、殊ニ高山故平日風当烈敷、旁少々油余計相燈申候、将又油直段之儀、魚油を遣来候得共、近辺ニ魚油出来不申、依之他所ニ而相調、新居浜と申所ゟ銅山迄道法五里余、嶮岨之難所運ひ上ケ候間、油ニ不限、諸色共運送之失脚有之、同油ニ而も外ゟ高直ニ付、伺来候直段ニ而者、結句所直段ニ引合不申、下直之方ニ御座候、然共前々引付を以伺来候ニ付、当時も同様ニ奉伺候間、此余相減候儀者難仕奉存候

新居浜より魚油運上げにつき高値

右御尋ニ付申上之候、以上

子四月

松平隠岐守内
矢田紋右衛門印

御勘定所

二九　銅山大雨、破損の上申

乍憚以書附申上候

別子・立川両御銅山、四月下旬ゟ五月下旬迄雨降続、剰同廿六日丑下刻ゟ大雨頻ニ降出、廿八日

申刻ニ至漸雨相止候得共、大洪水ニ付破損所左ニ申上候

一吹家

但床之内江山手ゟ泥水・砂石馳込候ニ付、不残床潰レ申候

一焼竈　弐拾壱枚

但鉑石焚込置候処、地形共不残押流申候

一鉑石壱万三千百貫目

但右焼竈江焚込候処、不残押流申候

一鋪役所

但三方之築地ゟ水土砂押込申候

一炭宿　壱ヶ所

但山手大築地四間余、押崩申候

一炭蔵　七ヶ所

但内壱ヶ所水・大石・土砂馳込候ニ付、半蔵炭押流申候、残六ヶ所者山手ゟ水押込、濡炭ニ相成申候

一炭弐万弐千貫目程

但右蔵ニ詰置候炭、幷山元ニ焼溜置候分、押流申候

一炭竈　三拾枚

但不残打潰シ竈台共押流申候

一炭焼居小家　拾四軒
但不残押流申候
一稼人居小家　拾五軒
但内三軒者地形・家共押崩流失仕候、其外屋根・垣廻り潰レ込申候
一諸方往来道橋、夥痛候ニ付、銅山ゟ麓幷炭山迄、通路数日相止申候
〆
右御見分被成下候通、破損所有之、稼方五月廿七日ゟ相止居申候、然共吹家普請、早々取立不相怠様被仰付、不取敢昼夜無間断、出情仕候得共、床之内江泥水・砂石馳込候ニ付、容易ニ難相調最中、吹床取立罷有候、且又長々雨天相続候上、大洪水ニ而鋪中江落水有之、大勢打掛水引上居候ニ付、鉑石上り方大減仕候、当月も普請成就仕候迄者、減銅仕候ニ付、旁以此段御届奉申上候、以上
明和五子年六月　泉屋七右衛門

三〇　買請米払下げ願と下知、及び早急渡方の上申

乍恐奉願上候覚
予州別子・立川両御銅山、当子年買請御米、去年之通八千三百石御割賦被成下候趣、被　仰渡、難有仕合奉存候、御直段之儀者例年之通、国々所相場弐割安、代銀十ヶ月延納ニ被為　仰付被下候様、奉願上候、両山共御米之御赦(救ヵ)を以、可也ニ取続、数千之下財無恙産業仕、冥加至極難有奉存候、御引当家質之儀者、御預所江差上置申候、以上

予州別子・立川両御銅山師
泉屋吉左衛門印

明和五子年十一月

稲川八右衛門殿

右願書の添書

右隠岐守御預所両銅山、当子年買請米、去年之通別子江五千八百石、立川江弐千五百石、都合八千三百石御割賦被成遣候趣、申渡候処、直段之儀者例年之通、国々所相場ニ弐割安、代銀十ヶ月延納ニ被　仰付被下度旨、願出申候、高之内伊予米六千八百五拾八石九斗八升六合ハ、所相場壱石ニ付銀五拾三匁五分、備中米千四百四拾壱石壱升四合者、所相場壱石ニ付銀六拾三匁七分五厘壱毛替ニ、弐割安之積を以、代銀取立可申候間、願之通被　仰付被遣可被下候、御引当家質之儀者、両山共御預所江取付置申候、山稼之儀者、随分出精仕候様、常々申付置候、以上

子十一月

松平隠岐守内
稲川八右衛門印

御勘定所

御附紙ニ

右願書の御勘定所下知

長　印
備　前
御用 備　後
日　向
御用 源太郎
御用 次郎兵衛
源五郎

書面之御預り所予州両銅山買受米之儀、別子江五千八百石、立川江弐千五百石、合八千三百石、直段之儀者、伊予・備中国所相場外弐割安之積り伺之趣、令承知候、於然者米八千三百石買請被申付、伊予米六千八百五拾八石九斗八升六合、米壱石ニ付銀四拾四匁五分八厘三毛替、備中米千四百四拾壱石壱升四合、米壱石ニ付銀五拾三匁壱分弐厘六

平兵衛　毛替を以、米相渡候月ゟ十ヶ月延、代銀取立之可
小十郎　被相納候、尤米相渡候ニ応シ家質取置、不納有之
弥左衛門　候ハヽ、家質取上候積り、入念可被申付候、断者
退出
十郎兵衛　本文有之候、以上

子十二月

押切
小十郎

右買請米、早急渡方につき上申

隠岐守御預所予州別子・立川両銅山、買請米　御割賦、先御米御渡方、近年及遅滞候間、毎度御催促被下候様、奉申上之、御下知有之候之処、就中今年殊之外遅成候ニ付、不得止事度々御催促被下候様、御伺申上、被為掛　御声被下候得共、兎角延々ニ罷成、既渡辺半十郎様元御代官所御渡米、当九月迄ニ漸御渡切、野村彦右衛門様御代官所御割賦御渡高、僕(僅カ)弐百石ニ御座候処、是以九月迄ニ御渡切被下候、ヶ様ニ御渡方遅々仕候而ハ、第一勘方帳・御勘定帳等仕立候儀相成不申、右帳面差上候差支ニ罷成、前々被　仰出候時候相後レ、掛り役人共甚奉恐入、迷惑至極仕候、去ル未年浅井作右衛門様御代官所、御渡米御延滞ニ付、御印状被成下、早速御渡切御座候、何卒以来三・四月迄ニ、急度御渡切被成遣候様、御下知被成下度、乍恐兼而此段奉申上候、以上

松平隠岐守内
矢田紋右衛門印

子十二月

御勘定所

三一　御勘定所役人の銅山見分

一明和六丑年、予州両御銅山幷御預り所共、長崎御交代之御序為御見分、御支配勘定水谷祖右衛門様・御普請役和田清助様、正月廿三日江戸御出立、二月六日御着坂、同十日大坂御出立、同

御預り所村々見分

月十六日予州川之江御着岸、翌十七日同所御滞留、同十八日ゟ御預り所村々御見分相済、二月廿八日角野村御出立、立川中宿迄御越被成候処、折節雨天ニ相成、中宿ゟ角野村江御戻り、其日者里方大雨、銅山大雪ニ而尺余も降積り、翌廿九日四ツ時快晴候得共、刻限相延候ニ付、角村(野)村ニ御滞留、翌晦日同所六ツ立ニ而御登山、銅山支配人半兵衛中宿ゟ御附添申上、途中ニ而御昼食指出、立川銅山稼跡并間府(符)口等御遠見相済、別子銅山江御移、鋪方江鳥渡御立寄、直ニ勘場江八ツ半時御着被成候

山内見分

一三月朔日山内御見分、翌二日風雨ニ而御滞留、同三日早朝銅山御出立、葛川山御遠見、津根山之内城師名ニ御止宿、同四日城師名御出立、鬼ヶ城山御遠見、夫ゟ別子山村之内鳴ル名と申所ニ御止宿、同五日同所御出立、別子銅山江御着、尤御見分ハ相済候得共、諸御用向者角野村・新須賀村御止宿ニ而御尋可被遊旨、被仰付候

一同六日早朝銅山御出立、角野村ニ御止宿、御登山共始終御賄方麁家具ニ而一汁一菜、勿論御上下共炭山御巡山迄、始終御歩行、用意駕ニも不及段、厳敷被仰渡候

一同七日早朝新須賀村江御移り、同日ゟ十一日朝迄同所ニ御滞留、日々御用向ニ而半兵衛御呼出、御尋之儀等具ニ申上、鋪明り絵図写、其外指上候書付類、左ニ記ス

銅船に乗組

一同十一日五ツ過、新須賀村御出立、新居浜口屋江御移、夫ゟ銅船ニ御乗組、桑村郡江御出帆被遊候ニ付、半兵衛御見送申上候事

三二　明和五年の銅山破損所入用の

子年破損所入用覚書

覚書

去子五月、両御銅山破損所御見分之上、右入用奉申上候様、被為　仰渡候ニ付、則左ニ申上候
一吹家拾七軒
但高弐拾壱間之内、四軒ハ未普請不仕候
此入用三貫七百八匁
内訳
一壱貫弐拾目
但昼夜三日、床焼候木壱万弐百貫目
一三百四拾六匁八分
但本床迄仕立候人足弐百四人
一壱貫四百七拾四匁七分
但床入石灰弐百三拾壱石弐斗
此炭弐千九百四拾九貫五百目
一三拾四匁
但土三千四百貫目
一八百三拾弐匁五分
但床焼炭千六百六拾五貫目
一焼釜弐拾壱枚地形共流失、未普請不仕候
一高サ壱間、長サ九間　　壱ケ所七枚

一高サ壱間、長サ拾間　　壱ヶ所九枚
一高サ壱間、長サ五間　　壱ヶ所五枚
〆
一流失銅壱万三千百貫目
此代弐貫八百八拾弐匁
一敷役所壱ヶ所
但三方築地長サ拾壱間、高サ弐間
此入用人足千三百拾五人
此代弐貫百四匁
一床鍋炭宿壱ヶ所
但山手大築地長サ四間、高サ五尺
此入用人足弐百四拾人
此代四百八匁
一炭蔵七ヶ所
此代四貫六百六拾目
内
一六ヶ所
但土砂馳込候、此濡炭干申候

此入用人足六百八拾人
此代壱貫弐拾目
一壱ヶ所
但普請入用人足・柱・茅、其外諸雑用
此代三貫六百四拾目
一銅山ニ而流失炭七千貫目程
此代三貫五百目
一炭釜三拾枚地形共流失
此代弐貫拾六匁
一炭焼居小家拾四軒流失
梁行弐間、桁行三間程
此代弐貫八拾目
一稼人居小屋拾五軒
内九軒未普請不仕候
歹(残)六軒繕普請
此入用壱貫八拾目
一立川ゟ炭山迄往来道橋
此入用七貫八百五拾五匁五分

内訳
一材木八百三拾本
代銀弐貫七匁五分
一板百五拾弐枚
代銀百弐拾四匁
一人足三千百八拾人
代銀五貫七百弐拾四匁
〆
合銀三拾貫弐百九拾三匁五分
右之通御座候、以上
丑三月
大坂泉屋吉左衛門代
泉屋半兵衛印

三三 予州別子・立川両御銅山仕格覚書
銅山の支配経緯

予州別子・立川両御銅山仕格覚書

一伊予国宇摩郡別子山村之内足谷御銅山者、元録(禄)四未年御代官後藤覚右衛門様御支配之節、大坂町人泉屋吉左衛門奉願請、当年迄七拾九ヶ年相稼申候、元禄五申年ゟ亥年迄四ヶ年、平岡吉左衛門様御支配、子年ゟ辰年迄五ヶ年之間、山木与惣左衛門様御支配、巳年ゟ子年迄八ヶ年之間、遠藤新兵衛様御支配、丑年ゟ享保六丑年迄十三ヶ年之間、石原新左衛門様・同新十郎様御支配、同丑八月より当年ニ至迄四拾九ヶ年、松平隠岐守様御預り地ニ而御座候

別子と立川銅山、抜合論所となる

一元禄八年亥四月廿五日別子銅山大和間符、立川銅山大黒間符と抜合論所ニ罷成、翌子年御検使秋山伊左衛門様・曲渕市郎右衛門様御登山、翌丑年於　御評諚(定)所、落着被仰付候

銅山への経路

一別子御銅山初入ゟ元禄十五午年迄、銅山入用飯米其外諸色、同国同郡天満村ゟ運上ケ、出銅も彼地江津出仕候得共、大難所之山道及十里、諸荷物度々手支迷惑仕候ニ付、午年御願申上、松平左京大夫様御領分、同国新居郡新居浜浦江通路仕候、御銅山ゟ立川山村中宿迄、山道大難所弐里半御座候、此道曽而牛馬通路無御座、立川村ゟ新居浜浦船津迄壱里半余、牛馬通申候得共、山道多御座候

銅山付の御林山

一別子御銅山入用炭、幷鋪内留木・鉑石焼木、初入ゟ御銅山近辺ニ而雑木被下置、伐取申候得共、別子山御林之内伐尽申候、依之別子山続一柳権之丞様御領分、浦山・津根山御林御銅山附ニ奉願上候処、御聞届被成下、御代官所ニ罷成、宝永七寅年ゟ追々御渡被為下候

銅運上

一銅御運上之儀者、ロ銅共出銅千貫目ニ付、百拾五貫四拾四匁弐分四厘八毛宛、此銅百貫目ニ付、代銀五百目宛之御定ニ而上納仕候

炭運上

一別子御銅山炭御運上之儀者、銅山初入之時分炭竈十ロニ付、銀三拾枚宛差上申候処、元禄十丑年山木与惣左衛門様御支配之時分、炭竈場所次第ニ遠山ニ成、御改方紛敷思召、丑正月ゟ炭拾貫入百俵ニ付、御運上銀拾三匁四分四厘宛ニ被為仰付候、元禄十四年巳ノ十二月遠藤新兵衛様御支配之節、十ヶ年炭御運上平均を以、鍛冶炭共出銅千貫目ニ付、炭御運上銀五拾弐匁弐分七厘六毛宛之御定ニ奉願候処、御吟味之上願之通被為　仰付候

銅山の炭山と炭宿

一別子御銅山炭山之儀者、別子山幷津根山・浦山御林之内、雑木之分元禄四未年ゟ享保三戌年迄

二十八ヶ年之間、御料御林山ニ而炭・焼木等諸仕成仕候ニ付、炭御運上年々指上来候通御座候、
右御林山道法東西凡五里半、南北三里程、所ニより弐里半又ハ弐里之場所も御座候、遠山之分
者御銅山ゟ壱里半計下り、別子(山)村之内弟地と申所ニ中宿を建置、其余最寄候場所ニも宿を建、
炭諸成取越申候

弟地炭中宿

土州の炭山

一右二十八ヶ年之間、炭木・焼木ニ伐尽し、銅山最寄之御林無之ニ付、土州御領分林山買請、炭・材木共仕成取越シ申候、是以遠山難所ニ御座候故、二継ニ仕、御銅山江運送仕候、他領炭之分者員数御改を請、御運上銀御赦免奉願候処、被為　聞召分、御運上差上不申候、右炭木山、享保四亥年ゟ宝暦四戌年迄三拾六ヶ年之間、諸仕成取尽申候、其後者又々御料御林山ニ而伸立候分仕成候得共、曽而小木ニ而吹炭甚手支仕候ニ付、其節御断申上、土州浅谷山買請、諸仕成取越申候処、是以仕成尽候故、去ル申年奉願、葛川・鬼ヶ城之両山ゟ炭諸仕成取越、銅吹立申候、依之御運上銀年々差上申候、御料跡山江者番人大勢付置、諸木生立セ申候、尤右御両林山ヲ加へ、東西七里余ニ成申候

土州浅谷山を買請

拝借金と買請米の発端

一元禄十五午年遠藤新兵衛様御支配之節、吉左衛門江戸江御召下、長崎御用異国渡銅御不足ニ付、別子御銅山出銅増益之儀、存寄可奉申上旨被為　仰付、委細書付を以奉申上候処、御吟味之上、拝借御金五千両并予州・備中・備後御物成米之内、御米六千石宛毎年買請被為　仰付、右御蔭を以、御銅山仕入丈夫ニ仕、諸働人江前貸銀等相渡、人数相集候、右拝借御金者、享保十一午年迄ニ返上納仕候、買請御米之儀者、当時五千八百石宛被為　仰付候

鉉捜し普請の拝借米

一享保十五戌年別子御銅山数十年相稼、深鋪ニ罷成、本鉉取失、殊更水強難儀至極奉存、鉉捜大

水抜等普請為　御赦（救カ）、御米九千石拝借奉願候処、御吟味之上被為　仰付、難有仕合奉存候、依之鋪内普請・鋐捜等成就仕候而、唯今迄無懈怠相続仕候、右御米返上納之儀者、九ヶ年之間一ヶ年ニ千石宛、毎歳買請御米御直段之積を以、上納仕筈被為　仰付、元文五申年迄ニ皆上納仕候

立川銅山の由来

一伊予国新居郡立川山村之内長谷御銅山者、百余年以前一柳監物様御領地之節始相稼、其以後中絶仕有之候所、松平左京大夫様御領ニ罷成候砌、右御領金子村之者願請、元録（禄）五申年ゟ同巳年迄十ヶ年之間相稼、同年四月ゟ京都糸割賦（符）仲間奉請負、宝永元申年ゟ御料ニ罷成、凡二十七ヶ年程稼候由、享保十二未十月右御銅山師ゟ大坂屋久左衛門江譲渡、二十二ヶ年之間相稼候処、百五拾余年稼旧シ深鋪ニ罷成、追年失却相増身上困窮仕、御山相続仕兼、御上納金三千五百両相滞候分、寛延二巳十二月請負人泉屋理兵衛江被為　仰付候ニ付、右滞金引請皆上納仕、宝暦十二午年閏四月迄十四ヶ年之間、相稼申候

別子・立川銅山の一手稼行

一立川御銅山右年限之間、泉屋理兵衛相稼罷有候処、追年損銀相嵩相続仕兼候ニ付、泉屋吉左衛門方江譲渡申度段申ニ付、双方ゟ奉願上候処、宝暦十二午年閏四月願之通御聞済被　仰出、別子御銅山之歓喜間符と申古鋪ゟ掘通シ、立川御銅山之鉑石別子山内江運出シ、両山鉑石一緒ニ焼吹仕候

立川銅山の銅炭運上

一立川御銅山銅炭御運上之儀者、御料ニ罷成候節ゟ別子御銅山御定之通、差上来候御事

立川銅山の炭木山

一立川御銅山銅吹炭・鋪内留木・矢木等、立川御銅山付御林山ニ而、御用ニ不立雑木被下置、先々御銅山師伐尽候ニ付、大坂屋久左衛門稼之内、西条御領吉井谷崎山・土佐御領山も数ヶ所買

請、炭木諸仕成取越、御運上銀之儀者、先々山師之節ゟ御他領江差出申ニ付、御赦免被成下候、其後泉屋理兵衛相稼候節ゟ、御料山大永山ニ而生立候小木伐取、銅吹炭仕成申ニ付、此御運上銀者、前々御定之通指上候処、宝暦十二午年迄ニ炭仕成尽申候

立川銅山の御林山

一立川御銅山御林山之内ハ、先々御銅山師伐蕪シ候ニ付、諸木曾而無御座候、右御銅山泉屋理兵衛ゟ譲請以来、所々ニ番人大勢附置、小苗生立セ申候、右御林山道法銅山元ゟ、東ハ浦山境迄凡四里程、西者吉井境迄凡三里程、尤西吉井境と申ハ、西条御領・土佐御領・御料分三方之境目ニ而御座候、南北一里半、又者所ニ依壱里之場所も有之候

立川銅山の買請米高

一立川御銅山買請御米之儀、先々御銅山師江四千石より六千石迄買請被為　仰付候之処、泉屋理兵衛奉請負候後者、押而御減石被　仰出、当時吉左衛門奉請負候而も弐千五百石宛買請被為　仰付候御事

立川銅山水抜普請の拝借米

一立川御銅山大坂屋久左衛門稼之内、寛永間符・太(大)平間符切継水抜仕替普請為入用、拝借奉願候処、御聞届之上、元文元辰年例年買請御米之外、五千石拝借被為　仰附、翌巳年右御米石数請取、午年ゟ一ヶ年ニ五百石宛返上納之御定ニ而、十ヶ年賦ニ被為　仰付候

銅山の山手金

一両御銅山為御入用、御運上銀之外、別子御銅山より金五拾両、立川御銅山ゟ金五拾両宛、毎年差上来候御事

間符跡の処置

一鉑石を掘出候間符之内、から穴ニ成候処へ者、次第ニ材木を立並、穴之内潰レ込さる様ニ仕候

銅山の水抜き

一別子・立川両御銅山共年旧ク相稼、鉑石夥掘出シ、以之外深鋪ニ罷成、土層ゟ涌水頻ニ相増候ニ付、昼夜無間断人夫大勢相懸り、樋ニ而引上申候

此樋別子百九拾弐挺 立川百九拾八挺
但長サ壱丈ゟ壱丈弐尺迄、内法四寸四方ニ御座候

別子銅山の間符

一別子御銅山間符拾ヶ所
一歓喜間符　但此鋪ゟ立川御銅山江掘抜、同所鉑石別子御銅山へ運上ケ、焼吹仕候
一歓東間符
右弐ヶ所唯今相稼申候、此外当時稼不申間符八ヶ所
一大和間符　一天満間符
一中西間符　一床屋間符
一自在間符　一東山大水抜
一東山間符弐ヶ所

立川銅山の間符

一立川御銅山間符四ヶ所
一大黒間符　但鉄格子御封印相建候間符ニ而、不絶普請等仕、当時相稼候都間符、風廻ニも相成り申候
一都間符　但此間符ゟ掘出候鉑石、宝暦十二午ノ年閏四月より、別子一手稼ニ被仰付候ニ付、別子御銅山歓喜間符鉑石運上申候、此口唯今ニ而ハ、鋪中風廻道ニ相成申候
一大平間符　但此間符者、都間符ゟ涌水樋ニ而、引捨候水通ニ相成申候
一寛永間符　但立川御銅山旧山ニ罷成、土底深ク追年涌水相増候ニ付、右大平間符水通之遙下手ゟ、先々山師切掛有之、於于今無油断、普請仕罷在候得共、抜合不申候
右之外両御銅山共、水抜・風廻り口数ヶ所御座候、風廻と申者、間符之内一ツ之穴ニ而掘下り候而者、風之通ひ無之、火燈り不申故、穴を二重ニ仕、所々切合、風道拵申候、鋪内昼夜之燈

螺燈に鯨油

火者、栄螺がらニ鯨油を入、引綿を燈身(芯)ニ仕候

鉑買

一鉑石百貫目ニ付、此銅五・六貫目ゟ八・九貫目程宛ニ成申候、尤鉑善悪ニ依り不同御座候

一間符口ニ役所を建、山小家と申候、此所ニ而掘子共ゟ鉑石を買取、銅気無之石者、下財之妻子共ニ撰捨させ、幷右鉑石を細に砕せ申候

焼鉱

一焼竈江砕候鉑石千貫目焚込候時者、焼木三百貫目より四・五百貫目程迄入申候、日数三十日程過候而、火気得と醒(冷)候を床屋江取越、吹立申候

鉑吹

真吹

一床屋之儀、右焼鉑を初ニ吹候を鉑吹と申候、鉑吹壱軒ニ吹大工壱人・手伝五人、都合六人掛り申候、此床屋ニ而吹立候を鈹と申候、次ニ此鈹を正味之銅ニ吹立申候を真吹と申候、真吹壱軒ニ吹大工壱人・手伝三人懸り申候、如斯吹方両度仕候故、炭大分入申候、銅千貫目ニ付、炭凡三千八百貫目余入申候

一鉑石出方、両銅山ゟ一日ニ三千五・六百貫目ゟ四千八・九百貫目程宛上り申候

一焼釜弐百七拾枚

但板葺ニ而雨覆仕候

一床屋弐拾壱軒

但鉑吹拾壱軒、真吹拾軒

鉑吹で鈹と床尻銅

一鉑吹一仕舞ニ、焼鉑四百八拾貫目を六吹ニ仕候、此出来鈹七・八拾貫目ゟ百貫目位迄、床尻銅壱貫目ゟ弐・三貫目迄出来仕候

真吹で荒銅

一真吹一仕舞ニ、鈹百貫目吹立申候、此出来銅三拾貫目より四拾貫目余迄、鈹善悪ニ依不同御座候、銅数拾枚より拾三・四枚迄御座候

一御番所六軒
　　但御上役御三人、御下役御三人
一炭蔵拾五ヶ所
一銅蔵壱ヶ所
一米蔵弐ヶ所
一諸物蔵七ヶ所
一勘庭壱ヶ所
　　但此所ニ而働人共へ、飯米・諸色売渡申候
一山小家壱ヶ所
一床屋役所壱ヶ所
　　但此所ニ而出銅御改被成候、并焼木買入、焼竈焚方支配仕候
一炭役所壱ヶ所
　　但此処ニ而、炭中宿ゟ取上候炭御改被成候
一下財小家三百三拾五軒
　　但炭焼其外中持人足者、銅山之外ニ小家在之候
一別子村之内炭中宿弐ヶ所
　　但御銅山付御料山・御他領山ゟ、焼出候炭、并板・柱買入候所
一同所蔵拾五ヶ所

一立川中宿一ヶ所
但此処ニ而、飯米・諸色中持人足へ相渡、銅山江運上候
一立川蔵七ヶ所
一新居浜口屋一ヶ所
但此処ニ而、飯米・諸色買入、幷出銅船積仕候
一同所蔵七ヶ所

稼人数

一諸働人男女凡四千九拾人
内九百人余者、寄人ニ而宗門除ク
右之内妻子持、又者独身之者も御座候
一四百九拾壱人　掘子
但是ハ鉑石掘上ケ、幷鋐捜切セ申候
一四百五拾五人　水引
但昼夜鋪江下り、涌水引上申候
一百弐拾九人　得歩引
但鋪内江板・柱を下、幷普請之手伝仕候
一拾三人　鍛冶
但是者鉑石を掘候たがね、幷鎚を拵申候
一九拾人　鉑持

但是者山小家ゟ鉑石を焼釜所江持運、又焼鉑を床屋江持運候

一四拾五人　吹大工

一百八拾五人　吹手子

但是者銅吹大工手伝、鞴をさし申候

一四百三拾弐人　砕女

但是ハ働人之妻子ニ而御座候、鉑石を砕、床屋ニ而吹捨候内、銅気有之候物拾ひ申候

一五百三人　焼木伐

一弐百七拾四人　炭焼

一四百四拾八人　同手子

但炭焼壱人ニ手伝壱人、亦者弐人も遣ひ申候

一三拾人　鍛冶炭焼

一三百六拾人　立川中持

但是ハ飯米諸色持上、銅を下申人足

一弐百五拾人　炭中持

但是ハ炭中宿ゟ銅山へ、炭持運候人足

一百十人　木挽幷板・柱中持

一八十人　商人薪樵

但是ハ山内住宅仕候、其外里方通商人数多御座候

一八拾人　　　　　　　　　　　日雇
　但是ハ山内道橋普請諸用を相弁候人足
一百拾五人　　　　　　　　　山師家内
一馬六拾六疋
　但新居浜ゟ立川江、飯米・「諸」(朱書)荷物上ケ、銅津出仕候
〆
一惣入用飯米一ヶ年凡壱万三千石内外
　但働人壱人ニ付、一ヶ月ニ米弐斗五升ゟ三斗五・六升入申候
　飯米之外野菜・薪等迄、米ニ而代替申候

三四○　銅山鉑石一○○○貫目の諸入用覚

予州銅山
　鉑石千貫目諸入用覚
一鉑石千貫目ニ付　　　　　代弐百弐拾目
一鉑撰賃并砕候場所へ運賃　代弐匁
一鉑石砕賃　　　　　　　　代三匁六分
一焼竈へ運賃　　　　　　　代六匁
一焼木三百五拾貫目　　　　代三拾五匁
一焼込日用賃　　　　　　　代五匁弐分
一焼鉑床屋江運賃　　　　　代六匁

一　鉑吹賃　　代弐拾五匁三分
　但焼鉑四百八拾貫目を、一日ニ六人して吹立申候
一　右入用炭凡三百拾貫目程　　代百五拾五匁
一　真吹賃　　代拾五匁八分
　但此鈹百八拾貫目程
一　右入用炭六拾三貫目程　　代三拾壱匁五分
一　床入用土弐百四拾貫目　　代弐匁六分
一　五拾八匁壱分
　但御運上幷御山手金、其外浜手運上
一　拾三匁四分
　但銅下駄賃幷為登船賃
〆銀五百七拾九匁五分
外百七拾六匁壱分
　但水引・得歩引・鉉捜、其外諸入用
二口合銀七百五拾五匁六分
右之通ニ御座候、以上
　丑三月　　泉屋平兵衛印

三五　予州銅山鋪中・炭山の御答書

予州銅山
鋪中炭山御答書

一 葛川・鬼ヶ城山、今八ヶ年程仕成候諸木御座候、右両山仕成尽シ候者、前々炭ニ焼候跡山ニ而伸立候分、吹炭ニ仕成候積ニ御座候得共、小木ニ而炭嵩出申間敷、其節者他国炭買入、吹立可申外無御座候

植林

一 炭仕成候跡へ植木之儀、被為　仰附候得共、右跡山江者番人大勢附置、小苗生立候様鎌留仕罷在候、尤松など植付見候得共、深山ニ而土地ニ合不申哉、一向生立不申候

一 両御銅山共年旧ク相稼、夥鉑石掘出シ、追年鉉筋細ク罷成候、当時之趣ニ而相考候時、譬者十ヲ之物ニ候得者、六歩余も取尽候趣ニ相見へ候得共、土中之儀明日も難計奉存候

右之通御座候、以上

丑三月　　大坂泉屋吉左衛門代
　　　　　泉屋半兵衛印

三六　予州銅山諸賃銀の覚

予州銅山
諸賃銀之覚

一 新居浜

一 銅壱丸為登船賃　　壱匁壱分
　但拾六貫八百目、此斤百五斤

一 立川中宿迄上ヶ駄賃　　六分三厘

一 大坂ゟ下り船賃　　其品見合

一諸方運賃幷口銭　湊ニ依り高下有之

一立川

一銅山へ上荷拾貫目ニ付　壱匁三分

一銅山ゟ下荷拾貫目ニ付　九分

一新居浜へ下荷賃　六分

一銅山

一鉑石拾貫目ニ付　弐匁弐分

一一ト番水引賃　壱匁壱分

但一度鋪へ下り候を一番ト申候

一得歩引賃一ト番　五分ゟ壱匁迄

一鉑石砕賃百貫目ニ付　三分六厘

一拾ひ物拾貫目ニ付　八・九分ゟ壱匁四・五分迄

一鉑撰賃　六・七分

一一ト番かね切賃　壱匁五分

一山切賃　壱匁壱分

一山留一人前一ヶ月　六拾七匁

一山留手伝一人前一ヶ月　五拾七匁

一鉑持賃百貫目ニ付　六分

一焼鉑持賃百貫目ニ付　六分
一竈大工給一ヶ月　五拾壱匁
一竈大工手伝一ヶ月　四拾五匁
一焼木拾貫目ニ付　壱匁
一鉑吹
　一大工　弐匁六分五厘
　一手子　壱匁九分
一真吹
　一大工　弐匁五分
　一手子　弐匁壱分
一土百貫目ニ付　壱匁壱分
一炭拾貫目ニ付　五匁
一弟地炭宿ゟ上駄賃　七分
一床なべゟ上駄賃　壱匁
一同所江銅山ゟ下ヶ駄賃　七分
一板壱丈ニ付　八匁壱分
　但長壱間板、厚サ七・八歩ニ而、幅壱丈之積り
一樋板百枚ニ付　百四拾目

一柱壱本ニ付　弐匁四・五分
　但弐間壱尺
一矢木百枚ニ付　九匁
一辛身板百枚ニ付　弐拾壱匁
　但長壱尺三寸、幅六寸、厚サ壱寸
一枌板拾間ニ付　八匁四分
一家大工　弐匁五分
一日用　壱匁七分
右之通ニ御座候、已上
　丑三月
大坂泉屋吉左衛門代
泉屋半兵衛印

三七　銅山師下代人数、並に役付覚

御銅山師下代人数幷役附覚
一新居浜口屋詰
元〆　彦兵衛
銀役　新右衛門
　　　半七
帳面方　政助
　　　文右衛門
荷物方　庄八

伊十郎
買物方　忠八

一立川中宿詰
〆
頭役　五郎右衛門
銀役　紋右衛門
荷物方　文兵衛
本右衛門
市郎兵衛
銅蔵役　唯七

一間符役所詰
〆
頭役　治兵衛
鉑買　武右衛門
水引方　助右衛門
得歩引方　彦七
帳面方　源六
惣兵衛
弥兵衛
鉑砕方　数右衛門

一 床屋役所詰

〆 頭役 弥次兵衛

吹方改役 覚兵衛

武兵衛

文四郎

和平

焼釜方 林右衛門

安右衛門

炭役 左兵衛

一 弟地炭宿詰

炭改方 三平

菊右衛門

一 床鍋炭宿詰

頭役 又兵衛

炭改方 嘉兵衛

伊助

久米右衛門

帳面方 丈助

由助

用助

一勘庭詰

〆
銅山惣支配　半兵衛
元〆　市兵衛
勘定役　常右衛門
銀役　繁右衛門
荷物方　藤兵衛
　杢右衛門
帳面方頭役　清右衛門
入目方　市郎右衛門
帳面方　覚右衛門
　源七
　由右衛門
　茂兵衛
　孫兵衛
銅蔵役　林蔵
　弁右衛門
〆五拾四人
外ニ子供

惣七
長四郎
安太郎
庄太良
太喜助
広七
虎市
忠次郎
藤太郎

〆九人

〆六拾三人

右之通ニ御座候、以上

丑三月

大坂泉屋吉左衛門代
泉屋半兵衛印

三八 明和五年の破損道橋の覚

子ノ年破損道橋之覚

一橋七ヶ所

内

一おとし橋

但はね橋
一二本橋
但はね橋
右二ヶ所立川中宿ゟ銅山迄
一銅改役所門橋
但地形ニ成ル
一床前渡シ橋
但はね橋
右弐ヶ所銅山
一高橋
但はね橋
一鳴名橋
但弐本木渡シ
一落合橋
但はね橋
右三ヶ所銅山ゟ葛川山迄
一道筋普請場所〳〵
但

長サ凡弐百六拾間余
高サ凡三尺ゟ五・六間迄
幅凡三尺ゟ四尺位
右之通ニ御座候、已上
丑三月　泉屋半兵衛

三九　銅貫目改の書付（本叢書「別子銅山公用帳」一番の記事四三参照）

元録(禄)十二卯五月二日指出候書附之写
以書附奉願候御事
一銅御改之儀、前方ハ風躰縄(袋、以下同じ)壱秤ニ而、五百目宛御引被下候処ニ、去寅十月ゟ直掛ニ被仰付、大分欠立申ニ付、御了簡之上被仰上、風躰六百目宛御引被下、於于今直掛ニ御改請申候御事
一右銅之義、真吹銅者水ニ冷シ申ニ付濡居申、床尻ハス灰多付候故、干シ候得者、大分欠立迷惑仕候ニ付、去寅十一月御願申上、御吟味被遊候所、真吹銅六拾八貫目内ニ而五貫八百目欠立、床尻銅拾弐貫百目内ニ而六百目欠立申候御事
一右御改御覧被遊候通、大分減申物ニ而御座候間、何とそ直掛銅壱秤ニ付、壱貫弐百目宛減代御引被遊被下候様、奉願候御事
右之通ニ御座候故、毎日銅大分欠立迷惑仕候間、御慈悲之上、願之通被仰付被下候者、忝可奉存候、以上
元録(禄)十二年卯五月二日　泉屋平七

矢部丈助殿
今西藤蔵殿
花房丈右衛門殿

予州別子足谷銅山銅貫目改候義、去秋ゟ直掛ニ成候ニ付、風袋引候様ニと願出候ニ付、一秤ニ付六百目引遣候様ニと申遣候処、減代引不申、致迷惑候、銅山師方ゟ願書差出候故、其方共吟味之上被申越、猶又山師此度願出候、然上者凡銅弐拾五貫目一秤之内六百目ハ風袋、壱貫目ハ減代之積、真吹・鉑吹共右之積を以、銅貫目軽重ニ応シ、向後秤目可遣引之者也

卯七月十八日　山与三左衛門（山木与惣左衛門）印

矢部丈助殿
今西藤蔵殿
花房丈右衛門殿
神波彦大夫殿

四〇　長崎御用銅御定高の減銅願と尋問

寛延三年、御用銅値段の引下げ仰付

宝暦四年、菅沼長崎奉行へ値増出願

乍恐以書附奉願上候

予州別子・立川両御銅山出銅、古来ゟ長崎　御用銅ニ奉売上候、然処寛延三午年、　松浦河内守様抜群御直段下ヶ被　仰付候ニ付、山方元直段ニ引合不申、難儀仕候趣、御歎奉申上候得共、先ツ二・三ヶ年奉売上候ハヽ、追而御了簡御附可被下旨、被　仰渡候ニ付、無是非御請奉申上候、其後毎歳御直段増之儀、長崎　御奉行様江奉願上候処、宝暦四戌年十月、　菅沼下野守様御通駕

之砌、直増願之儀、尤ニ者被為　思召候得共、外銅山江障り候儀故、　御聴済難被遊候、乍然秋田・南部と違ひ、　御料所之儀ニ付、銅山普請料銀三百貫目拝借、幷ニ御褒美銀拾五貫目宛可被下置候間、御定数四拾弐万斤之外、三拾万斤相増、都合七拾弐万斤宛可奉売上旨、被　仰渡候、依之毎歳七拾弐万斤宛奉売上候儀、山方元直段ニ引合不申候得共、普請料拝借・御褒美銀迄被下置候儀、難有奉存、先ツ一両年之儀者、右拝借幷御褒美銀之御蔭ニ而可奉請負旨、其節書附を以御請奉申上候、其後御直増御減銅之儀、毎歳奉願上候得共、御取上ヶ無御座候故、年来山元ニ仕入置候有物も近年遣ひ切り、追年及困窮、仕入銀ニ必至と差支候ニ付、去ル申年御直増・御救銀・御減銅之儀、奉願上候得共、右三段之願者外銅山響ニも相成、御取上難被成下旨、同年六月被　仰渡、願書御下ヶ被遊候、乍然御料所銅山之儀、殊ニ是迄　御用銅無遅滞相納、且ツ年来奉願上候趣も有之儀ニ付、相応之御手当銀等奉願候者、御貸渡可被遊間、拝借銀高返上納之了簡仕、可奉願上之旨被為　仰渡、重々　御慈悲難有奉存候、然共銅山仕入之訳者、切地・鋏延・水抜・風廻シ等之諸普請、幷ニ矢木・留木・諸材木・炭木・人夫、其外諸仕入ニ仕、年々消行候仕入ニ而御座候、依之拝借金者返上納之手当ニ貸付置、其利足を以、右躰之諸仕入ニ仕候之儀ニ御座候得者、若シ貸付方滞候而者、身上沽却可仕外無御座候之故、乍恐拝借金之儀者、其節不奉願上候、乍去此上仕入相後レ候而者、鋪中破損所多ク、近年之内ニ者自然と荒山ニ相成、其節ニ至候而者、如何程之御憐愍を以、御手当被成下候而も、最早以前之御銅山ニ者不相成、永荒ニ罷成候儀、重々奉恐入候ニ付、　御救之御手当奉願上候処、被為　聴召分、先年ゟ為御褒美、一ヶ年ニ御銀拾五貫目宛被下置候分、此後十ヶ年分御銀百五拾貫目、去ル酉年御前借被為　仰付、御慈悲難有奉

右同年、御用銅高三〇万斤増額の七二万斤仰渡

申年（明和元）、値増銀・御救銀・減銅を出願の所、願書下戻し

御手当銀の貸渡

酉年（明和二）、御手当銀一〇か年分の前貸仰付

一八年以前の棹銅代銀一〇〇斤につき一八〇匁

その後の値下げ代銀一〇〇斤につき一三九匁四分八厘

申年（明和元）、一か年二八八貫目の御救手当銀を出願の所、不採用

亥年（明和四）、新見長崎奉行大坂通駕の砌、減銅出願

御用銅高七二万斤の内三〇万斤減銅願

存候、御蔭を以是迄取続、　御用銅御定数無滞奉売上候、然共十八年以前之御直段者、御棹銅百斤ニ付凡平均代銀百八拾匁替程ニ相当候、其後御直下ヶ之代銀百三拾九匁四分八厘ニ而差引仕候ヘハ、御定数七拾弐万斤ニ付、壱ヶ年ニ凡銀弐百八拾八貫目程宛損毛ニ罷成候間、十ヶ年之御褒美銀御前借之分ニ而者、一ヶ年之償ニも引合不申、此節ニ至御銅山仕入必至と差支、難儀仕候間、何分壱ヶ年ニ御銀弐百八拾八貫目程宛、　御救御手当奉願上度候得共、去ル申年御取上無御座候故、奉恐入此御願者奉申上兼候、然共御銅山仕入相後レ、追年出銅減少仕候得者、終ニ者御山稼荒シ、百年来之山業ニ相放レ、数千之稼人流浪仕候義、歎ヶ敷奉存候、最早此後毎歳之損銀、自力ニ難相償、難儀至極仕候ニ付、恐多ク奉存候得共、去亥年八月　新見加賀守様長崎江御通駕之砌、於大坂御減銅奉願上候処、去ル酉年両御銅山困窮為御手当、十ヶ年分御褒美銀百五拾貫目前借被　仰付候、以後間も無之ニ付、御取上難被遊旨被　仰渡、恐入当惑至極仕候、依之種々勘弁仕、自力ニ可相成たけハ仕入銀調達仕候得共、年来困窮差迫り候上之儀ニ候得者、難取続、当時必至と差支、仕入手後レニ罷成、難儀至極仕候ニ付、千万恐多奉存候得共、御歎奉申上候、元来御定数四拾弐万斤宛、奉売上候御儀ニ御座候得者、当時御買上高七拾弐万斤之内、三拾万斤御減銅被　仰付、此後先年御定数之通、四拾弐万斤ニ被成下候様奉願上候、　御憐愍之上、　御聴済被成下候得者、右御減銅之余勢を以、　御用棹銅四拾弐万斤之損毛相償、何卒此上御銅山永久相続仕、数千之稼人山業ニ不相放、御運上等も減少不仕候様、随分出精山稼仕度奉存候、乍恐被為聴召分、右奉願候通　御用棹銅七拾弐万斤之内、　御増銅之分三拾万斤御減被成下候様、幾重も御慈悲奉願上候、以上

明和五子年二月　　泉屋吉左衛門印
代泉屋儀兵衛印

御奉行所様

右減銅願の尋問（答書は本書記事四二参照）

予州別子・立川　御用銅山稼方、先年御直下ヶ以来、年々償方損銀相立候趣申立、御減銅之儀、書附を以奉願上候処、今日御呼出シ左之趣御尋ニ御座候

普請料・褒美銀を取りながら減銅願は如何

一十八年以前、　御用銅直段と寛延年中ゟ之直段不引合、年々損銀之由を申立、減銅之儀相願候得共、先年直下ヶ迚も吟味を請、承知致し候事ニ而、既ニ当時迄之御定直段と成来候上ハ、先年之直段を以、今更不引合段之願難相立、其上長崎ゟ手当申付、普請料として銀三百貫目者当時借シ居有之、増銅申付候ニ付而者、年々拾五貫目つゝ褒美銀為取候儀、兼而稼方仕入手繰致シ、俄ニ減銅相願候様ニ者至ル間敷、如何相心得候哉之事

御手当銀についての尋問

御手当銀にもたれているのではないか

一一躰願之趣難儀之段申立候得共、差当り山元出銅無之と申儀ニも無之、此末仕入後レ候ハヽ、山業ニもはなれ可申歟との難儀を見越シ候而之願、其心得者今更之事ニ有之間敷処、此度申立候趣ニ而ハ、度々願ニまかせ、是迄格別之手当等も致遣候ニ付、いつとても願候得者、事済候事之様ニ心得、先年之直下ヶを猶更申立ニ致し、御用銅山稼候を功ニ相立、手当ニもたれ候事と相聞、如何之事

減銅三〇万斤出願についての尋問

一三拾万斤減銅相願候ハ、山元出銅無之事ニ候哉、左候ハヽ、減銅申付候迚も、稼方之手当ニ者相成間敷、銅座地売廻シ致候ハヽ、直段も可呈ニ付、右減銅之分、地売ニ廻シ度との願ニも候哉、左候ハヽ、其趣可申立処、無其儀、直ヲ不成願之書面ニ相聞、如何之事

毎年の損銀二八八貫目についての尋問

一年々之損銀弐百八拾八貫目余ニ付、其分手当も願度候得共、其儀者難申立、減銅願候由ニ候得共、三拾万斤之銅地売ニ廻し候迚も、右損銀償候程之儀ニ者相当らす候得者、申立候損銀高も不都合ニ相聞、願之手段と相聞候事

損銀と買請米支給利潤についての尋問

一右之通損銀申立候得共、其方稼候銅山之儀者、秋田・南部等と違ヒ　御料所之儀ニ付、古来ゟ多分之買請米等直安ニ被　仰付置、右徳用銀高ハ、両銅山運上金銀ゟも利潤之方多候上者、たとへ銅山稼被差止候迚も、　公儀御損失等ニ相成候筋ハ無之候、其上長崎ゟも段々手当申付置候事ニ候処、俄ニ先年之直段引合を以、減銅願候段、如何相心得候哉之事

御用銅山の山師としての心得についての尋問

紀吹師申付

一其方儀者私領稼人等と違、秋田・南部　御用銅山見合ニも成候　御料之銅山、数十年来稼来り、たとへ筋相立候迚も、容易ニ一山減銅等被　仰付候得者、外　御用銅山江響、御差支ニ相成り候段者存罷在、其上当時者其方儀、銅座被　仰付候以来、外吹屋と違紀吹師ニも申付、別而銅座之手ニ付罷在候上者、旁以右躰之願等申立間敷義ニ候処、如何相心得候哉之事

対州買請銅は別子・立川銅に限定

但本文之通　御用銅山相稼、紀吹師をも申付置候ニ付、先達而対州買請銅之内、別子・立川銅ニ無之候而者不相成段、対州ゟ願ニ付、右引替之儀其方へ相対之儀も差免シ候事ニ候得者、厳密ニ取計ひ可申者勿論之事ニ候得共、減銅相願候ニ付而者、其疑をも恐可存義ニ候処、減銅之申立如何相心得候哉之事

右御答書可奉差上旨被　仰渡、奉畏候、然所重キ御尋之儀、即時ニ書附奉差上候而ハ、御尋之趣心得違之程も難計、恐多奉存候間、得と勘弁仕、御答書差上候様仕度奉願候之処、御聴届被成下、難有奉存候、罷帰勘弁仕候上、御答書可奉差上候、以上

子二月十九日　　泉屋吉左衛門
代泉屋儀兵衛印

四一　銅山大雨、破損の上申

乍憚以書附申上候

別子・立川両御銅山四月下旬ゟ大雨頻ニ降出、五月廿八日申刻ニ至り、漸雨相止候得共、大水ニ付破損所、左ニ申上候

一吹家
　但床之内江山手ゟ泥水・砂石馳込候ニ付、不残床潰レ申候

一焼竈　弐拾壱枚
　但鉑石焚込置候処、地形共不残押流申候

一鉑石壱万三千百貫目
　但右焼竈江焚込候処、不残押流申候

一鋪役所
　但三方之築地ゟ水・土砂押込申候

一炭宿　壱ケ所
　但山手築地四間余、押崩申候

一炭蔵　七ケ所
　但内壱ケ所水・大石・土砂馳込候ニ付、半蔵炭押流申候、残六ケ所者山手ゟ水押込、濡炭

ニ相成申候

一炭弐万弐千貫目程

但右蔵ニ詰置候炭、并山元ニ焼溜置候分押流申候

一炭竈　　　三拾枚

但不残打潰シ、竈台共押流申候

一炭焼居小家　　　拾四軒

但不残押流申候

一稼人居小家　　　拾五軒

但内三軒者、地形家共押崩流失仕候、其外やね垣廻り潰レ込申候

一諸方往来道橋夥痛候ニ付、銅山ゟ麓并炭山迄、通路数日相止申候

右御見分被成下候通、破損所有之、稼方五月廿七日ゟ相止居申候、然レ共吹家普請、早々取立不相怠候様被　仰渡、不取敢、昼夜無間断出精仕候得共、床之内江泥水・砂石馳込候ニ付、容易ニ難相調最中、吹床取立罷在候、且又長々雨天相続候故、大水ニ而鋪中へ落水有之、大勢打掛水引上居候間、鉑石上り方大減仕候、当月も普請成就仕候迄者減銅仕候ニ付、此段御届奉申上候、以上

予州両御銅山師
泉屋吉左衛門印

明和五子年六月

稲川八右衛門殿

右上申の添書

前書之通四月下旬ゟ雨降続、五月廿七日辰ノ刻ゟ翌廿八日申刻迄大風雨ニ而、書面之通吹家・焼

竈・鋪役所・炭蔵・炭竈・稼人居小屋・炭焼居小屋等、土砂馳込流失、潰家ニ罷成、鋪内水押、其外銅山往来道橋夥相痛申候旨、銅山師ゟ申達候ニ付、早速役人差出吟味仕候処、聊相違無御座候、依之鋪中水引人夫相増、数千相掛諸普請等仕候、右之趣ニ付、稼相休罷有候事故、猶又随分出精仕、普請差急キ一日も早ク稼掛り候様、急度申附置候得共、出銅減少仕候趣ニ付、先此段御届之申上候、将又宇摩・新居・伊与三郡之内、川欠等も御座候ニ付、是又吟味仕罷有候、近日之内御達書差上可申候、右之段御届奉申上候、以上

子六月　　松平隠岐守内
稲川八右衛門印

御勘定所

右之通相認、六月廿九日御勘定所江差上申候

四二　長崎御用銅御定高の減銅願につき御答書と請書

乍恐以書附御答奉申上候

予州両御銅山　御用銅高之内、御減銅奉願候書面之内、宝暦四戌年三拾万斤増銅被　仰付、七拾弐万斤御定数ニ罷成候ニ付、右御増銅三拾万斤御減銅奉願候段申上候、然ル処戌年、菅沼下野守様御増銅被　仰付候者拾五万斤ニ而、其節普請料銀三百貫目・御褒美銀拾五貫目宛被下置、御増銅相滞候節者、右御貸渡銀・御褒美銀共返納仕候筈被　仰渡、御請申上置候、然上者戌年御増銅者拾五万斤ニ而、外拾四万七千斤余ハ其以前、宝暦弐申年御用銅四拾弐万斤之外増御買上奉願候上、酉年右拾四万斤余御買入被　仰付、戌年も五拾六万七千斤奉売上、御増銅者拾五万斤ニ御座候処、戌年初而三拾万斤御増銅被　仰付候趣ニ御願書相認候段、紛敷申上方ニ被為　思召候旨、

御尋被　仰出、御答奉申上候、其趣書附差上候様被　仰渡、奉畏候得共、即刻書上候而、猶又心得違之儀有之候時ハ、奉恐入候付、罷帰留書等相調、明十三日御答書差上候様仕度段、昨十二日申上置候付、乍恐左ニ御答奉申上候

一宝暦弐申年、　御用銅御定数四拾弐万斤之外、有銅五拾万斤程急ニ相捌キ不申候而者、銅山仕入銀差支候付、此分御買上被成下候様、奉願上候得共、御買上無御座候

宝暦二年、御用銅御定高四二万斤の他買上げなし

一宝暦三酉年、臨時　御用銅四万七千四百斤御買上被　仰付、御定数共四拾六万七千四百斤奉売上候、右臨時御用銅者、余山代り御入用程御買上被　仰付、売上高年々不同御座候

宝暦三年、御用銅御定高四二斤の他、四万七四〇〇斤買上げ

一宝暦四戌年御銅山大造之普請難及自力ニ付、御慈悲を以、為普請料御銀三百貫目御貸渡被仰付、此御蔭を以普請成就仕、難有仕合奉存候、同年臨時　御用銅拾四万七千斤御買入被　仰付、御定数之外ニ奉売上候

宝暦四年、普請料銀三〇〇貫目貸渡、御用銅御定高の他一四万七〇〇〇斤買上げ

一右同年余山代り銅弐拾万斤売上候者、御褒美銀弐拾貫目宛可被下置旨、　菅沼下野守様ゟ被仰出候得共、寛延三午年格別御直下ヶ被　仰付、山方元直段ニ引合不申候故、右之内五万斤御断申上、御褒美銀拾五貫目宛頂戴仕、御増銅拾五万斤宛可奉売上旨申上候処、被　仰渡候者、前段之臨時　御用銅拾四万七千斤、并右御増銅拾五万斤・御定数四拾弐万斤、又三千斤相増、都合七拾弐万斤売上候ハヽ、御褒美銀拾五貫目宛可被下置旨被　仰付候、勿論御直段引合不申候得共、　御蔭を以大造之普請も成就仕、且ツ御褒美銀被下置候儀難有奉存、殊ニ其節者所持銅有之、銅山仕入銀ニ差支難儀仕候砌故、右之通御増銅共七拾弐万斤御請負奉申上候御儀ニ御座候

右同年、御定高四二万斤に増銅一四万七〇〇〇斤の他、一五万三〇〇〇斤買上げ、七二万斤となる

戌年（宝暦四）増銅三〇斤、御定高七二万斤となる

右之通御定数四拾弐万斤之外、戌年臨時　御用銅拾四万七千斤、又三千斤相増、幷ニ御増銅拾五万斤、三口合三拾万斤御定銅ニ被　仰付、都合七拾弐万斤御請負奉申上候、然ル上者当二月御減銅奉願上候節、右三拾万斤之訳委細願書ニ可相認処、戌年御増銅三拾万斤之分御減銅被成下候様、一通りニ奉願上、不念之段被　仰出、奉恐入候、右奉申上候通ニ御座候間、乍恐　御聴済被成下候様奉願上候、以上

増銅三〇万斤の減銅願

子七月十三日　　泉屋吉左衛門
代泉屋儀兵衛印

御奉行所様

泉屋吉左衛門
代儀兵衛

右答書への申渡

其方引請相稼候予州別子・立川両銅山之義、寛延三午年直下ヶ以来、山方元直段ニ不引合、難儀之趣相願候付、追々手当をも申附候上、宝暦四戌年ゟ褒美銀と唱、年々為取候銀拾五貫目十ヶ年分百五拾貫目、去ル酉年前貸をも申付置処、猶又去秋以来当春ニ至減銅之儀申立、十八ヶ年以前之直段ニ見合候而者、一ヶ年銀弐百八拾八貫匁程宛及損失、前貸等之分ニ而ハ壱ヶ年之償ニも不引合、此後自力ニ難相償ニ付、御用銅三拾万斤減少之儀願書差出、去ル酉年手当申附候後、間もなき儀ニハ候得共、頻相願候事ニ付、長崎表江も申遣評儀（議）をも申付候処、減銅之儀者、当時　御用銅定数、唐・紅毛方江之渡方有余無之、いつれニも減銅之儀者難相成義ニ付、差出候願書相返ス間、吉左衛門江も右之趣申聞、早々請書可差出者也

唐・紅毛方渡し有余なし、減銅願は不採用

右申渡の請書

七月

差上申御請書之事

宝暦四年から褒美銀と唱える御手当銀開始

泉屋吉左衛門引請相稼候予州別子・立川両御銅山之儀、寛延三午年御直下ヶ被　仰付候以後、山方元直段ニ不引合、難儀之趣御願申上候付、追々御手当をも被　仰付候上、宝暦四戌年ゟ御褒美銀と御唱、年々被下置候銀拾五貫目十ヶ年分百五拾貫目、去ル酉年御前貸をも被為　仰付候処、尚又去秋以来当春ニ至減銅之儀申上、十八年以前之御直段ニ見合候而者、壱ヶ年銀弐百八拾八貫目程宛及損失、御前貸等之分ニ而者、壱ヶ年之償ニも引合不申、此儀自力ニ難相償御座候ニ付、

酉年(明和二)、御手当銀仰付

御用銅三拾万斤御減少之儀、願書差上候付、去ル酉年御手当をも被　仰付候後、間も無御座御儀ニ候得共、達而御願申上候ニ付、長崎表江も被　仰遣、御評儀《(議)》被為　仰付候処、御減銅之儀者、当時　御用銅定数、唐・紅毛方江之御渡方御有余無御座、何レニも御減銅之儀者難被　仰付御儀ニ御座候付、七月廿二日私代儀兵衛被為　召出、願書御下ヶ被遊、被為　仰渡候御意之趣恐入、奉承知候、依之御請書奉差上候、以上

子八月　　泉屋吉左衛門印

御奉行所様

四三　長崎御用銅御手当銀の聴許一件

寛延三年御用銅の値下げ

乍恐以書附奉願上候

予州別子・立川両御銅山、出銅古来より長崎　御用銅ニ奉売上候、然ル処寛延三午年、　松浦河内守様抜群御直段下ヶ被　仰附候ニ付、山方元直段ニ引合不申、難儀仕候趣御歎奉申上候得共、

宝暦四年、菅沼長崎奉行へ御用銅値増出願の所、御定高七二万斤となる

先ッ二・三ヶ年奉売上候ハヽ、追而御了簡御附可被下旨、被　仰渡候ニ付、無是非御請奉申上候、其後毎歳御直段増之儀、長崎　御奉行様江奉願上候処、宝暦四戌年十月、菅沼下野守様御通駕之砌、直増願之儀尤ニハ被為　思召候得共、外銅山江障り候儀故、御聴済難被遊候、乍然秋田・南部と違ひ　御料所之儀ニ付、銅山普請料銀三百貫目拝借、幷御褒美銀拾五貫目宛可被下置候間、御定数四拾弐万斤之外三拾万斤相増、都合七拾弐万斤宛可奉売上旨被　仰渡候、毎歳七拾弐万斤宛奉売上候儀、山方元直段ニ引合不申候得共、普請料拝借、御褒美銀迄被下置候儀、難有奉存、先ッ一両年之儀者、右拝借幷御褒美銀之御蔭ニ而可奉請負旨、其節書付を以御請奉申上候、

御用銅の減額と値増を毎年出願

申年（宝暦二）、値増と減銅を出願の所、願書下戻し

其後御直増御減銅之儀、毎歳奉願上候得共、御取上無御座候故、年来山元ニ仕入置候有物も近年遣ひ切り、追年及困窮、仕入銀ニ必至と差支候ニ付、去ル申年御直増御救銀・御減銅之儀、奉願上候得共、右之段之願者外銅山響ニも相成、御取上難被成下旨、同年六月被　仰渡、願書御下ヶ被遊候、乍然　御料所銅山之儀、殊ニ是迄　御用銅無遅滞相納、且ッ年来奉願上候趣も有之儀ニ付、相応之御手当銀等奉願候ハヽ、御貸渡可被遊間、拝借銀高返上納之了簡仕、可奉願上之旨被為仰渡、重々　御慈悲難有奉存候、然共銅山仕入之訳者、切地・鉉延・水抜・風廻シ等之諸普請、幷矢木・留木・諸材木・炭木・人夫其外諸仕入ニ仕、年々消行候仕入ニ而御座候、依之拝借金者返上納之手当ニ貸附置、其利足を以、右躰之諸仕入ニ仕候儀ニ御座候得者、若シ貸付方滞候而者、身上沽却可仕外無御座候故、乍恐拝借金之儀者、其節不奉願上候、乍去此上仕入相後レ候而者、鋪中破損所多ク、近年之内ニ者自然と荒山ニ相成、其節ニ至候而者如何程之　御憐愍を以、御手当被成下候而も、最早以前之御銅山ニ者不相成、永荒ニ罷成候儀、重々奉恐入候ニ付、御救之御

手当奉願上候処、被為　聴召分、先年より為御褒美壱ヶ年ニ御銀拾五貫目宛被下置候分、此後十ヶ年分御銀百五拾貫目、去ル酉年御前借被　仰付、　御慈悲難有奉存候、　御蔭を以是迄取続、御用銅御定数無滞奉売上候、然共十八年以前之御直段者、御棹銅百斤ニ付凡平均代銀百八拾匁替程ニ相当り候、其後御直下ヶ之代銀百三拾九匁四分八厘ニ而差引仕候得者、御定数七拾弐万斤ニ付、壱ヶ年ニ凡銀弐百八拾八貫目程宛損毛ニ罷成候間、十ヶ年之御褒美銀御前借之分ニ而ハ、壱ヶ年之償ニも引合不申、此節ニ至御銅山仕入必至と差支、難儀仕候間、何分壱ヶ年ニ御銀弐百八拾八貫目程宛御救御手当奉願上度候へ共、去ル申年御取上ヶ無御座候故、奉恐入、此御願ハ奉申上兼候、然共御銅山仕入相後レ、追年出銅減少仕候得者、終ニ者御山稼荒シ、百年来之山業ニ相放レ、数千之稼人流浪仕候儀、歎ヶ敷奉存候、最早此後毎歳之損銀自力ニ難相償、難儀至極仕候ニ付、恐多奉存候得共、去亥年八月　新見加賀守様長崎江御通駕之砌、於大坂御減銅奉願上候処、去ル酉年両御銅山困窮為御手当、十ヶ年分御褒美銀百五拾貫目前借被　仰付候、以後間も無之ニ付、御取上ヶ難被遊旨被　仰渡、恐入当惑至極仕候、依之種々勘弁仕、自力ニ可相成たけハ仕入銀調達仕候得共、年来困窮差廻り候上之儀ニ候得者難取続、当時必至と差支、仕入手後レニ罷成、難儀至極仕候ニ付、千万恐多奉存候得共、御歎奉申上候、元来御定数四拾弐万斤宛奉売上候御儀ニ御座候得者、当時御買上高七拾弐万斤之内、三拾万斤御減銅被　仰附、此後先年御定数之通、四拾弐万斤ニ被成下候様奉願上候、　御憐愍之上　御聴済被成下候得者、右御減銅上余勢を以、御用棹銅四拾弐万斤之損毛相償ヒ、何卒此上御銅山永久相続仕、数千之稼人山業ニ不相放、御運上等も減少不仕候様、随分出精山稼仕度奉存候、乍恐被為　聴召分、右奉願候通　御用棹銅七拾

酉年（明和二）、御褒美銀一五〇貫目の前貸仰付

毎年二八八貫目の損銀

亥年（明和四）、新見長崎奉行へ減銅願

明和五年二月、三〇万斤減銅出願の所、不採用

明和五年五月、銅山大水害で困窮（本書記事四一参照）

一か年御手当銀二〇〇貫目の仰付願

弐万斤之内、御増銅之分三拾万斤御減被成下候様、当二月奉願上候処、御吟味之上　御憐愍を以、長崎御表江被　仰遣、御評儀（議）被為　仰付候処、御減銅之儀者、当時　御用銅御定数、唐・紅毛方江之御渡方御有余無御座、何れニも御減銅之儀者難被　仰付御儀ニ御座候ニ付、七月廿二日被召出、御減銅願者御取上ヶ難被成下旨被為　仰渡、願書御下ヶ被遊　御意之趣、恐入奉承知候、乍然先達而御願奉申上候通、御直段下ヶ以来追年困窮差迫り、仕入銀毎度差支、其上当五月下旬予州両御銅山大水ニ而、両山幷炭山仕込有物夥流失仕、破損所多ク稼方も暫ハ相休候程之儀ニ御座候、乍去銅出劣り候而者、御運上減少勿論、　御用銅不納仕候様罷成候而者、奉恐入候ニ付、急ニ諸普請銀調達仕、先ツ稼方ニ者取懸り候得共、困窮之上大水ニ而流失損毛、其上諸普請物入幷鋪中落水強候ニ付、水引人夫格別相増、臨時仕込銀指支、難儀至極仕候得共、片時も捨置候而者、忽水鋪ニ罷成候故、調達可相成たけハ種々工面仕、出銅大減不仕様、諸普請も追々取建、稼方無油断出精仕罷有候儀ニ御座候、尤是等之趣、格別ニ御歎も申上度奉存候得共、先達而御減銅奉願上候故、指扣罷在候、然共追年困窮差廻り候上、右之仕合ニ御座候得者、旁以御救之御手当不被成下候而者、此上仕入銀取続難相成、難儀至極仕候、何分御減銅之儀者、御取上ヶ難被遊御儀ニ御座候者、先達而申上候通、壱ヶ年償銀弐百八拾八貫目程宛御救奉願上度候得共、可相成たけハ種々勘弁仕、銀高相減御歎奉申上候、乍恐格別之　御慈悲を以、両御銅山困窮為　御救、壱ヶ年ニ御銀弐百貫目宛被下置候様奉願上候、此御蔭を以仕入銀取続、御定銅七拾弐万斤宛無遅滞奉売上候様、稼方出精可仕候、右願之趣御取上ヶ不被成下候而者、前段奉申上候通、追年鋪中遠ク罷成、掘子・水引人夫賃銀相増、吹方之儀も、炭木山先年者一ト次ニ而持運候処、追々嶮岨之

遠山ニ罷成候故、三次ニも仕取越候ニ付、持運之賃銀前々よりハ倍々相増、追日及困窮候上、当五月大水ニ而夥損失仕候ニ付而ハ、弥難儀相重り、開発以来年々仕入置候諸色手当も相尽候ニ付、此上自力を以如何様ニ出精仕度相励候而も、仕込銀手後レニ罷成、銅出劣り御定銅七拾弐万斤之御請負も難申上、奉恐入候、右之趣　御憐愍を以被為　聴召分、何分御救之御手当被成下候様、奉願上候、左候得者山元諸稼人離散不仕、山業相続仕、御定銅七拾弐万斤宛、是迄之通無滞奉売上、両御銅山数千人一同ニ難有可奉存候、乍恐右奉願上候趣　御聴済被成下候様、幾重も　御慈悲奉願上候、以上

明和五子年八月　　泉屋吉左衛門印

代泉屋儀兵衛印

右出願につき窺い上申

御奉行所様

乍恐以書附御窺奉申上候

予州両御銅山追年及困窮、仕入銀差支、稼方手後レニ罷成、難儀至極仕候ニ付、当八月　石谷備後守様長崎江御通駕之節、於当地乍恐両御銅山困窮　御救之御手当被下置候様、願書奉差上候処、当地　御発駕前、　御用御繁多ニ被為在候ニ付、御船中ニ而御熟覧被成下、於長崎御表御評儀(議)之上、追而御沙汰可被成下旨被　仰渡、右願書御留被遊候、其後御窺申上度奉存候得共、御遠国之儀故差扣、乍恐　御前様御通駕被為在候を奉待請、御窺奉申上候、且先達而願書ニ、当五月下旬両御銅山大水ニ而難儀仕候段、奉申上候、其後又候七月下旬大水ニ而仕入物夥流失仕、稼方ニも相障候程之儀ニ御座候得共、五月下旬之破損所諸普請最中之事故、七月下旬大水之儀者、格別ニ

御届も不奉申上候、年来御歎奉申上候通、両御銅山困窮差迫り、此後諸仕入難及自力、当惑至極仕候上、如右当夏以来両度之大水ニ付、臨時御普請旁仕込銀必至と差支、稼方猶更手後レニ罷成、難儀至極仕候、何分此上　御憐愍之御手当不被成下候而者、両御銅山稼方相続難仕候間、先達而　御救銀奉願上候通、乍恐　御聴済被成下候様、幾重も奉願上候、以上

御手当銀の出願

明和五子年十月　泉屋吉左衛門
代泉屋儀兵衛

御奉行様

右出願の申渡

丑年（明和六）から御手当銀七五貫目渡

未年（安永四）からは九〇貫目渡

泉屋吉左衛門

別子・立川両銅山手当銀渡方之儀、長崎表銀繰之次第も有之儀ニ付、来ル丑年より銀高七拾五貫目を両度割合、三拾七貫五百目者六月迄之御用銅月割高、船積相済次第於銅座相渡、残り三拾七貫五百目者七月ゟ十二月迄月割高、船積皆済之上可相渡候、尤来ル未年後者、是迄之褒美銀拾五貫目共、都合九拾貫目之分、右ニ准し両度ニ可相渡間、其旨相心得、廻銅遅滞無之様可令出情候

子十二月

右申渡につき江戸中橋店からの請書

乍恐御請奉申上候

予州別子・立川両御銅山困窮御手当銀御渡方之儀、長崎表御銀繰之次第も有之儀ニ付、来丑年ゟ御銀高七拾五貫目を両度ニ御割合、三拾七貫五百目者六月迄之　御用銅月割高、船積相済次第於御銅座御渡、残り三拾七貫五百目者七月ゟ十二月迄月割高、船積皆済之上御渡、尤来ル未年ゟ者、是迄之御褒美銀拾五貫目共、都合九拾貫目之分、右ニ准し両度ニ御渡可被成下間、其旨相心得、

御廻銅遅滞無之様被為　仰渡、難有奉承知候、早速吉左衛門方江為申登、追而同人御請書差上可
申候、乍恐右御請書附を以奉申上候、以上

子十二月

泉屋吉左衛門
代　儀兵衛印

長崎御奉行所様

差上申御請書之事

予州別子・立川両御銅山之儀、前々者一ヶ年銅四拾弐万斤宛、長崎　御用銅相廻候処、寛延三午
年　松浦河内守様御直下ヶ被　仰付候以来、山方元直段ニ難引合、難儀之旨申上之、御直増之儀
再応御願申上候ニ付、宝暦四戌年　菅沼下野守様御勤役之節、御直増之儀者外銅山へ相障り、難
被為　仰付候間、山元為普請料、銀三百貫目御貸渡、年々御褒美銀拾五貫目宛可被下置間、廻銅
三拾万斤相増、都合七拾弐万斤売上可申旨、被為　仰渡、当時迄右之斤高売上候処、其以来も直
段難引合段申上之、御直増之儀、御通行之度毎大坂表ニ而御願申上候ニ付、猶又去ル酉年、御褒
美銀十ヶ年分百五拾貫目、御前渡被為　仰付候処、右御前貸ニ而者年々之損銀難償旨申上之、又
々去亥八月減銅之儀、御願申上候得共、酉年御前渡被為　仰付、間も無之事ニ付、御取上難被遊
段、被為　仰渡置候処、当二月於江戸表、　石谷備後守様江御願申上候者、品々勘弁仕候得共、
困窮差迫り山元難渋ニ付、御定数七拾弐万斤之内、三拾万斤減銅被　仰付候ハヽ、其分銅座地売
江相廻候得者、直段宜敷御座候故、右余銀を以山元相続仕、以来四拾弐万斤宛売上申度旨、御願
申上候得共、当時唐・阿蘭陀江之御渡方御有余無之ニ付、減銅之儀者難被為　仰付段被　仰渡、

唐・阿蘭陀渡銅の有余なし

御手当銀二〇〇貫目再三出願

対州買入銅

御褒美銀の名目、御手当銀となる

酉年（明和二）前渡しの褒美銀一五〇貫目があるので、午年（安永四）まで御手当銀七五貫目、翌年より九〇貫目

願書御差返被為遊候処、又候先達而　石谷備後守様大坂表御通行之節、御願申上候者、当五月中両御銅山大水ニ而、炭山仕込有物夥敷流失仕、破損所多困窮差迫り、此上仕入難相成候ニ付、減銅御願御取上難被為遊候ハヽ、為御救、壱ケ年銀弐百貫目宛御手当被為成下候様、再三御願申上候得共、右申上候銀高之儀者大造之事ニ而、仮令減銅被為　仰付、地売江御買入被為遊候迚も、以前棹銅ニ而百斤百八拾目ニ売上候事ニ御座候得者、荒銅ニ而右直段ニ御買上可被為遊様も無之、対州御買入銅直相対之儀者、当時銅座も御立被為置候儀、決而御取上難被為遊事ニ御座候、然共数年来相願候儀、実々山元稼方出銅不進ニ相成候而者、不容易御儀、其上　御料銅山之御儀ニも御座候間、格別之御沙汰を以、以来年々銀七拾五貫目宛被下置之候、尤去ル酉年御前渡被為　仰付候御褒美銀共、一ケ年銀九拾貫目之御手当ニ被為　仰付候間、右御褒美銀之名目ハ御止被遊、年々為御手当銀九拾貫目宛可被為下置旨被　仰渡、難有仕合奉存候、尤去ル酉年御褒美銀百五拾貫目御前渡被為　仰付置候間、来ル午年迄者、年々七拾五貫目宛被下置之、翌未年ゟ都合九拾貫目宛可被下置候間、御定数七拾弐万斤宛無遅滞、廻銅可仕義（篤）者勿論、此度格別之御手当被　仰付候上者、此上御願ケ間敷儀申上候共、決而御取上不被為遊候間、其旨得と相心得可申旨、被為　仰渡、逐一承知奉畏候、段々結構ニ被為　仰付、難有仕合奉存候、右之通結構ニ被　仰付候上者、山元稼方無油断、是迄之御定数無相違廻銅仕、此上毛頭御願ケ間敷儀申上間敷候、依之御請書附を以奉申上候、以上

明和五子年十一月十三日　　泉屋吉左衛門

代　儀兵衛印

長崎御奉行所様

四四 御勘定所普請役の銅山見分請書と負担軽減願書と松山御預り役所の請書

此度予州銅山幷御料所御勘定方御普請役、見分被　仰付候ニ付、案内之者、且　御用向諸事差支無之様可仕旨、右ニ付而者御代官所・御預所銅山見分共、万端村々心得違無之様、御代官幷御預所役人村廻同様ニ相心得、道・橋・旅宿等ニ至迄、聊取繕ヶ間敷儀無之、旅宿賄等之儀も、御定之木銭・米代、所有合一汁一菜ニ而取賄、尤人馬継立之儀も御證文之外、一疋壱人ニ而もかたく無益之人馬不差出様、厳敷不益村入用等不相掛様可取計旨、逐一被　仰渡、奉承知候、以上

丑正月十六日　　松平隠岐守内
矢田紋右衛門印

御勘定所

泉屋住友の請書

此度予州両御銅山　御勘定方御普請役、御見分被　仰付候ニ付、御登山之節案内之者差出之、御用向諸事御差支無之様可仕旨、右ニ付而者　御預所役人御廻村同様ニ相心得、道・橋・御旅宿等ニ至迄、聊取繕ヶ間敷儀無之様、御定之木銭・米代、所有合一汁一菜ニ而取賄、尤人馬継立之儀も御證文之外、壱人一疋ニ而も堅ク無益之人馬不差出様、厳敷不益入用等不相掛様可仕旨、精々被　仰渡、　御憐愍之程難有、逐一奉畏候、右被為　仰渡候御趣、早速吉左衛門方江為申登候様可仕候、乍恐御請以書附奉申上候、以上

丑正月十七日　　泉屋吉左衛門
代　儀　兵　衛印

御勘定所

見分負担軽減の内願

一予州両御銅山追年及困窮候故、御救之儀年来奉願上候処、旧冬　御憐愍之上、御手当被為　仰付、難有仕合奉存候、就右両御銅山困窮之様子、今度御見分被　仰付候旨奉伝承之、難有仕合奉存候

一右御見分　御役人中様御登山之砌、勤方御預所ゟ御先格之通被　仰渡候時者、余慶(計)之人馬・船等用意仕、其外新居浜ゟ銅山迄嶮岨之山道四里程、銅山ゟ炭山迄四里程之間、道作り橋掛直シ等ニ付夥人夫相掛り、稼方手後レニ罷成候時者、御運上も相減候耳ならす、御用銅出方差支ニ相成、勿論両御銅山困窮ニ付、御救之御手当被　仰付被下候程之御儀ニ御座候処、取繕ひ入御覧候様ニ而者、先達而御歎奉申上候趣と八咀唔(齟齬)仕候段、奉恐入候、殊更不益之物入多ク、其上稼方手後レニ罷成、難儀至極仕候儀ニ御座候、是等之趣何卒　御慈悲を以、余慶(計)之人馬・船等差出候儀、　御容赦被成下、道・橋掃除等も御厳重ニ被　仰付候儀、御赦免被成下候様、御預所江被為　仰渡被下度、乍恐御内々奉願候御儀ニ御座候、以上

丑正月

見分負担軽減の伺

此度予州銅山幷御料所地方、私共見分被　仰付候ニ付、平岡彦兵衛・野村彦右衛門、松平隠岐守御預所役人江被　仰渡之趣、左之通仕度奉伺候

一右予州銅山幷御料所見分之儀ニ付、御代官平岡彦兵衛・野村彦右衛門、松平隠岐守御預所役人江、私幷御普請役村廻り銅山見分仕候ニ付、案内之儀且相尋候　御用向、差支無之様被　仰渡被成下候之様仕度奉存候

一右之場所先年ゟ支配御代官幷御預所役人者、格別御料巡見之外、御勘定方之者見分仕候儀無之

場所ニ付、村方之もの幷銅山引請人・御預所役人共心得違、右　御料巡見等同様ニ心得候而ハ
甚存違ニ付、万端此度私共銅山見分　御料所村廻り仕候儀、御預所軽キ役人・御代官手代等見
分同様ニ相心得、道・橋・泊り旅宿等ニ至迄、聊取繕ケ間敷儀決而不仕、泊休旅宿賄之儀も御
定之木銭・米代を以、所有合一汁一菜ニ而取賄、尤人馬継立之儀も御證文通、壱人一疋ニ而も
かたく無益之人馬不差出様、厳敷被　仰渡御座候様仕度奉存候

右之通相極り候儀ニ者御座候得共、右躰之場所者御預所役人等心得違仕、無益之村入用等相掛候
無弁取計、殊ニ銅山引請人等江申懸、山方難所之道・橋・宿小屋等之諸失脚相掛候儀、辺土之所
々ニハ間々有之儀ニ付、書面之趣聊心得違不仕様、御預り所役人手代幷銅山引請人泉屋吉左衛門
代之もの、御勘定所へ御呼出、急度被　仰渡御座候様仕度奉伺候、以上

丑正月

四五　長崎御用銅御手当銀の前年分より支給不許可一件

丑年（明和六）分より御手当銀七五貫目支給

未年（安永四）からは従来の褒美銀を加えて九〇貫目支給

乍恐以書附御願奉申上候

予州両御銅山年来及困窮候ニ付、　御憐愍之上去冬、為　御救御手当銀被為　仰付、冥加至極難
有仕合奉存候、就右御渡方之儀、去十二月三日奉伺候処、同月廿八日被為　仰渡候者、長崎表御
銀繰之次第も有之儀ニ付、当丑年ゟ御銀高七拾五貫目を両度ニ御割合、三拾七貫五百目者六月迄
之御用銅月割高、船積相済次第於御銅座御渡、残り三拾七貫五百目者七月ゟ十二月迄月割高、船
積皆済之上御渡、尤来ル未年ゟ者是迄之御褒美銀拾五貫目共、都合九拾貫目之分、右ニ准し両度
ニ御渡可被成下間、其旨相心得御廻銅遅滞無之様、出精可仕旨被為　仰渡、難有奉承知之、早速

寛延三年御用銅の値下げ

子年（明和五）銅山大水につき困窮

子年（明和五）分より御手当銀の支給願

吉左衛門方江為申登、追而同人御請書差上可申旨、旧臘廿九日乍恐私ゟ御請書奉差上置候、右被為　仰渡候御趣、吉左衛門方へ早々為申登候処、今度私方へ申越候者、　御意之御趣難有奉承知候、然共先達而願書ニ奉申上候通、寛延三年御直段下ヶ以来十九ヶ年之間、毎歳夥敷償ヒ銀入足シ稼方取続、安御直段ニ而御座候得共、　御用銅無遅滞奉売上候御儀ニ御座候、依右年増及困窮候上、不存寄去子年夏秋両度之大水ニ而、両御銅山炭山仕入有物夥流失仕、破損所多ク臨時諸普請ニ物入仕、其上諸稼人共も追年困窮仕候ニ付、無是非去年賃銀等相増、惣人数不減様手当も仕候、此等之儀難及自力、当惑至極仕候得共、稼方手後レニ罷成候而者御用銅差支、勿論　御運上銀も減少仕候儀恐入、種々勘弁仕候而、追々他借等を以右賃銀も相増、且ツ諸普請も早速取建、稼方数日懈怠も無之様出精仕、　御用銅月割高無遅滞上納仕候、右増銀以来、毎年手当仕候計も不容易儀ニ御座候得共、去冬被　仰付候御手当銀之　御蔭を以、可成たけハ仕入も取続キ、此上相励、　御用銅無滞上納可仕候、乍恐前書ニ奉申上候通、段々困窮差迫り候上、去年夥敷臨時物入仕候故、当時仕入銀必至と差支、難儀至極仕候間、何卒此上之　御慈悲を以、去子年分ゟ御手当銀、御渡被成下候様奉願上候、勿論吉左衛門　御請書之儀者、被為　仰渡候御趣如何様共相認、何時ニ而も可奉差上候得共、右之趣御歎奉申上候御儀ニ御座候、此段乍恐　御許容被成下、去子年分御手当銀、当時御渡被下置候得者、差掛り候仕入銀も取続キ、稼方随分出精仕、是迄之通御用銅無遅滞上納仕度奉願上候、乍恐　御憐愍之上、去子年分御救之御手当銀被下置候様、幾重ニも　御慈悲奉願上候、以上

明和六丑年正月　　泉屋吉左衛門

代泉屋儀兵衛印

長崎御奉行所様

右願書下戻しにつき請書

以書附御請奉申上候

予州両御銅山御手当銀御渡方之儀ニ付、先達而被　仰渡候趣、於大坂吉左衛門奉承知之、難有仕合奉存候、此上何卒去子年分ゟ御渡方御座候様、御歎奉申上候処、段々利害被為　仰聞、御取上難被遊、願書御下ケ被成、先達而被　仰渡候趣承知之上者、早々御請書差上候様被　仰渡、奉承知候、依之以書附御請奉申上候、以上

丑正月廿二日

泉屋吉左衛門
代泉屋儀兵衛印

長崎御奉行所様

右再願書

乍恐以書附御願奉申上候

予州両御銅山年来及困窮候ニ付、　御憐愍之上去冬、為　御救御手当銀被為　仰付、冥加至極難有仕合奉存候、就右御渡方之儀、去十二月三日奉伺候処、同月廿八日被為　仰渡候者、長崎表御銀繰之次第も有之儀ニ付、当丑年ゟ御銀高七拾五貫目を両度ニ御割合、三拾七貫五百目者六月迄之御用銅月割高、船積相済次第於　御銅座御渡、残り三拾七貫五百目者七月ゟ十二月迄月割高、船積皆済之上御渡、尤来ル未年ゟ者是迄之御褒美銀拾五貫目共、都合九拾貫目之分、右ニ准し両度ニ御渡可被成下間、其旨相心得、御廻銅遅滞無之様出精可仕旨被為　仰渡、難有奉承知之、早速吉左衛門方江為申登、追而同人御請書差上可申旨、旧臘廿九日乍恐儀兵衛ゟ御請書奉差上置候、

右被為　仰渡候御趣、吉左衛門方へ早々為申登候処、　御意之御趣難有奉承知候、然共先達而願書ニ奉申上候通、寛延三午年御直段下ヶ以来十九ヶ年之間、毎歳夥敷償ヒ銀入足シ稼方取続、安御直段ニ而御座候得共、　御用銅無遅滞奉売上候御儀ニ御座候、依右年増及困窮候上、不存寄去年夏秋両度之大水ニ而、両御銅山炭山仕入有物夥流失仕、破損所多ク臨時諸普請ニ物入仕、其上諸稼人共も追年困窮仕候ニ付、無是非去年賃銀等相増、惣人数不減様手当も仕候、此等之儀難及自力、当惑至極仕候得共、稼方手後レニ罷成候而者、　御用銅差支、勿論　御運上銀も減少仕候儀恐入、種々勘弁仕候而、追々他借等を以右賃銀も相増、且ツ諸普請も早速取建、稼方数日懈怠も無之様出精仕、御用銅月割高無遅滞上納仕候、右増銀以来、毎年手当仕候計も不容易儀ニ御座候得共、去冬被　仰付候御手当銀之御蔭を以、可成たけハ仕入も取続キ、此上相励、　御用銅無滞上納可仕候、乍恐前書ニ奉申上候通、段々困窮差迫り候上、去年夥敷臨時物入仕候故、当時仕入銀必至と差支、難儀至極仕候間、何卒此上之　御慈悲を以、去子年分ゟ御手当銀、御渡被成下候様奉願上候、勿論吉左衛門御請書之儀者、被為　仰渡候御趣、如何様共相認、何時ニ而も可奉差上候得共、　右之趣当正月廿日以書附御歎奉申上候処、同廿二日儀兵衛被　召出、段々利害被為　仰聞、御取上難被成下旨、右願書御下ヶ被遊、先達而被為　仰渡候趣承知仕候上者、早々御請書差上候様被為　仰渡、奉承知之、　御意之趣早速吉左衛門江為申登候処、恐入奉承伏候、乍然前々御歎奉申上候通、去子年者別而困窮差迫り候上、夏秋両度之大水ニ而夥敷損失仕、諸普請物入、其上稼人共及困窮候故、無是非賃銀相増遣シ候ニ付、仕込銀必至と差支、当惑至極仕候得共、何分稼方手後レニ罷成候而者、第一　御用銅御差支ニ相成候儀恐入、他借等を以差掛ル入用銀漸

正月二十日の願書は下戻し、請書提出を命ぜられる

正月二十二日、儀兵衛召出され、弁明

調達仕、稼方者相続仕候得共、銀繰殊之外差支、難儀至極仕候、去月廿二日儀兵衛被　召出、段々利害被為仰聞候御趣、不奉承知様　御思召、奉恐入候得共、全ク不奉承知と申儀ニ而者無御座候、前書ニ段々奉申上候通、去夏秋両度之大水ニ而夥敷損失仕、是迄困窮之処、猶又臨時物入多ク、他借等仕銀繰差支、至而難儀至極仕候ニ付、千万恐多奉存候得共、去子年分御救之御手当銀、何分　御慈悲之上、御渡被成下候様奉願上候、尤　御聴済之御趣、旧冬被為　仰渡候ニ付而、去

子年（明和五）からの支給を再願

子年分御手当、奉願上候訳ニ而者無御座、たとへ当春ニ至、右御手当被為　仰付候而も、去子年者右奉申上候通、困窮差迫り、銀繰難儀至極仕候故、乍恐　御憐愍不奉願上候而者、必至と差支取続難相成候ニ付、不顧恐再応　御慈悲奉願上候御儀ニ御座候、乍恐右之趣被為　聴召分、去子年分御手当銀、当時御渡被下置候得者、差掛ル仕入銀取続、稼方随分出精仕、是迄之通　御用銅無遅滞上納仕度奉願上候、乍恐　御憐愍之上、去子年分　御救之御手当銀被下置候様、幾重も御慈悲奉願上候、以上

明和六丑年二月

泉屋吉左衛門印
代泉屋儀兵衛印

長崎御奉行所様

右願書の申渡

申渡

泉屋吉左衛門
代　儀　兵　衛

其方相稼候予州別子・立川両御銅山之儀、寛延三午年中直下以来、段々仕当ニ難引合、年増困窮

戌年（宝暦四）、普請御手当銀三〇〇貫目貸渡、酉年（明和二）御褒美銀一度に渡し請書を取る

之由数度相願、去ル戌年山元普請為手当銀三百貫目貸渡、幷年々拾五貫目宛為褒美為取之候、以後も追々相願候ニ付、右為取候褒美銀十ヶ年分、同酉年壱度ニ相渡、以来願ヶ間敷儀申立間敷段、請書差出置候処、又候去々亥年も毎度申立候、直下ヶ幷遠山深鋪之申立ニ而、減銅之儀相願、殊ニ者去夏山元出水、吹屋・焼竈・鉑石・居小家等流失、其外大破之趣大造ニ申立候事故、前書之通数度手当等申付候上之儀ニ候得共、　御料所銅山之儀、是迄廻銅遅滞も無之事故、長崎会所銀繰甚差支之時節なから、格別之義を以、年々七拾五貫目宛手当申付、来ル未年ゟ者褒美銀共壱ヶ年九拾貫目為取候積、去十一月申渡候処、去年之申渡ニもたれ候哉、山元破損相続難成ニ付、右手当銀去年分ゟ請取度旨、再応申立候、然処此度為見分、御勘定方被差遣、右見分之趣、一躰遠山深鋪之申立、且立川銅山之方、鉑石歩引無甲斐様子、於当時者無相違趣ニ候得共、別子之方者鉑石出方歩引も宜敷、以前両山へ稼を当時附山ニ致し、別子之方一手ニ相稼候ニ付而者、前々と違ひ此所之勝手も有之、深鋪之申立者出鉑宜ニ随ひ、穿延候事故、山稼致し候上者、積り内之儀ニ而申立ニ難相成、遠山之儀者、当時炭焼候御林之儀と相聞候得共、元禄年中ゟ之稼跡、別子最寄之御林立木も追々成木致し、近年之内ニ者焼木・炭木等ニ者段々と可相成由、左候得者、是以難儀申立候程ニも無之相聞候、右午年以来直下ニ付、困窮之由申立候得共、其節迚も別子・立川ニ限り直下申付候儀ニ無之、秋田・南部之御用銅も一同直下ヶ有之、尤銅代百斤宛り之直段ニ而者、秋田銅ゟ下直ニ相見候得共、銅山稼方為御手当、安石代を以十ヶ月延為御買米も有之、去冬申渡候手当銀等彼是打合、銅直段積り候而者、秋田銅ゟ高直ニ相当、去年大造ニ申立候出水ニ付、流失大破之儀も一躰嶮岨谷深之場所ニ付、大雨之節者是又有内之儀、銅山発端ゟ年々定式ニ覚悟

未年（安永四）より褒美銀とも九〇貫目申渡の所、去年分より請取たく再応申立

別子銅は秋田銅より下値に見えるが、買請米や御手当銀を考慮すると実質高値

銅山風水害は、銅

山発端より定式に覚悟すべき

長崎会所の銀繰り宜しからず

願書不採用につき返却す

亥年（明和四）減銅願

可有之事ニ而、今更之儀ニ無之、去夏出水破損之様子も此度見分之趣ニ而者、申立候程大造之儀ニも不相聞、一躰当時両銅山打込稼故、仕当ニも引合候様子、其外山内銀銭相場違ひ、諸商筋之儀ニ付而も、彼是勝手之儀も有之趣ニ相聞、兼々申立候困窮之訳ニ無之、然上者、去冬申渡候手当銀ニ而、如何様ニも相続相成儀ニ候間、以来決而願ヶ間敷儀不申立、廻銅遅滞無之様可令出精候、且去冬申渡候手当之儀、去年分ゟ請取度由相願候得共、長崎会所銀繰も不宜、殊ニ前書之趣ニ付而者、旁以難相成事ニ候間、去十二月申渡候通、以後六月・十二月迄月割之廻銅、皆着次第半銀宛、其度々可為相渡間、月割以前ニも皆着揃候様ニ可令出精候、依之願書相返ス

丑五月

右之趣、請書可差出候

右申渡の請書

乍恐以書附御請奉申上候

予州別子・立川両御銅山之儀、寛延三午年中御直段下ヶ以来、段々仕当ニ難引合、年増困窮仕候段、数度御願申上候ニ付、去ル戌年山元普請為御手当銀三百貫目御貸渡、幷年々銀拾五貫目宛為　御褒美被下置之、其以後追々奉願候ニ付、右御褒美銀十ヶ年分、同酉年一度ニ御渡、以来願ヶ間敷儀申立間敷段、　御請書差上置候処、又候去々亥年も、毎度申立候御直下ヶ之儀、幷遠山深鋪之申立ニ而、御減銅之儀願上、殊ニ者去夏山元出水、吹屋・焼竈・鉑石・居小家等流失、其外大破之趣大造ニ申立候事故、前書之通数度御手当等被　仰付候上之儀ニ候得共、　御料所銅山之儀、是迄廻銅遅滞も無之事故、長崎御会所御銀繰甚御差支之時節なから、格別之　御憐愍を以、年々銀七拾五貫目宛御手当被　仰付、来ル未年ゟハ御褒美銀共、一ヶ年九拾貫目宛被下置候段、

去年分より御手当銀再応出願の所、御勘定方の銅山見分

去十一月被為　仰渡候処、山元破損相続難成ニ付、右御手当銀、去年分ゟ御渡被成下候様、再応御願奉申上候、然ル処此度為御見分、御勘定様方御越、右御見分之趣一躰遠山深鋪之申立、且ツ立川御銅山之方、鉑石歩附無甲斐様子、於当時者無相違趣ニ候得共、別子之方者鉑石出方歩附も宜敷、以前両山之稼を当時附山ニ致し、別子之方一手ニ相稼候ニ付而者、前々と違ひ、此所之勝手も有之、深鋪之申立者出鉑宜ニ随ひ、穿延候事故、山稼致し候上者、積内之儀ニ而申立ニ難相成、遠山之儀者、当時炭焼候御林之儀と相聞候得共、元禄年中ゟ之稼跡、別子最寄之御林立木も追々成木致し、近年之内ニ者、焼木・炭木等ニ者段々と可相成由、左候得者、是以難儀申立候程ニも無之相聞候、右午年以来御直下ケニ付、困窮之由申立候得共、其節迚も別子・立川ニ限り御直下ケ被　仰付候儀ニ無之、秋田・南部之　御用銅も一同御直下ケ有之、尤銅代百斤宛り之御直段ニ而者、秋田銅ゟ下直ニ相見候得共、銅山稼方為御手当、安石代を以十ケ月延為御買米も被仰付有之、去冬被為　仰渡候御手当銀等彼是打合、銅直段ニ積り候而者、秋田銅ゟ高直ニ相当、去年大造ニ申立候出水ニ付、流失大破等之儀も、一躰嶮岨谷深之場所ニ付、大雨之節者是又有内之儀、銅山発端ゟ年々定式ニ覚悟可在之事ニ而、今更之儀ニ無之、去夏出水破損之様子も、此度御見分之趣ニ而者、申立候程大造之儀ニも不相聞、一躰当時両御銅山打込稼故、仕当ニも引合候様子、其外山内銀銭相場違ひ、諸商筋之儀ニ付而も、彼是勝手之儀も有之趣ニ相聞、兼々申立候困窮之訳ニ無之、然ル上者、去冬被為　仰渡候御手当銀ニ而、如何様ニも相続相成儀ニ候間、以来決而願ケ間敷儀不申立、廻銅遅滞無之様出精仕、且ツ去冬被為　仰渡候御手当之儀、去年分ゟ御渡被成下候様、奉願候得共、長崎御会所御銀繰も不宜、殊ニ前書之趣ニ付而者、旁以御取上難

被遊事ニ候間、去十二月被為仰渡候通、以後六月・十二月迄月割之御廻銅皆納次第、半銀宛其度々御渡可被下置間、月割以前ニも皆納出精仕候様、御書附を以被為　仰渡、願書御下ヶ被遊候条、右之御趣早速吉左衛門方へ申遣し、追而吉左衛門・儀兵衛連印之御請書奉差上候様被為　仰渡、奉畏候、依之御請書奉差上候、以上

願書却下の請書

明和六丑年五月十二日

泉屋吉左衛門

代泉屋儀兵衛印

長崎御奉行所様

丑五月廿九日、吉左衛門・儀兵衛両印之御請書差上候写、左之通、尤前段文言、右同断ニ付略之、末々取計左ニ記シ候事

右泉屋両印の請書

乍恐以書附御請奉申上候

予州別子・立川両御銅山之儀、寛延三未年中御直下ゲ已来、、、、、、、、、、、、、、、皆納出精仕候様、当五月十一日私代儀兵衛被為　召出、願書御下ヶ被遊、御書附を以被為　仰渡候御趣、恐入奉承知候、依之御請書奉差上候、以上

明和六丑年五月廿九日

泉屋吉左衛門印

代泉屋儀兵衛印

長崎御奉行所様

御手当銀渡方につき請書

乍恐以書附御請奉申上候

予州別子・立川両御銅山、困窮御手当銀御渡方之儀、長崎表御銀繰之次第も有之儀ニ付、来丑年

ゟ御銀高七拾五貫目を両度ニ御割合、三拾七貫五百目者六月迄之　御用銅月割高、船積相済次第於　御銅座御渡、残り三拾七貫五百目者七月ゟ十二月迄月割高、船積皆済之上御渡、尤来ル未年ゟハ是迄之御褒美銀拾五貫目共、都合九拾貫目之分、右ニ准し両度ニ御渡可被成下間、其旨相心得、御廻銅遅滞無之様、去子十二月廿八日私代儀兵衛被　召出、御書附を以被為　仰渡候御趣、奉承知之、冥加至極難有仕合奉存候、乍恐書附を以御請奉申上候、以上

明和六丑年五月廿九日　泉屋吉左衛門印

代泉屋儀兵衛印

長崎御奉行所様

四六　備中分買請米、渡方延引につき催促一件
右催促につき、代官手代よりの返書

明和六丑年五月、予州・備中御代官所買請御米、御渡方御延引ニ付、　御代官平岡彦兵衛様・野村彦右衛門様江、予州川之江大河原茂兵衛様ゟ御催促状申請、手代五郎右衛門罷越候処、右御返書之写、如左

貴札致拝見候、弥御堅固御勤被成、珍重奉存候、然者平岡彦兵衛・野村彦右衛門当分御預所予州分ゟ、同国銅山師江渡米之内、残千七拾九石余いまた不相渡、備中分者不残一向不相渡候ニ付、銅山差支及難渋候旨申立候間、右渡方差支候而者稼方差障、御運上も致減少、買請米代銀上納期月ニ相障候ニ付、　御勘定所江御届被仰上候様可相成旨被仰聞、致承知候、前格相糺候処、例年七・八月迄ニ致皆済候由ニ候得共、是迚も延引之儀、去子年　御勘定所ゟ被仰渡も有之儀、旁何分前格ニ不拘、御廻米一同相廻候様兼々申渡置、御催促無之候迚、決而猶予致候儀ニ而者無御座

子年（明和五）は備中村々凶作、当六年は春以来備中一円村々百姓共騒立

候、然処去子年ハ備中村々凶作、其上可被及御聞も、当春以来備中一円村々百姓共騒立、米銀甚不通用ニ而、江戸御廻米漸此間出帆申付、銀納いまた不納いたし罷在候、銅山渡米共ニ取立も差出置、外吟味も有之、両御代官段々相糺候処、実々困究（窮）之段相違無之ニ付、既其段　御勘定所江も先達而御届申上置候程之儀ニ而、当年之儀者格別ニ付、例年ゟも一両月致延引候義も可有御座と、気之毒ニ存罷在候、然共村方せり立候儀者、致猶予候儀ニ而無之、段々厳敷申付置候、然処

渡米延引は銅山稼方衰え

右指支ニ付差障ニ相成候段、銅山師共申立候故を以、　御勘定所江御届可被仰上旨、勿論是迄七・八月比迄ニ相渡候由、是以延引之段不宜儀ニ者候得共、例年と引競候而者此節迄之延引ニ而、稼方差支を申立候段如何ニ付、私共難承置、銅山師代五郎右衛門倉敷江差出、彦右衛門相糺、此方ゟも御届申上候積之処、此節迄之指支を以、稼方指支を申立候ニ而者無之、渡米延引ニ相成候得者、自然と稼方衰候ニ付、何分早々相廻候様被仰付被下度旨、五郎右衛門申立候ニ付、其段彦右衛門承届、猶又村々せり立候積りニ者御座候得共、前書当年之儀者指支無紛候間、存候様ニハ捗取申間敷奉存候間、此段兼而御承知可被下候、右可得御意旨、彦兵衛・彦右衛門申付、如此御座候

五月十五日　　吉村喜惣次
　　　　　　　中山林右衛門

大河原茂兵衛様

右につき野村代官へ泉屋手代差出の一札

右ニ付野村彦右衛門様江、手代五郎右衛門ゟ差出候一札之写、如左

一札

御米渡方延引は、出銅・運上銀減少

予州別子・立川両銅山買請御米御渡方、例年六・七月ニも相掛り御渡被遊候、然処予州越知（智）・桑村両郡残石千何百何拾石余、是迄御渡方御延引ニ付、銅山稼人飯料差支難渋仕候、尤是迄御運上減少ハ不仕候得共、御米御渡方御延引御座候時者、多人数稼人之事故、出銅も相劣、御運上も相減可申哉之趣申上、大河原茂兵衛殿之御状持参仕候処、当年者郡中村々凶作ニ付、御取立も隙取候得共、村々御催促御取立ニ御出役被　仰付、厳敷御取立次第、急々御渡可被下候段、難有奉存候、為後日如件

明和六丑年五月　　五郎右衛門爪判

平岡彦兵衛様

野村彦右衛門様

川之江代官大河原より松山御役所への書状

笠岡陣屋へ催促状を差出

依右川之江御陣屋　大河原茂兵衛様ゟ、松山御役所江被遣候御状之写、如左

先達而銅山方ゟ相願御伺申上候而、調度候向地御代官所渡米催促状、下代五郎右衛門持参、笠岡御陣屋江罷出、御手代中江差出候処、披見之上委細致承知候、当方も去歳以来何角差掛候　御用筋有之、右渡方も及延引候事ニ候、右ニ付而者御運上減少ニ可及旨、茂兵衛殿ゟ申来候、此儀重キ事ニ付、自分共了簡ニ而否之返答不相成候付、倉敷江伺遣候、其方ニも同所江も可罷出間、書状壱封可相頼旨ニ而認渡候ニ付、直倉敷御陣屋江罷越、御手代中江対面、右之趣申演、此方ゟ持参之状箱、幷笠岡ゟ之書面共差出候処、先旅宿ニ差控可有旨申聞候ニ付、罷退候処、翌日御呼出

倉敷代官野村に泉屋手代召出され仰聞さる

被成、野村彦右衛門殿御前江五郎右衛門を御召出、御直ニ被仰聞候者、此度松山御役人中ゟ渡米之儀ニ付、別紙之通り手代共迄申来り候間、可承旨ニ而、始終を御読聞せ、如此稠敷催促者、元

去冬以来の郡中騒動落着せず

代官野村御立腹の顔色につき、御意の趣を承知す

代官野村より御米渡方の趣意書差出すよう仰聞さる

来銅山方ゟ願出候ニ依而之儀ニ候、併此内迚も七・八月比迄ニ、漸渡切候年も有之候得共、依之御運上減少と申儀も不相聞候、此度之書面者五月四日附ニ候、然者銅山方ゟ者、右之達ニ四月中ゟも申立候事と被察候、当年之儀者、四月末五月最初迄ニ皆納不致候ニ付而者、弥御運上減少致候事ニ候哉、当方之儀も聞も可及、去冬以来郡中致騒動、今以右一条落着不致、畢竟此等之儀も、根元ハ困窮ゟ事起り候儀ニ而、此吟味筋ニ役人共一統ニ相掛り、御取立之方江者、是迄者一向手も届不申、江戸御廻米等も漸此程ニ出帆申付候仕合、是以銀納之分少も不相納、依之者予州廻米も例外可及延引歟、雖然此分迚も江戸御廻米も同様之儀、尚又先達而於御勘定所、被仰渡候趣も有之候得者、少も油断迚ハ不致、手代共差出稠敷せり立、早々渡切候様ニと裁許者致有之候、右之通ニ付、万端手支之趣者、委細ニ此内江戸表江も御達申上置候得者、弥右申立候通ニ御運上減少いたし、其段御達被申上候儀ニおゐてハ、此方ゟも早速可及注進旨ニ而、以之外御立腹之御顔色ニ付、五郎右衛門ゟ謹而御答申上候者、御意之趣委曲奉承知候、右御米之儀者、数々下財飯料之手当ニ仕居申候ニ付、御渡方御延滞被下候而者、兼而之手配相違仕、飯料手支ニ相成、稼方怠り候得者、出銅相減候ニ付、御運上銀ニ相障候得者、此段を相恐、早ク御渡被下候様仕度、御願奉申上候事ニ候、全此節迄御延引ニ付、当時御運上減少と申ニ者無御座段、事を訳御答申上候処、於然者只今減少と申ニ者無之哉と御入念御押方ニ付、御意之通ニ候、此後延々ニ被成下候時者、右申上候通ニ付、自然と御運上ニ相障り候故、何卒御運上減少ニ不至候様ニと奉存、御米御渡方之儀を御願申上候趣ニ御座候段、呉々申上候処、左候ハヽ、其趣書付認置候様ニと被仰聞候ニ付、奉畏候段、御請申上退候処、御手代中ゟ右書付相調被渡候而、清書ニ不及、是ニ印形致可置旨ニ

付、印形持参不仕旨断申達候処、然者爪判調可置由ニ付、任差図右之趣ニ相調候上、此書付少シ
御下被下度候、写帰、此趣御役所江も御達申上度旨申達候処、入組候事ニ候ハヽ、尤之儀ニ候得
共、是ハ其方ゟ申達候趣を、為念書付置候得者、不及其儀旨申聞候ニ付、強而も難申、其儘ニ仕
帰候由ニ而、返書持参五郎右衛門、当方江罷出候而申達候、則右書面進上仕候、且又倉敷ニ而差
出候書付写も取受、入御覧申候、尤彼方ゟ認出ル書付ニ、直ニ爪判仕置候得者、文続等本書ニ相
違之事も可有御座候得共、凡如此御座候旨、五郎右衛門ゟ断申達候、尚余無程罷帰候節可申上候

五月廿六日

右につき六月四日の松山から江戸宛ての書状

六月四日予州松山ゟ御飛脚、同十七日江戸着御状之抜書

一向地御代官所渡米催促状、銅山下代五郎右衛門持参、倉敷於御陣屋、野村彦右衛門殿直ニ段々
被仰聞之、五郎右衛門書付差出、委曲被仰聞候趣、別紙之通大河原茂兵衛ゟ申届候ニ付、夫々
写書遣之候、右書面之内ニ者七・八月皆済定格ニ御申執、尚又当年者延滞ニ可相成哉之趣ニ付、
左候而者銅山飯料差支候而耳ならす、以来之障ニ相成候、五郎右衛門差出候書付も御手代相認、
旁無覚束事ニ候、然を其儘ニ致置候心底ニ有之哉、又者願書をも差出可申哉之趣、銅山方吟味
申付置候否之儀、決定之上重便可申入候

六月四日　　稲川八右衛門

矢田紋右衛門様

同じく六月二十四日の松山から江戸宛ての書状

六月廿二日　松山ゟ之御飛脚、七月九日江戸着御状之抜書

一先達而申入候向地御代官所渡米之儀、銅山方吟味為致候処、今年之儀者霖雨、其上百姓共騒動

之儀も有之、押而歎書差出候而者、差障之儀も難計ニ付、今一応催促状申請、下代差遣、先方内意相伺候上、歎書差出度旨申出候、彼是申前相考候而者、先達而於向地、応対之趣も無覚束、銅山方ニ而右之通存候上者、旁願書差出候ニ不及旨申付候、猶委敷儀者丈左衛門ゟ御承知可有之候

六月廿二日

稲川八右衛門

矢田紋右衛門様

右につき銅山方より松山御預り所への口上

銅山方ゟ松山御役所江差出候口上書之写、如左

口上

別子・立川両御銅山、去子年買請御米之内、平岡彦兵衛様・野村彦右衛門様当分御預所予州・備中、并野村彦右衛門様　御代官所備中国江御割賦被為　仰出候ニ付、追々御渡可被下と奉待候処、予州御米漸左之通相渡り、備中御米一向廻着不仕候

一御米三千三百八石六升弐合　平岡彦兵衛様 野村彦右衛門様 当分御預所 伊予国

内弐千四百五拾壱石五斗九升四合

但正月十四日ゟ五月五日迄請取高

残八百五拾六石四斗六升八合　御渡不足

一御米千弐百四拾壱石壱升四合　平岡彦兵衛様 野村彦右衛門様 当分御預所 備中国

野村彦右衛門様御代官所
備中国

一　御米弐百石

但備中国御米、一向御渡無御座候

依之銅山数千之稼人飯料差支、迷惑至極仕候ニ付、御催促御状申請、下代之者持参仕、猶又口上を以、御渡方早ク被　仰付被下候様、申上候処、備中国倉敷於御陣屋、野村彦右衛門様より被為　仰聞候者

泉屋下代催促状持参の所、倉敷代官よりの仰せ

例年七・八月迄ニ相渡候由ニ候得共、当年者少ニ而も早ク取立、相渡可申積ニ候処、備中国近年凶作ニ付、当春以来百姓中騒立、取立方も出来兼、漸五月最初之比江戸御廻米積立、未銀納致、不納候、併銅山渡米為取立、出役も為致置候得共、例年ゟ者結句延引ニ可相成候

右之趣被　仰聞候、然共銅山飯料差支ニ相成候而者、稼方不勝手ニ随ひ、　御用銅相衰御運上も減少仕候ニ付、旁恐入千万歎敷奉存候得共、打続御凶作之由ニ而、御百姓方混雑之筋も被為　仰聞候ニ付、奉掛御苦労候儀も如何敷候得共、例年七・八月皆済御座候趣、御定格ニ被為　仰付候而者、兼而当方　御役所ゟ被為　仰付候期月請取方ニ相違仕、銅山師不念ニ相成候而已ならす、永々銅山及差支可申と歎敷奉存候、尤去々亥年買請御米、渡辺半十郎様元　御代官所ゟ去子九月御渡被成下、稼方手後レニ罷成候ニ付、先達而御歎奉申上置候儀ニ御座候、何卒今年者御延滞無御座候様、乍恐被成下候者、難有奉存候、以上

丑六月

泉屋吉左衛門代
泉屋半兵衛

右につき御勘定所へ差出の書付

丑七月廿一日、御預所ゟ　御勘定所江御差出被成候御書付写

松平隠岐守
御預所

予州両銅山買請米御渡方之儀ニ付申上候書付

隠岐守御預所予州別子・立川両銅山、去子年買請米石数之内、最寄御代官所江御割賦被　仰出、当春中ニ者御皆済可被下候処、今以博〻(捗)鋪御渡無御座候ニ付、在所役人共ゟ御催促申上候得共、今年者御代官所内御差支之儀御座候故、例外御延引ニも可及由ニ被　仰下候、然時者銅山方飯料差支、稼人共自然と不精ニ罷成、銅出方相劣り可申候、尤於此所ニ者、何分稼劣り不申候様可申付候得共、買受米代銀者、米相渡候月ゟ十ヶ月延納之御定ニ御座候処、左之通未余計之残石、此上御延滞ニ相成候而者、上納期月ニ相障、其上勤方帳・御勘定帳等ニ差支、別而迷惑仕候、何卒急〻御渡切被下候様、被為掛　御声被下度、此段奉申上之候、以上

一三千三百八石六升弐合　平岡彦兵衛様
野村彦右衛門様当分御預所、伊予国納米

内

弐千四百五拾壱石五斗九升四合　正月十四日ゟ五月五日迄御渡之分

残八百五拾六石四斗六升八合　未御渡無之分

一千弐百四拾壱石壱升四合　右御両人様同断、備中国納米

内

三百三拾六石九斗四升弐合　六月廿三日御渡之分

残九百四石七升弐合　未御渡無之分

一弐百石　野村彦右衛門様御代官所、同国納米
此分未御渡無之分

合四千七百四拾九石七升六合　伊予・備中御割賦高

内弐千七百八拾八石五斗三升六合　当時迄請取候分
残千九百六拾石五斗四升　御渡方御延滞之分
〆
丑七月　松平隠岐守内
矢田紋右衛門印
御勘定所

四七　買請米払下げ願と下知

予州別子・立川両銅山買請米願書　松平隠岐守
御預所

乍恐願上候覚
予州別子・立川両御銅山、当丑年買請御米、去年之通八千三百石御割賦被成下候趣被　仰渡、難有仕合奉存候、御直段之儀者例年之通、国々所相場弐割安、代銀十ヶ月延納ニ被為　仰付被下候様、奉願上候、両山共御米之御救を以、可也ニ取続、数千之下財無恙産業仕、冥加至極難有奉存候、御引当家質之儀者、御預所江差上置申候、以上
明和六丑年十一月　予州別子・立川両御銅山師
泉屋吉左衛門印
稲川八右衛門殿

右願書の添書

右隠岐守御預り所両銅山、当丑年買請米、去年之通別子江五千八百石、立川江弐千五百石、都合八千三百石御割賦被成遣候趣、申渡候処、直段之儀者例年之通、国々所相場ニ弐割安、代銀十ヶ月延納ニ被　仰付被下度旨、願出申候、高之内伊予米六千八百拾壱石五斗三升壱合弐勺弐才ハ、所相場壱石ニ付銀五拾八匁五分、備中米千四百八拾八石四斗六升八合七勺八才者、所相場壱石ニ

付銀七拾壱匁九分替ニ弐割安之積を以、代銀取立可申候間、願之通被　仰付被遣可被下候、御引
当家質之儀者、両山共御預所江取付置申候、山稼之儀者随分出精仕候様、常々申付置候、以上
丑十二月
松平隠岐守内
稲川八右衛門印
御勘定所

右願書の御勘定所
下知

御附紙之写
長　印　書面之御預所予州両銅山、買請米之儀者、別子江
日　向　五千八百石、立川江弐千五百石、合八千三百石、
備　後　直段之儀者、伊予・備中国所相場外弐割安之積り
源太郎　伺之趣、令承知候、於然者伊予米六千八百拾壱石
御用無印
治郎兵衛　五斗三升壱合弐勺弐才、米壱石ニ付銀四拾八匁七
御用無印
源　五　郎　分五厘替、備中米千四百八拾八石四斗六升八合七
平　兵　衛　勺八才、米壱石ニ付銀五拾九匁九分壱厘七毛替を
弥左衛門　以、米相渡候月ゟ十ヶ月延代銀取立之、可被相納
御用無印
十郎兵衛　候、尤米相渡候ニ応シ家質取置、不納有之候ハ、
与　四　郎　家質取上候積り、入念可被申付候、断者本文ニ有
押切
弥左衛門　之候、以上
寅正月

(付箋)「右願書之内、年号相違之儀在之、三田ゟ御差図ニ付、中橋ニ而印紙へ認直し、正月十二日三
箋)」

「（付田へ差上、翌十三日御勘定へ御差上被被（衍）成由なり」

四八　銅山方より松山藩への音物、格別聴許の書付

明和六丑年秋、松山御家中御法式相改、御国者勿論、江戸・大坂御出入方、并銀主ゟ諸音物堅御請不被成御仕法之由、山元ゟも申登、猶又江戸・大坂御役人中ゟも御申聞、堅御差留被成候、然処銅山方之儀者、格別之筋合を以、銅山支配人半兵衛存寄之書付相認、同年冬松山御役所江差出候処、段々御家老方御評議之上、銅山方之儀者格別之御振合を以、翌寅二月御聞済被成下、則御手附中ゟ八蔵屋弥一左衛門江之御手紙、山元ゟ指登候ニ付、為見合左ニ扣置、猶又右来翰之写を以、中橋店江も申遣

右聞済みの書状

以手紙申入候、然者先達而音物之儀ニ付、山元ゟ再応相歎候趣、八右衛門殿江申達候処、此度左之通被仰出候ニ付、其段江戸・大坂御役人江被仰遣候間、此旨銅山方江御申通可被成候

銅山師ゟ音物之儀、役手一統相断候段、吉左衛門名代之者江申聞せ候処、銅山方之儀者、何国ニ而も格段之取扱ニ而、於　公辺も格外、　御憐愍之御仕成ニ有之候得者、古来ゟ山元奥福冥加之為、少分之音物致来候ニ付、何分古格之通相違無之様相歎出候故、其段御家老中江相伺置候処、猶亦御評議有之候処、先達而江戸・大坂御銀主共ゟ音物之儀、相断候様被　仰出候故、右同様相心得候様被仰聞候得共、此度歎書之趣ニ而者、　公辺懸り合之訳も有之、格別之事ニ候間、前々之通相送せ候様、奥平藤五郎殿被仰聞候

右之通ニ候間、左様御心得可被成候、以上

坂苗六左衛門

二月十七日

内山孫兵衛

八蔵屋弥市左衛門様

右之手紙銅山江指戻シ、山元ニ指留置候様申遣候事

四九 備中分買請米、延滞につき渡方願

御米延滞ニ付
松山御役所江差出候歎書之写

乍恐口上

予州別子・立川両御銅山、去ル丑年買請御米之内、備中国江御割賦被為　仰出候ニ付、数度御催促仕候処、早速御渡無御座、因茲当御役所表ゟも毎々御急済之儀、被仰遣被下候得共、彼是御遅滞ニ而、漸去ル九月末ニ御渡切ニ御座候、買請御米之儀者、銅山数千之稼人為御救被下置候処、飯料払底仕候ニ付、稼方手後レニ罷成、御運上銀も減少仕候筋ニ御座候得共、不絶厳敷被　仰置候故、種々精力を尽、只今迄者格別減銅も不仕候得共、此後今年之通御渡方御延引御座候而者、稼人退散仕候様相成、自と御用銅及減少可申と、恐入奉存候間、御慈悲之上、今寅年買請御米より者、来卯之早春ニ御渡切御座候様被成下候ハヽ、重々難有仕合奉存候、以上

予州別子・立川両御銅山師泉屋吉左衛門代
泉屋半兵衛印

寅十月

五〇 買請米の指米代銀上納仰付につき御答書

明和七庚寅年十一月廿六日出、江戸中橋来状ニ申登候趣如左

十一月廿三日、三田御屋鋪矢田紋右衛門殿・伊藤平治殿ゟ御呼出ニ付、名代直右衛門罷出候処、

外　御用向ニ付、昨廿二日伊藤平治殿　御勘定所江御出勤之処、御取箇掛りゟ左之通被　仰付
候由

余米と申す指米代銀の上納仰付

予州銅山師買請米高八千三百石、予州幷外　御代官所ゟ買請候処、右米高壱俵ニ付余米と申候而、
指米在之候処、此分者銅山師共代銀不相納、徳分ニ仕来候、以来者八千三百石俵数之余米代銀為
相納、右余米石数八千三百石之外立ニ相認、代銀付候而相納可申旨
右之趣御取箇御組頭倉橋与四郎様ゟ被　仰渡候ニ付、得と銅山師江申聞、吟味之上委細御請可
申上旨、御請書被成候由
右来状之写、同十二月四日予山江差下、於同所も旧記等吟味之上、何分是迄之通御聞済之処、
宜被仰上被下度段、松山表江精々可申出旨申下シ候事、同月十五日松山御役所ゟ予山半兵衛
御呼出ニ付、罷出候由、其砌右一件之御歎書差出候処、於　御役所も旧記等御改之上、少々
御添削被成下、歎書御取請相済候由、則写壱通差登左ニ

右指米の由来につき答書

乍恐以書付御答奉申上候
一予州別子・立川両御銅山為御救、従往古被為　仰付候買請御米、予州幷外御代官所ゟ御渡被成
下候処、右御米高壱俵ニ付、指米可有之処、此分之代銀　御上納不仕、徳用ニ仕来候ニ付、以
来右指米之分、八千三百石代銀之外ニ　御上納可仕旨、被為　仰付、則左ニ奉申上候

元禄十五年の御定目で仰付

一御米之御儀者、両御銅山数千之働人飯料為御救、被　仰付候御儀ニ付、元禄十五午閏四月
遠藤新兵衛様御代官所之節、御定目御書付を以被為　仰付候、則右御書付之写奉差上之候
一右御定目之通、於新居浜浦御米請取候節、多四斗余者無御座候、万一五勺壱合余米御座候

而も、甚悕(稀)成儀ニ而、買請御米俵数不残ニ指米在之筋ニも無御座候、然共鬮廻ニ仕候節、四斗之内不足仕候時者、四斗五合之積を以請取来申候

寛延四年再応吟味

一寛延四未年四月、御米請取場所之儀、御吟味被　仰出候付、右御定目之趣を以、御答奉申上候処、再応御吟味之上、御米積湊ゟ予州新居浜迄之間、海上異変も有之、打米破船仕候節者、銅山師損失ニ仕候上者、其余之儀者仕来り之通、新居浜渡ニ被為　仰付候

従来通り指米代銀不納仰付の上申

新居浜浦ゟ御銅山江嶮岨之山坂、大難所運送仕候ニ付、欠米夥敷有之、殊深鋪難渋之両御銅山ニ御座候得共、御米之御蔭を以相続仕、御用無滞相勤来候、聊之儀ニ而も銅元直段ニ抱申候間、何卒御憐愍之上、是迄之通被為　仰付被下候ハヽ、冥加至極難有仕合奉存候、以上

明和七寅年十二月

予州別子・立川両御銅山師大坂泉屋吉左衛門代
泉屋半兵衛印

五一　買請米の安値段、不審相糺につき御答一件

買請米の買替えで四〇〇〇両の差益と聞く

一銅山買請米直段伺之儀、讃州米・伊予米直段立方余程相違相見候、尤右両国隣り候場所故、格別之直段違者有之間敷事ニ存候、其上弐割安直段ニ而買請、剰右買請米者銅山飯料ニ者不仕、直段宜売払、右代銀ニ而下直成下米を買請、下財共飯料ニ仕候由、彼是ニ而四千両程も内々徳用有之様ニ相聞候、都而銅山諸仕成、右買請米莫々徳用之趣者、先達而水谷祖右衛門廻村之節、委敷承知罷帰候事ニ在之候、右不審、江戸詰山師名代之者江申聞、猶又安直段ニ無之候而者、銅山稼方相成不申候哉、弥右之趣ニも候ハヽ、外々ゟ稼方相望候者も可有之事ニ候間、右等之儀急度相糺候上、否之儀早々可申達旨、被　仰聞候事

卯三月

乍恐書付を以奉申上候

右紙方仰付の趣、承知につき上申

三月十三日於　御勘定所、御取箇御組頭倉橋与四郎様ゟ左之御趣被為　仰出候由、委細被為　仰聞候趣、奉承知候

買請米の買替え差益と銅山一手稼行の経費減で大益なので、外二割の安値段差略仰付

一銅山買請米八千三百石之儀、代銀十ヶ月延ニ致上納、其上外弐割安直段ニ而買請来り候、勿論右米者銅山下財共飯料ニ可致之処、直段宜売払、下直之米を買替、下財共飯料ニ致候由、右直段違之徳用も有之、其上近来銅山一手ニ相稼候、以来者仕成方勘弁筋も可有之事ニ候、彼是ニ而内々大益有之候趣、御聞及被成候、右之趣ニ付、此後外弐割安直段之儀、御差略も可被仰付思召ニ相聞候、尤前々ゟ外弐割通り安直段ニ而、買請被　仰付候ニ付、御直段御有免程者御蔭可有之儀ニ候、其余内々勘弁取計方之儀有之、大益有之候儀ニも候哉、右等之儀急度相糺可申達旨、被　仰出候、尤当時迄之通、外弐割安直段ニ而八千三百石買請不被　仰付候而ハ、以来銅山稼方相調不申候哉、右之趣ニも有之候ハヽ、又々外ニ稼方相望候者も可有之哉之段も被仰聞候間、与得相考、存寄之儀可申出候、尤先達而水谷祖右衛門様御廻村之節、銅山諸仕成等之儀者、委ク御聞及被成置候様ニも被　仰聞候間、偽ケ間敷儀申出候而者、決而相済不申候間、万端有躰ニ可申出候、勿論御差急之趣被　仰聞候ニ付、答書早々差出可申候

右紙方仰付につき答書

右之趣被為　仰渡之、則左ニ御答奉申上候

予州御銅山之儀者開発ゟ百余年来ニ罷成、古へと違甚深鋪ニ相成、稼方至極六ヶ敷、至而失却入用追年相嵩、難渋仕候得共、前々ゟ彼是御慈悲之御手当等被成下、其上専勘弁仕、加也ニ山

二年前まで銅代銀一八〇匁で御定高四二万斤

その後、銅代銀一三九匁四分八厘に引下げ

宝暦四年、普請料銀三〇〇貫目と毎年褒美銀一五貫目拝領、銅御定高は七二万斤となる

申年(明和元)、銅代値増し等出願

業仕、冥加至極難有仕合奉存候

一出銅之儀共弐ヶ年以前迄者、銅百斤ニ付代銀百八拾匁替程ニ而、壱ヶ年ニ銅御定数四拾弐万斤宛奉売上候処、其後長崎御奉行松浦河内守様ゟ御直段下ヶ被為　仰渡、銅百斤ニ付代銀百三拾九匁四分八厘替ニ御買上被　仰付、抜群之御直段違ニ而、山方元直段ニ引合不申、難儀仕候趣御歎申上候得共、先二・三ヶ年奉売上候ハヽ、猶近来之内御了簡御附可被下旨、被為　仰渡、無拠御請奉申上候、其後毎々御直段増御願申上候処、宝暦四戌年長崎　御奉行菅沼下野守様御通駕之砌、御料御銅山之儀ニ付、銅山為普請料御銀三百貫目拝借被　仰付、幷以来御褒美銀拾五貫目宛、年々可被下置候、尤南部・秋田銅山銅出劣り、御用銅御差支ニ付、三拾万斤増銅被　仰付、都合七拾弐万斤宛可奉売上旨、被　仰渡候処、前躰御直下ヶニ付、銅元直段ニ不相当ニ御座候間、甚難渋仕候得共、御銅御差支之趣奉恐入、殊更厚キ思召之処難有奉存、仕当ニ者相成不申候得共、何分出情仕御定数之通、年々奉売上来候、尤先年者少々有物も御座候故、年々損銀ハ相嵩候得共、御願申上候儀者重ク、手元ニ御座候品者遣安、追年足シ銀仕、難儀仕なから毎年御定数之通奉売上候内、山元ニ仕入置候有物も遣切、其上段々諸色高直罷成候ニ付、右ニ順(準)銅元直段も高直ニ相当り、追年仕入銀ニ必至と差支候間、去ル申年御直段増・御救銀・御減銅等之儀奉願上候得共、右三段之願者外銅山響ニも相成、御取上難被成、乍併御料銅山之儀、殊ニ是迄御用銅無遅滞相納候ニ付、返納拝借可被　仰渡(付)候間、可奉願上之旨被為　仰渡候得共、左候而者返納銀故、容易仕入ニ遣候而も返納之目当無御座、外江貸附利合を以、仕入等相弁候ニも、若貸附先キ滞候節者、身上減却可仕外無御座候故、右員数御願難申上、何分御救

酉年（明和二）、褒美銀一〇か年前借仰付

之儀御歎申上候処、先年ゟ為御褒美、壱ヶ年御銀拾五貫目宛被下置候分、此後拾ヶ年分御前借被為　仰付旨、去ル酉年被　仰渡、右御蔭を以暫取続、御用銅無滞奉売上候、然共先年銅御直段下ヶ被　仰付候以来、御用銅七拾弐万斤之辻ニ而、銀弐百八拾貫目程ツヽ、年々損銀相立、甚

子年（明和五）、銅代値増しと御定高の減銅出願

困窮仕候ニ付、無是悲（非）去ル亥年長崎　御奉行　新見加賀守様、同子年　石谷備後守様長崎表江御往来之節、御直段増被　仰付被下候歟、又者先前御定数之通四拾弐万斤奉売上、増銅三拾万斤之分減銅被為　仰付候様仕度、右両様之内、何レ成共御免被成下度段奉願上候処、段々厳敷御吟味之上、買請御米外弐割安之御救、幷御褒美銀拾五貫目宛御助勢と銅御直段下ヶ之損銀、

丑年（明和六）、御手当銀九〇貫目仰付、並に買請米外二割安値段仰付

鉑石ゟ棹銅ニ仕入候迄之諸入用等、御細蜜（密）御糺之上、数年来之損銀被為　聞召分、去々丑年ゟ右御褒美銀拾五貫目之上江、七拾五貫目御足シ被下、都合九拾貫目宛、以来年々為御手当銀被下置候間、猶勘弁出精仕、是迄之通無遅滞御用銅可奉売上旨、被為　仰渡之候、勿論買請御米

（付箋）

外弐割安御直段之御蔭等も御座候得共、銅御買上御直段違ニ差引仕候時者、未百貫目程宛損銀ニ相立候得共、　御意重被為　仰出候儀故、猶亦彼是勘弁を以、御用銅無滞奉売上候、尤拾五貫目宛之御褒美銀者、来ル午年迄之分、先達而前借被　仰付、山元諸失却償之助力ニ仕候付、来ル午年迄者七拾五貫目宛被下置候付、既ニ困窮差廻り、荒山ニも可相成候処、御慈悲之御手当を以、数千之下財山業ニも相離不申、重々難有仕合奉存候、勿論追年甚深鋪ニ相成、稼方失墜相増、内々困窮者仕候得共、右御手当銀被下置候節以来、御歎ヶ間敷儀者仕間敷旨、被為仰渡、御請書差上置候儀故、漸取続罷在候程之仕合御座候、然ル処今度買請御米御直段御差略可被為　仰付旨、御吟味被為　仰渡之、当惑至極仕候、幷御米奉買請、下米と調替候趣御尋被

是迄上米と下米と売替え渡し決してない

為　仰渡候得共、是迄上米ヲ下米と売替相渡候儀者、決而不仕候、且亦立川御銅山も当時者一手ニ相稼候ニ付、勘弁筋も可有御座哉之旨、被為　仰聞候、前々二手ニ而相稼候節者、立川銅山師共夥敷損銀仕、追々山師相代り、多人数身上滅却仕、其上御上納銀等迄も数年相滞候儀者、　御役所ニ而御承知之御儀奉存候、一手ニ相稼候以来者、両山譲合せ勘弁差配り、漸御用銅相弁候御儀御座候、右ニ申上候通、四ヶ年以前　石谷備後守様御吟味之節、委曲銅山損益差引困窮之趣申上候通、毛頭相違無御座候処、買請御米御直段之儀、此上少ニ而も御差略等被成下候而者、不移時日弥困窮差廻り、数千之下財も育ミ難仕趣罷成、　御用銅差支候様成行、是迄重々御慈悲之御救等も自然と亡却可仕と、彼是甚奉恐入、歎ヶ敷奉存候間、是等之趣被為聞召分、偏　御憐愍を以、当時迄之御米御直段御割合ニ而、買請被為　仰付候様、幾重ニも奉願上候間、何分可然様被為仰上可被下候

買請米値段、少しでも差略されると困窮し、御用銅に差支える

右達之御米御直段御吟味ニ付、乍恐御答旁奉申上之候、以上

当時迄の値段で買請仰付願

明和八年卯四月

泉屋吉左衛門

代泉屋直右衛門印

（付箋、朱書）
「此差引百貫目程宛、書中売り合候ものと奉存候」

右答書の添書

隠岐守御預所予州銅山買請米直段、定例之通伺書差出置候処、銅山諸仕成幷弐割安直段等之儀、段々御吟味、御不審之趣先達而委細被　仰渡候ニ付、当方ニ相詰候銅山師下代共江具申聞候処、左之通答書差出申候間、猶又押方吟味仕候処、申出候趣聊紛敷儀も無御座、追年諸色高直ニ罷成、山元仕込銀相嵩、内々甚難渋仕候得共、近年御吟味之上、御手当銀等被　下置候ニ付、右御影等

を以漸勘弁仕、是迄取続罷在候趣ニ御座候間、何卒前々之通御聞済被成遣候様仕度、此段奉申上之候、以上

卯四月　　松平隠岐守内
　　　　　矢田紋右衛門

御勘定所

右につき再上申

買請米の二割安値段、定式となってはいかがわしい

讃州の買請米高値にて難渋

乍恐以書付奉申上候

予州別子・立川両御銅山、買請御米御直段之儀、所相場ニ外弐割安之積を以、是迄買請被為　仰付候処、右弐割安御直段之儀、御差略可被為仰付候旨、被　仰渡候ニ付、内々難渋仕候趣、乍恐先達而委曲書附を以奉申上候処、右之趣　御勘定御役所様江被　仰上被下候処、御熟覧被成下、申上候趣者一通り被為　聴召分候旨、奉承知、難有仕合奉存候、乍併所相場弐割安直段と兼而相定り候儀も無之処、当時之趣ニ而者、定式ニ相成候而如何敷思召、殊更近頃厳敷御検(倹)約被　仰出も候間、旁少々ニ而も勘弁仕候而相伺候様、呉々被為　仰渡候御趣、逐一奉承知、恐入奉存候、然共銅御直下ヶ以来、毎年損銀仕罷在候処、漸四ヶ年以前、長崎　御奉行中様御掛りニ而御吟味被成下、先年銅御直下ヶ以来、毎歳凡銀弐百八拾八貫目程ツ丶、損銀仕候処、買請御米弐割安御直段之御助成も有之候得共、中々引足不申趣、委敷御吟味之上、為　御救去々丑年ゟ御銀九拾貫目宛、年々被下置候、右彼是　御救之御助成打合候而も、内分損銀者夥敷引合不申候得共、　御意重ク被為　仰出候御儀ニ付、数年来仕成来り之山元仕法等相改、成尺(丈)ヶ種々勘弁仕、漸御定数之　御用銅奉売上、可也ニ御銅山相続仕候、且又去年分御割賦之内、讃州御米買請被　仰付候、右讃州之儀者、所相場甚高直之場所ニ而不勝手難渋仕候、其訳者他国米入津之儀御国法度ニ而、全

躰所出生米格別直段宜敷、其上御納米と申者壱石壱斗弐升五合宛有之、石ニ付壱斗弐升五合之余米を見込候而之所相場ニ御座候故、甚高直ニ而、他所米相場ニ者一向引合不申候、然ル処右所相場之御直段積を以奉買請、銅山方江請取候御米ニ者、右余米之分請取不申儀ニ御座候故、讃州御米之分ニ而凡米百三拾九石余も損失ニ罷成候、此損銀も困窮之上ニ者、難儀至極ニ奉存候故、此分乍恐御割賦、先御断御願も奉申上度奉存候得共、御願も相後レ候ニ付、無是非御儀ニ奉存候、右等之損銀も御座候之故、旁以当年之儀者別而難渋仕罷在候、猶亦先達而も委細御歎奉申上候通ニ御座候間、此上乍少々も、買請御米直段御差略も被下置候而者、最早山元仕成勘弁之儀も出来不仕、必至と困窮仕候、左候時者、先達而ゟ御慈悲之上、御手当銀被下置候儀も亡却仕候様成行可申と、千万歎ヶ敷恐入奉存候、何分此所御聴分被下置、御憐愍之上幾重ニも、当時迄之通御聴済被成下候様、被　仰上可被下候、此段再応奉申上之候、以上

明和八卯年六月

予州別子・立川両御銅山師
泉屋吉左衛門
代泉屋直右衛門印

御預所
御役人中様

当時迄の通り聴済を再上申

右再上申の添書

右者隠岐守御預所予州立川両(別子脱)銅山師、買請米弐割安直段之儀、再応御吟味被　仰渡候趣、銅山師手代共江委敷申聞、押方吟味仕候処、先達而申出候趣ニ聊相違之儀も相聞江不申、内々差廻り候儀ニ御座候、此上被　仰出候趣、厳敷申渡、弐割安之処少々ニ而も相減候様仕度、奉存候得共、下地諸色高直ニ而仕込銀相嵩、当時ニ而者銅御買上直段ニ引合兼、迷惑仕居候儀も兼々承知仕罷在候、其上去寅年者、買請米御割賦之内江讃州米御渡被成候処、右米者所切之相場ニ而他所相場

ニ引合不申、格別高直ニ御座候ニ付、此所ニ而も余程直段違ニ損銀も仕候由、旁以内々難渋之趣ニ相聞江申候、尤先達而　御手当銀等も被下置候得共、漸三ヶ年ニ相成、未内々潤色之筋も相見江不申、山師共ゟ本文ニ申出候通、疑敷義も無御座候処、押而申付候儀も難仕奉存候、乍然往々諸色等も下直ニ相成、内々相甘《クツロ》キ候場所も御座候ハヽ、無油断相心掛、私共ゟも申上候様可仕候間、何分暫之内者当時迄之通、　御聴済被成遣可然奉存候ニ付、此段奉申上之候、以上

卯六月　　松平隠岐守内
　　　　　　伊藤平次印

御勘定所

右上申につき御勘定所内意の伝聞

右者六月廿五日、伊藤平治殿御出勤ニ而御差出候処、御勝手方御組頭　倉橋与四郎様御取請被成、一通り書附御覧之上、被　仰聞候者、歎申出候者銅山師之常ニ候、押而申附度事ニ候、押而申附候ハヽ、山師承知可致哉と被　仰候ニ付、伊藤殿御答ニ者、押而被　仰候ハヽ、　御威光之儀山師御請者可仕候得共、右弐割安直段之儀ニ付、再応　御吟味被　仰渡候ニ付、隠岐守役人共種々押方遂吟味候処、山師共申出候趣ニ聊相違も無御座、内々困窮之訳承届、奥書をも仕差上候儀ニ御座候、此上押而被　仰付候ハヽ、是者　御請可仕候得共、実々難渋之趣ニ候得者、自然と山稼相怠り、万端銅山之衰微ニ罷成、却而　御為ニも不相成様ニ奉存候、　御用掛り役人共義者、別而隠岐守ゟ毎度申渡、御公儀御益筋之儀存寄も有之候ハヽ、御伺申上、万端麁略無之様急度申付有之儀ニ付、私共毛頭如在不仕候、併　御為ニも不相成様奉存候儀者、乍憚押返し御断申上候筋も御座候、　御聴届無之儀者、不及是非奉存候段、被仰達候処、　倉橋様被　仰候者、先ツ書附をも得と披見之上、評議いたし見可申と被　仰聞候旨、伊藤殿ゟ伝承

歎願は銅山師の常

山師共申出に相違なし

仕候段、中橋店ゟ申登候事

明和八辛卯年四月廿四日、江戸御預所矢田紋右衛門殿ヨリ中橋店名代之者江被仰聞候者、大坂表本家出入一件之儀、御勘定所江一応御届申上置可然旨、役人共も申ニ付、勘弁之上軽キ書付、当月廿二日　御勘定所江持参、御運上方御勘定遠藤兵太夫様迄差出候処、御聞届書付御取請被成候、則写壱通差遣候、大坂表江も其旨掛合可申段、矢田殿被仰聞候由、右同日出書状を以、中橋店ゟ申登せ候、則右御書付之写左記ス

五二　本家家事一件につき上申

予州銅山師家事出入之儀ニ付申上候書付

松平隠岐守
御預所

隠岐守御預所予州別子・立川両銅山師、大坂長堀茂左衛門町泉屋吉左衛門家事之儀ニ付、同人叔父大坂豊後町泉屋理兵衛、幷一類共ゟ先達而大坂御奉行所江出訴仕、双方御吟味有之候趣御座候処、御銅山御用向之儀者、聊無滞相勤候旨、吉左衛門江戸店手代共ゟ内達仕候、勿論在所役人共ゟも、御銅山日々稼方無油断相勤候様申付置候、以来右一件ニ付、万一御用差支候儀も出来仕候ハヽ、早速御達可申上候、是等之趣奉申上之候、以上

卯四月
松平隠岐守内
矢田紋右衛門印

御勘定所

五三　買請米払下げ願と下知

明和八辛卯年買請御米願書幷御聴済之扣

予州別子・立川両銅山買請米願書
(「乍恐奉願上候覚」脱)
松平隠岐守
御預所

予州別子・立川両御銅山、去寅年買請御米、去々年之通八千三百石御割賦被成下候趣、被　仰渡、難有仕合奉存候、御直段之儀者例年之通、国々所相場弐割安、代銀十ヶ月延納ニ被為　仰付被下候様、奉願候、両山共　御米之　御救を以、可也ニ取続、数千之下財無恙産業仕、冥加至極難有奉存候、御引当家質之儀者、御預所江差上置申候、以上

明和八卯年七月

予州別子・立川両御銅山師
泉屋吉左衛門印

稲川八右衛門殿

右願書の添書

右者隠岐守御預所両銅山、去寅年買請米、去々年之通別子江五千八百石、立川江弐千五百石、都合八千三百石御割賦被成遣候趣、申渡候処、直段之儀者例年之通、国々所相場ニ弐割安、代銀十ヶ月延納ニ被　仰付被下度旨、願出申候、高之内伊予米六千四百八拾六石三斗七升七合者、所相場壱石ニ付銀七拾六匁六分四厘四毛、備中米七百石者所相場壱石ニ付銀六拾三匁六分壱厘替ニ弐割安之積りを以、代銀取立可申候間、願之通被　仰付被遣可被下候、御引当家質之儀者、両山共　御預所江取置申候、山稼之儀者随分出精仕候様、常々申付置候、将亦弐割安直段せり増御吟味之儀、先達而ゟ追々被　仰渡候得共、当時之趣ニ而者内々難渋無紛相聞候ニ付、押而直段増難申附候間、先ツ二・三ヶ年も当時迄之御割合を以、買請被　仰付候様仕度奉存候、尤先キ〳〵諸色等下直ニ罷成、山元内々仕方方(衍)少シニ而も相甘キ候節者、無油断吟味仕可申上、依之奉伺候、以上

卯七月

松平隠岐守内
稲川八右衛門印

右願書の御勘定所下知

御勘定所

御裏書ニ

御長印　治郎兵衛様印　備後様印　源太郎様印　源五郎様印　平兵衛様印　伝次郎様印　十郎兵衛様印　九郎左衛門様印　無出座無印 与四郎様

表書之御預所予州両銅山買請米之儀、別子江五千八百石、立川江弐千五百石、合八千三百石、直段之儀者伊予・讃岐・備中国所相場、外弐割安之積り伺之趣、令承知候、於然者伊予米六千四百八拾六石三升(斗)七升七合、米壱石ニ付銀四拾弐匁九分壱厘七毛替、讃岐米千百拾三石六斗弐升三合、米壱石ニ付銀六拾三匁八分七厘替、備中米七百石、米壱石ニ付銀五拾三匁八毛替を以、米相渡候月ゟ十ヶ月延代銀取立之、可被相納候、尤米相渡候ニ応家質取置、不納在之候ハヽ、家質取上候積、入念可被申付候、但右買請米直段之儀、此度吟味之上一両年者、引付直段を以被相伺、得と吟味詰、追而買請米直段糶増可被相伺候、断者本文ニ有之候、以上

卯七月

押切
十郎兵衛様印

五四　買請米払下げ願と下知

明和八辛卯年買請御米願書幷御聴済之控

予州別子・立川両銅山買請米願書

松平隠岐守
御預所

乍恐奉願上候覚

予州別子・立川両御銅山、当卯年買請御米、去年之通八千三百石御割賦被成下候趣、被　仰渡、

難有仕合奉存候、御直段之儀者例年之通、国々所相場弐割安、代銀拾ヶ月延納ニ被為　仰付被下候様、奉願上候、両山共御米之御救を以、可也ニ取続、数千之下財無恙産業仕、冥加至極難有奉存候、御引当家質之儀者、御預所江差上置申候、以上

明和八卯年十二月

予州別子・立川両御銅山師
泉屋吉左衛門印

稲川八右衛門殿

右願書の添書

右隠岐守江御預所両銅山、当卯年買請米、去年之通別子江五千八百石、立川江弐千五百石、都合八千三百石御割賦被成遣候趣、申渡候処、直段之儀者例年之通り、国々所相場ニ弐割安、代銀拾ヶ月延納ニ被　仰付被下度旨、願出申候、高之内伊予米五千八百四拾石五斗壱升弐合弐勺弐才者、所相場壱石ニ付銀四拾七匁、備中米弐千四百五拾九石四斗八升七合七勺八才者、所相場壱石ニ付銀六拾壱匁弐分八厘三毛替ニ弐割安之積を以、代銀取立可申候間、願之通被　仰付被遣可被下候、御引当家質之儀者、両山共御預所江取置申候、山稼之儀者、随而出情仕候様、常々申付置候、将亦弐割安直段せり(分カ)増御吟味之儀、先達而ゟ追々被　仰渡候得共、当時之趣ニ而者内々難渋無紛相聞候ニ付、押而直段増難申付候間、先弐・三ヶ年も当時迄之御割合を以、買請被　仰付候様仕度奉存候、尤先キ〳〵諸色下直ニ罷成、山元内々仕成方少ニ而も相成キ候節者、無油断吟味仕可申上候、依之奉伺候、以上

卯十二月

松平隠岐守内
稲川八右衛門印

御勘定所

右願書の御勘定所下知

御裏書之写

御長印　越前印　備後印　源太郎印　無出座無印平兵衛　伝次郎印　与四郎印　退出無印十兵衛(郎脱)　九郎左衛門印　源五郎印

表書之御預所予州両銅山買請米之儀、別子江五千八百石、立川江弐千五百石、合八千三百石、直段之儀者伊予・備中国所相場、外弐割安之積り伺之趣、令承知候、於然者伊予米五千八百四拾石五斗壱升弐合弐勺弐才、米壱石ニ付銀三拾九匁壱分六厘七毛替、備中米弐千四百五拾九石四斗八升七合七勺八才、米壱石ニ付銀五拾壱匁六厘九毛替を以、相渡候月ゟ拾ヶ月延、代銀取立之可被相納候、尤米相渡候ニ応家質取置、不納在之候ハヽ、家質取上候積、入念可被申付候、但右買請米直段之儀、先達而申渡候通り、弐・三ヶ年者引付直段を以被相伺、得と吟味詰、直段糴増可被相伺候、断者本文ニ有之候、以上

卯十二月

松平隠岐守
御預所

押切与四郎印

五五　買請米代等上納金、歩判・小玉銀納付の書付

上納金銀歩判・小玉納之儀申上候書付

覚

一金百両　銅山運上金

一銀九貫三百弐拾七匁六厘　小物成銀

一銀七拾五貫三百四拾目余　銅炭運上銀

右之分、拾分歩判・小玉上納之積(一脱)

一銀拾八匁六分七厘　焼損木御払代

一　銀三百八拾六貫六百八匁五分四厘三毛
　　内　　去々寅年銅山師買受米代
　　銀弐百七拾弐匁九分九厘五毛　去々寅年御伝馬宿入用米六石三斗六升壱合之代、江戸御金蔵納
右之分御払物代并銅山師買請米代
右者隠岐守御預所、予州去卯年可取立金銀、書面之通当辰二月・三月中、於大坂上納仕候積ニ付、
歩判・小玉納之儀奉申上之候、以上
辰正月　　　　　　　　　　松平隠岐守内
　　　　　　　　　　　　　　矢田紋右衛門印
　　御勘定所

五六　銅山大風雨、破損の上申

明和九壬辰年八月、最初ゟ予州両銅山雨降続候処、同廿日夜ニ入大雨ニ成、子刻ニ至西風烈敷、依之山中破損夥敷、別而谷水強、道・橋等大痛、立川中宿下モ馬道ゟ炭山迄、谷々橋壱ツも不残流、数日通路も相止、文通も綱渡山越ニ而取扱候由、依之松山　御役所江御届書差出候段、右書付写壱通、九月二日出船便ニ差登、同十三日到来、則左ニ控置、尤江戸店へも写壱通差下候事

乍憚以書附申上候

別子・立川両御銅山、当八月上旬ゟ雨降続、廿日巳刻ゟ大風雨ニ罷越〔成〕、翌卯刻漸風相止、雨も小降ニ相成申候、（朱書）「多人数相防候得共、夜中之（墨書）「義」、殊更以之外大風洪水故、夥敷破損所出来候ニ付、左ニ申上候」洪水殊夜中之儀故、防方難渋仕候、依之破損所左ニ申上候

一　御制札場　　　　　　　　　　壱ケ所

但山崩谷水夥敷土砂馳込、上野山之御制札壱枚損申候

一御番所　壱ヶ所

但やね（囲み枠朱書、以下同じ）少々吹取申候

一鉑吹床屋　弐ヶ所

但やね吹取申候

一間吹床屋　壱ヶ所

但地形崩、一向押流申候

一炭蔵　八ヶ所

但やね所々吹取申候

一同　壱ヶ所

但地形底抜水馳込、炭過分押流申候

一同　壱ヶ所

但水ニ而押潰申候

一焼竈　百三拾八枚

但やね垣廻り吹取申候

一山師居小家　壱ヶ所

但やね所々破損仕候

＊一山神宮拝殿　壱ヶ所

但やね垣廻吹取申候　　　（＊印書込み、朱書）「此一ヶ条除キ、奥之ヶ条江書入ル」

一材木蔵　　　壱ヶ所

但地形痛、やね少々吹取申候

一立川山間符　　　弐ヶ所

但谷水強、四ツ留口江土砂馳込、鋪内江水押込申候、打続大雨ニ而落水過分御座候

一山小家　　　壱ヶ所

但やね少々吹取申候

一柱蔵　　　弐ヶ所

但やね少々吹取申候

一鍛冶屋　　　壱ヶ所

但谷水ニ而地形・家共押流申候

一吹炭弐万貫目程

但蔵ニ入置候分、幷山許ニ焼溜置候分共押流申候

一炭竈　　　三拾四枚

但不残押潰、竈台共流申候

一炭焼居小家　　　拾五軒

但不残押流申候

一立川中宿

但やね壁廻り所々吹取申候

一新居浜口屋米蔵

但水押込所々破損仕候

一馬道夥押流、数日通路相止申候

一稼人居小家　四軒

但谷水ニ而地形・家共押流申候

一同　四拾軒

但やね垣廻り所々吹取申候

一諸方往来道・橋夥痛申候、(朱書)「幷御山守護神拝殿やね(墨書)「垣」廻吹取」銅山ゟ麓(朱書)「其外」幷炭山迄数日通
路(朱書)「も」相止申候

〆

(付箋)
右御見分被成下候通、破損所有之当惑仕候、然レ共床屋普請急々仕立、吹方不相怠候様被仰付、
不取敢昼夜無油断出精仕候得共、床屋之内江泥水・土砂馳走候ニ付、吹方両日懈怠仕候、過分
之痛所ニ而難儀至極ニ奉存候、諸普請無油断出情仕候得共、右懈怠減銅仕候ニ付、御届奉申上
候、以上

明和九辰年八月　予州別子・立川両御銅山師大坂泉屋吉左衛門代
泉屋半兵衛印

(付箋、朱書)
「右御見分被成下候通、破損所有之、新居浜口屋江者折節大汐ニ而泥水馳込、米蔵所々及破損、
濡米等出来仕、其外麓ゟ御銅山、幷炭山迄之谷々橋壱ツも不残押流、漸綱渡を以文通仕候迄ニ

而、且又敷中もおのつから落水強ク、難儀仕、中々諸普請容易ニ出来不仕、殊更夥敷損失ニ罷成、当惑至極仕罷在候、然共数日稼方相怠り、過分減銅仕候時者不相済段、厳敷被　仰渡候趣奉畏候、依之山内手勢不残諸普請ニ打掛候得共、泥水土砂馳込、或者地形押流候場所之儀故、昼夜出情仕候得共、はか取不申、併遅滞仕候時者奉恐入候ニ付、漸床屋普請可成ニ出来仕、吹方両日之懈怠ニ罷成候、其外諸普請等者追々差急キ仕立可申候、右懈怠減銅仕候ニ付、御届奉申上候、以上」

松平隠岐守
御預所

五七　買請米払下げ願と下知

安永元壬辰年買請御米願書幷御聴済之控

予州別子・立川両銅山買請米願書

乍恐奉願上候覚

予州別子・立川両御銅山、当辰年買請御米、去年之通八千三百石御割賦被成下候趣、被仰渡、難有仕合奉存候、御直段之儀者例年之通、国々所相場弐割安、代銀拾ケ月延納ニ被為　仰付被下候様、奉願上候、両山共御米之御救を以、可也ニ取続、数千之下財無恙産業仕、冥加至極難有奉存候、御引当家質之儀者、御預所江差上置申候、以上

安永元壬辰年十二月

予州別子・立川両御銅山師
泉屋吉左衛門印

稲川八右衛門殿

右願書の添書

右隠岐守御預所両銅山、当辰年買請米、去年之通別子へ五千八百石、立川へ弐千五百石、都合八

千三百石御割賦被成遣候趣、申渡候処、直段之儀者例年之通、国々所相場ニ弐割安、代銀十ヶ月延納ニ被　仰付被下度旨、願出申候、高之内伊予米六千六百弐拾三石壱斗壱升五合三勺者、所相場壱石ニ付銀四拾弐匁八分、備中米千六百七拾六石八斗八升四合七勺者、所相場壱石ニ付銀五拾七匁五厘替ニ弐割安之積りを以、代銀取立可申候間、願之通被　仰付被遣可被下候、御引当家質之儀者、両山共御預所へ取置申候、山稼之儀者、随分出情仕候様、常々申付置候、将又弐割安直段せり増御吟味之儀、先達而ゟ追々被　仰渡候得共、当時之趣ニ而者、内々難渋無紛相聞候ニ付、押而直段増難申付候間、先ツ弐・三ヶ年も当時迄之御割合を以、買請被　仰付候様仕度奉存候、尤先キ〱諸式(色)下直ニ罷成、山元内々仕成方少ニ而も相甘キ候節者、無油断吟味仕可申上候、依之奉伺候、以上

辰十二月　　　松平隠岐守内
　　　　　　　稲川八右衛門印

御勘定所

御裏書ニ

右願書の御勘定所
下知

長　　印　　表書之通、御預所予州両銅山買請米之儀、別子へ
備後守　　五千八百石、立川へ弐千五百石、合八千三百石、
越前守　　直段之儀者伊予・備中之国所相場、外弐割安之積
御用無印形
源太郎　　同之趣、令承知候、於然者伊予米六千六百弐拾三
同断
源五郎　　石壱斗壱升五合三勺、米壱石ニ付銀三拾五匁六分
十郎兵衛　　六厘七毛替、備中米千六百七拾六石八斗八升四合

伝　治　郎　七匁、米壱石ニ付銀四拾七匁五分四厘弐毛替以、
九郎左衛門　米相渡候月ゟ十ヶ月延代銀取立之、可被相納候、
吉　次　郎　尤米相渡候ニ応シ家質取置、不納有之候ハヽ、家質
与　四　郎　取上ヶ候積、入念可被申付候、但右買請米直段之
儀、去ル寅ゟ去辰迄者、引付直段を以為買請候得
共、当巳年ゟ者先達而申渡候通、直段せり増吟味
押切
九郎左衛門　之上、可被相伺候、以上
巳二月

五八　買請米値段の値増し申渡と用捨願右申渡書

別子・立川一手稼行につき二割安値段差略の仰渡

安永二巳年予州別子・立川両御銅山、買請御米願書左之通
別子・立川両銅山買請米之儀、寛延元辰年以来年々国々所相場、外弐割安直段ニ而買請被　仰付候、然処去ル寅年買請米、例年之通御窺申上候処、御吟味之上、右弐割安直段を以年々買請被仰付、殊更別子・立川一手稼ニ相成候事故、内々仕成方勘弁之筋も有之、旁以大益有之趣相聞候ニ付、右弐割安之儀御差略も可有御座旨、被　仰渡候ニ付、其砌江戸表ニ罷在候吉左衛門名代之者江、直段増之儀急度申渡候処、追年山元仕成方六ヶ敷、剰諸色高直ニ而失却相嵩、内々難渋之趣、委細書付を以申達候ニ付、其旨御窺申上候処、再三被遂御吟味、然上者先二・三ヶ年者当時迄之通、外弐割安直段ニ而買請可被仰付候間、内々少ニ而も相甘キ候ハヽ、直段増之儀吟味詰、相窺候様精々被仰渡候、右年限も過候得者、何分今年之儀者、直段増を以不願出候而者、御上

江難申上候間、と得遂勘弁、(ママ)何程ハ直段増上ヶ可申趣、書付を以可願出候、左も無之候而ハ、願書取請不申候間、此旨相心得可申候、御厳重之御時合ニ付、少も偽ヶ間敷儀於有之ハ、急度可及御沙汰候、以上

松平隠岐守内
稲川八右衛門

巳九月

右値増し用捨願

右被　仰渡之趣奉畏候、然上者御直段増上ヶ御願、可奉申上義ニ御座候得共、前々申上候通、両御山共土底江通り候鉉筋ニ而、如井戸掘下、追手深鋪ニ相成、本鉉次第疲細ク、(痩)銅気薄鉑石無数罷成候ニ付、先年稼捨候古鋪、近年大勢人夫を掛、所々取明普請仕候、底深相成随ひ、風之通イ悪敷、火燈兼候間、二重三重ニ厳石を切、穴を明、風廻シニ仕候数年来之古鋪ニ而、諸所夥敷普請ニ人夫、幷留木・矢木・鉄道具等等之大分物入仕候、(衍)其上涌水強、掘下ルニ随ひ水引人夫も相増、殊数年山々之土砂流落申候故、近年者度々大雨之節、透水夥鋪内江落込、臨時之物入も有之、前躰銅気薄相成候故、先年鉑石千貫目ニ而仕立候銅、近年者鉑石弐千貫目余も仕掛不申候而者、銅出来不仕、剰吹炭・荒焼木・材木、其外薪等迄、遠山ニ相成、高直ニ相当物入相増、且亦立川御銅山数代請負人相続仕兼、身上及困窮、相退候跡稼、宝暦十二午年ゟ今年迄拾弐ヶ年之間、種々尽勘弁相稼候得共、全躰銅気薄素石勝成鉉筋、其上百四五拾年ニ相成候土中故、至而涌水強、間々烟付火燈兼、稼方指支候儀時々有之候、依之先々請負之者相稼候節、年々買請御米之外ニ拝借等御願申上、御聴済之上、水抜普請切掛候得共、大造成儀ニ而容易ニ成就不仕、打捨有之候処、去ル子年御手当銀被下置、以来普請ニ取掛り、自力を以只今ニ至、専普請仕居申候、右御手当銀被下置候得共、両山共年旧相稼候御山ニ而、土底江莫々掘下り、甚深鋪ニ相成候ニ付、鋪稼之者

古鋪の取明け普請

涌水の苦難

子年(明和五)より御手当銀で普請取掛り

共相嫌ひ、余山江年々立越候様ニ罷成、御用銅差支ニ相成候故、無是非賃銀相増、出情為致罷在候、立川御山鉑(性)怔悪敷、一向仕当ニ難合御座候処、別子御山一手ニ焼吹仕候ニ付、別子鋪鉑石銅気薄キ上、立川山之下鉑相交申候ニ付、追々仕当ニ合兼、甚困窮仕、年々損銀ニ相成候ニ付、銅直段御直増奉願度候得共、奉(恐)差ゝ入差扣罷在候、然共銅山困窮至極仕候付、不得止事御歎申上、去ル亥子両年石谷備後守様長崎御掛ニ而、種々御吟味被為詰候上、御手当銀被下置、已来御救御願不申上候様、御厳重ニ被仰渡候ニ付、恐入身上打震御銅山へ仕込、御用銅御差支ニ不成様ニ出情仕候儀、全買請御米之御影を以、是迄可也ニ相続仕候処、此上御直段増仕候而ハ、弥仕当ニ難合、此後相続之程無覚束奉存候間、何卒是迄之通被為　仰付被下候ハヽ、百余年地付候数千之下財男女、産業ニ不相放続命仕候段、莫(大)太之御慈悲難有仕合奉存候、乍恐御米御直増之儀、幾重ニも御憐愍を以御用捨被成下候様、偏奉願上候、以上

安永二巳年十月

別子・立川両御銅山師
泉屋吉左衛門印

買請米値増し用捨願

予州別子・立川両銅山、買請米直段之儀、去ル寛延元辰年以来国々所相場ニ、外弐割安ニ而買請被仰付候処、何分共直段相増せ可奉窺旨、再応被　仰渡候ニ付、当巳買請米之儀者、是非共直段相進メ可願出旨、屹度申渡候処、両山共百年来相稼候事ニ付、甚老山ニ相成、稼方至而六ヶ敷、追年鋪中諸普請多、諸雑用夥敷相嵩難合仕当、難渋至極仕候得共、買請米直段安之御救を以、当時可也ニ相凌、御用相勤候躰ニ御座候得者、直段増之儀御用捨被下、何とぞ是迄之通ニ被成下度旨、一向相歎候得共、御厳密之御時合、再三御吟味被仰渡候上者、右歎筋可取上義ニも無御座候処、精々愁訴仕、別紙之通申出候付、役人差出、両山鋪中稼方普請等之趣、巨細ニ見分為仕候処、

右願書の添書

銅山師の苦難相違なし

銅山師申達候通、連々鋪中道遠、普請所数多ニ相成、諸雑用抜群相増候ニ紛無御座候、右ニ付而者御用銅直段御増方、又者御救等之儀奉歎度、近年相含罷在候得共、奉恐御時合、右躰歎之儀も不申出趣ニ内々相聞候、且又買請米直段之儀、元禄十五午年ゟ享保三戌年迄、米壱石ニ付四ッ宝銀五拾目宛之御定、同四亥年ゟ同六丑年迄、右同断ニ付新銀弐拾目弐分五厘之御定、同七寅年ゟ同十七子年迄、所相場ニ不調、銅山為取続、年々窺直段ニ而買請被　仰付、同十八丑年ゟ延享二丑年迄、予州米相場内弐割五歩安ゟ三割五歩安位迄之年々不同直段ニ而、買請被　仰付、延享三寅年ゟ翌卯年迄、予州米所相場内弐割安ニ而買請被仰付候処、寛延元辰年ゟ去安永元辰年迄弐拾五年、米壱石ニ付国々所相場ニ、外弐割安ニ而買請被仰付候、右之御救を以漸相続仕来候、殊近年別而諸色高直段ニ而、弥難合仕当、難渋仕候ニ相違無御座候、然共御威光を以、押而直段相増せ候而者、永続可仕程千万無覚束奉存候得者、是迄之通ニ而買請被　仰付候ハヽ、(朱書)「可也」丈夫ニ取続、永々御為之筋ニ可有御座ト奉存候得者、山師歎之通、外弐割安ニ而買請被　仰付候様仕度奉窺候、

買請米値段の推移

是迄通り外ニ割安仰付の窺

則銅山師歎書相添奉差上候、以上

安永二巳年　　　　松平隠岐守内
　　　　　　　　　　稲川八右衛門

御勘定所

(朱書)「前段書付写予州ゟ到来候、稲川御氏奥書之内、丈夫ニ取続と有之処、如何ト申談、此方存意之趣者、右丈夫と有之処、可也と認直シ度趣、江戸中橋江申遣、中橋ゟ三田御両士江御内談申進候上、此方存意之通、御認直シ御差出し被下候由、中橋ゟ申来候ニ付、朱書之通直置」

五九　裁許絵図証文の差出触書と届書

前々評定所幷於奉行所、裁許有之候御料・私領・寺社領等之村方、致取持候裁許表書・絵図裁許書・下裁許證文、御料者御代官、私領者領主・地頭ニ而、其村方ゟ写を為差出、本紙相添、当巳年中ニ取集、江戸着次第、寺社奉行月番江致通達、差図可被請候、右裁許證文、古来者為取替證文と認有之候間、是亦同様取集可被差出候

裁許証文、古来は取替証文と認め

右之通可被相触候

六月

右被　仰出之趣奉拝見候、右躰之儀銅山方ニ一向無御座候、以上

安永弐巳年十二月　予州別子・立川両御銅山師泉屋吉左衛門代
泉屋半兵衛印

六〇　買請米払下げ願と下知

安永三甲午歳、買請御米願書幷御聴済扣折候上書ニ

予州別子・立川両銅山買請米願書　松平隠岐守
御預り所

乍恐願上候覚

予州別子・立川両御銅山、去巳年買請御米、去々年之通八千三百石御割賦被成下候趣、被　仰渡、難有仕合奉存候、御直段之儀者例年之通、国々所相場弐割安、代銀十ヶ月延納ニ被為　仰付被下候様奉願候、両山共　御米之　御救を以、可也ニ取続、数千之下財無恙産業仕、冥加至極難有仕合奉存候、御引当家質之儀者、御預所江差上置申候、以上

安永三午年正月　予州別子・立川両御銅山師
泉屋吉左衛門印

稲川八右衛門殿

右願書の添書

右隠岐守御預所両銅山、去巳年買請米、去々年之通別子江五千八百石、立川江弐千五百石、都合八千三百石御割賦被成遣候趣、申渡候処、直段之儀者例年之通、国々所相場ニ弐割安、代銀十ケ月延納ニ被　仰付被下度旨、願出申候、高之内伊予米六千五百五石四斗三升弐合七勺者、所相場壱石ニ付銀四拾四匁、備中米千七百九拾四石五斗六升七合三勺者、所相場壱石ニ付銀五拾弐匁五分七厘弐毛替ニ弐割安之積を以、代銀取立可申間、願之通被　仰付被遣可被下候、御引当家質之儀者、両山とも御預所江取附置申候、山稼之儀者、随分出情仕候様、常々申付置候、以上

午正月

松平隠岐守内
稲川八右衛門印

御勘定所

右願書の御勘定所下知

御裏書ニ

長　印　表書之御預所予州両銅山買請米之儀、別子江五千

越　前　八百石、立川江弐千五百石、合八千三百石、直段

備　後　之儀者、去巳年分も是迄之通、伊予・備中国所相

御用無印
源　太　郎　場外弐割安之積を以被相伺、令承知候、於然者予

無出座無印
源　五　郎　州米六千五百五石四斗三升弐合七勺、但壱石ニ付

伝　次　郎　銀三拾六匁六分六厘七毛替、備中米千七百九拾四

十　郎　兵　衛　石五斗六升七合三勺、但壱石ニ付銀四拾三匁八分

与　四　郎　壱厘替を以、米相渡候月ゟ十ケ月延代銀取立之、

小　十　郎　可被相納候、尤米相渡候ニ応家質取置、不納有之
押切九郎左衛門　候ハヽ、家質取上候積、入念可被申付候、断者本文
与　四　郎　ニ有之候、以上

午正月

六一　銅山傷寒流行、稼方差支の上申

当春比ゟ山元傷寒流行、稼人煩多差支ニ付、御届書左之通

乍憚以書付申上候

予州別子・立川両御銅山下財・諸働人、当三月最初ゟ傷寒相煩候処、此節至病人莫々相増、病死仕候者も多候故、鉑石一切上り方減少仕候、敷内水引之儀者、片時相滞候而も稼方数月差支ニ相成、難打捨置候ニ付、外稼仕候者迄も相集、昼夜無油断水引為上申候、吹方之儀者随分減少不仕候様、種々勘弁指配仕候得共、何分病人多、鉑石上り方相減候ニ付、漸五・六軒宛吹立申候、依之出銅減少可仕、千万恐入奉存候ニ付、此段御届奉申上候、以上

安永三午年五月　大坂泉屋吉左衛門代
泉屋平兵衛印

宛無し

右之通差出候由、六月朔日出舟便写書来

右の再上申

乍憚以書附奉申上候覚

予州別子・立川両銅山、当三月最初之頃ゟ傷寒流行仕、下財・諸働人相煩、日々出鉑減少仕候処、此節ニ至病人弥相増、病死仕候ものも多御座候、鋪内水引之儀者、片時相滞候而も稼方数月差支

ニ相成、難打捨置候ニ付、外稼仕候者迄も相集、昼夜無油断水引為上申候ニ付、旁出鉑相減出銅減少仕、恐入奉存候、依之懈怠之員数左ニ奉申上候

一四月分之儀者、下地ゟ出鉑焼釜ニ焚込有之候を、吹方人夫厳敷せり立、出銅減少不仕候様吹立申候

一五月分之儀者、上旬比ゟ病人次第ニ相増、吹方人夫も揃不申、床数追日減少仕、依之例年ゟ出銅千弐百貫目余減少仕候

右奉申上候通ニ御座候、当六月分之儀者随分出情仕、減銅無之様ニ相励罷在候得共、未病人多、鉑石出方懈怠仕候儀ニ候得者、如何可有御座哉、難計奉存候ニ付、此段御届奉申上候、以上

安永三午六月

大坂泉屋吉左衛門代
泉屋半兵衛印

右之通亦々差出候由、六月十五日出予州ゟ申来ル

六二 今治領猿田山、銅山方炭山に買請願

乍憚口上覚

一予州別子・立川両御銅山銅吹炭、御料御林山追々焼尽申候ニ付、跡山之儀者、未小木ニ而炭仕成相成不申、番人附置生立セ罷在候、依之此度同国今治御領猿田山と申林山買請、炭其外諸仕成仕候、他領炭之分、前々之通御改を請、御運上　御免被成下候様奉願上候、以上

安永三午年七月

予州別子・立川両御銅山師大坂泉屋吉左衛門代
泉屋半兵衛

宛無し

右之通指出候由、八月朔日出船便写書来ル

六三　床鍋炭中宿の出火につき上申

安永三午年別子村之内床鍋名、九月廿五日戌上刻、下財小家ゟ出火有之候処、翌々廿七日辰刻火鎮申候由、右ニ付松山表江注進書差出候写、如左

乍恐書附を以御断申上候

予州別子・立川両御銅山別子山村之内、床鍋名炭中宿、去ル廿五日戌上刻、久左衛門と申下財小家ゟ出火有之、早速働人共相集消火仕候得共、元来人少之場所、剰谷風烈敷大火ニ相成候ニ付、銅山方者不及申、近村ゟも大勢馳集手配を以、漸昨廿七日辰刻火鎮申候、焼失左之通御座候

一　芽葺下財小家　壱軒

一　同　炭中宿　壱軒

一　同　炭蔵　弐ヶ所

但炭九万九千四拾三貫目

内弐万八千五百貫目　消留申候

一　同　米蔵　壱ヶ所

但米三百五拾石、其外塩増(噌)共不残焼失仕候

一　同　諸仕成蔵　壱ヶ所

但矢木壱万三千四百九拾八枚
辛身板五千四百九拾八枚　不残焼失仕候

右之通類焼失仕候、御役人様御立会之上、御見分被成下候通、相違無御座候、第一過分之炭焼失仕、其上銅山諸働人共過半差向、漸消留候、自然と稼方差支、当月分出銅少々相減可申候段、重々恐入奉存候、将又火元久左衛門義、出火後行方相知不申候ニ付、即刻諸方江手配仕相尋申候得

共、于今見当不申候、右之段為御注進、以書附御断奉申上候、以上
安永三午年九月廿八日
予州別子・立川両御銅山師大坂泉屋吉左衛門代
泉屋半兵衛
宛無し
右之通指出候由、十月朔日出船便写書来ル、江戸表江も写差下候

六四 買請米代銀納付期限の短縮申渡と年貢金納方定

買請御米代銀上納期月縮ミ候事
諸上納期月之儀ニ付、去々辰年別紙之通被仰出、当御預所之儀者、是迄年々二月三月上納仕来候、尤依年ニ銅山買請御代官所米渡方、延引有之節者、代銀御定之十ヶ月延納期月不満候得共、重キ上納筋之事故、米渡方遅速不拘、三月迄ニ皆式上納為仕来候間、何分当時迄之通上納被仰付度旨、其以来東武御勘定所江精々御断申達候処、決而御聞届無之、期月前皆済致候様被仰渡候、尤以来御代官所米渡方之儀、上納差閊ニ不相成様、急度可被仰付旨ニ有之候、然上者御断申達方も無之事ニ付、此度上納之儀、来正月二月相納候積、江戸表江申達候間、此旨可被相心得候、已来之儀銅山方格別差閊之訳も有之者、其趣ニ随ひ東武江可申達候、勿論別紙御書出之趣ニて者、此余ニも期月相進メ候様可被仰付哉、難計事ニ候、此段早々大坂表江被申遣、手当可有之候、已上
午十二月

別紙、年貢金銀納方の申渡

別紙之通御代官江申渡候間、御預所御年貢納方之儀も、右之通承知之上、請書御勘定所御勝手方江可被差出候、尤当辰年御物成金銀納割賦書付、是又可被差出候、以上

十一月廿四日　　　　　　　　　　横沢弥左衛門
　　　　　　　　　　　　　　　　宮川小十郎
諸家宛

一御年貢皆済之儀者、各役第一之儀不及申事ニ而、皆済期月之儀も其国々ニ随ひ御定有之、期月前皆済之分者、御褒美も被下置候ニ付、精々可被相勤儀ニ候処、多分之納不足有之、度々催促之上ニも日延等被申立候面々も有之、甚如何候、取立ゆるかせにて者村方怠り之基ニ而、不宜義ニ付、以来之儀期月ニ准シ、別紙之通納割賦相定候間、被得其意、金高之儀何月幾日々ニ、何程ツヽ可相納との義書付、毎年銘々初納当り月二ケ月以前、御勘定所御勝手方江可被差出候

辰十一月

諸国年貢金納方の定

諸国御年貢金納方定

二月期月之国々　初納 其年 八月晦日迄
　　　　　　　　二納 同 十一月晦日迄
　　　　　　　　三納 翌 正月晦日迄

三月期月之国々　初納 其年 九月晦日迄
　　　　　　　　二納 同 十二月晦日迄
　　　　　　　　三納 翌 二月晦日迄

四月期月之国々　初納 其年 十月晦日迄
　　　　　　　　二納 翌 正月晦日迄
　　　　　　　　三納 同 三月晦日迄

五月期月之国々　初納 其年 十一月晦日迄
　　　　　　　　二納 翌 二月晦日迄
　　　　　　　　三納 同 四月晦日迄

六月期月之国々　初納　其年十二月晦日迄
　　　　　　　　二納　翌三月晦日迄
　　　　　　　　三納　同　五月晦日迄

七月期月之国々　初納　翌　正月晦日迄
　　　　　　　　二納　同　四月晦日迄
　　　　　　　　三納　同　六月晦日迄

右之通国々期月ニ准し納割賦相定候間、被得其意、期月前皆済可有之候、尤前書之通皆済被致候得者、御褒美　被下置候事ニも候間、各出精可有之事ニ候

辰十一月

○本書六四の記事、「別子立川公用記」七番によれば、記事冒頭に「午十二月朔日松山飛脚到来、期月上納金銀之儀ニ付、御用御座候付、壱人出町仕候様申来、立川六郎右衛門出町致ス、用向左ニ」と註記。

六五　讃州分の買請米、備中・作州に割賦替願

御割賦讃州米出候ニ付、御振替願書之事

乍恐以書付奉願上候

讃州は他国米入津御法度の国

一予州別子・立川両御銅山、買請御米之儀、去年之通八千三百石御割賦被為　仰出候旨被　仰付、難有奉存候、然ル処当年御渡米之内、讃州御米御割賦被　仰出候、右讃州米之儀者、去ル卯年も御歎奉申上候通、所相場甚高直之場所ニ而不勝手難渋仕候、其訳者他国米入津之儀御国法度ニ而、全躰所出生米格別直段宜敷、其上御納米と申者壱石壱斗弐升五合宛有之、石ニ付壱斗弐升五合之余米を見込候而之所相場ニ御座候故、甚高直ニ而他所米相場ニ者引合不申候、然ル処右所相場之御直段積りを以奉買請、銅山方江請取候御米ニ者、右余米之分請取不申儀ニ御座候故、大分之損毛ニ罷成難渋仕候、恐多御儀ニ者御座候得共、備中・作州等ニ而も銅山向寄之

御代官所ゟ、右讃州御米之分御振替被為　仰付被下置候ハヽ、難有奉存候、全両御銅山為御救、前々ゟ買請被　仰付候御米之儀、別而近年甚困窮仕罷有候ニ付、御吟味之上御手当銀等迄、年々被下置候仕合、旁以千万恐多奉存候得共、此段御歎奉申上候、　御憐愍を以幾重ニも　御蔭奉願上候、以上

午十二月　　　　泉屋吉左衛門
　　　　　　　　代泉屋直右衛門印

御預所＊
御役人中様

（＊印書込み、朱書）
「此書面三田御預り所ゟ、　御勘定所江御差出被下候処、最早御割賦被仰出候後故、御振替難被遊由ニ而、願書御戻シ被遊候、然ル処追而讃州米相止、皆備中渡りニ振替り候ニ付、右之趣被仰渡候事、委細御米御割賦帳ニ控有之、略ス」

御米御割賦帳

六六　松山蔵屋敷上納金へ弐朱銀取交ぜの仰渡

松山従御蔵屋鋪、上納金ニ弐朱銀取交相納候様にとの御事、左之通

弐朱判之儀、諸向上納金之内江取交候者勿論、皆弐朱判ニ而も勝手次第上納可仕旨、先達而御触も有之、通用之為被　仰出候儀ニ候処、未取交上納も無之候、依之以来拝借返納金高半分迄ヲ限り、弐朱判取交可被相納候、尤納高拾両以下者、金ニ而も弐朱判ニ而も勝手次第ニ候、且端銀之分者拾匁以上以下共是迄之通、銀ニ而上納可有之候、以上

右者手代壱人罷出候様、従御屋敷申来、源蔵罷出候処、本文之趣従江戸被　仰越候由、稲川八右衛門殿ゟ申来候間、右之通相心得候様、於御屋敷被仰渡候

（朱書）
「右ニ付度々御屋敷江及御掛合、金百両ニ付弐朱判三拾両、相交セ候筈ニ相定り候事

前段掛合之趣左ニ

一先達而御触之趣ニ而者、弐朱銀交上納可仕筋ニも御座候得共、重キ上納之義御座候得共、皆金ニ而上納可仕心得ニ御座候、然共年々之儀ニ候得者、如何可仕候哉、猶御伺申上候様御屋敷へ伺候処、外並も可有之候間、御申談追而否可被仰聞由、御申聞被成候、然ル処改而今度前文之通被仰出候付、此度より百両ニ付三拾両ツヽ、相交可然由、追而被仰聞候ニ付、左之通百両ニ三拾両弐朱銀交、上納相済候事」

六七 銅山上納銀月割書付

安永二癸巳年、御米代幷去午年銅炭御運上銀、未年春上納之控

上納月割書付之覚

未正月納

一銀九貫四百六拾四匁弐分弐厘　納札壱枚

内

七貫七百九拾三匁八分三厘　宇摩・新居・伊予三郡、去午年小物成銀

壱貫六百七拾目三分九厘　右三郡御蔵前入用銀

〆

一銀百五拾貫目　納札壱枚

内壱貫五百目　小玉銀　別子・立川両銅山、去々巳年買請米代銀之内

一金百両　納札壱枚

一銀五拾三匁八分　納札壱枚　別子・立川両銅山、去午年御山運上金
内小判六拾両　京後藤包
歩判拾両　同
弐朱判三拾両　大坂銀座包
内
弐拾七匁五分　宇摩郡中村・新居郡東角野村、去午年新畑開発三ヶ年鍬下御免之分、地代銀
弐拾六匁三分　宇摩郡中村・新居郡東角野村、去午年御林竹木御払代銀
〆
一銀四拾八匁八分　納札壱枚
去午年伊予郡南神崎村御追放者跡、持田畑・家屋敷・家財御払代銀
〆金百両
銀百五拾九貫五百六拾六匁八分弐厘
同二月納
一銀百六拾六貫九百九匁六分四厘八毛　納札壱枚
内小玉壱貫目　別子・立川両銅山、去々巳年買請米代銀之内
一銀百弐拾五匁六分七厘　納札壱枚
宇摩郡村々、去々巳年雪折竹木御払代銀
一銀七拾三貫三百三拾壱匁弐分九厘　納札壱枚
内拾歩一小玉銀　別子・立川両銅山、去午年銅炭運上銀
七貫三百三拾四匁

一銀弐百四拾五匁四厘六毛　　江戸納
御伝馬宿入用米六石六斗八升三合之代銀

一銀五貫三百四拾三匁七分七厘六毛　　江戸納
夫食米拝借代銀返納

内

三貫四百弐拾三匁四分八毛　　宇摩郡・新居郡拾壱ヶ村、去ル寅年旱損ニ付、卯年夫食米拝借代銀高拾七貫百拾七匁四厘、辰ゟ申迄五ヶ年賦返納、去午年分

壱貫九百弐拾目三分六厘八毛　　宇摩郡・新居郡九ヶ村右同断、追夫食米拝借代銀高九貫六百壱匁八分三厘六毛、辰ゟ申迄五ヶ年賦返納、去午年分

〆銀弐百四拾五貫九百五拾五匁四分三厘

合金百両ト
銀四百五貫五百弐拾弐匁弐分五厘

外ニ銀壱貫百五拾弐匁壱厘　　口銅代銀御預所江差出候分

六八　買請米払下げ願と下知

安永三甲午年買請御米願書幷御聴済之控　　松平隠岐守御預所

予州別子・立川両銅山買請米願書

乍恐奉願上候覚

予州別子・立川両御銅山、当午年買請御米、去年之通八千三百石御割賦被　成下候趣、被　仰渡、

難有仕合奉存候、御直段之儀者、例年之通国々所相場弐割安、十ヶ月延納ニ被為　仰付被下候様、
奉願上候、両山共御米之御救を以、可也ニ取続、数千之下財無恙産業仕、冥加至極難有奉存候、
御引当家質之儀者、御預所江差上置申候、以上

安永三午年十月

予州別子・立川両御銅山師
泉屋吉左衛門印

稲川八右衛門殿

右者隠岐守御預所両銅山、去午年買請米、去々年之通別子江五千八百石、立川江弐千五百石、都
合八千三百石御割賦被成遣候趣、申渡候処、直段之儀者、例年之通国々所相場ニ弐割安、代銀十
ヶ月延納ニ被　仰付被下度旨、願出申候、高之内伊予米六千七百三拾三石弐斗四升五合者、所相
場壱石ニ付銀四拾壱匁七分、此外弐割安三拾四匁七分五厘、備中米千五百六拾六石七斗五升五合
者、所相場壱石ニ付銀五拾弐匁四分八厘、此外弐割安四拾三匁七分三厘三毛替之積を以、代銀取
立可申候間、願之通被　仰付被遣可被下候、御引当家質之儀者、両山共御預所江取付置申候、山
稼之儀者随分出情仕候様、常々申付置候、以上

未二月

松平隠岐守内
稲川八右衛門印

御勘定所

右願書の御勘定所
下知

御裏書ニ

長印　備後　越前　源太郎　源五郎　十郎兵衛　惣左衛門　与四郎　小十郎　九郎左衛門

表書之御預所予州両銅山、買請米之儀、別子江五千八百石、立川江弐千五百石、合八千三百石、
直段之儀者、去午年之分も是迄之通、伊予・備中国所相場ニ外弐割安之積を以被相伺、令承知

候、於然者予州米六千七百三拾三石弐斗四升五合、但壱石ニ付銀三拾四匁七分五厘替、備中米千五百六拾六石七斗五升五合、但壱石ニ付銀四拾三匁七分三厘三毛替を以、米相渡候月ゟ十ヶ月延代銀取立之、可被相納候、尤米相渡候ニ応シ家質取置、不納有之候ハヽ、家質取上候積、入念可被申付候、断者本文有之候、以上

未二月

押切
与四郎

六九 銅山大風雨、破損の上申

安永四乙未年六月末ゟ予州両御銅山雨降、七月三日大風雨ニ而山内破損所多有之候ニ付、早速御番所江相届候上、松山表江注進書差出候由、七月十八日出船便ニ写書差登、同晦日到来如左、猶又江戸店江も右写書差下候事

乍憚以書付申上候

別子・立川両御銅山当六月廿八日ゟ雨降続候処、当月二日子刻ゟ大風雨ニ罷成、翌酉刻漸風相止ミ、雨も小降ニ相成申候、依而多人数相防候得共、何分風烈敷谷水夥出候ニ付、破損所出来左ニ申上候

一 御番所　弐ヶ所
　但やね吹取申候

一 吹家　四ヶ所
　但谷水押掛泥水馳込、一向吹潰申候

一同　八ケ所
　但やね垣廻り吹取申候
一炭蔵　三ケ所
　但一向ニ吹潰申候
一同　九ケ所
　但やね垣廻り所々吹取申候
一炭宿　壱ケ所
　但やね所々吹取申候
一焼竈弐拾弐枚
　但やね垣廻り一向ニ吹取申候
一焼竈四拾枚
　但やね垣廻り吹取申候
一間符風廻し　壱ケ所
　但やね垣廻り吹取申候
一柱蔵　弐ケ所
　但やね所々吹取申候
一鋪役所　壱ケ所
　但やね所々吹取申候

一稼人居小家　三軒
但谷水ニ而地形共押流申候
一同　弐拾軒
但やね所々吹取申候
一吹炭弐千五百貫目程
但山許ニ焼溜置候分押流申候
一炭竈四枚
但不残押潰、竈台共流申候
一炭焼居小家五軒
但一向ニ吹潰申候
一諸方往来道橋、夥痛申候
〆
右御見分被成下候通破損所有之、稼方相止居申候、然レ共吹家普請早々打掛、取立不相怠候様被仰渡、不取敢昼夜無油断出情仕候得共、床之内江泥水土砂馳込候ニ付、容易ニ難相調最中、吹家取立罷在候、猶又鋪中江も落水有之、大勢打掛り水引上ケさせ候得共、鉑石上り方相減候ニ付、普請成就仕候迄者、減銅可仕奉存候故、此段御届奉申上候、以上
安永四未年七月
予州別子・立川両御銅山師大坂泉屋吉左衛門代
泉屋半兵衛印

七〇　買請米払下げ願と下知

安永四未年買請御米願書幷御聞済之控
予州別子・立川両御銅山買請米願書　松平隠岐守御預所

乍恐奉願候覚
予州別子・立川両御銅山、当未年買請御米、去年之通八千三百石御割賦被　成下候趣、被　仰渡、難有仕合奉存候、御直段之儀者、例年之通国々所相場弐割安、十ヶ月延納ニ被為　仰付被下候様、奉願上候、両山共御米之御救を以、可也ニ取続、数千下財無恙産業仕、冥加至極難有奉存候、御引当家質之儀者、御預所江差上置申候、以上
安永四未年十月　予州別子・立川両御銅山師
泉屋吉左衛門印
奥平志津摩殿

右願書の添書

右者隠岐守御預所両銅山、当未年買請米、去年之通別子江五千八百石、立川江弐千五百石、都*合八千三百石御割賦被成遣候趣、申渡候処、直段之儀者、例年之通国々所相庭ニ弐割安、代銀十ヶ月延納ニ被　仰付被下度旨、願出申候、高之内伊予米六千五百七拾壱石三斗四升五合九勺者、所相場壱石ニ付銀四拾壱匁三分、此外弐割安銀三拾四匁四分壱厘七毛替、備中米千七百弐拾八石六斗五升四合壱勺ハ、所相場壱石ニ付銀五拾三匁六厘六毛、此外弐割安銀四拾四匁弐分弐厘弐毛替之積を以、代銀取立可申候間、願之通被　仰付被遣可被下候、御引当家質之儀者、両山共御預所江取付置申候、山稼之儀者随分出精仕候様、常々申付置候、以上
未十月　松平隠岐守内
奥平志津摩印
御勘定所

右願書の御勘定所下知

（＊印余白書込み）
「一 此度江戸ゟ申来候者、御願書奥書等者例年之通付、写不越、御裏書之通計写越候由、申来候、依之願書奥書等者、去年之通写置」

御裏書ニ

長印　豊前　加賀　源太郎　源五郎　十郎兵衛　惣左衛門　小十郎　九郎左衛門　退出 与四郎

表書之御預所予州両銅山、買受米之儀、別子江五千八百石、立川江弐千五百石、合八千三百石、直段之儀当未年分も是迄之通、伊予・備中国所相場ニ外弐割安之積を以被相伺、令承知候、於然者予州米六千五百七拾壱石三斗四升五合九勺、但壱石ニ付銀三拾四匁四分壱厘七毛替、備中米千七百弐拾八石六斗五升四合壱勺、但壱石ニ付銀四拾四匁弐分弐厘弐毛替を以、米相渡候月ゟ十ケ月延代銀取立之、可被相納候、尤米相渡候ニ応シ家質取置、不納有之候ハヽ、家質取上ケ候積り、入念可被申付候、断者本文有之候、以上

押切 小十郎　未十二月

七一 銅山風邪流行、稼方差支の上申

安永五申二月諸国風邪天行、銅山稼方等差支候付、松山表へ届書左之通

乍憚書付を以申上候

与州別子・立川両御銅山、下財・諸働人当月中旬より風邪天行、於此節者稼方至而差支、日々病人相増、山師家内迄不残相煩申候

一 鉑石も廿一日後者一向上不申、鋪内鉉鏂（捜）之銀切、其外諸普請必至と相止ミ居申候

一 鋪内水引之儀者、片時も相滞候而も稼方数月之差支ニ相成、難捨置候、然共召抱置候水引人夫

者、不残相煩候ニ付、外稼仕候者之内、肥立居候者を相集、昼夜無油断水引為上申候、此上大差支出来不申様ニと、色々勘弁仕居申候
一吹方之儀者、随分減少不仕候様ニと種々差配仕候得共、鋪内第一之水引人夫揃不申程之儀御座候故、漸四・五軒程ニて吹立居申候
右御見分被成下候通、稼方差支候付、出銅減少可仕哉と千万恐入奉存候、深山土底之稼ニ御座候得者、此上何程差支可申候哉、難計奉存候付、此段御届奉申上候、以上
安永五申年二月
松平隠岐守
御預所
右之通差出候由、与州ゟ申来候付、江戸江も申遣ス

七二　買請米払下げ願と下知

安永五申年買請御米願書并御聞済之控
予州別子・立川両御銅山買請米願書
乍恐奉願上候
予州別子・立川両御銅山、当申年買請御米、去年之通八千三百石御割賦被成下候趣、被仰渡、難有仕合奉存候、御直段之儀者、例年之通国々所相場弐割安、代銀十ヶ月延納ニ被為　仰付被下候様、奉願上候、両山共御米之御救を以、可也ニ取続、数千之下財無恙産業仕、冥加至極難有奉存候、御引当家質之儀者、御預所江差上置申候、以上
予州別子・立川両御銅山師
安永五申年十月
泉屋吉左衛門印
奥平志津摩殿

右願書の添書

右者隠岐守御預所両銅山、当申年買請米、去年之通別子江五千八百石、立川江弐千五百石、都合八千三百石御割賦被成遣候趣、申渡候所、直段之儀者、例年之通国々所相場ニ弐割安、代銀十ヶ月延納ニ被仰付被下度旨、願出申候、高之内伊予米六千六百六拾四石七斗五升者、所相場壱石ニ付銀四拾三匁三分、此外弐割安三拾六匁八厘三毛、備中米千六百三拾五石弐斗五升者、所相場壱石ニ付銀五拾四匁壱分壱厘九毛、此外弐割安四拾五匁九厘九毛替之積を以、代銀取立可申候間、願書之通被仰付被遣可被下候、御引当家質之儀者、両山共御預所江取付置申候、山稼之儀者随分出情仕候様、常々申付置候、以上

申十二月　　松平隠岐守内
矢田紋右衛門印

御勘定所

右願書の御勘定所下知

御裏書ニ

長印　弾正　豊前　御用 源太郎　重郎兵衛　退出 惣左衛門　九郎左衛門　安太郎　与四郎

表書之通御預所予州両銅山、買請米之儀、別子江五千八百石、立川江弐千五百石、合八千三百石、直段之儀当申年之分も是迄之通、伊予・備中国所相場ニ外弐割安之積りを以被相伺、令承知候、然者於予州米六千六百六拾四石七斗五升、但壱石ニ付銀三拾六匁八厘三毛替、備中米千六百三拾五石弐斗五升、但壱石ニ付銀四拾五匁九厘九毛替を以、米相渡候月ゟ十ヶ月延代銀取立之、可被相伺候、尤米相渡候ニ応シ家質取置、不納有之候者家質取上候積り、入念可被申付候、断者本文有之候、以上

押切
安太郎　申十二月

本書七五の記事参照

「(朱書)〇此所へ酉年御米願書御裏書等在之筈、奥ニ記ス」

安永七戊戌年七月十日、予州両御銅山風雨強、山内破損所多、御番所江相届ケ御見分請、松山御役所江注進書差出候旨、右写同廿日出船便ニ為申登、同廿四日到来如左、猶又江戸表江も、右写同廿七日出ニ差下し候事

七三　銅山大風雨、破損の上申

乍憚以書附申上候

別子・立川両御銅山当月十日ゟ大雨、同午ノ刻ゟ頒(頻)風雨ニ罷成、翌十一日午ノ刻漸相止ミ候得共、大雨風烈敷、以之外大水ニ而破損所出来、左ニ申上候

一御番所　弐ケ所

但屋根吹取申候

一真吹床家(屋)　四ケ所

但屋根垣廻り吹取、泥水土砂馳込申候

一鉑吹床家(屋)　八ケ所

但屋根垣廻り吹取、泥水土砂馳込申候

一炭蔵　四ケ所

但屋根諸所吹取申候

一焼竈　三拾五枚

但屋根垣廻り吹取申候

一山師居小家　壱ケ所
但屋根諸所吹取申候
一鋪役所　壱ケ所
但屋根諸所吹取申候
一炭宿　壱ケ所
但屋根諸所吹取申候
一吹炭千貫目程
但山元ニ焼溜置候分押流申候
一炭竈　弐枚
但不残台共押流申候
一稼人居小家　六軒
但山手ゟ押込谷水ニ而、地形共押流申候
一同　三拾六軒
但屋根吹取申候
一諸方往来道・橋夥痛、銅山ゟ麓幷炭山迄、通路相止ミ申候
右御見分被成下候通、破損所有之、稼方相止ミ居申候、然レ共吹家普請早々打掛、取立不相怠候様被仰渡、不取敢昼夜無油断出精仕候得共、床之内江泥水土砂馳込ミ候ニ付、容易ニ難相調、種々勘弁、例盆中者相為休候得共、十七日ゟ是非吹立不申候而者、出銅大減之程奉恐入候間、不抱(拘)

休日ニ普請専出精、漸取立同日ゟ吹立申候、猶又鋪中江も落水有之、大勢打懸水引上させ候間、鉑石上り方相減候ニ付、普請成就仕候迄者、減銅可仕奉存候故、此段御届ヶ奉申上候、以上

安永七戌年七月　別子・立川両御銅山師泉屋吉左衛門代

泉屋半兵衛

七四　銅山痢疾流行、稼方差支の上申

例年より出銅一〇〇〇貫目減少

乍憚書付を以申上候

予州別子・立川御銅山、当六月中旬ゟ痢疾流行仕、下財・諸職〔働〕人相煩、日々出鉑減少仕候処、此節ニ至病人弥相増申候、鋪内水引之儀者、片時相滞候而も稼方数月之差支ニ相成、難打捨置候ニ付、外稼仕候者迄相集、昼夜無油断水引為上申候ニ付、旁以出鉑相減、出銅減少恐入奉存候、依（之脱）懈怠之員数左ニ奉申上候

一六月分之儀者、下地ゟ出鉑焼釜ニ焚込有之候分、吹方人夫厳敷せり立、出銅減少不仕候様吹立申候

一七月分之儀者、上旬より病人次第ニ相増、吹方人夫も揃不申、剰先達而御届申上候通不時風雨、旁以差支床数も減少仕、仍之例歳ゟ出銅千貫目余減少仕候

右之通御座候、当閏七月分之儀者随分出情仕、減銅無之様相励罷在候得共、未病人多、鉑石出方懈怠仕候義ニ候得者、如何可有御座候哉、難計奉存候付、此段御届奉申上候

安永七戌年閏七月　大坂泉屋吉左衛門代

泉屋半兵衛印

七五　買請米払下げ願と下知

（朱書）「〇」安永六酉年買請御米願書并御聞済之控

予州別子・立川両御銅山買請米願書

松平隠岐守
御預所

乍恐奉願上候覚

予州別子・立川両御銅山、当酉年買請御米、去年之通八千三百石御割賦被成下候趣、被仰渡、難在仕合奉存候、御直段之儀者例年之通、国々所相場弐割安、代銀十ヶ月延納被為仰付被下候様、奉願上候、両山共御米之御救を以、可也ニ取続、数千之下財無恙産業仕、冥加至極難在奉存候、御引当家質之儀者、御預所江差上置申候、以上

安永六酉年十一月

予州別子・立川両御銅山師
泉屋吉左衛門印

奥平志津摩殿

右願書の添書

右者隠岐守御預所両銅山、当酉年買請米、去年之通別子江五千八百石、立川江弐千五百石、都合八千三百石御割賦被成遣候趣、申渡候処、直段之儀ハ国々所相場弐割安、代銀十ヶ月延納ニ被仰付被下度旨、願出申候、高之内伊予米六千五百五拾弐石五斗七升九合六勺者、所相場米壱石ニ付銀四拾三匁弐分、此外弐割安三拾六匁、備中米千七百四拾七石四斗弐升四勺者、所相場米壱石ニ付銀五拾四匁四分九厘壱毛、此外弐割安四拾五匁四分九毛替之積を以、代銀取立可申候間、願之通被　仰付被遣可被下候、御引当家質之儀ハ、両山共御預所江取付置申候、山稼之儀者随分出情仕候様、常々申付置候、以上

松平隠岐守内
矢田紋右衛門印

酉十一月

御勘定所

右願書の御勘定所
下知

御裏書ニ

長印　淡路　弾正　十郎兵衛　御用《ごよう》九郎左衛門　与四郎　十左衛門　安太郎　藤十郎　宗次郎

表書之御預り所予州両銅山、買請米之儀、別子江五千八百石、立川江弐千五百石、直段之儀者是迄之通、伊予・備中国所相場ニ外弐割安之積りを以被相伺、令承知候、於然者与州米六千五百五拾弐石五斗七升九合六勺、但壱石ニ付銀三拾六匁替、備中米千七百四拾七石四斗弐升四勺、但壱石ニ付銀四拾五匁四分九毛替を以、米相渡候月ゟ十ヶ月延代銀取立之、可被相納候、尤米相渡候ニ応し家質取置、不納有之候ハ、家質取上ヶ候積、入念可被申付候、断者本文ニ有之候、以上

酉十一月

押切
安太郎

七六　銅山雇入稼人、減少の上申

銅山人夫不寄ニ付、万一減銅之儀も無覚束、松山御役所江届書左之通

乍恐以書附御届奉申上候

予州別子・立川両御銅山稼方之儀、前々奉申上候通、天業之稼筋ニ付、諸働人数千召抱置、数多之分を以日々相稼候儀ニ御座候所、追年稼人寄方少ク罷成、諸業差遣方迷惑罷有候、両御銅山共数千間掘下り候深鋪ニ罷成、鉑石切場遠ク、涌水強、人夫夥相掛り申候処、別而近年者諸働人不相集、剰地付候稼人も、抜々他国仕候者も有之ニ付、近郷隣国者勿論、備州・芸州辺迄をも手を訳(分)雇方差向ケ、賃銀相増雇付候而も、何分寄人無御座候、依之囲置候遠山炭木、其外諸入用之品々幷飯米塩噌之類迄も、山元江取運候儀差支、難儀至極仕候、然共色々工面差配、稼方油断不仕

候ニ付、今年迄者出銅減少不仕候得共、当暮近郷隣国人夫雇付ニ差向候所、約諸之人支曾テ少御座候得者、来亥年出銅減少仕、御用銅御差支出来可仕哉と恐入奉存候、此段御届奉申上候、以上

安永七戌年十二月

予州別子・立川両御銅山師大坂泉屋吉左衛門代
泉屋半兵衛

七七　買請米払下げ願と下知

安永七戌年買請御米幷願書御聞済之控

予州別子・立川両銅山買請米願書

乍恐奉願上候覚

予州別子・立川両御銅山、当戌年買請御米、去年之通八千三百石御割賦被成下候趣、被　仰渡、難有仕合奉存候、御直段之儀者例年之通、国々所相場弐割安、代銀十ヶ月延納被為　仰付被下候様、奉願上候、両山共御米之御救を以、可也ニ取続、数千之下財無恙産業仕、冥加至極難有仕合奉存候、御引当家質之儀者、御預所江差上置申候、以上

安永七戌年十一月

予州別子・立川両御銅山師
泉屋吉左衛門印

松平隠岐守
御預所

山田四郎兵衛殿

右願書の添書

右者隠岐守御預所、両銅山当戌年買請米、去年之通別子江五千八百石、立川江弐千五百石、都合八千三百石御割賦被成遣候趣、申渡候所、直段之儀者国々所相場弐割安、代銀十ヶ月延納ニ被仰付被下度旨、願出申候、高之内伊予米六千四百三拾弐石弐斗八升者、所相場米壱石ニ付銀四拾四匁七分、此外弐割安三拾七匁弐分五厘、備中米千八百六拾七石七斗弐升者、所相場米壱石ニ付

銀五拾五匁八分六厘九毛、此外弐割安四拾六匁五分五厘八毛替之積りを以、代銀取立可申候間、願之通被　仰付被遣可被下候、御引当家質之儀者、両山共御預所江取付置申候、山稼之儀ハ随分出精仕候様、常々申付置候、以上

安永七戌年十二月

松平隠岐守内
矢田紋右衛門印

御勘定所

右願書の御勘定所下知

御裏書ニ

長印　淡路　弾正　十郎兵衛　九郎左衛門　御用 与四郎　十左衛門　藤十郎　御用 安太郎　退出 宗次郎

表書之御預り所予州両銅山、買請米之儀、別子江五千八百石、立川江弐千五百石、合八千三百石、直段之儀当戌年分も是迄之通、伊予・備中国所相場ニ外弐割安之積りを以被相伺、令承知候、於然者伊予国米六千四百三拾弐石弐斗八升、但壱石ニ付銀三拾七匁弐分五厘、備中国米千八百六拾七石七斗弐升、但壱石ニ付銀四拾六匁五分五厘八毛替を以、米相渡候月ゟ十ヶ月延代銀取立之、可被相納候、尤米相渡候ニ応家質取置、不納有之候ハヽ、家質取上候積、入念可被申付候、断者本文ニ有之候、以上

戌十二月

押切
藤十郎

七八　買請米払下げ願と下知

安永八亥年買請御米幷願書御聞済之控
予州別子・立川両銅山買請米願書

松平隠岐守
御預所

乍恐奉願上候覚

予州別子・立川両御銅山、当亥年買請御米、去年之通八千三百石御割賦被成下候趣、被　仰渡、難有仕合奉存候、御直段之儀者例年之通、国々所相場弐割安、代銀十ヶ月延納被為　仰付被下候様、奉願上候、両山共御米之御救ヲ以、可也ニ取続、数千之下財無恙産業仕、冥加至極難有奉存候、御引当家質之儀者、御預所江差上置申候、以上

安永八亥年十一月

予州別子・立川両御銅山師
泉屋吉左衛門印

山田四郎兵衛殿

右願書の添書

右者隠岐守御預所両銅山、当亥年買請米、去年之通別子江五千八百石、立川江弐千五百石　都合八千三百石御割賦被成遣候趣、申渡候処、直段之儀者国々所相場弐割安、代銀十ヶ月延納ニ被仰付被下置候旨、願出申候、高之内伊予米六千百三拾壱石六斗弐合八勺者、所相場壱石ニ付銀三拾七匁三分、此外弐割安三拾壱匁八厘三毛、備中米弐千百六拾八石三斗九升七合弐勺者、所相場米壱石ニ付銀四拾七匁壱分八厘五毛、此外弐割安三拾九匁三分弐厘壱毛替之積りヲ以、代銀取立可申候之間、願之通被　仰付被遣可被下候、御引当家質之儀者、両山共御預所江取付置申候、山稼之儀者随分出精仕候様、常々申付置候、以上

安永八亥年十二月

山田四郎兵衛印

御勘定所

右願書の御勘定所下知

御裏書ニ

長印　弾正　伊豆　九郎左衛門　与四郎　御用 十左衛門　無出座 左源次　安太郎　御用 藤十郎　御用 宗次郎

表書之御預所予州両銅山、買請米之儀、別子江五千八百石、立川江弐千五百石、合八千三百石、直段之儀当亥年分も是迄之通、伊予・備中国所相場ニ外弐割安之積ヲ以被相伺、令承知候、於然者伊予国米六千百三拾壱石六斗弐合八勺、但壱石ニ付銀三拾壱匁八厘三毛、備中国米弐千百六拾八石三斗九升七合弐勺、但壱石ニ付三拾九匁三分弐厘壱毛替ヲ以、米相渡候月ゟ十ヶ月延代銀取立之、可被相納候、尤米相渡候ニ応家質取置、不納有之候ハヽ、家質取上ケ候積、入念可被申付候、断者本文ニ有之候、以上

亥十二月

押切
安太郎

七九 買請米払下げ願と下知

安永九子年買請御米幷願書御聞済之控

予州別子・立川両銅山買請米願書

松平隠岐守
御預所

乍恐奉願上候覚

予州別子・立川両御銅山、当子年買請御米、去年之通八千三百石御割賦被成下候趣、被　仰渡、難有仕合奉存候、御直段之儀者例年之通、国々所相場弐割安、代銀十ヶ月延納被為　仰付被下候様、奉願上候、両山共御米之御救ヲ以、可也ニ取続、数千之下財無恙産業仕、冥加至極難有奉存候、御引当家質之儀者、御預所江指上置申候、以上

安永九子年十一月

予州別子・立川両御銅山師
泉屋吉左衛門印

山田四郎兵衛殿

右願書の添書

右者松平隠岐守御預所両銅山、当子年買請米、去年之通別子江五千八百石、立川江弐千五百石、

都合八千三百石御割賦被成遣候趣、申渡候之処、直段之儀者国々所相場弐割安、代銀十ヶ月延納ニ被　仰付被下度旨、願出申候、高之内伊予米五千八百拾石四斗弐升八合者、所相場米壱石ニ付銀三拾六匁四分、此外弐割安三拾目三分三厘三毛、備中米弐千四百八拾九石五斗七升弐合ハ、所相場米壱石ニ付銀四拾七匁七厘四毛、此外弐割安三拾九匁弐分弐厘八毛替之積ヲ以、代銀取立可申候間、願之通被　仰付被遣可被下候、御引当家質之儀者、両山共御預所江取付置申候、山稼之儀者随分出情仕候様、常々申付置候、以上

安永九子年十一月

松平隠岐守内
山田四郎兵衛印

御勘定所

右願書の御勘定所下知

御裏書ニ

長印　弾正　伊豆　御用 九郎左衛門　与四郎　十左衛門　退出 左源次　御用 藤十郎　安太郎　御用 宗次郎

表書之御預所予州両銅山、買請米之儀、別子江五千八百石、立川江弐千五百石、合八千三百石、直段之儀者当子年分も是迄之通、伊予・備中国所相場ニ外弐割安之積ヲ以被相伺、令承知候、於然者伊予国米五千八百拾石四斗弐升八合、但壱石ニ付銀三拾目三分三厘三毛、備中国米弐千四百八拾九石五斗七升弐合、但壱石ニ付三拾九匁弐分弐厘八毛替ヲ以、米相渡候月ゟ十ヶ月延代銀取立之、可被相納候、尤米相渡候ニ応家質取置、不納有之候者家質取上候積、入念可被申付候、断者本文ニ有之候、以上

子十二月

押切
安太郎

天明元丑年十月買請御米願之儀、銅山名代市兵衛ゟ松山御手附中迄相伺候処、当年者例之通ニ押付願書差出候而者、御奉行之手前も不宜候間、銅山名代之者ゟ書付差出置候而、如例願書差出可然被仰聞候付、書附御添削を請差出候、則写如左

八〇　買請米願書、通例通り差出方の伺

乍恐以書付奉申上候

家事一件

一別子・立川両御銅山買請御米願書、例年此節奉差上候処、先達而家事一件之儀ニ付差支、彼是御苦労ニ罷成、漸此間ニ御銅山御請負願書御取請被成下候仕合ニ付、右願書此程差上候儀、恐入差扣罷在候得共、右御銅山請負願御聞済被成下候上ニ而、買請御米御願奉申上候而者、銅山方必至と差支相立不申、甚歎敷奉存候、右之通銅山請負願をも御取請被成下候御儀ニ付、乍恐買請御米前々之通不相替御聞済被成下、御銅山無差支相稼候様仕度奉存候、此等之趣何分御歎申上、右願書御取請被成下候様、御歎可申旨ニ而、主人ゟ例之通願書相調差越申候、右之段被為聞召分、右願書御取請被成下候ハヽ、差上申度、此段乍恐奉伺候、以上

丑十月

泉屋半兵衛印
泉屋市兵衛印

八一　買請米代銀引当の家屋敷類焼につき上申

乍憚以書付申上候

予州御銅山御米代銀引当之家質ニ差上有之内、長堀茂左衛門町東側瓦葺三軒役代銀四拾貫目、家

主泉屋理兵衛名前之場所壱ヶ所、当月廿三日夜出火之節、表通者無別条、裏尻奥行拾間之間類焼仕候、尤追々普請ニ取掛り罷在候、此外ニ私掛屋鋪鱣谷壱丁目七ヶ所・同弐丁目壱ヶ所・九之助町壱丁目四ヶ所・南米屋町弐ヶ所、右等之屋鋪者御銅山非常之手当ニ先年ゟ所持罷在候処、此度類焼ニ付迷惑至極仕候、依之御届奉申上候、以上

天明元丑年十一月晦日

泉屋万二郎印

松山
御役所

八二　買請米払下げ願と下知

天明元丑年買請御米幷願書御聞済之控

予州別子・立川両銅山買請米願書

乍恐奉願上候覚

予州別子・立川両御銅山、当丑年買請御米、去年之通八千三百石御割賦被成下候趣、被　仰渡、難有仕合奉存候、御直段之儀者例年之通、国々所相場弐割安、十ヶ月延納被為　仰付被下候様、奉願上候、両山共御米之御救を以、可也取続、数千之下財無恙産業仕、冥加至極難有奉存候、御引当家質之儀者、御預り所江差上置申候、以上

天明元丑年十一月

予州別子・立川両御銅山師
泉屋万二郎印

松平隠岐守
御預り所

右願書の添書

山田四郎兵衛殿

右者隠岐守御預り所両銅山、当丑年買請米、去年之通別子江五千八百石、立川江弐千五百石、都合八千三百石御割賦被成遣候趣、申渡候処、直段之儀者国々所相場弐割安、代銀十ヶ月延納被

仰付被下度旨、願出申候、高之内伊予米六千百九拾五石四斗四升五合者、所相場米一石ニ付銀三拾八匁四分、此外弐割安三拾弐匁、備中米弐千百四石五斗五升五合者、所相場米壱石ニ付銀五拾四匁弐分弐厘七毛、此外弐割安四拾五匁壱分八厘九毛替之積りを以、代銀取立可申候間、願之通被　仰付被遣可被下候、御引当家質之儀者、両山共御預所江取付置申候、山稼之儀者随分出情仕候様、常々申付置候、以上

天明元丑年十二月　　松平隠岐守内
　　　　　　　　　　山田四郎兵衛印

御勘定所

右願書の御勘定所下知

御裏書ニ

長印　伊豆　弾正退出　九郎左衛門　与四郎　十左衛門　左源次　宗次郎　藤十郎　退出安太郎

表書之御預所予州両銅山、当丑年分買請米之儀、別子江五千八百石、立川江弐千五百石、合八千三百石、直段之儀者是迄之通、伊予・備中国所相場ニ外弐割安之積を以被相伺、令承知候、於然者伊予国米六千百九拾五石四斗四升五合、但し壱石ニ付銀三拾弐匁、備中国米弐千百四石五斗五升五合者、壱石ニ付四拾五匁壱分八厘九毛替を以、米相渡候月ゟ十ヶ月延代銀取立之、可被相納候、尤米相渡候ニ応シ家質取置、不納有之候ハヽ、家質取上候積り、入念可被申付候、断者本文ニ有之候、以上

丑十二月

押切
宗次郎

八三　家督相続につき別子銅山相続願と下知

乍恐書附を以奉願上候

一私親吉左衛門儀、家事之儀ニ付、親類并重手代共と及出入候所、去子九月三日大坂町於　御奉行所、吉左衛門江被為　仰渡候者、相続人相究、家督相譲早々隠居仕、御銅山方御用無差支様、親類并重手代共江申談可取計旨、被為　仰渡候ニ付、私儀家督譲請申候、右ニ付御銅山弥是迄之通、御請負仕度奉願上候、猶此上共御用方聊御差支無之様、親類并重手代共江申談之上、執計可仕候、依之大坂表ニ而被為　仰渡候御請書之写、相添奉申上候、以上

天明元丑年十二月

大坂長堀茂左衛門町
泉屋万二郎印

山田四郎兵衛殿

右願書の請書

家事出入の裁許で吉左衛門（友紀）隠居、万二郎（友輔）家督相続

予州別子・立川御銅山師、大坂長堀茂左衛門町泉屋吉左衛門儀、家事之儀ニ付及出入候処、別紙御請書写之通、大坂於町御奉行所御裁許被仰付、隠居仕候ニ付、家督之儀私共江対談仕、忰安之丞呼戻、万二郎と改名仕、家督相譲候段相違無御座候、然ル上者、御銅山御用方之儀も万二郎名前を以、是迄之通御請負被　仰付候様仕度奉存候、尤私共申談御銅山方御用無御差支様、為相勤可申候、依之連印一札差上申候処、如件

天明元丑年十二月

泉屋万二郎重手代
泉屋作右衛門印

同
泉屋兵右衛門印

同
泉屋七右衛門印

泉屋万二郎親類
大坂長堀茂左衛門町
泉屋理右衛門印

泉屋万二郎親類
大坂豊後町
泉屋理兵衛印

右願書の添書

山田四郎兵衛殿

隠岐守御預所予州別子・立川両銅山師、大坂長堀茂左衛門町泉屋吉左衛門儀、大坂於町御奉行所、去子九月隠居就被　仰付候、忰万二郎家督相続仕候、依之銅山請負之儀、前格之通被　仰付被下度旨、願書差出シ申候、并親類重手代共ゟも連印一札差出之、是迄之通銅山御用向無差支、為相勤候様可仕候間、願之通請負被　仰付被下度旨申出之、則差出シ候書附夫々差上之、此段奉申上候、以上

松平隠岐守内
山田四郎兵衛印

天明元丑年十二月

御勘定所

右願書の御勘定所下知

御裏書ニ

長印
御奉行　伊　豆
同　弾　正
御吟味　九郎左衛門
同　与四郎
同　十左衛門
同　左源次
御組頭　彦兵衛
同　金右衛門
同　伝之丞
同　甚　助
押切　彦兵衛

表書之通予州別子・立川両銅山師、泉屋吉左衛門儀、於大坂町奉行所隠居申付、忰万二郎家督相続ニ付、銅山請負之儀願出候段伺之趣、令承知候、於然ル者、伺之通万二郎江両銅山請負申付、諸事是迄之通可被取計候、断者本文在之候、以上

寅二月

八四 銅山風雨、破損の上申

乍恐書附を以申上候

別子・立川両御銅山、当月四日辰ノ刻ゟ雨降出候処、申ノ下刻ゟ頻風雨、翌々六日卯刻漸相止候得共、雨風烈敷御座候故、以之外大水ニ而破損所出来、左ニ申上候

一真吹床屋　三ヶ所

但屋根垣廻り吹潰、泥水土砂馳込申候

一鉑吹床屋　三ヶ所

但屋根垣廻り吹取、泥水土砂馳込、地形共押流申候

一炭蔵　四ヶ所

但屋根垣廻り吹取申候

一焼竈　拾六枚

但屋根垣廻り吹取、内五枚地形押流申候

一荒物蔵　一ヶ所

但屋根吹取申候

一下財小屋　拾斬(軒)

但山手ゟ押込谷水ニ而、地形共押流申候

一諸方往来道・橋夥痛、銅山麓幷炭山迄通路相止ミ申候

右御見分被成下候通、破損所有之稼方相止ミ申候、然共吹家普請早々取立、不相怠候様被仰渡、不取敢昼夜無油断出情仕候得共、床之内江泥水土砂夥馳込候ニ付、容易難相調種々勘弁仕、今七

日ゟ吹立申候、猶鋪中江も落水強有之、大勢打掛水引させ申候間、鉑石上り方減少、普請成就仕候迄者、減銅可仕と奉存候故、此段御届奉申上候、以上

天明二寅年五月

別子・立川両御銅山師大坂泉屋万二郎代
泉屋半兵衛印
泉屋市兵衛印

八五　銅山痢疾流行、稼方差支の上申

乍恐以書附申上候

予州別子・立川両御銅山、当七月最初ゟ痢疾流行、下財・諸働人夥敷相煩、於此節者病死仕候者も数多在之、日々病人相増、稼方必至と差支申候

一鉑も盆前者相応ニ上り候得共、盆後へ至り日々衰、今廿一日ゟ者一向上り不申、敷中鉉捜・銀切り、其外諸普請共相止ミ居申候

一敷内水引之儀者、片時相滞候而も稼方数日之支ニ相成候ニ付、難捨置候、然共召抱置候水引人夫、夥相煩候ニ付、外稼仕候者相集、昼夜無油断水引上させ申候、此上至而大差支出来不申様ニと種々勘弁仕候

一吹方之儀者、随分減少不仕候様種々差配仕候得共、何分鋪内第一之水引人夫揃兼候故、其方江も繰替仕候間、漸此節五・六軒宛吹立申候

右御見分被成下候通、稼方差支候ニ付、出銅減少可仕哉と千万奉恐入候間、此段御届奉申上候、以上

天明二寅年七月

大坂泉屋万次郎代
泉屋半兵衛印

八六　銅山大風雨、破損の上申

乍恐以書附申上候

泉屋市兵衛印

別子・立川両御銅山、当八月廿日午ノ刻ゟ雨降申候処、酉ノ刻ニ至風雨烈相成、戌ノ下刻ゟ風弥相募申候、漸翌卯ノ刻風相止ミ、雨も小降ニ相成申候、色々相防候得共、夜中之儀、殊更以之外大風故、破損所出来仕候ニ付、左ニ申上候

一真吹床屋　九ヶ所
但屋根所々吹取申候、内五ヶ所泥水土砂馳込申候

一鉑吹床屋　拾壱ヶ所
但屋根垣廻り吹取、内七ヶ所泥水土砂馳込申候

一御番所　三ヶ所
但屋根垣廻り吹取申候

一焼竈　百三拾九枚
但屋根垣廻り吹取、内三拾枚吹潰申候

一山小家　壱ヶ所
但屋根垣廻り吹取申候

一材木蔵　弐ヶ所
但屋根所々吹取申候

一鍛冶屋　壱ヶ所
但屋根垣廻り吹取申候
一炭宿　壱ヶ所
但屋根吹取申候
一炭蔵　六ヶ所
但屋根垣廻り吹取申候
一鋪風廻シ　壱ヶ所
但吹倒申候
一弟地炭宿　壱ヶ所
但屋根垣廻り吹取申候
一同所炭蔵　六ヶ所
但屋根所々吹取申候
一下財小屋　八拾八軒
但屋根吹取申候、内弐軒地形共押流申候
一諸方往来道・橋夥敷痛、銅山麓幷炭山迄通路相止ミ申候
右御見分被成下候通、破損所出来稼方相止ミ申候、然レ共吹屋普請早々取立、吹方不相怠候様被仰渡候得共、先達而も御届奉申上候通、去七月最初ゟ痢疾流行、此節ニ至候而者浮種相加り、家並不残打臥居申候ニ付、稼方第一之水引人夫さへも集り兼、甚迷惑仕候、然ル処右大破故、吹屋

普請ニ打懸り候人夫も無御座候得共、吹方懈怠仕候儀ハ至而不軽御儀ニ付、不取敢手配仕、造作為仕候得共、床之内江土砂泥水馳込候ニ付、急々吹銅相成不申、仍之吹方二日相止ミ申候、前条奉申上候通、痢疾専相煩候内、又々如右大破仕候ニ付、当月分出銅莫太(大)減少可仕と重々奉恐入候ニ付、此段御届奉申上候、以上

天明二寅年八月

別子・立川両御銅山師大坂泉屋万次郎代
泉屋平兵衛印
泉屋市兵衛印

八七 別子支配人市兵衛病死につき上申

予州支配人市兵衛儀致病死候ニ付、松山御役所へ差出候御届書之扣

乍恐書付を以御届奉申上候

両銅山支配人市兵衛儀、就用事松山表へ出町、八蔵屋与兵衛方ニ滞留仕候処、病気大切ニ付銅山表江罷帰候処、養生不相叶、当十五日夜死去仕候ニ付、御届奉申上候、仍之万次郎代当時私壱人ニ而相勤候間、此段可然御聞済之程奉願上候、已上

天明三卯年四月

大坂泉屋万次郎代
泉屋平兵衛印

宛なし

八八 買請米払下げ願と下知

乍恐奉願上候覚

予州別子・立川両御銅山、当寅年買請御米、去年之通八千三百石御割賦被成下候趣、被 仰渡、難有仕合奉存候、御直段之義者、例年之通国々所相場ニ割安、代銀十ヶ月延納被為 仰付被下候

様、奉願上候、両山共御米之御救を以、可也ニ取続、数千之下財無恙産業仕、冥加至極難有奉存候、御引当家質之儀者、御預所江差上置申候、以上

天明二寅年十月

予州別子・立川両御銅山師
泉屋万次郎印

山田四郎兵衛殿

右願書の添書

*1
右者隠岐守御預り所両銅山、当寅年買請米、去年之通別子江五千八百石、立川江弐千五百石、都合八千三百石御割賦被成遣候趣、申渡候之処、直段之儀者国々所相場弐割安、代銀十ヶ月延納被　仰付被下度旨、願出申候、高之内伊予国米五千八百拾四石九斗四升五合五勺者、所相場壱石ニ付銀四拾八匁九分、此外弐割安四拾匁七分五厘、備中国米弐千四百八拾五石五升四合五勺者、所相場壱石ニ付銀六拾九匁四分壱厘六毛、此外弐割安五拾七匁八分四厘七毛替之積を以、代銀取立可申候間、願之通被　仰付被遣可被下候、御引当家質之儀者、両山共御預所江取付置申候、山稼之儀者随分出情仕候様、常々申付置候、以上

天明二寅年十月

松平隠岐守内
山田四郎兵衛印

御勘定所

右願書の御勘定所下知

長印　伊豆　越前　退出　九郎左衛門　与四郎　十左衛門　退出　佐源次　宗次郎　藤十郎　安太郎

*2
表書之御預所予州両銅山、当寅年分買請米之儀、別子江五千八百石、立川江弐千五百石、合八千三百石、直段之義者是迄之通、伊予・備中国所相場ニ外弐割安之積を以被相窺、令承知候、於然者伊予国米五千八百拾四石九斗四升五合五勺、但壱石ニ付銀四拾目七分五厘、備中国米弐千四百八拾五石五升四合五勺者、五拾七匁八分四厘七毛替を以、米相渡候月ゟ十ヶ月延代銀取立之、可

被相納候、尤米相渡候ニ応し家質取置、不納有之候者家質取上候様、入念可被申付候、断者本文ニ有之候、以上

寅十二月

押切　宗次郎

○原文では＊1の所に「前後」、＊2の所に「後」とあり、添書と下知が前後していたが、明らかな誤りなので、指示に従い本文の通り元に戻した。

八九　銅山風雨、破損の上申

乍恐以書附申上候

別子・立川両御銅山、当月廿三日申ノ刻ゟ雨降出候処、同夜子ノ刻ゟ頻ニ降、南風烈敷、翌廿四日辰ノ刻風も波和(和波)、雨も小降ニ相成申候、色々相防候得共、以之外洪水破損所出来、左ニ申上候

一真吹床　三ヶ所

但屋根垣廻り吹取多、泥水土砂馳込申候

一鉑吹床　四ヶ所

但屋根垣廻り吹取、泥水馳込申候

一炭蔵　拾ヶ所

但屋根垣廻り吹取、炭多濡シ申候

一焼竈　弐拾五枚

但一向ニ吹潰、内四枚地形押流し申候

一荒物蔵　弐ヶ所
但屋根少々吹取申候
一下財小家　拾軒
但屋根吹取申候
一諸方往来道・橋夥痛、銅山麓幷炭山迄通路相止申候
右御見分被成下候通、破損所有之、稼方相止申候、然レ共吹家普請之義ハ早々取立、不相怠様被仰渡候ニ付、不取敢、昼夜無油断出情仕候得共、床之内泥水馳込候ニ付、種々勘弁仕、漸今廿五日ゟ少々宛吹立申候、幷吹炭・焼鏈共夥濡シ、上家被吹取、鋪中へ者落水強、水引人夫大勢懸ヶ引上させ、諸所江人夫抜群引ヶ候故、諸普請成就仕候上ハ稼方手後、鉑石上り方出銅共減少可仕、奉恐入候故、此段御届奉申上候、以上
天明三卯年七月
別子・立川両御銅山師泉屋万次郎代
泉屋半兵衛印
泉屋治兵衛印

九〇　備中代官へ買請米渡方延引の問合せ書状

両銅山御渡米御延納ニ付、愛宕下御役所ゟ御勘定所へ御届被成下候処、備中両御代官所へ早々掛合受取候様、御預所役手へ被仰渡候由、江戸ゟ申来、則御代官所江御勘定所御三士様ゟ御書面之写、如左
割賦高三千九百七拾石余之内
一米弐千七百四拾壱石余

松平隠岐守御預所
予州銅山師渡米
残石

外
千弐百弐拾九石余

右者予州銅山師去寅年買請米、貴様御代官所ゟ可相渡石数之内、書面通未相渡不申ニ付、銅山稼方差支候段、隠岐守役人先達而ゟ申出候ニ付、其度々於御勘定所、手代江申渡候処、今以不相渡候由、猶隠岐守ゟ申立候、右者如何いたし及延引候哉、早々御渡被成、其段御取極被仰聞候様存候、以上

卯七月廿六日

土山宗次郎印
金沢安太郎印
御用ニ付無印形
中野藤十郎

武島左膳様

但守屋弥三右衛門様江も同様之趣、御印紙被遣候得共、御文意同様ニ付略之

九一 買請米払下げ願と下知

乍恐奉願上候覚

予州別子・立川両御銅山、当卯年買請御米、去年之通八千三百石御割符被成下候様、被　仰渡、

難有仕合奉存候、御直段之儀者、例年之通国々所相場弐割安、代銀十ヶ月延納ニ被為　仰付被下候様、奉願上候、両山共御米之御救を以、可也ニ取続、数千之下財無恙産業仕、冥加至極難有奉存候、御引当家質之儀者、御預所江差上置申候、以上

天明三卯年十月

予州別子・立川両御銅山師
泉屋万次郎印

相田作左衛門殿

右願書の添書

右者松平隠岐守御預所両銅山、当卯年買請米、去年之通別子江五千八百石、立川江弐千五百石、都合八千三百石御割符被成遣候様、申渡候処、直段之儀者国々所相場弐割安、代銀十ヶ月延納ニ被　仰付被下度旨、願出申候、高之内伊予米五千八百八拾弐石四斗四升六合五勺、所相場壱石ニ付銀五拾壱匁八分、此外弐割安四拾三匁壱分六厘七毛、備中米弐千四百拾七石五斗五升三合五勺、所相場米壱石ニ付銀七拾七匁九分弐厘、此外弐割安六拾四匁九分三厘三毛替之積を以、代銀取立可申候之間、願之通被　仰付被遣可被下候、御引当家質之儀者、両山共ニ御預所江取付置申候、山稼之儀者随分出情仕候様、常々申付置候、以上

天明三卯年十二月

松平隠岐守内
相田作左衛門印

御勘定所

右願書の御勘定所下知

御裏書ニ

長印　越前　伊豆　御用九郎左衛門　退出与四郎　退出十左衛門　左源次　宗次郎　藤十郎　安太郎

表書之御預所予州両銅山、当卯年分買請米之儀、別子江五千八百石、立川江弐千五百石、合八千三百石、直段之儀者是迄之通、伊予・備中国所相場ニ弐割安之積を以被相伺、令承知候、於然ニ

者、伊予米五千八百八拾弐石四斗四升六合五勺、備中米弐千四百拾七石五斗五升三合五勺、但伊予国者壱石ニ付銀四拾三匁壱分六厘七毛、備中国者壱石ニ付銀六拾四匁九分三厘三毛替を以、米相渡候月ゟ十ヶ月延代銀取立之、可被相納候、尤米相渡候応家質取置、不納有之候者家質取上候積、入念可被申付候、断者本文ニ有之候、已上

押切　宗次郎

卯十二月

九二　長崎御用銅御手当銀の渡方願

銅座役所銀繰り宜しからず

乍憚口上

長崎御用別子・立川棹銅代銀、并御手当銀御渡方之儀、当時御役所御銀繰不宜御延引被　仰出、当惑至極奉存候ニ付、先達而以書附申上候得共、委敷御利（理）解被　仰聞候ニ付、強而可申上様無御座被　仰渡之趣、奉承知候、乍然来辰年諸仕入等不仕候而者、出銅ニ相障り可申、此儀も心遣奉存、次ニ者細工人賃銀・諸式代等仕掛不仕候而者、短的来春より差支罷成候儀ニ御座候、勿論御役所御銀繰不宜儀者、再応被　仰渡候儀ニ付、是式之儀者私方ニ而如何様共、銀繰可仕候得共、有躰申上候者、当時公事中之儀候故歟、誠聊之銀繰も致呉候相手無御座、甚十方暮罷在候、段々御利解被　仰聞候末、再三申立候儀者奉恐入候得共、差当り賃銀諸式代等差支、難儀相迫り申候間、万一明春吹方等間欠ヶ相成候様御座候而者、至而奉恐入候ニ付、不顧恐此段奉願候、何分宜御許容被下度、此段書付を以奉申上候、以上

天明三卯年十二月廿七日　　　　泉屋万次郎印

銅座
御役所

九三　銅山上納銀二月納分の延引願

乍憚口上

両銅山去卯年分御上納銀納方之儀、当正月・二月両度ニ上納可仕段、先達而被為仰渡奉畏候、然処銅座御役所江売上候棹銅代銀之儀、御役所表御銀繰不宜趣ニ而、御渡方無御座候得共、正月分者御定之通上納仕候、二月分上納之儀者右之趣ニ付、山元ニ差置候名代之者を以、松山御役所江御内々御伺申上、右代銀相渡り候迄御延引被成下度、御願申上候処、猶又御当地御屋敷様江被為仰越、二月皆納不相成候ハヽ、三月ニ者上納可仕旨被為仰渡、奉畏候、銀子繰合仕候而、同月ニ皆上納可仕間、何分二月納之儀者御差延被成下候様、御国方江宜被仰遣御聞済御座候様奉願上候、乍憚此段口上書を以奉申上候、以上

辰閏正月　　泉屋万次郎

越智門兵衛様

九四　銅山風雨、破損の上申

乍恐以書附申上候

別子・立川両御銅山、当七月中旬ゟ雨降続候処、晦日申刻ゟ頻ニ風雨烈敷、翌朔日酉刻風も波和(和波)、雨も降止申候、乍去南風以之外厳敷吹候故、破損所出来左ニ申上候

一　真吹床　　三ヶ所

但屋根垣廻り吹取、泥水土砂馳込申候

一鉑吹床　弐ヶ所
但屋根垣廻り吹取、泥水馳込申候
一風廻シ　壱ヶ所
但吹潰申候
一炭蔵　七ヶ所
但屋根垣廻り吹取申候
一焼竈　弐拾枚
但一向ニ吹潰申候
一荒物蔵　弐ヶ所
但屋根少々吹取申候
一下財小家　五軒
但屋根少々吹取、内一軒押潰申候
一諸方往来道・橋多痛、銅山麓通路相止申候
右御見分被成下候通、破損所有之稼方相止申候、然共吹家普請之儀者早々取立、不相怠様ニと被仰渡候ニ付、不取敢出情仕候得共、床之内泥水馳込候ニ付、種々差配漸今二日ゟ少々宛吹立申候、且吹炭・焼鏈共夥濡し、上家被吹取、尚鋪中江者落水強候ニ付、水引人夫大勢掛引上させ、諸所江人夫引候故、諸普請成就仕候迄ハ稼方手後レ、鉑石上り方出銅共減少可仕程、奉恐入候間、此段御届奉申上候、以上

天明四年辰八月二日

別子・立川両御銅山師泉屋万次郎代
泉屋半兵衛印
泉屋次兵衛印

九五 備中分買請米の渡方延引につき皆済願

乍恐奉願上候御事

御銅山稼人為飯料、去卯年奉買請候御米高之内、備中倉敷・笠岡両　御代官所江御割符、左之通被為　仰出候処、御渡方御延引に付、御預所御役所江御願申上、度々御催促被成下候得共、曽而御渡方無御座、稼人共飯料差支候ニ付、不得止事近国ニ而追々買米仕、飯料之儀者漸々是迄取続、稼不足不仕候得共、稼人江仕入銀、右買米代ニ取欠申候間、銀子ニ差支難渋至極仕候、近年之通御米御渡方、翌年秋末迄も御渡無御座候而者、心当間違ニ罷成、火急ニ他国江調ニ差遣候故、相庭ゟ高直之米ニ而も無拠調申儀ニ御座候、右之通他国江調ニ出申候ニ付、雑用失却過半相掛り申候、畢竟御下知被為成下候（欠字）御米所持乍仕居、其年中心当違ニ相成申候、此上ニも当年御渡方御延引御座候而ハ、自然稼方差支之儀出来可仕哉と奉気遣候、年古キ御銅山□（之）儀故、雑用追年相嵩ミ困窮仕候処、年々御米御渡方御延引御座候ニ付、内々失却多御座候得共、尽情力ヲ稼埋、是迄者聊為相滞不申候得共、失却彼是夥鋪相掛り、追年衰微仕候儀ニ付、難任心底ニ儀共出来仕候而者、恐入奉存候、何卒備中　御代官所御米御延引之分、此節御皆済被下度奉存候、無左候而者弥困窮難渋仕候、此段被為　聞召訳、急々御渡御座候様被成下候ハヽ、難有仕合奉存候、以上

古き銅山故、雑用嵩む

備中延引の分、皆済願

一　御米弐千五百八拾三石三斗壱升九合
　　　　　　　　　　　　　　　　武島左膳様御代官所
　　　　　　　　　　　　　　　　　　　　伊予国
　内六百八拾四石九斗四升壱合請取候分

残テ御米千八百九拾八石三斗七升八合

未御渡無之分

右御同人様御代官所

備中国

一同千百五拾七石五斗五升三合五勺
(脱アルカ)

未御渡無之分

守屋弥惣右衛門様御代官所

備中国

一同千弐百六拾石
(脱アルカ)

未御渡無之分

予州両御銅山師

泉屋万次郎印

〆

天明四辰年八月三日

九六 備中分買請米、作州へ所替え願

買請御米御割賦之内、備中米之分作州御所替之儀、愛宕下江差出シ候願書之写左ニ

乍恐書附を以奉願上候

備中米、是迄も年々渡し遅れ

一予州両御銅山去卯年分買請御米、御割賦被成候内、当時万年七郎右衛門様御代官所伊予・備中御米御渡方、御延滞ニ附、先達而ゟ毎々奉願上候間、御勘定所江其度毎、右之趣被仰上被下、御紙被成下候所、去ル十月六日備中御陣屋ゟ御用送状御渡、御米も不残出帆仕候由被為仰聞、難有仕合奉存候、然ル所十月十九日伊予米弐百石余御渡、其余備中米者、以今請取候御届者不申越候得共、定而此節者追々請取候儀と遠察仕候、尤備中御代官所御米、是迄も年々御渡シ後レニ相成候と申内、当年ハ別而延引仕、分而備中御米今ニ一向御渡不被下、銅山数千之稼キ人飯料ニ差支、困窮仕候ニ付、於山元大金種々差操才覚仕、米払底高直之場合夥敷外買入仕、多分之損金有之、難渋仕候得共、大切之御用差支不申様、是迄者漸取続罷有候、近年世上諸色高直故、銅山稼キ方彼是損銀多ク、内々困窮仕候上、又々明年も自然ケ様ニ延引仕候時者、銅

山為御救被下置候奉失本意候而已不成、稼キ人飯料差支者勿論、御用向御指支ニも相成、其上御上納銀等指支候様ニも成行可申哉と恐入、重々歎鋪奉存候、依之奉願上候者、御慈悲を以当年之御割賦ニ、備中米之分作州米ニ御所替被成下候ハヽ、難有奉存候、右願上候通、何卒被為

備中米を作州米に所替え願

仰付被下置候様、御勘定所江宜鋪御願上被下候様奉願上候、以上

天明四甲辰十一月　　予州別子・立川銅山師　泉屋万次郎

御預り所
御役人中様

予州両御銅山買請米当年御割賦　　松平隠岐守　御預所

右願書の添書

右者松平隠岐守御預所予州両　銅山、去卯年買請米之内、備中御代官様御支配所、伊予・備中御物成米ニ而五千石余御割賦被成遣候所、右之内伊予米九百石余成《ラ》而者御渡不被成候ニ附、前書之趣外買入夥鋪、其上銅山為御救買請被　仰付候御米故、米相渡候月ゟ十ヶ月延上納ニ被　仰付置候所、当御預り所之儀者三月上納期月ニ附、取立方等彼是差操候日間も有之、上納時節ニ最早余日も無御座候所、御渡方相滞、既御皆済方ゟ疾上納、日割書附指上候様被仰付候得共、右之訳故御断申上置候、兼而上納之儀者、期月前ニも相納候様、御厳守被　仰渡も御座候御儀故、其段申上、毎々被為掛　御声被下候得共、是迄備中米皆式御渡不被成、依之勤方帳・御勘定帳も年内差

是迄備中米皆式渡らず、勤方帳・御勘定帳提出できず

上候儀出来不仕、猶又今年も備中米御割賦被成遣、来年と而も是迄之通御渡方相滞候時者、弥銅山方困窮差迫、御差支之儀出来可仕候間、備中御支配所御様子相直し候迄者、今年ゟ暫備中米者御除キ、作州御預り所米御渡可被遣候様、御割賦被下度、尤伊予米之儀者地続之儀ニも有之、此内も追々御渡被遣候得者、是者只今迄之通ニ而、伊予・作州米ニ御割賦被　仰付被遣候様仕度奉存

伊予・作州米割賦仰付願

候、御繁多　御役所御世話之御儀申上、奉恐入候得共、前条願出候儀難捨置、此段奉申上候、以上

辰十一月　　　　松平隠岐守内
　　　　　　　　　矢田紋右衛門印

　　御勘定所

右者銅山師ゟ買請米所替願書江此奥書致シ、十一月十八日御取替被遊候節、豊田金右衛門様江出之、同十二月五日御組頭土山宗次郎様ゟ願之通被　仰付、御立会御廻米方ニ而小山（出）大助殿也、来年之御割賦ニ者、備中分作州不残致遣可申旨、御申之由也

来年の割賦より作州米を遣す

九七　買請米割賦の覚

買請御米御割賦、御勘定所ニ而御代官方江被仰渡候書面之写左ニ

覚

一米三千三百八拾石余　伊予国 備中国　万年七郎右衛門

　内米弐千五百八拾石余　伊予

　　米八百石　備中

一米千六百四拾石余　美作国　守屋弥惣右衛門

一米三千百六石三斗三升八合弐勺　伊予国　松平隠岐守

一米百六拾五石七斗弐升　同国　加藤（脱アルカ）

合八千三百石　予州銅山師御渡米

右者銘々御代官所幷御預所、当辰ノ御物成米之内、書面之石数凡積を以割賦申渡候、予州銅山師

江被為渡、追而石数取極候上可被申聞候、以上

辰十二月

右者当辰御物成米之内を以、書面之通予州銅山師へ可相渡旨被仰渡、奉畏候、且又右渡米之儀、是迄も年々渡シ方及延引候所、去卯年分之儀者格別差滞、右ニ付銅山稼方差支ニも相成候趣、銅山師ゟ相願、并右石代銀上納ニも相響候儀ニ付、作州之方江御振替被仰渡候間、当辰年分ゟ之儀者、不及延引候様取計、早々可相渡之旨被仰渡奉畏候、依之御請申上候、以上

辰十二月六日

万年七郎右衛門手代
玉成丈助
守屋弥惣右衛門手代
大谷新蔵

九八　買請米払下げ願と下知

乍恐奉願上候覚

予州別子・立川両御銅山、当辰年買請御米、去年之通八千三百石御割賦被成下候趣、被為　仰渡、難有仕合奉存候、御直段之儀者例年之通、国々所相場二割安、代銀十ヶ月延納被為　仰付被下候様、奉願上候、両山共御米之御救を以、可也取続、数千之下財無恙産業仕、冥加至極難有仕合奉存候、御引当家質之儀者、御預所江差上置申候、以上

天明四年辰十月

予州別子・立川両御銅山師
泉屋万次郎印

右願書の添書

右者松平隠岐守御預所両御銅山、当辰年買請米、去年之通別子江五千八百石、立川江弐千五百石、都合八千三百石御割賦被成遣候趣、申渡候処、直段之儀国々所相場弐割安、代銀十ヶ月延納被仰付被下度旨、願出申候、依之伊予米所相場壱石ニ付銀四拾三匁五分、此外二割安三拾六匁弐分

五匣、美作米所相場壱石ニ付銀五拾九匁三匣三毛、此外二割安四拾九匁壱分九匣四毛、備中米所相場壱石ニ付銀六拾八匁三分七匣七毛、此外二割安五拾六匁九分八匣壱毛替之積を以、代銀取立可申候間、願之通被　仰付被遣可被下候、御引当家質之儀者、両山共ニ御預所取付置申候、山稼之義者随分出情仕候様、常々申付置候、以上

天明四辰年十二月

松平隠岐守内
上坂仁左衛門印

御勘定所

右願書の添書

御裏書

表書之御預所予州両銅山、当辰年分買請米之儀、別子五千八百石、立川江弐千五百石、合八千三百石、直段之儀者是迄之通、伊予・美作・備中国所相場ニ外二割安之積を以被相伺、令承知候、於然伊予国米壱石ニ付銀三拾六匁弐分五匣、美作国米壱石ニ付銀四拾九匁壱分九匣四毛、備中国米壱石ニ付銀五拾六匁九分八匣壱毛替を以、米相渡候月ゟ十ケ月延ニ代銀取立之、可被相納候、尤米相渡候応家質取置、不納有之候ハヽ、家質取上候積、入念可被申付候、断者本文ニ有之候、以上

辰十二月

長印　伊豆　越前　与四郎　十左衛門　藤四郎（十ヵ）　伊兵衛　金右衛門　安太郎　宗次郎

押切
金右衛門

九九　備中分買請米、作州へ所替えの報告書状

一　当月廿一日愛宕下江被為召呼候而、矢田御氏被仰聞候ハヽ、御米之儀ニ付昨廿日　御勘定所江被

右御勘定所懸りよりの仰渡

作州は備中と違い、川下げ津出が長い

召出、高橋氏罷出候所、御懸り方ゟも被仰渡候者、此度備中米作州江相転シ御割符相済候、然ル処作州者備中と違、川下ヶ津出シ長途故、諸賃等も定式運送之外相懸り可申候処、旧臘委細不構、俄ニ場所替申付候間、諸賃等余分之儀も可有之候得とも、銅山へ請取方彼是と不申、当年之義ハ請取候様、銅山師江可申渡段、被仰付候間、其段松山江近日此方ゟ可申遣候得共、銅山米方役手之かたへも其段為心得、其方ゟ可被申登とニ御座候間、委曲奉承知候と御請仕候而、其段昨日書状為差登可申上と奉存候処、又々昨廿三日被召呼、左之通ニ御座候

当年は作州石数通り備中金岡・福島両湊で請取

一昨廿三日愛宕下江被召出候而、矢田御氏被仰聞候ハ、今日又候御勘定所江急ニ被召出候趣者、当地御代官守屋御手代中願出候ハ、旧臘作州米御廻米ニ被仰付候間、川下津出シ等、備中国金岡・福島両湊江積出し有之候所、俄ニ銅山渡御割符を以被仰付候、然ル処右両湊より与州新イ浜江積付相渡候儀、甚不手廻しニて難渋仕候間、当年之所ハ作州石数之通、右金岡・福島両湊ニ而請取候様、銅山師江被仰渡候様ニ仕度、達而願候間、其段可申付と則申渡候得者、松山役人中へも右之段可申遣と被仰付候、就右其方為心得申聞候間、早速銅山江も可申遣候、此方ゟも近々可申遣ことニ御座候

右御勘定所への回答につき大阪本店への報告

私ゟ右御答

一夫者不存寄珍事ニ御座候、作州江御場所替之処、如被仰渡候、旧臘押詰被仰付被下置候得者、御定式運送之外、川下ヶ諸賃余分之儀有之候とも、当年限之事ニ候ハヽ、此義者非難不申上候而、御米請取候様ニ可申登候得とも、役手之者共他国江御米請取ニ出候儀者、私共年来不及承事ニ御座候、何国ゟ御割符通積付被仰付候而も、予州新居浜江着帆之上水揚等仕、米廻しも双

御定規の通り新居浜で請取りたい

御勘定小出大助と内談

方立会相立来候定式之仕方にて請取来候儀を、右之通被仰付候義、私において奉畏候とは申上かたく、尤銅山へ早速為申登候ても、於此義彼地にても難致御請儀と遠察仕候、みす〳〵不相済義を、無何事申登せ候段も如何ニて、折角旧臘各様方始、天井御懸り様方御心配被成下、所替作州へ御割符被仰付候儀も、誠に水の泡と相成候と申ものに御座候間、のさ天井向江早速差登《アガ》り内窺仕候而、是非〳〵其段可為申登事ニ御座候ハヽ、無是非奉存候得とも、可相成事ニ御座候ハヽ、やはり御定規矩之通新イ浜へ御積付、前之通御渡被下置候様内願可仕候、其上内願にて不参候ハヽ、表向訴状を以可奉願候間、又々各様方御添印を以、表御向御願可被下置段申上候得者、成程尤に被存候間、然者内窺可仕候様矢田御氏被申聞候間、昼過より夜四ツ過時ニ会所江帰足仕、今廿四日ハ明ヶ七ツ時出宅仕候而大久保江罷越、小出公江右之入割を以、今朝五ツ時過まで内談仕候所、左ニ

作州米の銅山渡し申付

一同公被仰聞候ハヽ、此方存意之所ハ、旧冬出来かたき所を貴殿段々場所替内願被致候、其前ニ作州米之儀ハ、江戸廻しも大坂廻しも寸暇も手廻し次第、当冬中ニも相廻し候様可仕候段、守印之方へも厳敷申付候処を、貴殿ゟ段々無拠入訳を以相歎内願いたし候間、理外を以銅山渡しニ厳敷申付候、既に諸賃懸りと申事ハ、　公儀ニ而も津出し遠路之所者、或者五里まてハ百性之懸り、其外者　公儀之御懸りニ有之候得者、其請方も前方作州米銅山へ請取候例も有之候間、急度相糺候而国割符可申付処、其さへ御役所之書例吟味いたし、御預処も其方へも相糺書達致させ候上にて、其取計済候上を以割符可申付候処、旧臘其等之儀ニ相懸り居候ては、只今ニても慥ニ訳り兼可申候、夫故自分存意を以、　上江能申達、旧臘俄ニ割符差出し候、依之殊之外

御代官方ニハ当惑之趣申立、又万年方ニてハ何分是迄之通、備中米銅山渡シニ成候様ニ致呉候段、今以相済候事百性共種々申立願出候、如是候得者、聊之儀ハ不背仕候而、早く請取候様ニ致させ度存候事ニ候間、御預所へも両度迄拙者役人共召出シ、銅山師無難事請取候様、彼地江可申付段申付候

万年代官は、是迄通り備中米の銅山渡し希望

一守印手代願出候者、是迄備中米数年渡来候得ハ、定而金岡・福島と申湊にても随分銅山師へ請取候事有之候哉と、無何心成程手廻しいたし、宜不及遅滞、早速渡遣し候様ニ申付候間、其段昨日御預所も呼出し、早速申付候、然とも是迄ニなき請取方ニ候ハヽ、松山役人ゟ銅山役手之者共、右両湊へ被越、請取候様申付候ても、又其趣意を以願出候ハヽ、守方両湊にて渡候事も御勘定所聞届相済候段、昨廿三日作州江書状差出し候筈ニ有之候而、何とも込《みカ》り入候事には候得とも、夫ニても済申間敷候、尤今明日ニも守印方手代とも呼出し、其方前々手先之事ニも候間、何れ共ニ備中米、先規之通渡方ニ作州米も可仕段、可申付候、夫ニハ拙者得《篤》と相考、都合能致方を以可申聞候

守屋代官手代呼出し、備中米の通り作州米渡方申付

一備中納方運賃諸賃等、如何有之候哉、両湊遠近之訳等、何卒相糺可申越候、又此上之品ニよつて先例無之故、何分新イ浜江積付候様ニ仕度と申、願書も御預所実印ニ而差出し候積、訴状相認、内々明晩まてニ拙者へ可差越候、其上考候上ニ而加筆もいたし可為差出候、事ニ寄不及夫ニ、済候事も可有之候得共、只今被申聞候上ハ、何方聞捨にも不致候間、其段書状ニも万次郎方へ案内仕候様、可申遣段、甚御懇之御意ニ御座候間、漸今朝少々安心仕候、扨々昨夜者恐鋪管見仕候心持ニ御座候、何れニ仕候ても右小出公御廻米手一盃ニ而、無並名持ニ御座候、其上

ニ御組印ニも同様之御差配被成下候間、御安心可被下候、此段早速申上度、大取込故大書略仕候、右之通御座候、此上之御沙汰ハ来ル廿八日ニ無之候ては、申上かたく候、先守御筋之昨廿三日御書状之段、今朝承知仕候間、片時も早く申上度、如是御座候、此段無申迄御座候得とも、御銅山へ者時限之御飛札ニても、皆様為御心得御申下し被遣可被下哉ニ奉存候、以上

正月廿四日　　同由兵衛

泉屋又兵衛様
　　七右衛門様

右御勘定所への対応につき当主への報告

一従当方一昨廿四日出為登状、此方相達、御披見可被下遠察仕候

一御米之儀先便申上候通、不存寄儀御代官様へ被仰渡、殊之外奉驚入、御銅山御役手衆中江為御心得、早速書中を以申上候、定而与州へ其段御申達可被下と奉存候、猶又不捨置、昨廿五日小出公江参上、御退出を御待請、夜前九ツ時まで御酒頂戴、寛々御咄承申候、此方存意之通昨日御登　城之上、御代官手代衆被召出、急度被仰渡候段、左ニ

作州米、備中金岡・福島両湊渡を上達

一去ル廿日御勘定所江其方罷出候節、作州米渡し方、備中之国金岡・福島両湊にて可相渡様、上達致し候節、是迄銅山師他国にて相渡候例も有之申聞候と心得、兎も角も致候様申付、其上御預所役人共召出、早速松山へ早便を以、懸合候様申付候処、当於役所申付候事ニ有之候間、其旨奉畏罷帰り候、其方ゟも守屋御役所江、則廿日ニ飛札を以申遣候段申上候、然ル所得と相考候所、銅山師とも是迄無例之請取方いたし候てハ、甚以彼等難儀も有之、其上別して諸賃懸り多候而者、上納等ニも差支可有之哉、無心元存付候間、是迄其手ゟ先規備中米銅山師へ渡方之通無間違、銅山師請取候様ニ取計相渡可申候、此度作州米ニ相転候とて、先規之通備中米ニ相

作州米は備中米と同条件で渡すこと

替候而、渡方相違いたし候てハ、決して不相済事候間、去ル廿日作州役所江何様申遣候とも、夫ニ不拘渡方無相違段、早便ニ可申遣候、今日中ニ其書状差出し可申趣、急度申付候所、奉畏候而、其請書を其座ニて取置、則御勘定所御箱納置候、尤奉職方へ申立候而は、十日も隙取候間、我等一存ニて申付候得共、上達致候積申付候間、十ゲ《(が)》九分九厘まては動不申候間、其段万次郎其外役手之者とも安心仕、松山役人ともゟ何様申付候ても、心強請答仕候様、早便可申遣段被仰付候間、此段如是申上候、与州へも此旨早便御申達可申下候

申付は、十が九分九厘までは動かず

一右手代衆対小出公江申上候ハ、是ハ極内々之儀ニ御座候得共、為御心得之申上候、弥惣右衛門備中代官被仰付候而、此方備中正米にて渡候儀者一度も無御座候、百性共銅山之者共及対談、代銀ニて役所へ取立相渡申候、作州ニても同様可有御座候得とも、当年之儀者御廻米之積にて、金岡・福島両湊江積出し置候間、両湊ニて渡たく願上候得とも、今日被仰付候間、定式之通銅山師へ御米相渡可申候

作州米、金岡・福島湊渡し今日仰付

一小出公仰には、其者右代ニて相渡候事ハ、此方承候ては決して不相成事ニ御座候、夫ハ百性とも勝手ニ付、銅山師へ及内談、不埒之取計致者ニ可有之候、左様之儀存罷在候ても、御勘定所江申達候儀者不及申、其方役所にて取計なと候事ハ、決而口外可致事ニ者無之候、左候而ハ銅山師ハ不及申、其方役所も不相済義と被仰付候、但此石代銀と申事、決して可為申出候儀ハ無之候、拙者義ニ候間、右之通申付聞捨ニ致置候、他聞有之候てハ買請米大障《ブン》ニ相成事ニ候、我等役向諸国買請米と申事、夥敷有之候が、夫を相減し候ハ拙者役前ニ有之候、都而同役とも聞耳立吟味致ス事有之候、ヶ様之儀手広く相成候てハ、其方買請米減石申付候歟、品ニ寄候而買

御勘定小出大助の仰せ

其方役所での取計らいは口外しない

我等役向は、諸国買請米の削減

大公用の儀につき早速予州へ申下す

請米止メニも可相成、甚危事有之候間、其心得を以銅山役手者共取計候様、急度可申遣、呉々御異見被下置候間、重畳有かたく奉存候、早速彼地江可申遣候条、御勘慮可被成下と御請仕候、右之通為御心得申上候、何れも大公用之儀ニ御座候間、以心配早速与州へも御申下シ可被成下候、来ル廿八日ニ此訳可申上段、先便得貴意候得とも、彼之御方様御心配にて、昨廿五日早速済寄候而如是御座候、書余猶又重便可申上候、以上

御内
由兵衛

正月廿六日

泉屋万次郎様
又兵衛殿
七右衛門殿

一〇〇 銅山痢疾・傷寒、稼方差支の上申

乍恐以書附奉申上候

予州別子・立川両御銅山、当五月中旬ゟ稼人共痢疾・傷寒等過半相煩、稼方不足相成申候、然共是迄者下地焼竈江焚込有之候鉑石ヲ以、吹方之儀者不相変出情仕候処、又々七月上旬ゟ風邪流行仕候而、諸働人共夥打伏居申候、尤鋪内引水之儀者昼夜油断難仕候間、追々趣快気候者共者、不残水引人夫ニ差向候ニ付、盆前ゟ鉑石出方莫々減少仕候、依之吹方も漸三・四軒程宛、此節吹立居申候、右御見分被成下候通、稼方差支候ニ付、当月出銅之儀減少可仕と恐入、前以此段御届奉申上候、以上

天明五巳年七月

泉屋半兵衛
泉屋次兵衛

一〇一　銅山風雨、破損の上申

乍恐以書附奉申上候

当月六日寅刻ゟ雨降候処、同夜子刻ゟ風雨烈敷罷成、翌七日申刻漸風相止、雨も小降ニ相成申候、
依之如左破損所出来仕候

一鉑吹床　五ヶ所
　但屋根垣廻り吹取、土砂流込申候
一間吹床　六ヶ所
　但屋根垣廻り吹取、土砂流込申候
一炭蔵　拾五ヶ所
　但屋根垣廻り吹取申候
一荷物蔵　壱ヶ所
　但屋根垣廻り吹取申候
一荒物蔵　壱ヶ所
　但屋根垣廻り吹取申候
一焼竃　百三枚
　但屋根垣廻り吹潰申候
一柱蔵　弐ヶ所
　但屋根垣廻り吹取申候
一鋪風廻シ　壱ヶ所

但吹潰申候

一炭竈　　　　　　　　　　　　　　五枚

但押流申候、此外少々宛痛数十枚御座候

一下財小家　　　　　　　　　　　　三拾八軒

但屋根吹取申候

一諸方道・橋夥痛、銅山麓幷炭山迄通路相止申候

右御見分被成下候通、破損所数多有之、諸稼方相止申候、取分吹屋之儀者、不相怠候様厳敷被仰渡候間、普請人夫大勢相掛、無油断出情仕候得共、床之内江泥水土砂馳込候ニ付、容易ニ難相調、両日吹屋相止、取明普請仕、漸吹立申候、猶又鋪中江も落水強、定り人夫ニ而者不足仕候故、掘子共を差向、昼夜引水為致申候、鉑石上り方無数御座候ニ付、減銅可仕奉存候故、此段御届奉申上候、以上

天明五巳年九月八日

別子・立川両御銅山師泉屋万次郎代

泉屋半兵衛

泉屋次兵衛

一〇二　銅山稼人騒動につき新御掟目の覚

予州両銅山八月十六日ゟ十七日両日之間、一山稼人共及騒動、甚不法之事共願出候ニ付、前格ニ相違之儀者難聞届趣、返答為申聞、十七日ニ至り相鎮懸り居候処、同夜丑之刻時分ゟ又々山中騒立、理不尽ニ勘場江押寄狼藉ニ及ひ候ニ付、無拠一旦為取鎮、願通聴届ケ遣置候得共、如是ニ而者以来山師之山法も不相立、勿論稼人共申旨ニ任、諸賃銀等新ニ引上ケ遣候而者、一向稼方不相

松山御役所の役人徒党の者召捕え

成候、其上土中ゟ水引上ヶ候樋を切落し、鋪中江水を湛へさせ候義、至而不軽義ニ付、無余義松山御役所江相届候上、御役人様方九月十七日御登山被成下、徒党之者共御召捕、其余之者江者御掟目御読聞セ、悉印形御取付被為下、諸賃銀万端共前格ニ引戻相済申候、尤先達而下財江渡置候印札、幷彼者共床屋・山方為取替置候證文、竹貝(具カ)等悉御取上ヶニ相成候、新御掟目左之通

新御掟目の覚

覚

一別子・立川両銅山下財・諸働之者共、前々定置候掟を不守、近比勘場幷役所江押懸ヶ及狼藉、大切成稼方差支ニ成候段、相聞へ不届候、此段先規定置候通、銅山作法急度相守可申候、勿論働人共自分為渡世、銅山江入込相稼候上者、山師申付少も相背間鋪事ニ候、万一山師江可相達品も有之候者、其稼役所迄頭分下財之内一両人罷出、相断可申候、若大勢相催狼藉いたし候者、押入強盗之仕形可為同罪候、山師存寄ニ申付置候、其旨註(注)進次第、遂吟味急度可申付候、此旨別子・立川両銅山幷炭山、其外諸働人共江為申聞、印形請書取置可申候、猶又向後召抱候働人共も可為同前候、若違背之族於有之者、曲事可申付者也

巳　十月　　上坂仁左衛門

右被　仰渡候趣奉畏候、以上

十月　　山田銀右衛門
同　〃
同　〃

何　誰
何之誰

一〇三　銅山涌水の上申

予州十一月十八日出来状ニ申来候者、追々申登候通、鋪中水強出申ニ付、口上ニ而者松山表江相達候得共、余大懈怠御座候故、川之江江向届書差出候由、左ニ写置

乍恐以書付申上候　「壱印」（＊1印余白書込み、朱書）

＊1一　別子御銅山本鋪、当六月之頃ゟ涌水少々宛出増候ニ付、種々勘弁仕替普請等仕候得共、何分相止不申、八月末ゟ段々相増、当月初旬ニ至り俄ニ莫太（大）之増水、水引人夫ニ而者得不引尽、依之鉑切之者不残差遣候得共、夫ニ而も何分水日々強ク出候故、此節者吹屋者并炭焼共迄も相加、専水防而已ニ打掛り居り申候、右ニ付諸方江水引人夫雇ニ遣候得共、聢ニも無之、勿論仕馴不申業故、急事難間合御座候間、出銅大減仕恐入奉存候ニ付、此段御届奉申上候、以

＊2上
天明五巳年十一月
別子・立川両御銅山師泉屋万次郎代
泉屋平兵衛印
泉屋治兵衛印

本書記事二三三参照

右、銅座への届書

（＊2印余白書込み、朱書）
「此御奥書、追而江戸ゟ写相廻り候ニ付、末ニ扣置」
就右（ママ）ニ付、於当地も銅座江左之通相届候

乍憚口上

一別子御銅山本鋪、当六月頃ゟ涌水少々宛出増候ニ付、種々勘弁仕替普請等仕候得共、何分相止不申、八月末ゟ段々相増、当月（朱書）「先」初旬ニ至、俄莫太（大）之増水、水引（朱書）「故、是迄之」人夫ニ而者得不引尽、依之鉑切之者共不残差遣（朱書）「向」シ候得共、夫ニ而も何分水日々強ク出候故（朱書）「間」、此節者吹屋者幷炭焼共迄も相加（朱書）「集メ」、専水防而已打掛り居り申候、就右諸方江水引人夫雇ニ遣候得共、聢ニも無之、勿論仕馴不申業故、急事難間合御座候間、（朱書）「御用銅」来午年御定数ニも相障可申哉と恐入奉存候（朱書）「ニ付」、此段御届奉申上候、以上

天明五巳年十二月五日　泉屋万次郎
銅座
御役所

一〇四　買請米代銀納付期限の延期願

天明五巳十一月・十二月、与州川之江御役所江差出候弐通之書付写、左ニ

乍恐奉歎上候

一　来午年者正・二月ニ皆御上納銀可仕候段、従御屋鋪被仰附候、就右銀子不繰合之時会、一月相進候段迷惑仕候旨、御同所様江万次郎ゟ歎書奉差上候由、申立ニ者不仕候得共、伊予国御代官所御米、漸先日以来相渡候処、無間も御上納被為　仰附候而者、銀子不繰合ニ而難渋至極仕候旨、万次郎ゟ巨細申下候、依右恐入奉存候得共、十ヶ月延納　御免被成下候思（仕）儀を以、午年も巳年同様期月ニ被為　仰附被下度、奉歎上候、右之趣御聞済被為下置候ハヽ、冥加至極難有仕合奉存候、以上

天明五巳年十一月

別子・立川両御銅山師泉屋万次郎代
泉屋半兵衛印
泉屋次兵衛印

宛なし

一〇五　銅山涌水の上申

乍恐御届奉申上候　（＊印余白書込み、朱書）「弐印」

＊一　先達而御届奉申上候鋪中涌水、于今夥敷出申候ニ付、横番并吹屋者共水引人夫ニ差遣候間、（朱書）「水引人夫者勿論、吹屋之者共并外役掛之人夫ニ差遣候間、」出鉑無数御座候得共、焼竃ニ焚込御座候焼鉑を以、漸銅六千弐百九拾九貫弐百八拾目、十一月分出来目録（朱書）「仕」奉差上候、十二月分者焼鉑も払底、右准候得者、凡銅弐千五百貫目程出来可仕哉と奉存候、当巳年惣目録高唯今ニ而相積り候処、都合高拾万六千貫目余出来可仕候哉と奉存候、九月ニ奉差上候当年出来銅積書とは、右水支ニ而大相違、（朱書）「ニ減少仕」恐入奉存候、且又増水常水と見合候時者、七双倍余相増申候、一旦之含水ニ而も可有御座候哉と種々相凌候得共、于今

減少不仕候、依地方者勿論、備中・芸州・讃州辺所々江人夫雇付差配仕候ニ付、追々相集候得共、未水引馴不申、殊ニ大水故不遂稼、間々帰宿之者も御座候ニ付、旁此節迄も鉑切之者水引為仕候得者、弥出鉑相衰(朱書)「減シ」申候、尚又新ニ雇付候もの共、追日稼馴可申奉存候得共、横番(朱書)「当時之趣ニ而者、何分人力ニ者難及、出銅大減ニ及奉恐入候」共者鉑切ニ差遣、何卒減銅之分稼埋候様可仕奉存候、俄出水ニ御座候故、何角普請方江も人夫引ケ及大減、奉恐入候、幾重ニも以後出情可仕奉存候、右之段御届奉申上候、以上

天明五年巳十二月　別子・立川両御銅山師泉屋万次郎代
泉屋半兵衛
泉屋次兵衛

(朱書)「右朱書之分者、愛宕下ニ而御添削被下、認直し差出候事、猶又御奥書写、追而江戸ゟ相廻り候ニ付、末ニ扣置」

本書記事一一三参照

一〇六　買請米代銀納付期限の延期願

天明五巳年十二月、買請御米代銀上納、午ノ正月・二月皆済ニ被仰付候処、銀操差支申立、三月皆済延上納願書差出候事

乍恐口上

当秋涌水で稼方過半相止み

明春御上納銀之儀、正月・二月上納可仕旨被為　仰渡、奉畏候、然ル処今年も向地御代官所御渡米御延引、其上当秋之比ゟ別子銅山鋪中大土底ゟ涌水吹出、稼方過半相止、右水凌而已ニ打掛罷在、依之他国迄も俄ニ水引人夫雇付ニ差向罷在、不存寄臨時入用夥敷相増申ニ付、追々山元ゟ下銀申越候付、差下罷在候、且年来之一件ニ付而も失墜多、剰銅座御役所江売上候銅代銀も、銅座

御表御銀繰悪敷候由ニ而、博々（捗）敷御渡方無御座、先繰ニ相滞罷在、彼是銀繰差支、難儀至極奉存候ニ付、明春二月皆納可仕分、何卒三月江御延被為下候積、山元名代之者を以、松山表江相願候処、此節御返答被成下候者、何分二月皆納可仕段被仰渡候旨申越、当惑至極奉存候、及御聞被為下候通、他借可仕ニも、大坂表町人身元大躰ニ思召候者江者、此度御用金被仰付、旁以貸借之儀難相弁、極々差支当惑至極ニ奉存候間、右之趣を以、御屋鋪様ゟ御国方江、今一応御歎被仰遣被下、何卒三月皆済之儀御聞済被為下候様、偏ニ奉願上候、以上

御用金で貸借差支え

十二月　　泉屋万次郎

遠山新吾様

一〇七　備中村方の買請米割賦願の御紕

備中御米之義ニ付、間違御紕被仰出一件

乍恐以書付奉願上候

一予州銅山買請御米之儀、備中御代官所米御渡シ方、近年兎角延引仕、殊ニ去々卯年以来者米穀至而高直ニ候処、御渡米差滞、銅山大勢之稼人共飯料差支、難渋仕候ニ付、何卒右備中米之分、作州江御場所替被成下候ハヽ、銅山勝手ニ相成候ニ付、右之段　御勘定所江御願上被下置候様奉願上、則右之趣ヲ以被仰達候処、御慈悲ヲ以志願通、備中米之分作州米ニ御割賦、先達而被為　仰付、難有仕合奉存候、然ル処川崎平右衛門様御代官所ゟ、御勘定所江被仰達候者、右御支配後月郡拾ヶ村与井村庄屋七郎治、銅山重モ手代治兵衛幷外両人江、先達而掛合候処、右場所之儀者、先年銅座渡之節も期月通差滞不申候間、銅山渡ニ被　仰付候ハヽ、備中米ニ而買請

備中米の作州米割賦仰付

備中後月郡の一〇か村、銅山渡を銅山手代に掛合い

可仕段申候由申上候段、奉承知候、然ル処近年米穀甚高直ニ罷成候処、右御渡シ米延引ニ付、大勢之者扶助米行届不申、依之高直米相調扶食仕候間、大金之損毛相立、難渋至極仕候趣者、毎以申上候通ニ御座候、然ル所又候備中米御渡方ニ相成、是迄之通延引仕候而者、第一御上納銀定数、并御米代御上納銀等ニも相障り候様成行可申哉と、恐入歎敷奉存候間、御場所替之義、御願申上候儀ニ御座候ニ付、矢張作州御預り所米ニ被為　仰付被下置候様、御慈悲奉願上候、

作州米願上につき、右様の掛合いなし

右庄屋七郎治銅山表江掛合之儀、甚不審ニ奉存、奉恐入候、仮令先年御渡米之節、差滞不申候迚も、近年引続備中米御渡方延引仕、高直成米穀買入、多分之損金仕難渋仕候ニ付、不得止事、恐をも不奉顧、作州米之儀、先達而奉願上候儀ニ御座候得者、右様之掛合仕候訳者無御座道理、奉存候得者、全間違之筋ニ可有御座奉存候、尤早速銅山表江相掛合糺シ申越次第、早々可申上候得共、遠路之儀ニ御座候得者、往返隙取可申候間、何分先達而願通御聞済、作州米ニ御居置被下候様、被仰達可被下候、已上

＊　天明五巳年十二月

予州別子・立川御銅山師
泉屋万次郎代
泉屋由兵衛

御預所
御役人中様

本書記事一一二参照

（＊印余白書込み、朱書）
「○『合印』（墨書）
右御奥書之写、追而江戸ゟ相廻り候ニ付、奥ニ扣置」

一〇八　買請米払下げ願と下知

天明五巳年買請御米願書并御聞済之控

松平隠岐守
御預所

予州別子・立川両御銅山買請米願書

乍恐奉願上候覚

予州別子・立川両御銅山、当巳年買請御米、去年之通八千三百石御割賦被成下候趣、被為　仰渡、難有仕合奉存候、御直段之儀者例年之通、国々所相場弐割安、代銀十ヶ月延納被為　仰附被下候様、奉願上候、両山共御米之御救を以、可也ニ取続、数千之下財無恙産業仕、冥加至極難有仕合ニ奉存候、御引当家質之儀者、御預り所江差上置申候、以上

天明五巳年十月

予州別子・立川両御銅山師
泉屋万次郎印

上坂仁左衛門殿

右願書の添書

右者松平隠岐守御預所両銅山、当巳年買請米、去年之通別子江五千八百石、立川江弐千五百石、都合八千三百石御割賦被成遣候趣、申渡候処、直段之儀者国々所相場弐割安、代銀十ヶ月延納ニ被仰付被下度旨、願出申候、依之伊予米所相場壱石ニ付銀四拾目、此外弐割安三拾三匁三分三厘三毛、美作米所相場壱石ニ付銀五拾六匁三分壱厘三毛、此外弐割安四拾六匁九分弐厘八毛替之積ヲ以、代銀取立可申候間、願之通被仰付被遣可被下候、御引当家質之儀者、両山共御預り所江取付置申候、山稼之儀者随分出精仕候様候様、常々申付置候、以上

天明五巳年十二月

松平隠岐守内
上坂仁左衛門印

御勘定所

右願書の御勘定所
下知

御裏書

長印　伊豆　豊前　与四郎　十左衛門　藤十郎

伊兵衛　安太郎　無出座 宗治郎　無出座 金右衛門

表書之御預り所予州両銅山、当巳年分買請米之儀、別子江五千八百石、立川江弐千五百石、合八千三百石、直段之儀当巳年も是迄之通、伊予・美作国所相場ニ外弐割安之積ヲ以被相伺、令承知候、於然者伊予国米六千九拾石七斗七升壱勺六才、但壱石ニ付銀三拾三匁三分三厘三毛、美作国米弐千弐百九石弐斗弐升九合八勺四才者、壱石ニ付銀四拾六匁九分弐厘八毛替ヲ以、米相渡候月ゟ十ヶ月延代銀取立之、可被相納候、尤米相渡候ニ応家質取置、不納有之候ハヽ、家質取上ケ候積、入念可被申付候、断者本文ニ有之候、以上

巳十二月

押切
安太郎

一〇九　銅山涌水につき買請米代銀納付期限の延期願

天明六午正月十二日
御預所江差出申候願書写

乍恐以書附奉願上候

一当午年御上納銀正・二月ニ可差上旨、旧冬従御屋鋪被　仰渡候間、内間差閊申候段申上、二・三両月皆納被成下度、於大坂も奉歎上、猶又御預所江右差閊之儀奉願上候処、左様ニ者御聞届難被為遊趣ニ而、書附御下御座候、其旨大坂万次郎江為申登候、然処追々御届奉申上候通、別子御銅山鋪中江、去夏末ゟ不意涌水御座候ニ付、不顧入用、色々諸普請等仕、相防申候得共、頻ニ相増候間、水引人夫不足仕、諸国ゟ多人数江前銀貸渡、雇集申候間、銅山入用銀夥相嵩候

条、重々仕込銀申遣取下候、依之差掛之儀故、御上納手当銀之内取欠、先仕込銀ニ差下申候由、
然共彼是往来隙取、御断申上候間も無御座候ニ付、正月分者急度無滞御上納可仕候、二月分之
儀者、何分心当出来不仕候旨、御屋鋪江も申上候由、且又大坂表ニも身元宜町人江者御用金被
為　仰出、当時貸借相調不申、旁以必至と内證差閊申候、右ニ付二月御上納、三月江御延被為
下候様、精々可相歎旨、又々此節申下候、三月ニ者無差支御上納可仕候、一旦御下御座候儀、
最早可奉申上筋無御座候得共、大坂表右之仕合、極々難渋ニ差廻り候儀ニ付、又候乍恐奉申上
候、御慈悲を以御聞済被為　下候様奉願上候、以上

天明六午年正月　泉屋半兵衛印
泉屋次兵衛印

一一〇　備中村方の買請米割賦願の御糺につき御答書

代官川崎より御勘定所への書付

与井村庄屋七郎次と銅山方重手代なじみの者

天明六午年正月四日、松山表江差出候書附写

江戸御来状之趣被仰渡、乍恐以書附御返答奉申上候

一備中国後月郡与井村七郎次申出之趣を以、御勘定所江従川崎様被仰上候御書附、左之通

一備中後月郡与井村庄屋七郎次と申者、銅山方重手代共幷外両人者、弐拾年暫以前ゟ馴染之者
ニ付及内談、右後月郡拾ヶ村之儀者、是迄渡方無滞相渡候事故、已来迚も延滞之儀無之候間、
請取呉候様及内談候処、重手代申答候も、成程後月郡拾ヶ村度々渡米有之候処、滞候事も無
之候得者、随分受取可申旨申聞候、然上者何卒銅山渡ニ被仰附被下候様ニと御座候由

別子銅山支配人の御答

右御答

一予州新居浜浦藤屋七左衛門・金子屋庄右衛門と申者、備中幷伊予御代官所庄屋中宿仕候者ニ御座候故、与井村七郎次、七左衛門方江去十一月十一日罷越頼筋有之候趣ニ而、翌十二日山方江七左衛門罷越、次兵衛江申聞候次第、左之通御座候

後月郡一〇か村は江戸廻米が難儀である

一備中後月郡与井村七郎次と申者、罷越候而申聞候者、川崎平右衛門様御代官所後月郡十ヶ村程有之、甚困窮之村々纔計之米江戸江積廻候義、甚難儀御座候故、何卒銅山渡ニ被成下候様、御代官様江相歎候処、其旨御勘定所江被仰上、御返答も御座候由、銅山師ゟ願出候ハヽ、御聞届も可有之歟ニ相聞江候得者、御米随分早相渡可申候間、御願被下度、御銅山ニさへ御承知被下候得者、御陣屋表江者私ゟ相歎可申候と、右七郎次連々申聞候旨、七左衛門申候ニ付、此方ゟ返答左之通

銅山渡しを銅山側が承知すれば、陣屋へ歎願する

銅山よりの返答

一成程備中米之儀年々延納ニ而、飯米差支稼方手後ニ罷成難渋ニ付、場所替被成下度段、御預所江御願申上置候、乍然右備中米故障申立候義者、下々として恐多候間、七郎次江右訳者打明し不申、只場所替抔と申義者恐多候間、難取計、殊ニ当年者買請御米願書も差上候故、此上者最早御上之御下知次第ニ候と而已、返答為仕候、尤七郎次と申者江者、私共一向対面も不仕候、七左衛門江右之段申聞候迄ニ御座候、川崎様江七郎次ゟ申上候通、是迄之姿ニ後月郡拾ヶ村分買請仕度とは、七左衛門江も不申聞候、則七左衛門ゟ七郎次江返答仕候段、得(篤)と承糺候処、別紙書付之通返答仕候由、書付差出候付差上申候

七郎次とは対面していない

七郎次とは面識がない

一七郎次ゟ申上候書附之内ニ、弐拾年暫以前ゟ馴染ニ付及内談候と、申上候得共、私共是迄逢申候覚無御座候、右宿両人之者も承糺候処、金子屋庄右衛門者、弐年以前遠国ゟ養子ニ罷越

候者、藤屋七左衛門者、近年親ゟ家職譲請候事故、馴染ニにても無御座、親代ニ者渡海も致候様、承伝候由御座候、尤両人共親者先達而相果、先年彼地ゟ御米相渡候訳、壱人も存不申候得者、旁以右庄屋七郎次申立候通とは齟齬仕候

七郎次との内談届出を差控えた
大切な買請米の場所替、取次では決定しない

右之通御座候、七郎次渡海之砌内談相遂候ハ丶、早速御届可奉申上候得共、畢竟相調不申義故、態と差扣申候、勿論御大切成御米場所替之儀、取次を以容易ニ相談決定可仕候哉、所詮御預所御手を離、御割賦先相談仕候迠、不相済候義者、兼而能承知仕居申候得者、於私共申違不仕候処、間違出来仕恐入奉存候、以上

天明六午年正月　別子・立川両御銅山師泉屋万次郎代
泉屋半兵衛印
泉屋次兵衛印

宛なし

「(朱書)△印　右御奥書写、追而江戸ゟ相廻り候ニ付、奥ニ扣置」

右につき新居浜浦の藤屋・金子屋の応対書

新居浜浦藤屋・金子屋ゟ応対書写

覚

一当十一月十一日、備中国後月郡之内与井村庄屋七郎次と申者、私方江被参候而被申者、此度御銅山方江相願之筋有之罷越候、御銅山方江相談ニ及呉候様趣ニ被申候

十八・九年前、郡中村々銅山渡米の仰付後、後月郡一〇か村の江戸廻米仰付

一七郎次殿被申候者、十八・九年以前迄手前共郡中村々、御銅山御渡米ニ被仰付候処、其後後月郡之内拾ヶ村分、川崎平右衛門様御支配ニ相成候而、江戸御廻米ニ被仰付候、小石数ニ而江戸御廻米ニ相成候而者、長船中何角入用多不勝手ニ付、此度拾ヶ村分予州御銅山御渡米ニ被為仰

付候様奉願候処、御上様ゟ被仰出候者、備中米之儀者銅山師不勝手之趣願出候得者、左様ニ難相成趣被仰出候由、併右後月郡之内拾ヶ村分者、久々御銅山方江御割賦も不被仰出候、前方御銅山渡ニ相成候砌、少も差支無之相渡候段、御役所江願出候処、此義者山師ゟ御用捨を相願候事ニ候得者、此上者致渡海及内談可然候哉との御事ニ候間、私罷越申候、銅山ニさへ得心被下候得者相済候儀、渡方之儀者随分早相渡可申候条、此旨貴様より銅山方江宜取繕、右拾ヶ村分御割賦御願被下候様ニ連々頼被申候間、則十二日山方江参、右之趣得御意候処、御返答之趣左之通ニ候

一〇か村より銅山方へ割賦方依頼さる

答

一御銅山方ゟ被仰候者、御相談之儀御尤ニ候得共、御拝借御米之儀、備中勝手不勝手抔と願出候儀者恐多品、殊ニ当年者願書も差上候得者、銅山師之儀者、兎角従　御上様之御下知次第を相守居候得者、当方ニ而左様之御相談ニ者、一向難及候と御返答之次第罷帰申聞候

右銅山方よりの返答書

御上様の下知を守る

一先方申候者、成程御太〔大〕切成御儀故、御相談難被成旨、御尤之儀ニ御座候、御上次第と有之者、万一此後従御上、拾八・九年以前御米渡方御尋も御座候ハヽ、差支不申相渡候段、御銅山方ゟも御答被下候様ニと、私江相頼申候、

右之通庄屋七郎次ゟ頼之次第致取次候、猶又返答之趣、同人江申聞候段相違無御座候、以上

巳十二月

新居浜浦
藤屋　七左衛門印

同所
金子屋
庄右衛門無印

但此節大坂江罷越候ニ付無印

泉屋次兵衛殿

二　銅山涌水の上申

乍恐御届奉申上候　（＊印余白書込み、朱書）「三印」

＊一追々御届奉申上候鋪中涌水之儀、当月十日比ゟ猶以相増、十九日晩ゟ益水勢頻強相成候ニ付、当時ニ而相試候処、樋引申候鞭数昼夜壱万三千程御座候、此水升目ニ積九百拾石程ニ相成申候、昼夜引詰仕居候故、水引人夫魂(根)気続不申候、然れ共賃銀宜ニ付、強勢之者者、朝ゟ晩迄引遂候ものも御座候得共、不達者或新参者ハ、樋壱挺一日之内ニ弐人三人も相掛り申候、又暮方ゟ朝迄右同様、新手入替差遣申候、御太(大)切之鋪中江水為湛候而者、奉恐入候間、追々諸国ゟも多人数雇集、其上山中外稼人迄も水引而已ニ打掛、出情仕居申候、若此上ニも増水得引尽不申候時者、無拠大土底鉑切場所江水湛候様、可相成候哉と奉存候、万一右躰ニ相成候而ハ、至而後難（朱書）「甚」恐入奉存候間、（朱書）「ニ付、此段猶又」前以御注進奉申上候、以上

天明五巳年十二月

別子・立川両御銅山師泉屋万次郎代
泉屋半兵衛印

（朱書）「銅山元〆」
泉屋次兵衛印

宛所なし

本書記事一一三参照

（朱書）「右朱書之分、江戸愛宕下ニ而御添削也、猶又右御奥書写、追而相廻り候ニ付、末扣置」

右御預り所宛て

乍恐以書付御届奉申上候

一　予州別子御銅山鋪中涌水之儀、追々御達申上候通御座候、其後可相防方便種々相考候得共、如何共可仕手段無御座候、今以一減水不仕候、然ル処旧臘ゟ正月中旬迄者、於当《銅》山も累年無之大雪風厳寒ニ而、山内往来難相成、勿論居小屋降埋、一向出入難仕時会度々御座候、依之無是非毎度懈怠仕候、且又出銅之儀者、段々御吟味厳敷被仰渡候ニ付、無油断出情差配仕、鉑掘ニも遣シ、少々宛者御銅出来仕候、右懈怠度毎、水土底ニ相滞、樋数十二挺水底埋申候、然共急々引切申度存意故、御届見合居申候、尤近比ニ至り候而者、水吹出候場所八ヶ所程相見候ニ付、色々防方相考候得共、格別手段も無御座候、其上当時之趣ニ而者、右之通水湛候ニ付、吹出候場所も聢と相分り不申候、併シ近日銅山方も余寒凌安、稼能御座候得ハ、此上追々何分出情仕、引尽可申候得者、就右当時鉑掘ゟも水引之方、専ニ相稼候故、鉑石上り方抜群無数御座候間、出来御銅大減仕候、右之段乍恐御届奉申上候、以上

別子・立川両御銅山師泉屋万次郎代
銅山元〆　泉屋半兵衛印
泉屋治兵衛印

天明六午年二月

二月二十二日差出ス

御預り御役所

二一三　備中村方の買請米割賦願御糺の添書
本書記事一〇七参照

（朱書）
「〇」合印　去巳冬、買請米御割符先間違之儀有之、愛宕下ゟ御尋ニ付、名代由兵衛ゟ書付差出、
此分前ニ扣有之候、右ニ付御預り所御奥書、左之通

右者先頃備中後月郡与井村七郎治ゟ申立候趣を以、被　仰渡候与州銅山御割賦米之儀、銅山師江戸詰手代共江早速申聞、在所江も申遣候処、遠国之儀ニ付、未御答者手間取可申奉存候、然ル所

前書之通申出候間、此段先ッ申上置候、以上

巳十二月

松平隠岐守内
矢田紋右衛門印

御勘定所

一一三 銅山涌水の上申添書本書記事一〇三参照

(朱書)「壱印」　別子銅山涌水之儀、去巳十一月初而御届書差出候、此扣前ニ有之、右御奥書左之通

右者松平隠岐守御預り所、予州別子銅山鋪中、当六月比ゟ涌水少々出増候ニ付、種々普請仕替等仕候へ共、減水不仕、八月下旬ゟ弥相増、就中去月上旬ゟ水勢抜群相増候間、惣稼人水引ニ相掛罷在、鉑石一切上り不申候段、申届候ニ付、早速役人差出見分為仕候処、元禄年中ゟ相稼候銅山ニ付、年々深鋪ニ罷成候間、若何方ゟ歟廻り水等ニ而も有之哉と、山内諸方委敷吟味為仕候得共、一向存当り候所も無御座、如何成義ニ而水相増候哉も相分り不申、当惑仕候、右ニ付差当り、当巳年分出来銅大減ニ相成候ニ付、種々才許(裁、以下同じ)為仕候得共、銅山師ゟ申出候通無相違、莫太(大)之出水ニ而人力ニ及兼、誠銅山開発以来右躰之義無之、当時之趣ニ而者甚難義仕罷在候、此段先ッ御届申上候、以上

巳十一月

松平隠岐守内
上坂仁左衛門印

御勘定所

右の再添書（本書記事一〇五参照）

(朱書)「弐印」　別子銅山涌水再御届書、去巳十二月差出、此分前ニ扣有之事、右ニ付御奥書左之通

右者松平隠岐守御預り所与州別子銅山、本鋪涌水強ク難儀仕候段、先達而御届奉申上候、其後今以夥敷出水ニ而、弥出銅出銅相減候間、当巳年分御運上凡弐万貫目程銅相減、奉恐入候、依之水

引人夫とも雇方、近国江手分ヶ仕、相雇候様申付、種々才許為仕候得共、何分水勢強ク、難義至極仕罷在候、此段御届奉申上候、以上

巳十二月　松平隠岐守内
上坂仁左衛門印

御勘定所

右両度之御届書、午正月十六日一処ニ横山市郎右衛門殿、御勘定所江御持参、御殿詰御勝手方長崎掛り浦野新九郎様江御差出被成候由、江戸店ゟ申来

右の再々添書（本書記事一一一参照）

（朱書）
「三印」　別子銅山涌水ニ付、三度目之御届書、去巳十二月差出、此分前ニ扣有之事、右ニ付御奥書左之通

右者松平隠岐守御預り所与州別子銅山、鋪中涌水強難儀仕候段、先達而両度御届申上候処、其後又々涌水相増候段、前書之通申届候間、無油断出情仕、水引尽シ候様申付、種々才許も仕候得共、兎角減水不仕、苦々敷奉存候、依之又々御届奉申上候、以上

巳十二月　松平隠岐守内
上坂仁左衛門印

御勘定所

右正月廿二日　御殿詰御勝手方長崎御掛り佐久間甚八様江、高橋孫八殿被差出候由、
江戸店ゟ申来ル

一一四　備中村方の買請米割賦願の御紏につき御答添書

（朱書）
「△印」　買請御米御割符先、間違之儀御紏ニ付、銅山方ゟ当午正月答書差出、此分前ニ扣有之、

右ニ付御預り所御奥書左之通、尤御廻米方小出大助様江横山市郎右衛門殿御持参、御差出候由」

本書記事一一〇参照

右者松平隠岐守御預所与州両御銅山師、去巳年買請米御割賦之義ニ付、備中国後月郡与井村庄屋七郎治願之趣、御代官川崎平右衛門様ゟ被仰上候、備中米可受取内談仕候由之一件、銅山方手代共江旧冬御尋被仰付、早速相糺候処、前書并別紙之趣申出候処、少しも紛敷義相聞不申候、此段御答奉申上之候、以上

松平隠岐守内
上坂仁左衛門印

午正月

御勘定所

一一五 新居浜浦、河口浅瀬洲浚一件

予州新居浜浦、川口浅瀬洲浚一件

予州新居浜川口浅瀬ニ成、御用銅積船出入差支申ニ付、年来御領主　西条様江洲浚之儀相願候得共、御取扱も無御座候処、去巳年少々普請被仰付被下候得共、中々行届申程之儀も無之、難渋いたし候ニ付、当春再応願書差出候得共、一向御取受無之、願書御差戻シ被成候、然ル処別子銅山不意涌水増長ニ付、江戸御下知を以御普請役宮下順蔵様、右涌水御見分として、当巳二月下旬銅山江御立越之序、新居浜江御逗宿在之、同所浅瀬差支之趣御察被遊候而、山元支配人共御糺ニ付、連々申上候処、書付を以申出候様被　仰付、右書付差出候処、西条御役人衆御召出、御応答御座候趣始末、左ニ記候事

願書不採用につき幕府見分役へ上申

乍恐以書附奉申上候

予州別子・立川両御銅山、御銅積立申候新居浜浦川口、浅瀬ニ罷成候而、船出入差支申候ニ付、其段　西条様江数度奉願上候得共、御取上無御座、右川口為御運上、別子山ゟ金五拾両、立川山ゟ銀五拾枚毎年上納仕来候、右者長崎御用銅延着仕候段御吟味ニ付、其段奉申上候、以上

天明六午三月

泉屋万次郎代
泉屋治兵衛

泉屋半兵衛

宮下順蔵様

右につき、西条藩郡奉行下役戸島八蔵の仰付

右書付差上申候処、　西条郡御奉行下役戸島八蔵様、新居浜江御出ニ付、左之通被仰付候

一別子・立川廻銅延着ニ付、遂吟味候処、別紙之通申出候間、洲浚普請万次郎江被仰付候ハヽ、冥加銀御免被成候而〔歟〕、冥加銀御取被成候ハヽ、急々普請被成候而、差支無之候様可被成候、右両用早々挨拶可被成候、若早々御挨拶難被成候ハヽ、大坂御蔵屋敷ゟ銅座江御返答可被成候、右両用御不得心御座候ハヽ、江戸御奉行へ申達候而、江戸御屋敷江可申上候、御承ち被成候ハヽ、江戸ニ而者無沙汰可仕候と御申渡御座候

泉屋願では普請成就せず

右之段者川口悪敷候間、近年追々相願申候得共、泉屋願と申候而者、彼是面倒計御申被成候而、御普請不被成、浅瀬ニ候故、船出入不相成差支申候付、如此取計仕候

此分与州新居浜ゟ差越候扣之通留置之

西条藩郡奉行越智・赤堀の書状

一宮下順蔵様三月三日夜新居浜御乗船、同夜大島御滞船之処、西条ゟ御使を以、郡奉行越智丈右衛門様・赤堀三良右衛門様ゟ白木状箱御到来、右申来候御趣荒方御咄シ被成、則此方ゟ御付添ニ遣候手代林兵衛江承之候処、如左

川口普請は急度申付

新居浜川口之儀ニ付、同所江出張居候下役戸島八蔵江被　仰聞候趣、委承知仕候、右川口普請等之儀者、兼而差図いたし在之儀ニ候得共、猶又急度可申付、聊御用船出入差支不申様相計可申候、且委細之儀者御登着之上、大坂蔵屋敷より御返答可申上候、不取敢右御答申上度段申来候由、被仰聞候

右ニ付御状箱之御請取書、御家来中より被遣候迄ニ而、御返書者無御座候事

西条藩蔵屋敷に留守居辻の書状

一三月十二日宮下様御帰坂、翌十三日林兵衛江被仰聞候者、西条蔵屋敷留主(守)居辻良左衛門より書状到来いたし候、其訳者

予州新居浜泉屋ニおいて、郡方下役戸島八蔵江被　仰付候趣、奉畏候、猶又委敷儀者、於此表御返答申上度旨ニ而、此度同国より役人共壱人罷登申候間、何卒銅座御役所御手透之砌、御逢被成下候様、且亦幾日頃ニ罷出候哉、是又御勝手之日限御差図被成下候段

右之通手紙を以、申来候由、被仰聞候

銅座役所で西条国役人と泉屋手代の応対仰付

一三月十七日夜、宮下様江林兵衛罷出候処、此内両度迄西条国役人幷留主居銅座役所江呼寄、応対之上相済遣候訳ヶ様と被仰聞候

両銅山の運上金銀は、突洲浚のためではなく、浜手金である

真鍋新八当表西条蔵屋敷江被罷越、先達而新居浜ニおいて相願候川口之儀ニ付、銅座御役所江向書付を以、拙者江被申談候者、泉屋万次郎代之者より相願候川口突洲浚之ため、両銅山より運上金銀差出候儀ニ而者無之、是者浜手金上納之由、先規より相心得罷在候、川口浚之儀者、右浜手金ニかゝわり候義ニ而者無之処、願之趣喰違申候、唯川口浚之義計を申立候ハヽ、相訳り可申儀と被申之候、依之拙者より留主居辻良左衛門・国役人真鍋新八江申達候者、半兵

銅山方と国元役人の趣意が相違し、幕府の申達となる

衛・治兵衛より申出候趣意と、其許方被申立候趣意と者訳違候、左候時者江戸表江可申達より外無之候、右ニ付辻・真鍋被申候者、左様ニ而者表向ニ相成り、国方役人共大造ニ存候間、

此度は両方の願書を取下げ、突洲浚い普請を申付

此度之願者双方共御返し被成下、不願趣ニ御取計可被成下候、尤川口浚之儀者、以来船出入差支無之様、突洲さらへ普請可申付候、国方役人共も右之趣意ニ御座候

此趣ニ付以来普請等無滞被申付、船出入差支さへ無之候得者、各方被申出候通り、江戸表江不及御沙汰、拙者限りニ而相済可申、依之右書付差戻し候

右之通候間、此段予州半兵衛・次兵衛江も申遣シ候様ニと、順蔵様ゟ林兵衛江被仰聞候

但右之通西条御役人衆御持参之書付者、御戻し被成候得共、於新居浜半兵衛・次兵衛ゟ差出候願書者、其儘宮下様御請切りニ御座候

西条藩蔵屋敷よりの呼出状

一三月十七日、西条蔵屋鋪より左之通

得御意度品有之候間、明十八日四ッ時比迄之内、拙者共役所迄御出候様ニと存候、仍之申越候、以上

三月十七日　　西条役所

辻良左衛門

泉屋万次郎殿

右の返答状

右之御返事左之通

御手紙拝見仕候、御用之儀御座候間、明十八日四ッ時頃迄之内、御役所迄参上可仕旨、御紙上之趣奉畏候、右御答可申上、如是御座候、以上

三月十七日

泉屋万次郎

辻良左衛門様

西条藩蔵屋敷辻よりの仰付

右ニ付翌十八日朝、御屋敷江名代差出候処、辻氏御逢之上被仰聞候者、国方ゟ左之趣之尋申来り候之間、いつれと成り共存寄之答書付ニ被認、被差出度候、今日中ニ国方江便り在之、右便ニ差下申儀ニ候間、早々返答書持参在之度と被仰聞候、依之内間申談見候処、其方ゟ宮下様江被差出候願書之写者、先達而被差登、其余御引合之味も林兵衛より委承置候得者、いヶ様ニも返答之申方も可在之事ニ候得共、此義当方ニおいて兎哉角と申答候而者、若双方喰違之筋も出来候而者、却而差縺面倒ニ候ニ付、此儀者於御国許、代之者江御糺被下度と、申答候処、左候ハヽ、其趣書付ニ認可被差出と、被仰聞候間、左之通

泉屋万次郎

銅山方の趣意書付を差出すよう仰付

其方代半兵衛・治兵衛と申者、予州於新居浜浦、此度　公儀御役人江川口浚之儀ニ付、趣意違候書付指出候段、不軽義ニ候、右如何相心得候儀ニ候哉、相尋申越候様

公儀役人へ趣意違いの書付差出は軽からず

右之段御国許ゟ被為仰越候間、御尋ニ御座候

右返答書

此儀今度御銅山御見分之御役人様より

新居浜浦川口廻船差支之趣御尋ニ付、同所私代之者より御答申上候処、書付ニ而差出候様被仰付、則書付差出候由、私方江も為申登候、然ル処於御国許、右書面通り趣意違ニ被為思召候ニ付、私より御答奉申上候様被為仰付、奉畏候、併此御糺者於御国許、右代之者江被為仰付被下候様仕度奉存候

糺方は銅山方手代へ仰付

右之段御尋ニ付、乍恐以書付御答奉申上候、以上

泉屋万次郎
故障ニ付代
紋蔵印

午三月十八日

西条御蔵屋敷
御役人中様

右之通書付差出候処、辻良左衛門様御取請被成、直ニ今日御国方江御差下シ可被成旨被仰聞、相済申候事

銅山方重立手代の処罰容赦願

乍恐以書附奉願上候

予州御銅山ニ差置候名代半兵衛・治兵衛両人之者、先般従　御公儀様御銅山御見分之御役人様御差向、新居浜浦御止宿之節、御用銅為登方延着御吟味ニ付、川口之様子幷御運上金銀之儀申上候処、其段書付を以申上候様被仰付、則代之者ゟ書付相認差出候段、私方江為申登候、然ル処先月十八日当所御蔵屋敷様ゟ、右書付不軽儀、如何相心得差出候哉と御尋御座候処、私幷重立候手代共も故障之儀ニ而引籠罷在、御即答之儀も難仕、於御国元御糺被成下候様御答申上候、右御運上金銀差上候儀、筋違之事共申出候段、御糺被為成候由ニ而、此度手代共罷登委細承之、驚入奉存候、御国御役所様江奉掛御苦労候儀、重々奉恐入候、半兵衛義者病身ニ付、出養生仕罷在候、治兵衛儀急度相咎、早速退役も申付、御断可奉申上筈ニ御座候得共、御用方相勤居候者之儀、其上及御聞被為下候哉、御銅山去夏已来不意鋪中ゟ涌水強、御用銅大減ニ付、稼方之儀厳敷御改之時会御座候、右涌水防方御用掛、猶亦被仰付候間、右両人之(者脱)共名印を以、御請合仕罷在候故、名前等容易ニ為退候義も、乍恐於当時難仕奉存候、已来之処者厳敷可申付候間、此度之儀者何分御慈悲を以、　御宥免被為下置候様奉願上候、此段重立候手代共を以御国元江差下、御断可奉申上筈

ニ御座候得共、前条ニ申上候通、何も故障被仰付、相慎罷在無人ニ付、御当地御屋敷様迄御歎奉申上候、勿論此度罷登候手代共急々差下、御断奉申上候様可仕候間、幾重ニも御国方江宜被為仰上被下候者、難有仕合奉存候、以上

午四月十三日　　泉屋万次郎印

辻良左衛門様

二一六　地吉・外之尾御林山の炭山願

乍恐奉願候覚

予州別子・立川両御銅山銅吹炭、御料御林山ニ而無滞被　下置候、併莫太(大)之入用ニ付、御料御林山ニ而稼尽候而者、先々差支之程奉恐入、近辺之土州山林買請相稼候処、数年来之儀ニ付伐尽、依之先年奉願置候趣を以、明和元申年　御料津根山村鬼ヶ城・葛川山弐ヶ所御渡被　下置、悉伐尽申候ニ付、御銅山附浦山村御林之内地よし・外の尾此弐ヶ所、此度御渡被為下候様奉願候、炭御運上之儀者前々御定之通、出来銅千貫目ニ付炭三千八百九拾貫目、此銀五拾弐匁弐分七厘六毛宛之積を以、差上申度奉存候、両山共数十年ニ相成、夥敷炭入用ニ御座候、他領ゟ買請可申も、近辺ニ林山無御座、必至と手支難渋仕候、乍恐被　聞召分、右願之通　御聴済被　成下候ハヽ、難有仕合奉存候、以上

天明六午年四月　　別子・立川両御銅山師　泉屋万次郎印

上坂仁左衛門殿

二一七　予州分買請米の所替え、様子見合せの上申

予州米は地続き海路に近く、積取運賃も安く、銅山方利潤となる

乍恐以書附御断奉申上候

一予州別子・立川両御銅山、去々辰年買請御米之内、万年様御代官所御渡米御延滞之儀ニ付、難渋仕候段申上、備中米者則所替御願被　下置、美作森対馬守様御預り所米ニ御振替被　仰附、其後伊予米も右難渋之趣申上候ニ付、左候ハヽ、所替も御願可被　下置旨、被　仰渡候処、其節御猶予被下度段申上候儀、得手勝手を申上候様ニ思召候段、委細被　仰聞、御断申上方も無御座、奉恐入候、乍然右予州米之儀者、地続海路近く風波之恐少ク、其上積取運賃下直ニ而、万端銅山方利潤之筋御座候、困窮之山師助力ニ罷成候段、御賢察被　成下、今暫納り方之様子御見合被下候様仕度、此段御断奉申上候、以上

天明六午年四月

別子・立川両御銅山師泉屋万次郎代
泉屋次兵衛印

御預り所

二一八　備中村方の買請米割賦再願につき御糺と御答書

右、御糺仰渡

備中米、作州米へ所替えの所、当年より銅山渡し再願

巳三月十二日於　御勘定所、小出大助殿ゟ横山市郎右衛門江被　仰渡之写

一銅山渡米之義、先達而備中御代官所与井村ゟ願之趣、銅山方ゟ懸合之趣答書被差出候而、相済居候処、又々右与井村より願書差出候趣者、先達而申上候通、先年銅山渡ニ相成候之処、渡方相滞候義も無之、去来之儀者御割賦も相済候事故、致方も無御座、何卒当午年ゟ銅山渡シに相成候様被　仰付度と、御代官ゟも再応願出候、尤御廻米高六百石ほとの事と相聞へ候、近年備中米渡方延滞ニ付、銅山方迷惑故所替相願、作州米ニ振替被　仰付候、右与井村先年之通無滞相渡候ハヽ、請取候而も可然哉、夫共相滞間敷とも不被申候得共、銅山方請取候存寄ニ有之哉、

又者去来作州米ニ御振替被下候事故、一向皆式作州米請取候方勝手ニ相成候哉、是等之処銅山師江被申聞候而、否之答有之候様致度、其上ニ而向方江も答可有之候、尤差急候義ニ者無之候得共、右銅山方存寄不相知候而者、向方江答不相成候間、近便ニ被申遣候而、否之儀可被申達候、其趣請書認置候様被申聞候ニ付、在所表江申遣、答次第可申上旨請書印形仕置候、御紀重便被仰下候様奉存候

銅山方真意の御紀

午四月

右につき御答書下書

乍恐書付を以(朱書)「御答」奉申上候

一予州別子・立川両御銅山、買請御米御割賦先之内、備中(朱書)「両」御代官所御渡シ方、近年(朱書)「打続」御延滞(朱書)「御座候間」、銅山大勢之稼人共飯米差支難渋仕候ニ付、無拠所替之儀去巳年奉願(朱書)「上」候

(朱書)「米御渡被為下、両年共春中ニ御皆済御座候間、稼人飯(朱書)「料」差支不(朱書)「申」仕」(朱書)「辰年御場所替」(朱書)「川崎平右衛門様」

処、御慈悲を以願之通作州御預り所江所替被為　仰付、難有仕合奉存候、然ル処右所替ニ付、備中御代官所(朱書)「備中」後月郡与井村ゟ、先達而被願出候趣ニ付、御紀被為　仰出、其節御答書差上候通ニ御座候、又々右与井村ゟ被相願候者、去年之儀者御割賦相済候事故、致方無御座、何卒当午年ゟ銅山渡ニ相成候様被　仰付度段、御代官所ゟも再応御願出候由、右ニ付存寄之有無

(朱書)「御米六百石計銅山渡ニ被遊度、再応御願御座候由、就右存寄之儀御尋」(朱書)「候間、」(朱書)「奉申上」

(朱書)「候者、春中ニ御皆済さへ」(朱書)「得者格別差障リ之趣意ハ無御座候得共、願クハ皆式作州御米御渡被下、数口々相成不申方、請取方勝手等ハ、宜敷御座候、何分御憐愍之上、宜被為　仰付被下度奉願上候、以上」

(朱書)「此所文言前ニ朱書ニ書出ス」

御尋被為　仰出、奉承知候、此儀去巳年願之通、作州江御所替被仰付、既ニ当年三月中ニ御皆済ニ罷成、稼方都合能難有奉存候、此上与井村願之趣ニ付、備中米御割賦被為　仰付候共、御渡方差滞さへ無御座候得者、於銅山方聊差支申儀者無御座候得共、近年打続備中御延滞迷惑仕

作州米渡方願

候間、無拠所替歎上候儀ニ御座候、殊此度与井村ゟ被願出候御廻米高、僅六百石余之義ニ御座
候得者、別而差支申立候趣意も無御座候、御尋ニ付右之段乍恐御答奉申上候、何卒御慈計を以、
何れニも御渡方不相滞様、御代官所江御声掛りを以、御割賦被成下度奉願上候、以上
(朱書)「此結句前ニ朱書ニ出ス」

天明六年午五月　　予州別子・立川両御銅山師
　　　　　　　　　　　　　泉屋万次郎

御預り所

右同様の御答書

当年も作州米割賦願

乍恐以書附御答奉申上候

予州別子・立川両御銅山、買請御米御割賦先之内、備中両御代官所、近年打続御渡方御延滞御座
候間、稼人飯料差支申候ニ付、無拠辰年御場所替奉願上候処、御慈悲を以、願之通作州御米御渡
被為下、両年共春中ニ御皆済御座候間、稼人共飯料差支不仕、難有仕合奉存候、然ル処川崎平右
衛門様御代官所、備中後月郡御米六百石計銅山渡ニ被遊度、再応御願御座候由、就右存寄之儀御
尋被為　仰出候間、御答奉申上候、備中米之儀者御渡方延滞仕候而、内間甚差支難渋仕候ニ付、
毎度御役所向江も奉懸御苦労、去々年已来御歎申上候而、漸備中米之分、皆作州ニ御割賦被為
仰付、難有安心仕候処、又候備中米御渡被下置候而者、数口ニも罷成、且者近来之趣ニ而者、延
滞之程も無覚束奉存候間、何卒当年も去歳之通、皆作州米ニ御割賦被為成下度、御慈悲奉願上候、
御尋ニ付此段御答旁奉申上候、以上

天明六年午五月　　予州別子・立川両御銅山師
　　　　　　　　　　　　　泉屋万次郎

御預り御役所

二一九　銅山涌水の御手当銀願につき御糺と御答書

壱番　天明五巳六月頃ゟ、別子銅山根戸ゟ涌水有之ニ付、追々御届申上候処、午三月御普請役宮下順蔵様、従銅座為御見分御下被遊候ニ付、御手当銀願書数通差出申候処、此度銅座御糺ニ付、左之通歎書差出ス

一番、右銅座御糺につき歎書

一松平隠岐守御預所、予州別子銅山鋪内、去六月頃ゟ涌水ニ付、追々相届、右御預所役人御勘定所江も毎度申出、且御手当願書右役人差出候処、大造之銀高、殊無際限事故、於江戸表も一向御沙汰ニ不被及之趣、申来候事

一右別子銅山之儀、唯今迄格別之御手当も有之候得共、年久敷相稼候場所之儀ニも有之、若何年とか年季相限り拝借相願候歟、又者廻銅高ニ応し御前借相願、返納之儀者廻銅ニ而上納可仕積、其迚も右之通之事故、格別ニ銀高相減申立も候ハヽ、殊(事)ニ寄其趣を以、江戸表江も可申遣事

三
一当四月宮下順蔵彼地江罷越候節、人夫相増、一昼夜無間断致水引候所、少々減水も相見江候段相聞候所、其以後無懈怠為引取、右ニ准シ候ハヽ者、当時ニ而者格別之減水も有之、最早荒増ニ者際限も相分可申事

宮下順蔵見分の上、水引申付

一右順蔵見分之上、水引申付候所、増人銀高積いたし、同人幷御預所役人江願書差出候ニ付而者、山師共心得違ニ而、順蔵差図も有之、取極候様ニも相心得居候而者、筋違ニも可相成候、右見分者全山元涌水一躰之処見届迄之儀ニ而、御手当等之儀者、当役所ニ而取調候上ならてハ、御伺ニも不相成事

七月

二番、右発旦の願書

発旦願書扣

「弐番」乍恐御尋ニ付奉申上候

一松平隠岐守御預所、予州別子銅山鋪内、去六月頃ゟ涌水ニ付追々相届、右御預所役人御勘定所江も毎度申出、且御手当願書右役人ゟ差出候処、大造之銀高、殊無際限事故、於江戸表も一向御沙汰ニ不被及之趣、申来候事

涌水溜る時は、稼場失い休山となる

此儀先達而宮下順蔵様、松平隠岐守様御預所江奉願上候通、去年来涌水防方入用ニ身上をも打震ひ、漸相凌罷在候、此余迚も難及自力、不得止ヲ御歎奉申上候、幾重ニも急々御沙汰不被成下候而者、水引人夫手当等も行届兼、此上涌水相溜時者、一向稼場取失、休山ニ可相成外無御座、左候得者御太(大)切之御料山水鋪ニ罷成、諸普請崩込、夥敷鉑石土底ニ相埋れ可申、重而減水之節、掘明普請被為　仰付候而も容易ニ相調間敷、此段奉恐入、且又乍恐私家業ニも相離、其上数千之稼人共忽喝(渇)命仕候間、御慈非(悲)之上願通御聞済被為下候ハヽ、猶又水引方者不及申上、土中普請仕替等仕、急々減水之勘弁をも仕度奉存候

一右別子銅山之儀、唯今迄格別之御手当も有之候得共、年久敷相稼候場所之儀にも有之、若何年と歟年季相限、拝借相願候歟、又者廻銅高ニ応し御前貸相願、返納之儀者廻銅ニ而上納可仕積、其迚も右之通之事故、格別ニ銀高相減し申立も候ハヽ、事ニ寄其趣を以江戸表江も可申遣事

此儀恐多奉存候得共、年季御拝借幷廻銅高ニ応し御前借仕候而も、水引人夫賃銀夥敷、払除申候時者返上納銀手当差支可申哉恐入、且又鉑掘賃・出来銅吹賃・諸雑用賃銀差支可申、左候時ハヽ、弥減銅可仕哉と歎敷奉存候

一当三月宮下順蔵彼地江罷越候節、人夫相増、一昼夜無間断致水引候処、少々減水も相見候段相

聞候処、其以後無懈怠為引取、右ニ准し候ハヽ、当時ニ而者格別之減水も有之、最早荒増ニ者
際限も相分可申事

此儀御預り所ゟ御役人中様、毎度御登山ニ而涌水之儀、御見分御紀御座候処、又々宮下順蔵様御見分御紀之上、御双方様江勘定書差上候儀、聊相違不仕候得共、此度被為　仰渡ニ而者、右湛水相減候儀、無際限事故、御沙汰ニ不被為及趣、左様御座候而者、一向立行不申儀ニ付、乍恐存寄左ニ奉申上候

一順蔵様御差図被為仰付候溜水之分、当三月より六月中新人増、夫ニ而出情仕為引干申候処、四歩減水仕候、相残六歩是迄之積を以相考申候処、来十一月中ニ者引干可申と奉存候、此入用銀左ニ奉申上候

涌水引干の入用銀

一渡井数高百九拾五挺　但昼壱人 夜壱人

三月ゟ十一月中、日数弐百九十六日

此人数拾壱万五千四百四拾人

此賃銀弐百四拾弐貫四百弐拾四匁

右之銀高ハ、如池湛居申候水、引干申候儀故、十一月中ニハ替干可申、此上相残申候共御歎不奉申上、何分自力を以、引干可申奉存候、此水引尽申候時者、水底ニ埋居り候鉑石相顕申候間、御定数銅無滞可奉売上候、且又此溜水引干候上者、涌水口も相顕申候ニ付、備中吉岡銅山・但州生野銅山・石州銀山辺ゟ、去秋も功者之者共雇集、水防普請工夫相続仕候得共、猶又鍛（錬）陳之者雇寄、勘弁為仕度奉存候間、此度限り御慈悲ヲ以、右銀高被下置候

去秋に吉岡・生野銅山・石見銀山より功者雇集め

ハ、、冥加至極難有奉存候

去年より水引人足、近郷・諸国より雇入当六月、石州浜田より数百人雇寄せ

一右順蔵見分之上、水引申付候処、増人銀高積いたし、同人幷御預り所役人江願書差出候ニ付而者、山師共心得違ニ而、順蔵差図も有之、取極候様ニも相心得居候而者、筋違にも可相成候、右見分者全山元涌水一躰之所、見届迄之儀ニ而、御手当等之儀者、当役所ニ而取調候上ならてハ、御伺にも不相成事

此儀順蔵様御見分被下候ニ付、取極候様にハ不奉存候、此度被　仰渡ニ而者、御同人様幷御預り所江奉歎上之儀、心得違ニ而、御手当等之儀者、当御役所ならて者御伺も不被為下候段、奉畏候、元来水引人夫之儀ハ、去歳ゟ近郷者勿論、諸国ゟ追々夥敷雇付申候得共、得遂不申、猶不足仕候故、当六月ニ者遠路石州浜田辺ゟ数百人雇寄申候得共、兎角ニ得引馴不申候間、壱人前之所江弐人三人も相懸り、彼是失却夥敷、先達而奉差上候勘定積書之外にも、雑費甚敷、勿論此度之涌水ハ前代未聞之大変、迚も御手当銀不被為下候而者、前文ニ奉申上候通、難渋至極差迫り可申儀、必定御座候

一涌水之儀数ヶ所之石目ゟ、昼夜升目ニ積り千石余も土底ニ而、吹出申候得者、中々山師自力ヲ以引尽申儀、難仕候得共、去六月ゟ当節迄相凌申儀者、全以前之御余光を以取続申候、最早此上御手当銀之御威光無御座候而者、相続難仕、乍恐勘定書左ニ奉申上候

一渡井百九拾五挺　但昼弐人夜弐人

壱ヶ年三百五十四日

此人数弐拾七万六千百弐拾人

涌水入用銀三〇〇貫目、五年間の歎願
銅山開発以来、両度の涌水は自然減水したが、今回程の大水ではない

此賃銀六百弐拾七貫三百五拾三匁四分
　内弐百九拾三貫弐拾三匁弐分
　　但涌水無之内、常水入用壱ヶ年分引去
　残三百三拾四貫三百三拾目弐分
　　但御銅山変事、涌水入用損銀

此内三拾四貫三百三拾匁弐分者、此度積銀高相減不申候而者、御沙汰にも不被為　及候段、厳敷被為　仰付候間、御米代銀引当家質之外、持伝候田畑幷家材(財)等売払申候而成共、減水迄相凌可申奉存候、相残三百貫目之儀者、当午年ゟ戌年迄五ヶ年之間、御手当被為下度奉歎上候、右年限奉申上候儀者、別子御銅山開発以来両度迄、無謂言涌水御座候処、四・五年目ニ者自然と減水仕候、然れ共此度程之大水ニ而者無御座候、唯今見越候儀ニ御座候得共、相考申時者、右年限之内丈夫ニ減水可仕と奉推察候、少ニ而も減水仕候ハヽ、当御役所幷御預り所江早束(速)御注進可仕候、御預り所之儀者、毎々御銅山諸仕成、御見分ニ御登山御座候得者、山方之儀ハ兼而御案内分明ニ御座候

右之趣御尋ニ付、乍恐御答奉申上候、御手当銀被下置候之上者、猶又水引賃執増、多人数相集、無滞引尽シ可申、地付申候稼人共ハ、鉑所鋐捜等出情為仕、出銅無懈怠、御用銅定数奉売上度、志願ニ御座候、御慈悲之上、御江戸表江宜御沙汰被為下候様、乍恐奉願上候、以上

　天明六午年七月　　　泉屋万次郎
　銅座
　　御役所

水引人夫増賃銀二四二貫目余

涌水入用銀三〇〇貫目ずつ五年間下されたし

三番

一別子銅山涌水御手当銀願之儀ニ付、相尋候四ヶ条之趣、右答之内当三月ゟ増人足相加江、同六月中迄水為引取候処、四歩通程減水之旨、右を以積合、当十一月中迄ニ水引干可申ニ付、三月ゟ十一月迄増人弐人分、此賃銀弐百四拾弐貫目余者、此度限ニ被下度、猶又去年涌水以来、掛置候樋壱挺前人足四人分者、一ヶ年積賃銀六百弐拾七貫目余、内弐百九拾三貫目余者、涌水無之常水之節ゟ入用ニ付相除、残三百三拾四貫目余、此内三拾四貫目余者自分入用ニ差出、残三百貫目宛、当午年ゟ来ル戌年迄五ヶ年之内被下度旨、左候得者、当午年都合銀五百四拾弐貫目余、来未年より三百貫目宛四ヶ年被下度趣、当時之湛水者当十一月迄水引干、来午年ゟ四人掛之積、涌水之儀者最初ゟ申立、一昼夜凡千石程宛ニ相聞、来年ゟも右之趣ヲ以、入用銀仕出候ハヽ、銀高相違も有之間敷哉ニ候得共、差当り当年五百四拾貫目余之銀高者、やはり最初相願候銀高相減不申、大造之儀ニ而、此間為申聞候通、中々容易ニ御聞済有之間敷、来午年ゟ三百貫目宛被下候儀も、是又同様之事ニ付、幾重ニも勘弁之上、銀高減少申上候様可致事

一先年も両度右銅山涌水有之、其節者両度共三ヶ年目ニ者相止候由、此節之涌水者格別涌強キ由候得共、一鋪近辺谷川筋も無之、全ク地中ニ含候涌水ニも可有之由、申立之通当十一月迄一旦引干候ハヽ、其節ニ至り出水石数も減候事も可有之、左候ハヽ、水引方も格別手軽ニ出来候手段も可有之事

一是迄一鋪之稼場何ヶ所程有之、当三月頃之水湛ニ而者、稼場何ヶ所水湛ニ相成、此節者四歩通減水ニ而者、何ヶ所程水底ニ相成候哉之事

一当時水中ニ相成候外、稼場所有之事ニ候哉、右湛水之場所者当時之姿ニ差置、外場所ニ而相稼候手段者無之事ニ候哉、尤新規鉉筋捜等ニ而入用相掛候とも、前段水引方入用ゟ手軽ニ可相済筋も候ハヽ、御手当銀振替相願候様ニも相成間敷哉

一実々水引干出来兼候而、減銅も有之時者、先年ゟ御貸居ニ相成居候三百貫目返上納可致筋、殊ニ家業ニ離候道理ニ相聞候得者、旁是迄も致出情候而、既ニ当年も相応之出銅有之、此上出情可致儀勿論之事ニ候、乍去申立之内、御前借幷拝借ニ而ハヽ、出銅を以返上納致候時者、鉑掘賃銀雑用等ニ差支可申、左候時者、弥減銅も可致哉と申聞候儀、無拠事ニ相聞候得共、前書之通当午年五百四拾弐貫目余、来午年ゟ四ヶ年之間三百貫目宛五ヶ年、都合千七百四拾弐貫目余、右銀高被下候而者、銅座ニおいても中々不引合義、殊ニ長崎銅座共此節至而銀操等六ヶ敷時節、右躰銀高被下候儀、一向ニ不相成趣ニ被仰渡も有之時者、自ラ減銅も可致哉、既ニ宝暦四戌年右銅山段々困窮ニ相廻り、減銅之儀相願候節、御貸居幷御褒美銀之分、返納をも可被仰付哉ニ候得共、格別之思召を以、九拾貫目宛被下置候事ニ候得者、此節迚も右三百貫目返上納ニ被仰付、右銀元御入用ニ立、格別之御仕法替等も被仰付間敷事ニも無之、是等之趣も考合、格別相励ミ、自分入用を差加江、御手当銀相減候様可致事

涌水御手当銀合計一七四二貫目余長崎銅座、銀繰り難しい

四番　乍恐再御尋ニ付口上書

四番、右再御尋につき御答書

一予州別子御銅山鋪中涌水一件ニ付、御尋之趣先達而夫々御答奉申上候処、猶又御調之上、再応御尋書を以被為　仰聞候趣、承知仕候、則左ニ御答奉申上候

御尋書

一先年も両度右銅山涌水有之、其節も両度共三ヶ年目ニ者相止候由、此節之涌水格別涌強由ニ候得共、一躰近辺谷川筋も無之、全地中ニ含候涌水にも可有之由申立候通、当十一月迄一旦引干候ハヽ、其節ニ至出水石数も減候事も可有之、左候ハヽ、水引方も格別手軽ニ出来候手段可有之事

遠国山師功者を呼集め、出水防方普請の予定

此儀含水ニ候ハヽ、追日減水可仕哉、左も無御座候ハヽ、先願書ニも奉申上候通、引干申候後者、遠国山師功者之もの共呼集、出水場所防方普請仕、格別手軽ニ可相成工夫も出来仕候ハヽ、早速御注進仕、御苦労奉掛間敷候、何分引尽不申内者、涌穴水底ニ埋居申候ニ付、右手段之勘弁も難仕御座候

別子銅山は鏰筋一本にて、鉉先土底へ通り、稼ぎ鉑所は二二か所

一是迄一躰之稼場何ヶ所程有之、当三月頃之水湛ニ而ハ、稼場何ヶ所水湛ニ相成、此節者四歩通減水ニ而者、何ヶ所程水底ニ相成候哉之事

此儀別子御銅山者他山とは違ひ、樋(鏰)筋一本ニ而鉉先土底江通り申候ニ付、専稼仕候鉑所廿弐ヶ所御座候、此分水底ニ罷成候、当三月ゟ引干申ニ付、五ヶ所程者鉑石相顕申候、尤涌。水以後者、先年稼跡ニ下鉑、銅気薄仕当ニ合不申故、休居申候場所凡弐拾ヶ所も御座候間、御

百年来の間符口一か所

（付箋）
用方大切ニ奉存、勘定之無頓着、出情仕候得共、何分鉑嵩吹立申候而も、銅無数自減銅仕候、依之百年来稼候間府(符)口唯一ヶ所ニ而、次第ニ土底江掘下り申候間、格別盛衰者不仕候得共、深鋪ニ罷成、鏰筋細ク自然と追年鉑性悪敷、銅気無数御座候

(付箋)「下段之分此所江書写申候、仍而合印付置候」

一当時水中ニ相成候外、稼場所有之事ニ候哉、右湛水之場所者、当時之姿ニ差置、外場所ニ而相

稼候手段者無之事ニ候哉、尤新規鉉筋捜等ニ而入用相掛候とも、前段水引方入用ゟ手軽ニ可相済筋も候ハヽ、御手当銀振替相願候様ニも相成間敷哉

此儀前段奉申上候通、昔ゟ殊外下鉑、其上雑用夥敷勘定ニ引合不申故、休申場所御座候、此度新規鉉捜入用等相掛申候ハヽ、相応ニ出銅可仕候得共、中々容易之入用ニ而者難稼、畢竟当時少々宛ニ而も出銅仕候儀者、湛水引干申迄之工夫第一、御用差支之儀を相恐、為取続之相稼申候得共、数月相続申儀ニ而者無御座候、且又湛水之場所を其儘差置、外ニ手段工夫者差当難仕候、

千数石・目細と申す素石は、溜水へ崩落

先願書にも奉歎上候通、湛水永ク溜置候而者、千数石并目細と申素石ハ和らかき山石故、悉くふくれ上り、溜水之中江崩落可申、且数年来大造ニ仕置候諸普請等乱込、重而減水之節、取明普請被為仰付候而も不軽儀、

鉑石を永く捨置くことは不利益

況如何程とも難計鉑石之儀、永々捨り候而者、乍恐御不益之御事ニ御座候

一実々水引干出来兼候而、減銅も有之時者、先年ゟ御貸居ニ相成居候三百貫目、返上納可致筋、殊ニ家業ニ離候道理ニ相決〔聞〕候得者、旁是迄も致出情候而、既ニ当年も相応之出銅有之、此上出情可致儀勿論之事ニ候、乍去申立之内、御前借并拝借ニ而者、出銅を以返上納いたし候時者、鉑掘賃銀雑用等ニ差支可申、左候時者、弥減銅も可致哉と申聞候儀、無拠事ニ相聞候得共、

涌水御手当銀合計一七四二貫目余

前書之通当午年五百四拾弐貫目余、来未年より四ヶ年之間三百貫目宛五ヶ年、都合千七百四拾弐貫目余、右銀高被下候而者、銅座ニおいても中々不引合儀、

長崎銅座、銀繰り難しい

殊ニ長崎銅座共、此節至而銀操等六ヶ敷時節、右躰銀高被下候儀、一向ニ不相成趣ニ被　仰渡も有之時者、自減銅も可致哉、

明和五年減銅願

既ニ明和五子年、右銅山段々困窮ニ相迫り、減銅之儀相願候節、御貸居并御褒美銀之分、返上納

をも可被仰付哉ニ候得共、格別之思召ヲ以、九拾貫目宛被下置候事ニ候得者、此節迚も右三百貫目返上納ニ被仰付、右銀元御入用ニ立、格別之御仕法替等も被仰付間敷事ニも無之、是等之趣も考合、格別相励、自分入用を差加、御手当銀相減候様可致事

自分入用を差加え御手当銀減少に励む

此儀被　仰出候御趣、奉承知候、此度之涌水大変之儀ニ付、大造成御歎奉申上候儀、兼而恐入奉存罷在候得共、迚も自力ニ及不申儀故、恐をも不顧奉歎上候、然所先日御手頭を以、厳重被仰出候間、予州御銅山表之様子得(篤)と相調、少々銀高減少仕奉歎上候処、何分御銅座ニも右御銀被下置候而者、御引合難被遊、殊長崎并御役所共御銀操悪敷候趣、就中明和年中御銅山困窮ニ差迫り、減銅之儀奉歎上候砌にも、御貸居并御褒美銀返上納をも可被仰付処、格別之御慈悲ヲ以、九拾貫目宛被下置候、此節迚も右三百貫目返上納被仰付、其上御仕法替等も被仰付間敷者ニも無之間、格別相励、自分入用をも差加江、御手当銀減少可仕旨、猶又御口上ニ而も委細被為　仰付候御趣、奉畏入候、前以奉申上候通、申立之外ニも勘定ニ不拘、相休置候下鉑場所普請仕、何卒御用銅可也ニも御定数奉売上度、精々勘弁を尽、出情仕候得共、何分銀操合ニ差迫り、此節ニ至候而者鉉捜等之儀も不行届、其上水引方ハ前文奉申上候通之思(仕)儀ニ而、当惑至極仕候、此上不力ニ而減銅抔仕候而者、御咎之儀も弥奉恐入罷在候御儀、然共御利(理)解之義難有奉存候、猶又勘弁仕、左之通ニ奉歎上候

一渡井数高百九拾五挺　但昼壱人 夜壱人

三月ゟ十一月中、日数弐百九拾六日

此人数拾壱万五千四百四拾人

此賃銀弐百四拾弐貫四百弐拾四匁
右宮下順蔵様ゟ湛水引干方御工夫之上、被仰付候入用銀高、御手当被為下置度、奉歎上候
分
一渡井百九拾五挺　但昼弐人夜弐人
壱ヶ年三百五十四日
此人数弐拾七万六千百廿人
此賃銀六百弐拾七貫三百五拾三匁四分
内弐百九拾三貫廿三匁弐分
但涌水無之内、常水入用壱ヶ年分
残三百三拾四貫三百三拾目弐分
但御銅山変事、涌水入用損銀
此内　三拾四貫三百三拾匁弐分者、先日厳敷被仰出候間、自力相足候分
残三百貫目
右弐口〆銀五百四拾弐貫四百弐拾四匁
内四拾弐貫四百弐拾四匁引去
但此分自力相足候分、尤再応厳敷被仰出候ニ付、猶又減銀仕候
差引残
五百貫目

今年限り銀五〇〇貫目下されたい

此銀高、当午歳限り御手当被為下置度、奉歎上候

一先願書ニ者、当午年ゟ戌年迄五ヶ年之間、御手当被下置候様奉歎上候得共、前躰含水ニ而も可有御座候と相考申候得共、余り永クも涌出申間敷候哉、右年限之内、少ニ而も減水仕候ハヽ、早速御注進仕儀ニ而、年限ヲ以奉歎上候得共、見越之儀ニ付、恐入奉存候条、今年限銀五百貫目被為　下置候ハヽ、湛水之分幷涌水共、引尽候得者、鉑所も相顕申候間、鉉捜出情仕候而、御定数不足仕間敷、若も明未年も含水尽切不申候ハヽ、其節者身上破却仕候而も水引干、少も減銅仕間敷候、今年之儀者、去六月ゟ夥敷入用損銀仕、鉉捜等不行届、其上鉑所水底罷成候間、減銅仕居申候得共、願之通御手当被下置候上者、御威光を以鉑所江勢力ヲ加へ、減銅之分相償、御定数都合仕度志願ニ御座候、乍恐被為聞召分、御手当被為　下置候様奉歎上候

一別子御銅山之儀者、百年来夥敷御用銅掘出し申候得者、広太(大)之空穴時々無懈怠普請不仕候而者、大土底之鉑掘幷水引人夫通路も相止申儀、且又嶮岨之山中、山師居宅・稼人小屋、其外焼竈等之地形普請、不残岩角等切平均、或者栈作ニ仕、甚造作之儀ニ御座候、然共御用太(大)切ニ奉存、炭木其外諸入用之品者、銀歩ニ不拘、夥敷相囲ひ、聊手支不仕様、先年ゟ先操勘弁仕罷在、中々端山銅山とは事替り、仰山成仕込ニ御座候、全以御威光之御恩沢、稼人共も安心ニ住居仕候御儀御座候、開発以来奉請負候儀故、右奉申上候通、不益を不顧、御山大切ニ相守、万事取荒し不申、工夫専一ニ仕居申候御儀ニ候得共、御慈悲を以、永続之御賢考被為成下候様、精々奉歎上候

右之通乍恐御答奉申上候、千万家業ニ相離申候而者、忽家断絶仕候儀、必定御座候得者、御慈悲を以、御江戸表江宜御沙汰被為下度奉願上候、以上

午八月

泉屋万次郎

銅座

御役所

五番、右銅座滞留中の水野若狭守への願書

五番　水野若狭守様銅座御滞留ニ付、銅座江願書

乍恐以書附奉願上候

一予州別子御銅山、鋪中不意涌水之儀、追々御糺被為　仰出候間、夫々御答奉申上候通ニ御座候間、何卒御手当銀被為　下置候ハヽ、敷中鉑所幷水引方江勢力を相励、減銅不仕候様出情仕度奉存候、結講御願通御聞届被為　下候而も、遅々罷成候而ハ、当午年も余月無御座候様成行申ニ付、是迄減銅之分、稼埋候手捕(備)無御座候、追月身上衰微仕候得ハ、鉑掘賃幷水引賃銀差支、若自然逼(必)至と銀操合差支申候時者、御用銅仕立方ニ相障り候而ハ奉恐入候、是迄段々厳敷御糺方被為　仰出候御儀ニ付、随分自力相足勘弁仕、書面銀高迄ニ出情仕候間、御隣愍之上奉願上候通、今年限御銀五百貫目、当節御手当被為　下置候ハヽ、幾重ニも減銅之分稼足候而、御用差閊不仕様出情仕度志願ニ御座候、御慈悲之上被為　聞召分、早々御下知被下置候様、何分奉願上候、以上

今年限り銀五〇〇貫目下されたい

天明六年午八月

泉屋万次郎

宛なし

友輔、右書付持参之上、銅座江差出候処、銅座詰幷松山惣十郎様御立会ニ而被仰付候ハ、

随分尤成断ニ候得共、一旦長崎へ御持下被成候而、御先役へも御相談有之、其上ニ而御下知可有之候旨、被仰渡候

乍恐以書附奉申上候

銅座への願書

水引賃銀御手当の先渡銀、十二月貸渡願

一与州別子御銅山涌水御座候ニ付、湛水ニ相成候段御届奉申上通、無怠（ママ）懈引干申候得共、何分涌キ方強御座候間、積り之通得取明不仕候、右入用銀子之儀、先達而奉歎上候処、願上御留置被為下、冥加至極難有奉存、大難渋之時節御座候得共、御用銅大切ニ奉存候ニ付、入用損銀ニ不（拘）抱出銅出情仕、是（非）悲年内ニ皆上納仕候積りニ、銅山方江精々手配仕候、然処稼方仕込銀水引方取遣ひ、当暮稼人江仕込銀差出候間、当惑至極仕候、此上者無拠取込手狭ニ可仕外、手段も無御座、左候而ハ、来未年稼方弥差支候御義、何卒御慈悲を以、奉歎上候水引賃銀御手当被為下置候ハヽ、先渡銀十二月ニ借渡し、多人夫相集、水引取方ハ勿論、減銅不相成様可仕、不用意ニて御用銅差支申候而ハ、甚恐入奉存候間、御隣愍之上御威光を以、厚出込銀仕、差支仕間敷奉存候、何分乍恐御手当之儀、重畳奉願上候、右之段奉歎上候、以上

天明六丙午年十一月　　泉屋万次郎

銅座
御役所

一二〇　予州分買請米残高の渡方延引につき催促上申

催促しないと、過分とて減石される

従　江戸店十二月廿八日出、差越候御預所書附、左ニ写置

去ル巳年買請米、御代官所予州米過分残石有之候処、諸国米穀高直之場合、殊ニ涌水等ニ而、別而今年者困窮之趣乍申立、右残石之御催促之義、松山役所江も当方江も不被申遣候者、買請米過

分ニ有之候故之義哉、左様之趣ニも候得者、世上米払底之義ニ付、買請米減少も被成遣候様罷成可申候、御存寄致承知度候、今度御催促申上候義者、内々間違心得違之筋難計、及御催促候、委細訳合可被申越候、尤此義不限、都而被入御念、御取計在之候之様致度候、以上

午十二月

江戸
御預り所役所

泉屋万治郎殿

右御勘定所への上申

覚

一米弐千八百四拾五石七斗八升三合九勺六才

内　万年七郎右衛門殿御代官所、伊予国御割賦高

千三拾六石九斗弐升四合　午五月請取

残千八百八石八斗五升九合九勺六才　御延滞米

関東筋出水、混雑中の上申恐入り

右者松平隠岐守御預所予州両銅山、去巳年買請米之内、書面之通未過分之残石御座候、兎角近年御代官米御渡方御延滞ニ付、御預所諸帳面御勘定仕上等、手後ニ罷成迷惑仕候ニ付、両三年已来段々御歎申上、予州米之外、皆作州米御割賦被下、作州御預り所之分ハ、御渡方無滞候得共、予州御代官所米者、当年新石ニ移候而も御渡不被下、尤内々銅山師らも相歎出候得共、去年之御成箇米之事故、只今比迄御延滞可有之とも不奉存、殊更近年段々奉掛御苦労候御義、幷当年者関東筋出水、彼是甚御混雑之御中ニ付、勝手ヶ間鋪申上候も恐入、先如何様とも仕相凌候様申渡置候処、銅山ニも去夏已来涌水夥敷、当春御見分も被遣候程之義ニ付、増人夫等例外数千之稼人御座候処、追々米穀高直之砌、他借を以買入、飯米手当も行届兼、差支候之段申入、其上来春代銀上納

期月ニ差掛、難捨置奉存候、何分早々相渡候様、被為掛　御声被下候様仕度、此段奉申上候、以上

午十二月
松平隠岐守内
矢田紋右衛門印

御勘定所

〔三〕銅山涌水御手当銀の聴許一件

銀二〇〇貫目、二〇年賦貸渡

十二月十二日銅座御役所江罷出被　仰付候儀、左之通

別子銅山涌水ニ付、御手当相願、追々吟味之上、出銅相減候而者、廻銅之差支ニ可相成儀ニ付、銀弐百貫目為御手当貸渡、三ヶ年居置四ヶ年目より拾貫目宛二十ヶ年賦、銅代を以返納之積り、御下知相済候趣、従　江戸表申来候ニ付、右之段申渡候、尤此度銀弐百貫目御貸渡之儀者、数年来御用銅出方有之山方之儀ニ付、格別之思召を以被　仰渡候間、難有奉存、且其方義者、吹屋之内ニ而も重立候ものニ候得者、外々響ニも不相成様勘弁いたし、水引方格別ニ出情いたし、御用銅無差支年々相廻、外ニ願ケ間敷義申立間敷候事

其方、吹屋の内でも重立候もの

午十二月

(朱書)
「〆印涌水一件

此弐百貫目拝借ニ而ハ難行届、再願ニ而戌年正銀百貫目、追拝借被仰付、都合三百貫目之内、寛政二戌十二月、先弐百貫目内へ拾貫目返上仕、残弐百九拾貫目ハ、同亥年願上弐拾五ヶ年ニ被仰付候事、壱ヶ年拾壱〆六百めツヽ、納メニ成」

右の請証文

差上申御證文之事

別子銅山涌水ニ付、御手当之儀奉願上候処、追々御吟味之上、出銅相減候而者難相成ニ付、銀弐

百貫目為御引当、当未年ゟ酉年迄三年之間御貸居江、翌戌年ゟ銀拾貫目宛弐拾ヶ年之間、銅代を以返上納可仕旨、今般御下知相済申候趣被為　仰渡、難有仕合奉存候、右者数年来御用銅出方有之山方之儀ニ付、格別之思召を以、右之通御手当被成下候義共、重畳難有奉存候、然ル上者水引方格別出情致、御用銅無差支、年々御定数之通、無相違相廻候様可仕候、且又右御手当御貸渡被為成下候ニ付而者、相応之根證文引当可差上之旨、奉承知候、則為御引当、別紙家質一札奉差上候、尤町年寄役印仕、右年限之内指入置候義、相違無御座候、依之御請證文差上候処、依而如件

天明七丁未年正月　　泉屋万次郎印

銅座
御役所

別紙家質証文

覚

一天満信保町抱屋鋪壱ヶ所
一表口弐拾五間弐尺四寸五歩
一裏行拾間
但四役
此代銀三拾五貫目
〆
一富島弐町目東屋敷壱ヶ所　　但新築地台
一表口拾間
一裏行四拾壱間

但壱役九歩
御地代壱ヶ年ニ金壱両、銀拾三匁九分五厘
一新築地家屋敷
一表口八間半
一裏行拾四間五尺
外ニ壱間半水汲道付
但三歩役
此代銀四拾六貫八百目
内
一銀四拾貫目　建家分
一同六貫八百目　新築地分 間口拾間
〆
一同所西屋敷壱ヶ所
一惣表口三拾間
一裏行、不同内訳有之
内訳
一表口拾間、西ノ内中屋敷分
一裏行東ニ而四拾間 西ニ而三拾九間

但壱役九歩
御地代壱ヶ年ニ金壱歩、銀八匁三分
土蔵弐ヶ所
但北蔵、間口弐拾四間、奥行四間
　南蔵、間口弐拾間、奥行三間
一同新築地
一表口拾間
一裏行拾四間五尺
但三歩役
〆
一表口五間
一裏行東ニ而三拾七間
　　　西ニ而三拾五間半
但九歩役
此御地代壱ヶ年ニ金壱歩、銀六匁七分五厘
〆
一表口拾間
一裏行東ニ而拾八間
　　　西ニ而拾六間半
但四歩五厘役
御地代壱ヶ年ニ銀拾匁六分弐厘五毛

〆

一新築地家屋敷

一表口拾間

一裏行拾四間

但三歩役

一同築地家屋敷

一表口拾間

一裏行東ニ而拾四間三尺九寸
西ニ而拾四間

外ニ壱間半水汲道付

但三歩役

〆

此代銀百弐拾四貫目

内

一銀百貫目　　建家分

一同弐拾四貫目　　新築地三十間間口

〆

都合

銀弐百五貫八百目

天満信保町、町役〆四役

富島町役高〆七役七歩五厘
同御地代金銀
〆金弐両、銀四拾五匁六分弐厘五毛
右者予州別子銅山涌水為普請料、銀弐百貫目拝借被為仰付、当未年ゟ酉年迄三ヶ年御借居江、翌戌年ゟ向巳年迄弐拾ヶ年之間、一ヶ年銀拾貫目宛銅代を以、返上納被為　仰付候ニ付、右為引当、書面之家屋敷奉指上候処、相違無御座候、万一返上納相滞候ハヽ、右家屋敷可被召上候、其節一言之申分無御座候、為後證依而如件
天明七丁未年正月
泉屋万次郎印
銅座
御役所
前書之通、私共町内有之候泉屋万治郎抱屋敷、此度同人拝借銀為引当奉差上候処、相違無御座候、然ル上者、此後家質売券等差出候ハヽ、早速御訴可申上候、依之私共義も印形差上申処、依而如件
天明七丁未年正月
富島弐町目
年寄　油屋善七印
信保町
年寄　川崎屋喜兵衛印
銅座
御役所

一二三　銅山付炭山御尋につき御答書

御上江差出候分
炭山之儀ニ付御尋之御趣、御答書写

御勘定所提出分

覚

一炭山之儀者、弐拾年も相立候者、最初切初之場所者成木いたし、追々炭木仕成候様可相成筈ニ思召、并是迄之炭山何ヶ所請取居、反別如何程有之候哉、将又炭山仕成尽し候者、以前之御山者御留山ニ可差戻様、被思召上、御尋之御趣奉承知候、則左ニ御答奉申上候

一元録(禄)四未年後藤覚右衛門様御支配之節、別子銅山新見立、大坂泉屋吉左衛門・江戸浅草上(中橋)槇町泉屋七右衛門と申者ゟ願書指上御取請、其後場所御見分被遊候所、雑木山ニ而御用木ニ相成候木無御座候、勿論所々障りニ成候義も無御座候間、両人江可被仰付と、後藤様ゟ御勘定所江被仰上候処、御吟味之上、願之通被仰付候事ニ御座候

一元録(禄)四未年別子銅山新見立、請負被仰付候後、御用銅吹炭并敷中留メ木、板柱材木之分、別子山於御林ニ被為下置候所、追々稼染候ニ随ひ、万端入用材木相嵩、別子御林も切尽シ申候、此御山之義者、御百姓中持分本田切畑共相交り、惣名一ヶ山として谷々字数々有之、猶又反別等も其谷々ニ而者、委ク相分り不申候得共、右両(惣)山ニ而反歩壱万七千七百五拾五町弐反歩ニ而御座候、尤銅山近辺四・五拾町程四方者銅煙相障り、諸木一向生附不申候

銅山四〇～五〇町近辺、銅煙支障で諸木生えない

一右御山切尽し候後、山続津根山并浦山、追々御願申上、御吟味之上、方切傍(牓、以下同じ)示御定御渡被下候、則左之通りニ御座候

一かそう山 御林壱ヶ所　宇摩郡浦山村

此反別千百拾六町歩

一折宇山 御林壱ヶ所　同郡津根山村

此返(反)別四百五拾町歩
一寺野山御林壱ヶ所　同村
此反別弐拾五町弐反歩
右三ヶ所御林、宝永七寅年別子銅山師泉屋吉左衛門、炭山ニ相願被下置候事
一鬼ヶ城山御林壱ヶ所　同村
此返(反)別七百弐拾町歩
一葛川山御林壱ヶ所　同村
此反別弐千五百弐拾町歩
右弐ヶ所御林、明和元申年右同断

一別子山村・津根山村・浦山村御林者、銅山附罷成候後、是迄少々宛伸立候場所、先繰ニ仕成仕候、尤年数相重り候而も、土地悪敷場所者伸立可申候

銅山附御林焼尽し、土州領の山買受

一右所々御林銅山附ニ被下置候得共、追々成木之分炭ニ焼尽シ、手当無御座候節者、土州御領ニ而山買受、御用銅吹炭仕成、御料御林之苗木之分者番人を附置相養、育成木仕候節、吹炭ニ焼出し申候

二〇年で炭山となる炭焼の木は三尺廻り以上

一弐拾年も立候得者、炭山ニ可相成筈、炭木ニ相成候分者、何程之大キサなれハ出来申候哉之御事、炭ニ焼申候木、凡三尺廻り位より以上之木ハ、何程大キク御座候而も宜候、小木ニ而仕成候而者、貫目曾而無御座、譬者拾ヶ年仕成可申場所ニ而も、五・三年之内ニ焼仕舞、右ニ准シ伸立候間も無御座候ニ付、得と成木為仕候間、年数相懸り申候

一銅山付ニ被仰付仕成相済候後、御上江御戻し申上、留メ山ニ相成候ヶ所も有之候哉、有無之訳
此義別子御銅山初入ゟ、惣山共御銅山御手当ニ被為仰付置候御義ニ而、是迄炭焼仕舞候而
も、其節御届申上候而已ニ而、跡山差上候と申義者、以前ニ而無御座候、依之山仕成仕舞
候得者、直ニ番人附置、植木等仕伸為立、年数ヲ相立候者、又々其砌御預所江御届申上、
炭ニ仕成候御儀ニ御座候

炭焼後の跡山は戻さず植林し、再び炭に仕成す

右者炭山之儀ニ付御尋之趣、夫々御答申上候通、相違無御座候、以上

未正月　　泉屋治兵衛印
　　　　　　嘉右衛門印

御預り所江差出、江戸愛宕之下江被遣候分
炭山之儀ニ付御尋之御趣、御答書写

松山御預り役所提出分

一上野山之儀者、宝永三戌年京都糸割賦中間(仲)之者ゟ、立川御銅山附ニ奉願候処、御吟味之上、御
渡山ニ相成候由、此御山者御百姓中持分高請荒所ニ而、御林と字相分候場所、凡反別七・八反
程者纔ならてハ無御座、右高請之分御年貢者勿論、諸役共引請村方江相納メ、炭木仕成来候、
則方切左ニ

上野山御林の方切

一東川また茶臼石ゟ城ヶ尾台江、夫ゟ小堂谷・黒岩・同中尾・深田之水尻・びきか田尾之古
番小家境目
一上野境灰床之札場
一畑野境十郎か淵
但し十郎か淵ゟ見上ヶ水船夫ゟ大とらへ
浦山境きんちゝみ

大永山御林の方切

一大永山村御林ニ申上候御山も右同様ニ而、是又御年貢引請、毎歳相払申候方切左ニ

〆

一西者辻か峰尾筋水流

一東者立川御銅山

一北者大藪宮林ゟ東西見通し

一南者別子御銅山峰境水流

はり紙
御林と字相分候場所
凡反別四・五反程

〆

一御運上之儀者、御料山仕成仕候内者、何れ之御山ニかきらす、炭貫目御断を請、御定之通奉差上候

一明和元申年極月津根山村之内、字鬼ヶ城山・葛川山弐ヶ所奉願上候処、御吟味之上御聞済、翌酉年四月御引渡反別左ニ

一鬼ヶ城山御林長千八百間 横千弐百間　壱ヶ所
此反別七百弐拾町歩　但東西南北四ヶ所傍《(牓)》示建之

一葛川山御林長四千弐百間 横千八百間　壱ヶ所
此反別弐千五百弐拾町歩　但右同断

右御引渡、明和九辰年迄ニ焼尽し候ニ付、同七月今治御領猿田山者、葛川山ニ隣り候場所故、右山買請炭ニ焼申候、其後別子山村并浦山之内かそう山、立川御銅山附大永山・上野山、右所々少々宛伸立候所、取合セ此節迄仕成申候

右場所も焼尽し候故、此度浦山之内地吉・外ノ尾弐ヶ所、御願奉申上候、先年ゟ御手当ニ被下置候得共、是迄仕成不仕候、勿論近辺向寄之場所も無御座、差支申ニ付、此度炭山ニ奉願上候

一津根山之内寺野山・折宇山・葛川山・鬼ヶ城山、此四ヶ所地面ニ応し候所者、余程伸立居候ニ付、地吉・外ノ尾仕成仕舞候得者、引続ニ仕成申度積りニ御座候、御運上ニも相拘り候義ニ付、他領山買請不申候様、種々勘弁仕居申候

銅山附御林に御用木はない

一御尋之内御用木者、遣ひ申間敷筈と有之候、右御銅山附ニ被仰付置候御林之内ニ者、御用木ニ相成候品者無御座候、葛川・鬼ヶ城両山ニ種木六百本有之候、外山々迚も種木ハ相残し有之候得共、表向被仰付置候者、右両山計りニ御座候、敷中留メ木・板柱之類者、炭ニ仕成候山之内ニ而、相応之品仕成欠〔間〕渡し来申候、尤新左衛門様御吟味之上、御渡被為下候節、御用木ニ相成候木無御座、勿論所々障りニ相成義も無御座候段、御調へ之上、願之通被仰付候、此度之願者、炭山と計り願書認メ申候間、敷中留メ木・板柱之訳、否不奉申上候、若シ此義強而御尋御座候得者、前文之次第御考被遊下、程能御答被仰上可被下候

七番山は非常の備え

一別子山村之内七番山と申場所、銅吹炭・敷中留メ木・板柱ニ相成候木も有之候得者、是者銅山不時急難之義出来仕候歟、扨又御料御山者不及申上ニ、御料〔私〕領共近辺向寄之御山仕成尽し、極差掛り候節相用ひ候非常之備ニ而、相除キ有之候、勿論右御山江手ヲ懸ケ候様相成候而者、大造之御請合仕候御事ニ付、差掛り候節者、用意囲ひ山ニ仕有之候

一所々御林道法里数左ニ

一別子山　壱ヶ所　但シ居村之義ニ付、道法遠近有之、不詳成

一葛川山・鬼ヶ城山迄、凡六・七里程
一寺野山・折宇山江凡五里程
右四ヶ所津根山分
一浦山之内かそう山江凡三里余
一上野山江凡弐里半余
右之分銅山より東江当ル
一大永山江弐里余
右者銅山ゟ西北江当ル
右御両銅山付、前々ゟ被仰付置候、尤道筋御林計り通路仕候義ニ而者無御座、御百姓中人家、
御高受之場所も数多通路仕候
一先年石原新左衛門様御代官所之節、炭山相願候節、置御證文者先達而差上申候
右者炭山之儀ニ付御尋之趣、夫々御答申上候通、相違無御座候、以上

未
　正月
片書
泉屋次兵衛印
泉屋嘉右衛門印

一三三　銅山涌水御手当銀の引当家質につき口上　天満信保町分

乍憚口上

一町内泉屋万治郎掛屋鋪売券、書上候様被　仰付、左ニ申上候
一西側本瓦葺表口　弐拾五間弐尺四寸五歩　四役

裏行　拾間

表口壱間ニ付、当時凡壱貫三百目程

此代銀三拾弐貫八百目程

右之通御座候、尤当時家質等も差入無御座候、以上

天明七年未正月廿八日

天満信保町年寄
川崎屋喜兵衛印
同町月行司
帯屋善右衛門印

惣年寄宛

富島町分

乍憚口上

一町内泉屋万次郎掛屋敷売券書付、差上候様被仰付、左ニ申上候

一本瓦葺東屋敷
表口　拾間　役壱役九歩
裏行四拾壱間

但御地代付

此家屋鋪壱間ニ付、当時凡三貫八百目程

此代銀三拾八貫目程

一東新築地屋敷
表口　八間半　役三歩
裏行拾四間五尺

此家屋敷壱間ニ付、当時凡四百目程

此代銀三貫四百目

一本瓦葺西屋敷
表口　拾間　役壱役九歩
裏行東ニ而四拾間
西ニ而三拾九間

但御地代付

此家屋敷壱間ニ付、当時凡三貫目程

一同

表口　五間　役九歩

裏行東ニ而三拾七間
西ニ而三拾五間半

但御地代付

此家屋敷壱間ニ付、当時凡三貫目程

一同

表口　拾間　役壱役四歩

裏行東ニ而三拾弐間
西ニ而弐拾九間

但御地代付

此家屋敷壱間ニ付、当時凡三貫目程

一同

表口　五間　役四歩五厘

裏行東ニ而拾八間
西ニ而拾六間半

但御地代付

此家屋敷壱間ニ付、当時凡六百目程

右之内ニ土蔵弐ヶ所

此代銀七拾八貫目

一西新築地屋敷

表口　拾間　役三歩

裏行拾四間五尺

一同

表口　拾間　役三歩

裏行拾四間

一同

表口　拾間　役三歩

裏行東ニ而拾四間三尺九寸
西ニ而拾四間

〆　此家屋敷壱間ニ付、当時凡四百目程

此代銀拾壱貫四百目程

都合百三拾貫八百目程
右之通御座候、尤当時家質等ニも差入無御座候ニ付、以書付申上候、以上
天明七年未正月
富島弐町目年寄
油屋善七印
同町月行司
千足屋吉兵衛印
惣年寄宛

湊橋町分

乍憚口上
一町内泉屋万治郎抱屋鋪壱ヶ所御座候、右家屋鋪売券書差出候様被為　仰付奉畏候、左ニ申上候
一表口　八間、裏行東ニ而弐拾六間六尺 西ニ而弐拾四間
壱役
但御地代付
壱間ニ付、当時凡四貫五百目
〆三拾六貫目
一南浜納屋建家、表口五間半、裏行弐間半
但坪数拾四坪
壱間ニ付、当時凡三百八拾目
〆弐貫九拾目
一北浜納屋建家、表口六間半、裏行弐間半余
但坪数拾九坪
壱間ニ付、当時凡四百四拾目
〆弐貫八百六拾目

惣〆四拾貫九百五拾目

右之通御座候ニ付、乍憚書付ヲ以申上候、以上

天明七年未二月六日

湊橋町月行司
阿波屋善左衛門印
同町年寄
木屋清左衛門印

惣御年寄中

湊橋町分三郷惣年寄の口上

口上之覚

一湊橋町泉屋万治郎掛屋敷売券直段相改、差上候様被仰付候ニ付、則右町年寄月行司呼出承糺候所、別紙之通申出候ニ付、右書付壱通差上、此段申上候、以上

未二月

三郷
惣年寄

一二四 銅山臨時入用銀の借用願と借用証文

一銅山方ゟ松山御預り所江、左之通之願書嘉右衛門出町之上指出候処、正月廿五日御取請漸相済

乍恐書附を以奉歎上口上

御銅山諸上納銀、去午年分当正・二月皆納可仕処、追々御達申上候通、一昨年以来鋪中涌水在之、今以聢と減水も不仕候、右ニ付臨時入用相嵩ミ、彼是難渋仕罷在候上、旧冬差登せ候廻銅代銀も、銅座御表銀子御不操合之趣ニ而御渡無御座、何角と内間工面違ニ相成、当惑至極仕候、勿論御上納筋之儀ハ、少も御歎ヶ間敷義ニ奉申上訳ニハ無御座候得共、前文ニ申上候通之内間ニ御座候得共、外ニ差当り手段も無御座候間、先達而当御郡中江御借附被下候御銅山米壱万俵、御引当被成下、銀子弐百貫目当年中御預所御声懸りを以、拝借被為　仰付被下候ハ者、御蔭を

以無滞上納可仕と難有奉存候、且又右拝借銀利合等之儀者、御差図次第ニ可仕間、乍恐此段幾重ニも被為聞召分、御隣(憐)愍之上、御聞済被成下候様奉願上候

天明七未年正月

別子・立川両銅山師
泉屋万次郎代
泉屋治兵衛印
同　嘉右衛門印

拝借銀証文

右之通差出候処、半通御聞済被下候旨ニ付、引当一札認出

拝借仕銀子之事

一合文字銀八拾貫目也

右者御銅山臨時為入用、拝借仕処実正御座候、然ル上者、当二月ゟ壱ヶ月六朱宛之加利足、来十一月限無滞返上納可仕候、引当左之通

一米千弐百拾俵　伊予郡借附證文壱通

一同　和気郡同壱通

〆弐千四百弐拾俵

右之通差上置申候間、万一相滞候ハヽ、質物御引取可被成候、為後證仍而如件

天明七未年二月

別子・立川両銅山師
泉屋万次郎代
泉屋治兵衛印
同　嘉右衛門印

右文言ニ而今弐拾貫目引当

久米郡五百五拾俵入ル

右之通ニ而相済銀子之請取、二月二日嘉右衛門新居浜江帰足之事

〇本書記事一二四の所に、一紙文書（端裏書「予州別子・立川両銅山買請米願書　松平隠岐守御預所」が狭み込んであったが、後掲記事一四六と同文なので省略した。

一二五　銅座役所へ提出の根証文減少につき書増証文

銅座御役所江差出候根證文引当減少ニ付、書増候證文、如左之

差上申家質根證文之事

天満信保町西側瓦葺
一表口弐拾五間弐尺四寸五歩　役四役　裏行拾間

表口壱間ニ付銀壱貫三百目

此代銀三拾弐貫八百目

〆

富島町弐丁目東屋敷瓦葺
一表口拾間　役壱役九歩　裏行四拾壱間

但御地代付、此家屋敷壱間ニ付銀三貫八百目

此代銀三拾八貫目

〆

同東新築地屋敷瓦葺
一表口八間半　役三歩　裏行拾四間五尺

此家屋敷壱間ニ付銀四百目

此代銀三貫四百目

同西屋敷瓦葺
一表口拾間　壱役九歩　裏行東ニ而四拾間　西ニ而三拾九間

但御地代付、此家屋敷壱間ニ付銀三貫目

同
一表口五間　役九歩　裏行東ニ而三拾七間　西ニ而三拾五間半
但御地代付、此家屋敷壱間ニ付銀三貫目

同
一表口拾間　役壱役四歩　裏行東ニ而三拾弐間　西ニ而弐拾九間
但御地代付、此家屋敷壱間ニ付銀三貫目

同
一表口五間　役四歩五厘　裏行東ニ而拾八間　西ニ而拾六間半
但御地代付、此家屋敷壱間ニ付銀六百目

〆　右之内土蔵弐ヶ所
此代銀七拾八貫目

同西新築地屋敷
一表口拾間　役三歩　裏行拾四間五尺

同同
一表口拾間　役三歩　裏行拾四間

同同
一表口拾間　役三歩　裏行東ニ而拾四間三尺九寸　西ニ而拾四間

〆　此家屋敷壱間ニ付銀四百目
此代銀拾壱貫四百目

湊橋町家屋敷瓦葺
一表口八間　役壱役　裏行東ニ而弐拾六間六尺　西ニ而弐拾四間
此家屋敷壱間ニ付銀四貫五百目
此代銀三拾六貫目

同南浜納屋建家
一表口五間半　　裏行弐間半
但坪数拾四坪、此建家壱間ニ付銀三百八拾目
此代銀弐貫九拾目
同北浜納家建家
一表口六間半　　裏行弐間半余
但坪数拾九坪、此建家壱間ニ付銀四百四拾目
此代銀弐貫八百六拾目
都合代銀弐百四貫五百五拾目

涌水普請料銀二〇〇貫目の引当

右者予州別子銅山涌水為普請料、銀弐百貫目拝借被為仰付、当未年ゟ酉年迄三ヶ年御借居江、翌戌年ゟ向巳年迄弐十ヶ年之間、一ヶ年ニ銀拾貫目宛銅代を以、返上納被為　仰付候ニ付、右為引当、書面之家屋敷奉差上候処、相違無御座候、万一返上納相滞候者、右家屋敷可被召上候、其節一言之申分無御座候、為後證依而如件
天明七丁未年正月　　泉屋万次郎印
銅座
御役所

前書之通、私共町内在之候泉屋万次郎抱屋敷、此度同人拝借銀為引当、奉差上候処相違無御座候、然ル上者、此後家質売券等差出候ハヽ、早速御訴可申上候、依之私共義も印形差上申処、依而如件
天明七丁未年正月　　富島弐町目
年寄
油屋善七印

信保町
年寄　川崎屋喜兵衛印
湊橋町
年寄　木屋清左衛門印

銅座
御役所

（朱書）
「此證文寛政二戌年七月、御下ケ被成候ニ付、印形切抜、町々へ戻候事」

一二六　銅座より別子御用銅高御尋につき御答書

三月十二日従銅座、御用銅御尋ニ付御答書写、如左之

乍憚以書付御答奉申上候

一昨十一日御召出御列座之上、被為　仰渡候者、当七月迄御用棹銅弐百八拾万斤、是悲（非）共御積ミ下シ不被遊候而者、忽御用之御差支と相成候、然ル上者、秋田・南部・別子三ヶ山ならてハ、御用之間ニ合不申候間、別子銅御定数月割銅も御座候得者、誠ニ御用之御差支ニ相成処ニ候間、随分出情仕、七月迄之登銅相嵩申候勘弁ハ、御座在間敷哉と被為　仰出、奉畏候、此義乍憚左ニ御答奉申上候

涌水以来稼苦しい

此度予州別子御銅山涌水以来、甚稼苦敷御座候段、追々御注進奉申上候通、鉑所江者水吹出シ、掘不申候得とも、御用銅之義者大切ニ奉存、先年より下鉑ニ而銅気無数、勘定引合不申場所江、鋐拵之普請夥敷仕、損銀之頓着不仕、出情仕候間、大変以後も減銅ハ不仕、猶又当未年も減数仕間敷旨、銅山方江駈引仕罷在候得共、数千間土底之義、難計奉存候得共、当時之山色ニ而者、御月割銅ハ何分廻銅仕候様、情々差配仕候之義ニ御座候、然ル処此度被仰出候御用銅之御義、弥大切奉存候得者、容易之積り書差上申候御義、奉恐入候条、

敷中様子考えるので、御答猶予願

急々御銅山詰元〆之者江為相談、名代之者差下、敷中様子為相考、少々ニ而も稼増候様、勘弁可仕奉存候間、暫之間御答奉申上候義、御猶予被為下度奉存候、以上

天明七未年三月　泉屋万次郎

銅座
御役所

一二七　銅山請負引当古証文書替につき取寄せ願

乍恐以書付奉申上候

予州別子御銅山買請御米代、御引当之家質沽券之銀高弐百壱貫目之分、去ル宝暦十一巳年二月・三月奉差上置候證文三通、并同国立川御銅山分、御引当家質沽券之銀高三百三拾貫目之分、宝暦十二午年十二月奉差上置候證文五通御座候、然ル処私義、先達而親吉左衛門ゟ家督譲り請、願之通御銅山御請負被為　仰付候ニ付、右引当之家屋敷、此度新證文ニ書改差上申度奉存候間、右先年之古證文当地御蔵屋敷迄、御差越被為　成下候様奉願上候、以上

天明七年未三月　与州別子・立川両御銅山師
泉屋万次郎印

上坂仁左衛門殿

一二八　銅山涌水御手当銀の再願

乍恐以書附奉願上候

一予州別子御銅山鋪中鉑所江、巳年六月ゟ不意涌水仕候ニ付、其段追々御注進仕候通、昼夜無閑断、多人数を以引取揚候義、宮下順蔵様篤と御見分被下、何分鉑所江水相堪(湛)申候而者稼相止、大切之御用銅相滞申ニ付、御勘弁被遊、防方普請被仰付候得共、其節迄ニ悉山師仕懸申候義故、

水引入用一七〇〇貫目の内一二〇〇貫目は自力、残り五〇〇貫目出願の所二〇〇貫目聴許

旧冬の二〇〇貫目とは別に五〇〇貫目拝借願

外ニ御工夫も無御座、昼夜定之人数之外ニ、又樋壱丁ニ付両人宛相増、食事之間も相怠り不申様、手替人夫御差加被仰付候ニ付、御下知通ニ仕引揚申候、然ル処、涌水已来水引賃銀下地夥敷相増申候上江、御差図之増人夫賃銀相加申候得者、弥銀高相嵩申候ニ付、乍恐午年中入用算用書奉指上候処、追々御紀之上、自分入用銀をも差加、水引賃銀高減少可仕旨被為仰付、殊更御銅座当時御銀操不宜候由、於御江戸表、難為御沙汰及旨を以、段々御理解被為仰聞候ニ付、私所持田畑家屋敷等、不残質物ニ差入、沽却仕候積りを以、最初之水引入用之積り千七百貫目余之内、千弐百貫目余者、自力を以普請等仕立、相残ル五百貫目余奉書上候所、旧冬御銀弐百貫目御手当被成下、向戌年ゟ拾貫目宛廿ヶ年賦ニ返上納可仕旨、被為　仰付、冥加至極難有仕合奉存候、右為引当、家質差上置候様被為　仰付、前段心積りニ仕候千弐百貫目余之所持家屋敷之内、奉指上候ニ付、右之分減少仕候、中々不行届ニ御座候得共、厳重御紀被為仰出候ニ付、不得止事自力相足、右躰ニ御座候処、弐百貫目拝借御手当被為下候而者、午年中水引賃銀諸払、過半相滞稼方差支難渋仕候、素ゟ五百貫目之御銀者、乍恐御銅山(涌脱カ)水為普請料、被為下切之心得ニ仕居申候、且又稼方之義者御銅山水難ニ付、去午年廻銅高五拾万斤余ニ候得共、前々年ゟ少々宛所持銅御座候間、不足之分相償、当未春ニ至七拾弐万斤之仕(都)合奉売上候、今未年者最早所持銅一向無御座候得共、水引不懸候而者、格別出銅も相減可申儀、必然ニ奉存候、然レ共奉歎上候通、御銀五百貫目被下之、鋪中普請鉉捜丈夫ニ仕込ミ申候而、何卒皆上納可仕、其上御恩沢を以普請仕込之品ニ寄、追年増御用銅も出来可仕候義ニ御座候、旧冬拝借被為　仰付候御銀弐百貫目者、質物被召上候得者、前文申上候通、質物ニ可仕家屋敷之内相減申候間、旧冬之外

予州銅山は百年来
掘続けた山である

ニ銀五百貫目無質ニ而被為下之置度、奉願上候、尤急々御下知不被為下候而者、銅山仕込ミ之手後ニ罷成、稼不足ニ相成候而者恐入奉存候、普請工夫之義者無相違相励、往々御定数銅者勿論、増御用銅をも出情仕度志願ニ御座候、予州御銅山之義者、百年来夥敷掘申候義故、無広太土底切広申候得者、平生普請油断不仕、抜群之入用銀ニ候得共、幼年ゟ相馴申候手代共功者を以、相営ミ申候ニ付、少しも御山不為成儀者不仕、開発已来御慈悲を以、不相替御請負被為仰付候御事故、冥加之程弥奉恐入候、大躰難渋之筋者不奉歎候得共、此度之涌水普請者迚も自力ニ不相叶申義故、乍恐再願書奉差上候、且又鋪中鉑所者水問ニて掘レ不申間、先年之稼跡、巌石細鉉下鉑ニ而、勘定ニ引合不申、中絶仕居申候土地江、鉉捜数拾ヶ所立質切貫、不顧損銀普請仕候ニ付、御定数銅涌水以来迚も何分出情仕、無滞奉売上候、万一仕込ミ銀相後申候而者、忽減数可仕之段、重々奉恐入候、此上水引尽、普請成就不仕候而者、追々出銅相減可申、格別減銅等奉願候様ニ相成候而者、山業ニ相離候様ニ罷成、私義者不申上及、銅山数千之者共、終ニ者退散可仕、飢渇ニ及可申と歎ヶ敷奉存候、此上御憐愍を以、願之通り御聞届被成下候者、全普請相仕立、御銅山永続、御用銅差支仕間敷候間、被為聞召訳、願通被仰付被為下候者、難有仕合奉存候、依之不顧恐、再応奉願上候、以上

天明七未年三月

右追願書

乍恐追願書奉差上候

予州別子御銅山鋪中江涌水御座候而、御用銅減数仕候ニ付、勘弁之上減銅不仕、普請相企申度奉存候得共、大造之儀ニ付、自力ニ相叶不申故、今般乍恐再願書奉指上候処、御一覧被下候而、御

長崎表・銅座共、銀繰りよくない事を御用銅紅吹師として承知している

普請元入銀が遅れると、減銅となる

召出之上被仰聞候者、旧冬御銀弐百貫目水為御手当、拝借被為　仰付候得者、最早事治り申候処、又々願書差上候ニ付、御一座御評儀（議）被下候得共、当時長崎表并御銅座共殊之外御銀操不宜、勿論私義者御用銅紅吹師も相勤ル者ニ候得者、御銀操等入割被仰聞候儀、能々相弁候而何分出情仕、最早ヶ様之筋御願申間敷候筈、然レ共御用銅相減申候而者、急度不相済候趣、段々御理解被仰聞、願書御下ヶ被下、委細奉畏候、乍併普請大造之儀故、旧冬御拝借被下置、其余入用銀種々考弁仕、精々自力相尽候得共、普請等行届キ不申、迚も自力不相叶、此上者　御慈悲を以普請不仕而者、是非減銅仕候御儀、恐入奉存候間、又候右御答左ニ奉申上候

本文ニ奉申上候通、普請元入銀遅々仕候而者、自然と稼後レ、差迫り候所ニ而者、減銅可仕外者無御座候、其節ニ至、菟哉角奉歎上候而も無詮義奉存候、惣而鋪中普請之義者、差掛り相営ミ申儀者難仕、其訳者数千間土中ニ而、盤石之内ニ被包居申候鉑石ヲ、鉉捜ニ而切り抜掘り取申候、殊ニ纔之穴之内ニ而仕立申候普請故、火急ニ仕立、或者火急ニ御用銅減数不仕様、兼々普請工夫鍛錬不仕候而者、決而行届キ不申、自力不如意御座候得者、自と普請方衰微可仕哉、然ル時ハ出銅も相衰可申、旁以本文奉願上候通、　御憐愍不被下置而者、是非共減銅可奉願上外者無御座候ニ付、乍恐又々奉歎上候、被為　聞召訳、　御慈悲被為下置候者、私者勿論数千之稼人共山業無恙、冥加至極難在仕合奉存候、以上

天明七丁未年四月五日　　　泉屋万次郎印

銅座
御役所

一二九　買請米払下げ願と下知

天明六丙午年買請御米願并御聞済之扣

予州別子・立川両御銅山買請米願書　　松平隠岐守様　御預り所

乍恐奉願上候覚

予州別子・立川両御銅山、当午年買請御米、去年之通八千三百石御割賦被成下候趣、被為　仰渡、難有仕合奉存候、御直段之儀者例年之通、国々所相場弐割安、代銀十ヶ月延納被為　仰付被下候様、奉願上候、両山其御米之御救を以、可也ニ取続、数千之下財無恙産業仕、冥加至極難有仕合ニ奉存候、御引当家質之儀者、御預り所江差上置申候、以上

天明六丙午年十一月　　泉屋万次郎印

上坂仁左衛門殿

右願書の添書

右者松平隠岐守様御預り所両銅山、当午年買請米、去年之通別子江五千八百石、立川江弐千五百石、都合八千三百石御割賦被成遣候趣、申渡候処、直段之儀者国々所相場弐割安、代銀十ヶ月延納被仰付被下度旨、願出申候、依之伊予米所相場壱石ニ付銀五拾四匁五分、此外弐割安四拾五匁四分壱厘七毛、美作米所相場壱石ニ付銀七拾四匁七分八厘七毛、此外弐割安六拾弐匁三分壱厘八毛替之積を以、代銀取立可申候間、願之通被　仰付被遣可被下候、御引当家質之儀者、両山共御預り所江取付置申候、山業之儀者随分出情仕候様、常々申付置候、以上

松平隠岐守内
上坂仁左衛門印

天明六年午十二月

御勘定所

右願書の御勘定所下知

御裏書ニ

長印　但馬　伊予　藤十郎　御用三郎右衛門　退去左太夫　文蔵　御用金右衛門　門三郎

表書之御預り所予州両銅山、去午年分買請御米之儀、別子江五千八百石、立川江弐千五百石、都合八千五百石、直段之儀者是迄之通、伊予・美作国所相場ニ外弐割安之積を以被相伺、令承知候、於然者伊与国米六千九拾六石九升七合壱勺、但壱石ニ付銀四拾五匁四分壱厘七毛、美作国米弐千弐百三石九斗弐合九勺者、壱石ニ付六拾弐匁三分壱厘八毛替を以、米相渡し候月ゟ十ヶ月延代銀取立之、可被相納候、尤米相渡候ニ応し家質取置、不納在之候者家質取置候積、入念可被申付候、断者本文ニ有之候、以上

押切文蔵　未正月

一三〇　地吉・外之尾御林山の炭山願

乍恐奉願上候覚

予州別子・立川両御銅山、銅吹炭之儀、前々　御料御林山ニ而無滞被　下置候、併莫太(大)之入用ニ付、　御料御林山ニ而稼尽候而者、先々差支之程奉恐入、近辺之土州山林買請相稼候処、数年来之儀ニ付伐尽、依之先年奉願置候趣を以、

明和元申年　御料津根山村之内

一葛川山御林　壱ヶ所

此反別弐千五百弐拾町歩

一鬼ヶ城山御林　壱ヶ所

此反別七百弐拾町歩

右弐ヶ所御渡被成下、追々伐尽候ニ付、是迄御渡山之内伐残之生立、幷今治御領山買請、彼是少々宛取合、当時迄仕成仕候処、是亦伐尽申候ニ付、

一　外之尾御林　　壱ヶ所

此反別八百六拾四町歩

一　地吉御林　　壱ヶ所

此反別八百六拾四町歩

右弐ヶ所御林、此度御渡被　成下候様奉願候、炭御運上之儀者、前々御定之之(衍)通、出来銅千貫目ニ付、炭三千八百九拾貫目、此銀五拾弐匁弐分七厘六毛宛之積を以、指上申度奉存候、両山共数拾ヶ年ニ相成、夥敷炭入用御座候、他領ゟ買請可申も近辺ニ林山無御座、必至と手支難渋仕候、乍恐被為　聞召訳、右願之通御聞済被　成下候ハゝ者、難有仕合奉存候、将又右願書先達而奉指上候所、前々炭山之儀御吟味被　仰付、奉畏候、年旧ク相稼候儀ニ付、得と相紏(篤)、追而御答可奉申上候、御憐愍之上、先地吉・外之尾両御林之儀者、前文申上候通、甚差支ニ相成難渋仕候条、早ク御下知被成下候様、幾重ニも奉願上候、以上

天明六午年十二月

別子・立川両御銅山師
泉屋万次郎印

上坂仁左衛門殿

一三　銅山涌水御手当銀再願の上申

乍恐書附を以奉申上候

予州別子御銅山鋪中涌水之儀ニ付、去午春御手当銀御願奉申上候処、其後銅座於　御役所、追々

御吟味之上、旧臘押詰家質御引当、御銀弐百貫目、来戌年ゟ弐拾ヶ年賦ニ而御拝借被　仰付、冥加至極難有仕合奉存候、然処右御拝借而已ニ而者、万端甚差支難渋仕候ニ付、無拠又々左之通書附を以、御銅座江奉願上候

　一段下ニ而御銅座へ差出候願書写書入

本書記事一二八参照

右之段差廻候儘、恐をも不顧再応御願申上候、涌水之儀も、今以聢々減水も不仕候、此上仕込銀相後レ、水引難尽候而者難相立、益難渋仕歎敷奉存候、素ゟ年来請負被　仰付候御銅山之儀ニ付、何卒〔分〕丈夫出精相稼永続、御用銅差支不申様仕度志願御座候、尤前段之通、御銅座江再願書差上候得共、猶又御預所ゟも御歎被成下、幾重ニも願之通被　仰付被下候ハ者、無此上冥加至極難有仕合奉存候、右之段御届旁、乍恐再応御願〔歎〕奉申上候、以上

天明七未年四月　　予州別子・立川両御銅山師
　　　　　　　　　泉屋万次郎

御預り
御役所

一三二　地吉・外之尾御林山、炭山願の経過

炭山見分後の下知は、遠国ゆえ手間取る

炭山之儀ニ付、御用状書抜

一去月七日御勘定所江横山市郎右衛門罷出、御運上方ニ而花木庄次郎殿江得御意候処、伺方改坂野喜六郎殿御立会ニ而、先達而被差出候炭山願之儀ニ、前々ゟ御渡山ニ相成居候分、今度被相願候御林不残ニ而者、夥畝数有之候得者、一通御見分等被差遣候上ニ而、御下知可有之も難計候、左候時者、差支共無之哉と御尋ニ付、別ニ差支ハ御座有間敷候、併遠国之儀、彼是往返手

間取候時者、毎々申上候通、此内被下置候御林、炭木ニ仕成尽候上之義、　御下知御延滞御座候而者、吹炭差支可申候、勿論深山雪深キ場所、冬分者炭木仕成等も難相成、其上右之通炭木払底ニ成候事故、余計炭ニ仕成置、貯置候事者無御座、夫故何卒早々御聞済被下候様、願出候事ニ御座候得者、　御用銅之御差支ニ可相成程、無覚束奉存候旨申達候所、此段書附差出候様被申聞候間、猶亦罷帰同役共と得申合候上、可申上旨申上置候

一同八日御同所江矢田紋右衛門罷出、伺方改坂野喜六郎殿江可得御意と罷出候処、花木殿御見請、昨日之義書附者如何と被申聞候間、持参候間、差上可申と罷出候旨申達、喜六郎殿江左之通書附壱通差出候処、御同人御一覧之上、随分宜候由ニ而、直ニ庄次郎殿江御渡御対談有之候御様子故、差出置申候、則写書を達仕候

右写書左之通

右炭山願の吟味御答書

与州炭山之義御吟味之御答書　　松平隠岐守
御預所

予州両銅山炭山之儀、右御見分等被差遣候様相成、其上ニ而御下知有之候時者、往返手間取可申、左候而も、是迄之炭山を相稼、吹炭間ニ合可申哉、差支之義ともハ無之哉と御尋ニ付、御答左ニ申上候

炭山之儀、先達而申上候通、前々御渡山ニ相成居候分之内、炭木ニ相成候分ハ追々伐尽し、私領山ニも近山ニ、当時炭木ニ相成候山も無御座候ニ付、此度弐ヶ所之御林被下置候様願出、尤此願之儀、内々者三・四年以前ゟ相願候得共、是迄被下置候御林反別も余程之儀ニ付、成木次第順操ヲも可相成と存候吟味を以、容易ニ取上不申候処、近来之様子ニ而者、払底無紛

候ニ付、無拠奉伺候、右御林被下置、此節専炭仕成置不申候而者、差支ニ相成、難渋仕候旨、銅山師ゟ毎々願出候得者、若御見分等被差遣候上ニ而、御下知御座候様相成候而者、遠国之儀ニ御座候得者、往返手間取、吹炭ニ差支、自御用銅之御差支ニ可相成程、無覚束奉存候間、何分早々御聞済被成遣候様仕度奉存候、右御尋ニ付、御答奉申上候、以上

未三月　　御名内　矢田紋右衛門

御勘定所

右御答書の経過

一同廿四日運上方御呼出ニ付、御同所江高橋孫八罷出候、於運上方、花木庄治郎殿江得御意候処、伺方御月番桜井徳右衛門殿御詰所江被召連、徳右衛門殿ゟ銅山炭山願之儀、此願書之内ニ銅炭とも定有之趣ニ書取有之候得共、壱ヶ年ニ何程ツヽ之運上と申趣不見へ候旨、御尋ニ付、凡六・七貫目之間ニ候旨、申上候処、夫ニ付地よし・外之尾江銅山ゟ方角、又者立木等之御尋四・五ヶ条御座候処、夫々申上置、仕成等之趣御聞込被成候得共、尚明日ニも相糺、壱ヶ年之運上高炭之方計書附見せ候様御申ニ付、奉畏候之段申達罷退候

一同廿五日御同所江矢田紋右衛門罷出、御運上方花木庄次郎殿江、炭運上一ヶ年凡出高書附差上申候、尤昨日被仰聞候趣ニ而者、炭山被下候ハヽ、炭御運上相増候哉と之御尋ニ候哉と相伺候所、左様ニ候旨被申聞候ニ付、此書付調、出高ニ応し炭遣ひ高之割合を以、御運上高凡平均積書附ニ御座候、扨今度炭山被下置候迚、炭御運上過分ニ増候訳無御座、銅出高凡拾壱・弐万貫目程ニ御座候、其吹炭丈御料山ニ而炭仕成出来候得者、炭運上六貫目余取立出来仕候得共、若御山御渡不被下候得者、銅吹立差支候ニ付、無是悲(非)私領山相対ニ而買請炭仕成、其方江運上出

候故、夫丈者　御料之方炭御運上減候、此上御料山不被下候節ハ、私領山見立、炭仕成可申候得共、夫も程能山も無御座、買請相談も不仕候時者、銅吹立減少仕外無御座候、左候得者、銅炭両様之御運上減少者勿論、御廻銅御差支罷成候、私共存寄ニ者、私領ニ而炭山相談出来候共、夫者相止メ、何れ右御林抔も御用木迄も多ク者無御座、雑木多之　御林山、其上第一外江運送出方無之、難所何ヶ年其儘被差置候而も、御益無之事故、炭山願出候秋、幸之御儀、願之通御渡被遣候ハヽ、銅山師方ニも外山払底之砌難有、銅炭御運上も無滞、銅出高ニ応し差出、御廻銅も御差支有之間敷、彼是勘弁仕、此内再応申上候得共、其上之所者御評議次第之御儀役前故、猶又此段申上候旨申達候所、委細御承知之旨被申聞候書附、御請取被成候、尤炭御運上八・九ヶ年以前、殊之外減少仕候節之趣も、一通書附を懸御目罷退候、則差出候一ヶ年凡積書写、進達仕候

炭運上一か年の見積書

覚

一壱ヶ年銅凡出高拾弐万貫目
此吹炭四拾弐万六千八百貫目
但銅千貫目ニ付
炭三千八百九拾貫（目脱）宛
炭御運上銀六貫弐百七拾三匁壱分弐厘
但炭三千八百九拾貫目ニ付
銀五拾弐匁弐分七厘六毛ッヽ
右者凡平均之積ニ御座候、尤壱ヶ年ニ付六貫弐百目余ツヽ、運上取立候得者、十ヶ年之間ニ者千両余ニ相成申候、且炭木仕成候御林上ニ不被下候迄、御林之儀者、深山ニ而往古ゟ少も御益無之

御山ニ御座候間、申上之候、以上

未三月　　　　　　御名内
　　　　　　　　　矢田紋右衛門

　御勘定所

一三三　予州分買請米の渡方延引につき催促願　本書記事一四一参照

備中米取立不足につき伊予米廻米との返答

乍恐以書附奉申上候　（＊印余白書込み、朱書）「△」

＊一予州別子・立川両御銅山稼人為飯料、去午年も不相替国々江御割賦被成下候内、万年七郎右衛門様御代官所伊予国越知・桑村両郡、去午年御成箇弐千八百弐拾六石八斗弐升九合九勺買請御米ニ被為　仰付候処、春以来御渡不被成下候間、稼人飯米差支之趣奉申上、御催促仕候処、御承知之旨御答御座候得共、御延滞故、弥稼方差支申候、其段御預所江奉申上候処、則御催促之御状御遣被下候得共、御渡方無御座候、然処右御米備中笠岡江御積取被遊候趣、承知仕候間、名代之者桑村郡江罷出、御役人様江申上候ニ者、当御料御成米者皆御銅山稼人飯米ニ買請仕置候ニ付、先達而ゟ早々御渡被下候様、御催促申上候処、御返答ニ者、備中御代官所米御取立不足ニ候故、先伊予米を以御廻米ニ被成候、銅山渡米者、追而御作略可被下候との御返答ニ御座候、右様ニ者可在御座候得共、若隙取申候而者稼方ニ差障、御用銅不足仕候旨申上候得共、御聞届無御座、納り御米笠岡江御積取ニ御座候、元来所出生米を以、御直段被為仰付候御儀、繰替御米ニ相成候而者迷惑ニ奉存候、且追々ニ者御渡可被下候得共、既ニ一昨巳年買請米も、午年十一月ニ御皆済ニ御座候、見越之儀恐多奉存候得共、御隙取之儀、彼是相考申候而者、是悲（非）飯米差支申候処必然ニ御座候、去午年抔者、商人米も沢山ニ御座候

故、自力ニも相調候ニ付、御延滞御米相償候得共、当年者売米一切無御座候間、右償米自力ニ者調不申候、就右伊予御代官所御米、急日御渡限被下候ハヽ、稼人者飢餲も不仕山業仕候間、御用銅無滞到来仕候、御繰替米等ニ罷成、去年通御延滞ニ御座候ハヽ、餓死可仕外無御座候ニ付、国々ゟ雇集申候稼人共者退山申付、御米御渡被下候迄者御銅山逼塞仕、地附之者計ニ而相続仕度奉存候、然ル時者、御用銅抜群減数仕候段、御免許被為下候様奉願上候、右之段急々御裁許不被為成下候而者、数千人之者共飢可仕外無御座候条、乍恐御憐愍被為下置候様奉願上候、以上

天明七年未六月

予州別子・立川両銅山師
泉屋万次郎印

一三四　銅山風雨、破損の上申

乍恐書附を以奉申上候

別子・立川両御銅山、夏以来毎々雨中之処、当月十二日夜ゟ大雨、翌十三日未ノ刻ゟ風雨頻烈、同亥之刻漸風相止、雨も少々小降ニ成申候、多人数を以諸方相防候得共、何分風烈、殊谷水夥ク出候ニ付、破損所出来、依之左ニ申上候

一御番所　弐軒
但屋根垣廻吹取申候

一真吹床　四ケ所
但屋根垣廻吹取、土砂馳込申候

一鉑吹床　五ケ所

但右同断

一炭蔵　八ヶ所

但屋根少々吹取申候

一荷物蔵　壱ヶ所

但屋根垣廻吹取申候

一荒物蔵　弐ヶ所

但屋根吹取申候

一柱蔵　弐ヶ所

但屋根垣廻り吹取申候

一鋪風廻シ　壱ヶ所

但吹潰申候

一焼竈　五拾枚

但屋根垣廻り吹潰申候

一下財小家　拾五軒

但屋根吹取申候

諸方往来道・橋夥敷損シ、銅山麓幷炭山迄通路相止申候

右御見分被成下候通、破損所数多在之、稼方相止申候、尤吹家之儀者、不相怠候様厳敷被仰渡候間、人夫大勢相掛り、無油断出情仕候得共、床之内江泥水土砂馳込候ニ付、容易ニ難相調、吹屋

両日相止、取明普請漸成就仕、吹立申候、猶又鋪中江も落水強候間、昼夜少も無油断、多人数掛水引上させ候ニ付、鉑石上り不申、仍而減銅可仕と奉存候、此段御届奉申上候、以上

天明七未年八月

別子・立川両御銅山師
泉屋万次郎代
泉屋治兵衛

泉屋嘉右衛門

一三五　銅山涌水御手当銀の再願書、差戻の訳書

予州別子御銅山涌水ニ付、為御手当と、去天明六午年十二月御銀弐百貫目拝借被　仰付候得共、中々右等ニ而者行届不申候ニ付、当未三月・四月両度、再願書指上候処、当未八月七日従銅座御役所、御呼出シ有之、右再願書御取上無之、御指戻し被成候訳、左之通

一八月七日四ツ時、従銅座御役所御召ニ付、万次郎代次郎兵衛罷出候処、下役田中丈右衛門殿被申候者、万次郎病気不参之義ニ候者、印形取寄可申候旨ニ付、印形持参仕候処、御勘定水上武平次様・御普請役林為三郎様・銅座役人岡本八左衛門殿御列座ニ而、御勘定ゟ被仰付候ハ、予州別子御銅山去ル巳六月ゟ涌水ニ付、普請方為手当と、拝借願書御聞済之上、旧冬銀子弐百貫目拝借被　仰付候、然ル上者、出銅減少不仕候様相働可申段、御請申上候事ニ候、然ル処、当春ニ至減水無之趣ニ而、亦々拝借之儀願出候、右冬拝借間も無之事故、理解申聞候得共、達而願出候ニ付、江戸表・長崎表江も申上候処、去冬拝借被　仰付間も無之候処、涌水相止不申趣ニ而、亦々拝借願出候義、際限無之事故、御聞済無之、願之紙面御差戻シニ候、重而右様之願不仕候様、御評義(議)之上被　仰付候、尚又銅山減銅不仕候様、出情仕候義被　仰付候、右之段承知仕候様被　仰付候、承知之上者、請書印形仕候様被　仰渡、則右之段御文言ニ而御請書江印

再願は際限ないので聞済みなし

形仕、差上候而退出候事
但右御請書写取申度、筆者中迄相聞候得共、今日者殊之外御用繁、御取込之様子ニ而、不明
其義候事
〆

一三六　買請米引当の家質証文書替一件
長堀茂左衛門町分

差上申家質證文之事
一東角ゟ西角迄居宅瓦葺
　表口五拾六間五尺弐寸五歩　裏行弐拾間
諸役
御免地
此代銀百八貫目
右是者泉屋万次郎御請合、相稼候予州別子銅山諸働人為飯米、買請御米被為　仰付候ニ付、右御米代上納期月迄為質物、右之家屋鋪差上置申処実正也、何時ニ而も百八貫目之直段仕候段、相違無御座候、万一万次郎儀、御米代御上納銀相滞候ハヽ、此家屋鋪　御公儀様江可被召上候、其節一言之御訴訟申上間鋪候、家屋鋪成共、又者右百八貫目之銀子ニ而成共、御意次第急度差上可申候、尤此後買請御米被為　仰付候内者、何方江も質物ニ書入させ申間敷候、為其年寄加判、如此御座候、仍而如件
天明七丁未年九月
長堀茂左衛門町
家主　泉屋万次郎
請負人
家主　泉屋万次郎印

年寄　泉屋良右衛門印

松平隠岐守様御役人
上坂仁左衛門殿

北堀江一丁目分

差上申家質證文之事

北側角屋舗瓦葺四軒役
一表口弐拾間　裏行四拾間
此代銀四拾五貫目

右前文之通

天明七丁未年八月

北堀江壱丁目
家主
泉屋万次郎

家主
請負人
泉屋万次郎印

五人組　播磨屋定七印

同
泉屋くに家守
大和屋三右衛門印

五人組
尼屋奥次郎家守
河内屋八右衛門印

同
北村六右衛門家守
阿波屋利兵衛印

同
同
難波屋清兵衛印

同　三笠屋喜兵衛印

同
綿屋しな代判
幸助印

年寄　淡路屋六兵衛印

松平隠岐守様御役人
上坂仁左衛門殿

*

内太郎左衛門町分

（＊印余白書込み、朱書）「此家屋敷、寛政四子（三亥）年十月十日類焼いたし、急々普請難出来ニ付、代り家質富島弐丁目東屋鋪拾間口幷築地四拾五貫目ニ、翌子年三月證文差上、此屋敷家質證文、同年六月廿二日松山御屋敷御下ケ、翌廿四日連印中江印形差戻ス相済、尤丁内帳面ニも記シ有之筈也」

差上申家質證文之事

北側瓦葺壱軒役
一表口拾六間五尺　裏行弐拾間

此代銀四拾八貫目

右前文之通

天明七丁未年八月

内太郎左衛門町
家主　泉屋万次郎

請負人　泉屋万次郎印

五人組　指物屋又兵衛印

同　福本逸斎印

利倉屋利兵衛家守　岡松屋清左衛門印

泉屋万次郎家守　利倉屋喜右衛門印

年寄　雑賀屋嘉助印

松平隠岐守様御役人
上坂仁左衛門殿

豊後町分

差上申家質證文之事

南側瓦葺壱軒半役
一表口拾五間半四寸　裏行拾弐間半

豊後町
家主　泉屋理兵衛印

代銀六拾五貫目

同町
同
同　人印

北側瓦葺壱軒半役
一表口拾五間半四寸　裏行拾三間
代銀三拾五貫目

銀高合百貫目

右者泉屋万次郎御請合、相稼候予州立川銅山諸働人為飯米、買請御米被　仰付候ニ付、右御米代上納期月迄為質物、右之家屋鋪差上置申処実正也、万一万次郎儀、御米代御上納銀相滞候ハヽ、此家屋鋪　御公儀様江可被　召上候、其節一言之御訴訟申上間鋪候、尤此後買請御米被　仰付候内者、何方江も質物書入させ申間鋪候、為其年寄・五人組迄加判仕候処、仍而如件

天明七丁未年八月

請負人　泉屋万次郎印
豊後町
泉屋理兵衛家守
泉　屋　弥　蔵印
五人組　日野屋権　六印
同　川崎屋源兵衛家守
和泉屋治兵衛印
同　日野屋松之助家守
日野屋儀　助印
同　鍛冶清左衛門印
同　和泉屋新助家守
島屋武兵衛印
同　小堀屋恵休家守
小堀屋喜　六印

松平隠岐守様御役人
上坂仁左衛門殿

呉服町分

差上申家質證文之事

北側瓦葺西角壱軒役
一表口四間六寸　裏行拾六間
代銀弐拾六貫目

北側瓦葺壱軒役
一表口三間五尺三歩　裏行拾六間
代銀拾四貫目

銀高合四拾貫目

右前文之通

天明七丁未年八月

同　伏見屋吉三郎家守　富田屋甚七印
年寄　小西甚右衛門印

呉服町
家主　泉屋理兵衛

同町
家主　泉屋理兵衛

請負人　泉屋万次郎印
呉服町泉屋理兵衛家守　紙屋三郎兵衛印
五人組　島屋市助家守　池田屋利兵衛印
同　田麩屋武兵衛家守　海老屋儀兵衛印
同　泉屋七兵衛印
同　加賀屋政五郎家守　船橋屋徳兵衛印

長堀茂左衛門町分

松平隠岐守様御役人
上坂仁左衛門殿

差上申家質證文之事

一東側瓦葺東角三軒役
表口九間　裏行拾七間
代銀四拾貫目

右前文之通

天明七丁未年九月

長堀茂左衛門町分

松平隠岐守様御役人
上坂仁左衛門殿

差上申家質證文之事

高間町分

一南側瓦葺弐軒役
表口八間　裏行弐拾間

年寄　元馬屋次兵衛印

長堀茂左衛門町
家主　泉屋理兵衛

請負人　泉屋万次郎印

泉屋理兵衛家守
泉屋義助印

五人組　奈良屋清右衛門印

同　銭屋弥助家守
山田屋久兵衛印

同　奈良屋弥兵衛印

同　橘屋忠右衛門印

年寄　泉屋良右衛門印

高間町
家主　泉屋育斎

代銀拾七貫目

右前文之通

天明七丁未年八月

請負人　泉屋万次郎印
高間町泉屋育斎家守
多田屋卯右衛門印
五人組　吉野寿斎印
同
吉野屋寿斎家守
吉野屋次右衛門印
年寄　吉野屋正蔵印

松平隠岐守様御役人
上坂仁左衛門殿

差上申家質證文之事

南堀江橘通二丁目
分

瓦葺四方表屋鋪四軒役
一表口四拾壱間壱尺　裏行弐拾七間
裏幅四拾弐間

代銀百三拾三貫目

右前文之通

天明七丁未年八月

南堀江橘通弐丁目
家主
泉屋万次郎

請負人　泉屋万次郎印
南堀江橘通弐丁目
泉屋万次郎家守
明石屋平右衛門印
同家守
山口屋喜兵衛印
堺屋伊兵衛家守
五人組　堺屋小兵衛印

同　大坂屋三右衛門家守
播磨屋九兵衛印
同　大坂屋助蔵家守
大坂屋伊右衛門印
年寄　堺屋伊兵衛印

＊松平隠岐守様御役人
上坂仁左衛門殿

（＊印余白書込み、朱書）
「此家屋鋪、寛政四子年十月十日類焼いたし、急々普請難出来ニ付、代り家質富島弐丁目・湊橋町・信保町三ヶ所ニ而百三拾三貫目ニ子年三月ニ證（文）差上、此屋敷家質證文、同年六月廿二日松山屋鋪ゟ下ル、翌廿三日町内連印、夫々差戻ス、尤丁内帳面ニも記ス有之筈也」

五人組奈良屋清右衛門欠印の断書

未八月九日、松山御屋敷江差出シ候書附扣

乍恐口上

一泉屋万次郎御請負相稼候予州立川御銅山稼人為飯米、買請御米被為　仰付候ニ付、右御米代銀為引当、町内堺筋鱣谷東北側泉屋理兵衛家屋鋪、表口九軒（間）、裏行拾七間、三軒役之所壱ヶ所、代銀四拾貫目之質物ニ差上候ニ付、右證文年寄・五人組加印仕候処、五人組之内奈良屋清右衛門義、当時於　東御番所様、御吟味之義ニ付、町内江御預ヶ被為　仰付罷在候、依之右差上候證文五人組之内、奈良屋清右衛門落印仕候ニ付、此段御断奉申上候、以上

天明七丁未年八月

長堀茂左衛門町
請負人　泉屋万次郎印

同町家主　泉屋理兵衛印
同町年寄　泉屋良右衛門印

松平隠岐守様御役人
上坂仁左衛門殿

泉屋育斎と改名の断書

未八月九日高間町名前、断書差出ス扣

覚

立川御銅山買請御米代御引当家質證文五通之内、高間町泉屋育斎名前壱ヶ所御座候訳者、先理兵衛隠居仕育斎と相改、右家屋鋪其儘所持仕罷在候義ニ御座候、此段書付を以御断奉申上候、以上

天明七丁未年八月　泉屋万次郎印

松平隠岐守様御役人
上坂仁左衛門殿

年寄・五人組の奥書・連印頂きにつき一札

未八月九日茂左衛門町江差出ス書付扣

一札

一予州別子御銅山稼方為飯米、御米買請代銀為引当、万次郎居宅表口五拾六軒（間）五尺弐寸五歩、裏行弐拾間之所壱ヶ所、代銀百八貫目之質物ニ差上候ニ付、右證文ニ御年寄御奥印被成被下候段、忝奉存候

一同国立川御銅山稼方為飯米、御米買請代銀為引当、当町堺筋鰻谷角泉屋理兵衛家屋鋪、表口九間、裏行拾七間、三軒役之所壱ヶ所、代銀四拾貫目之質物ニ差上候ニ付、右證文ニ御年寄・五人組中御印形被成被下候段、忝奉存候

右弐ヶ所家屋鋪質物ニ差上候内者、家質書入等ニ一切致申間敷候、万一御米代銀相滞、右家屋敷差上候歟、又者銀子ニ而差上候節、右家屋敷ニ而不足銀在之候ハヽ、万次郎所持之掛ケ屋鋪之内、何方ニ而も御差図次第売払、急度相償、御年寄・五人組中江少しも御難義懸ケ申間敷候、為後日、

仍一札如件

天明七丁未年八月

泉屋万次郎印

泉屋理兵衛印

年寄

泉屋良右衛門殿

泉屋理兵衛家屋敷

五人組中

豊後町・年寄加印につき一札

未八月　豊後町年寄・五人組江差出ス證文之写

右者先吉左衛門并先理兵衛之節、家質ニ差上候処、此度新證文ニ御改被成候ニ付、先規之通各方御印形被成可被下候、然上者右之儀ニ付、万一銀百貫目之引当ニ難届キ品在之候ハヽ、我々ゟ銀子差出し、御町中江御損懸申間敷候、尤右之外ニ同町理兵衛所持之家屋敷、表ロ七間ニ裏行拾弐間半壱尺六寸五歩、但半役壱ヶ所、万一前書之引当テ不足仕候ハヽ、是又早速売払、質物ニ差出させ可申候、然者右家屋敷之分質物ハ勿論、引当書入売払之義、勝手ニ仕間敷候、為後日、請負證文仍如件

天明七丁未年八月

長堀茂左衛門町
請負人　泉屋万次郎印

豊後町
泉屋理兵衛印

年寄
小西甚右衛門殿

五人組中

御町中

一三七　銅山附御林山の見分一件

津根山・別子山村両庄屋召出し、御林の儀御尋ね

御吟味御下役柳田喜十郎様・御普請役和田繁蔵様、御銅山附御見分御順見書之写

覚

柳田喜十郎様・和田繁蔵様、八月十六日浦山江御入込、翌十七日より御見分、廿八日迄ニ相済、廿九日同所御引払、鬼ヶ城山御遠見、同日津根山村之内、城師名御止宿、朔日ニ者津根山・別子山境おばこ道別江御越、同所ニ而葛川・折宇・寺野山御遠見、同境城師江御帰駕御止宿、二日ニ者同所御逗留、津根山・別子山両庄屋御召出し、御林之儀御尋、三日城師御引払、別子村保野（保土野）名御昼休、夫ゟ弟地炭宿御立寄、御酒・吸物等差上、暮方銅山江御着在之候、四日・五日者銅山御逗留、両役所・釜方・稼場・七番山も槙木尾迄御越し中、得と御遠見、六日銅山御引払、立川中宿江御着、十三日同所ニおいて御認もの在之御滞留、十四日同所御引払、浜口屋江御越、今日迄御認もの在之候、明十七日ニハ相済可申候よし、十八日御乗船可被成段、被仰聞候

一地吉・外ノ尾絵図一枚、并御林覚書差登セ申候、右ニ而御承知可被下候

右之通御座候、以上

九月十六日　　　同　治兵衛
　　　　　　　　　　嘉右衛門

泉屋万次郎様

＊

○　＊印の箇所に次のような絵図を綴込んでいる。

（包紙）「外ノ尾　絵図」

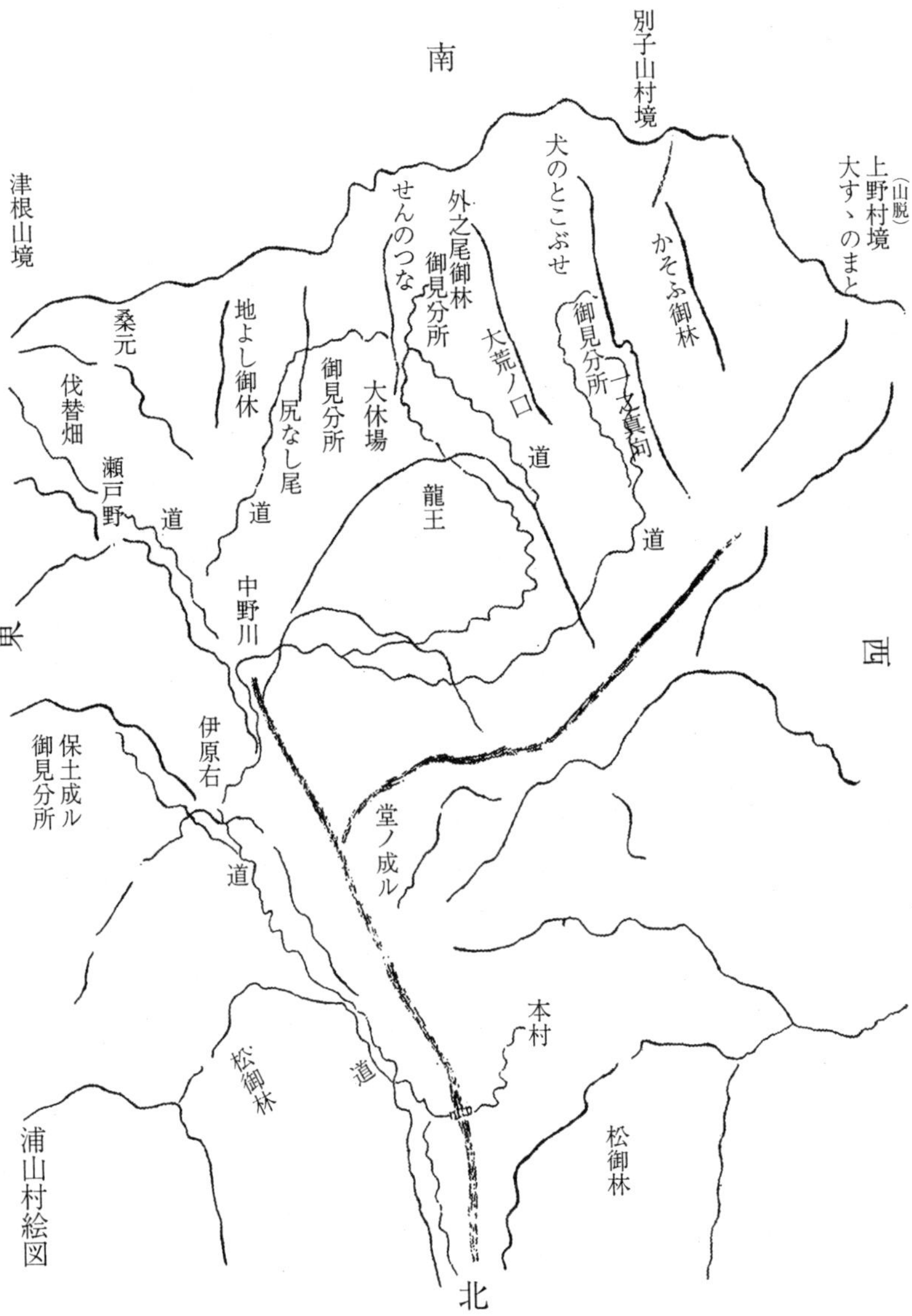
南
別子山村境
上野村境（山脱）
大す、のまと
かそふ御林
犬のとこぶせ
御見分所
一之真向
道
大荒ノ口
外之尾御林
御見分所
せんのつな
道
大休場
龍王
御見分所
尻なし尾
地よし御休
道
桑元
伐替畑
瀬戸野
道
津根山境
中野川
東
西
伊原右
保土成ル
御見分所
堂ノ成ル
道
本村
松御林
道
松御林
北

浦山村絵図

地吉・外ノ尾御林山の御尋につき上申

銅山まで三日の炭山、途中炭宿二か所取立て

御林一件書付之写

御尋ニ付申上候書附

予州宇摩郡浦山村之内、字地よし・外ノ尾弐ヶ所御林、別子銅山炭山御渡被下候様、去午年奉願候ニ付、此度各様被成御越、右地所御見分在之、炭山焼仕成方委細可申上旨、御尋ニ御座候間、左ニ御答奉申上候

浦山村
字地よし
一御林　長千八百間　横千四百四拾間　壱ヶ所

此反別八百六拾四町歩

是者七拾八年以前、宝永七寅年銅山附御林ニ被仰付、当時栂・雑木大木も在之、其外小苗木生立在之、番人等附置、大切ニ相守罷在候

同所
字外ノ尾
一御林　長千八百間　横千四百四拾間　壱ヶ所

此反別八百六拾四町歩

是者右同断銅山付御林ニ被仰付、当時檜・栂・雑木大木も在之、其外小苗木生立在之、番人附置大切ニ相守罷在候

右弐ヶ所御林之儀、銅山ゟ道法五拾町ニ而五里半余在之、道法遠、炭山ニ仕候ニ者重荷相掛り、山谷越仕候間、何れ三日程ならてハ銅山江着不仕、依之中次炭宿弐ヶ所相建、継送り仕候積り、尤壱ヶ所者、先年ゟ有来り候之所相用、壱ヶ所新規ニ相建申候、且亦炭焼仕成方者、右両御林共至而嶮岨之嶽山ニ而、難所多御座候得共、手都合宜谷々之内見立、所々炭焼竈築等焼取候分、

追々銅山江持運ひ申候、炭木之儀者、所々ニ実木相立置、其外細木・小苗木之分相残し、山番人附置手入仕、成木之砌相伺候之上、炭木仕成候様ニ仕、両御林とも、当時目通り八・九寸壱尺廻り程之若木生木在之候得共、此分炭木ニ相成不申候間立置、其外小苗木等多分在之候間、別段ニ植付仕候ニもおよひ不申、大木伐採候得者、猶以成木生立宜可在御座と奉存候、前書両御林、此度御見分御糺之上御伺被　仰上、御下知之程難計、恐入候御儀ニ者御座候得共、別而銅山炭山、当時所々御林山々幷他領百姓山等迄焼尽、炭木難渋仕候間、銅山附先年御渡山ニ相成候別子山村御林之内、土地宜場所者若木伸立も在之候分、所々少々宛焼仕成仕候得共、昼夜無怠隠吹立候炭木之義、大造之入用ニ御座候処、近辺山林も無御座候間、何分願之通被仰達被下置、早速御下知御座候様仕度、此段御聞済之上、被仰立被下度奉願上候

一地よし・外ノ尾御林弐ヶ所、此度御見分之上御伺被仰上、御下知之程如何御座あるべく哉も、難計被思召候得共、右願之通被仰付候上者、何ヶ年程炭仕成候哉之段、御尋ニ御座候

此儀前書申上候通、嶮岨之儀風当強、峰通之分者至而伸立悪敷、年限之義治定仕御請答難仕御座候得共、両御林ニ而三・四ヶ年程も焼仕成可仕段、申上候処、被仰聞候者、宝永年中私領上地之砌より銅山付御手当ニ相成、其後手入毎之御林ニ而、大木生茂り在之候御林之儀ニ而、御見分之趣ニ而者、八・九ヶ年も炭仕成可相成様被思召、遂一御吟味之趣承知仕、御見分之上、再応御理解之趣、無拠奉存候処、右ニ付別子山御林之内、若木伸立之分幷地よし・外ノ尾最寄百姓山等相対を以買請、右御林炭焼仕成候序、彼是見込候ハヽ、凡七ヶ年程炭可仕、左候得者、所々御林山々伸立木茂り在之、仕成候ハヽ、拾四・五ヶ年も相続仕、只今之考

御林山ばかりにて炭仕成したい

ニ而者、其余も順繰宜罷成候ハヽ、御林山計ニ而炭仕成も罷成候様ニ相成候得者、他領山買
請不仕候共、吹炭相続可仕哉奉存候
右之通御尋ニ付、奉申上候通少も相違無御座候、以上

未九月

別子・立川両御銅山師
泉屋万次郎代
嘉右衛門印
次　兵　衛印

柳田喜十郎様
和　田　繁　蔵様

折宇山・葛川山・鬼ヶ城山・寺ノ山・峨蔵山の御林御尋につき上申

御尋ニ付申上候書附

予州別子銅山炭山伐尽候ニ付、同国宇摩郡浦山村字地よし(吉)・外ノ尾弐ヶ所、御林炭山ニ被仰付候之様、去午年奉願候ニ付、此度各様被成御越、右地所続山、先年炭山ニ御渡在之候同村之内、字かぞふ(峨蔵)山幷津根山之内、字鬼ヶ城山・葛川山・寺ノ山・折宇山、右五ヶ所御林山御見分在之、先年炭木伐採候年数、其外炭山仕立方之儀、委細可申上旨御尋ニ御座候間、左ニ御答奉申上候

字折宇山
一御林長千五百間
　　横九百間
津根山村
壱ヶ所

此反別四百五拾町歩
是者先年御渡し山ニ相成候、其後三拾四ヶ年以前、宝暦四戌年御届ヶ申上、炭木仕成
仕候間、檜・樅・栂其外雑木若木生立、当時目通り壱・弐尺廻り之成木も在之候間、

六・七ヶ年も相立候ハヽ、随分宜炭木御用立可申候、尤若木ニ付、凡三ヶ年程も焼可申と奉存候

字葛川山　　同村
一御林長四千弐百間　　壱ヶ所
　　横千八百間

此反別弐千五百弐拾町歩

是者弐拾三ヶ年以前、明和二酉年奉願炭山ニ御渡在之、鬼ヶ城山一同炭仕成仕、両御林ニ而巳年迄九ヶ年之間焼申候、当時檜・樅・栂、其外雑木五・六寸ゟ壱尺廻り迄、若木幷ニ小苗木生立在之、凡拾五・六年も相立候ハヽ、随分宜炭山ニ罷成可申と奉存候、勿論右之内所ニ寄土地宜場所、其外先年炭木伐採候節、小苗木立置候分ハ、当時伸立も宜御座候間、折宇山焼仕成候次ニ追々焼可申候得共、是又三ヶ年程も焼可申と奉存候

字鬼ヶ城山　　同村
一御林長千八百間　　壱ヶ所
　　横千弐百間

此反別七百弐拾町歩

是者葛川山一同弐拾三ヶ年以前、御渡山ニ相成、其後拾五・六年以前、葛川山一同炭仕成仕、安永二巳年迄焼取候ニ付、当時檜・樅・栂、其外雑木共小苗木生立在之候得共、凡弐拾ヶ年も相立不申候而者、炭木御用立申間敷奉存候

字寺ノ山　　同村
一御林長四百弐拾間　　壱ヶ所
　　横百八拾間

此反別弐拾五町弐反歩

是者先年御渡山ニ相成炭仕成仕、其後伸立木在之、三拾四年以前、宝暦四戌年御届申上伐採、其後伸立候分八ヶ年以前、安永九子年是亦御届申上、炭木仕成仕候処、一躰松木山ニ而雑木も更在之炭木伐採、尤松之木分ハ吹炭ニ難相成候間、銅山鋪中、其外入用板材木ニ伐採、残り之分ハ実木ニ立置、今以入用之節者伐採、銅山手当ニ相残置申候、勿論松、其外雑木・小苗木生立在之、右之内小苗木手薄之場所者、自分入用を以苗木植付、年々無油断手入仕候得共、炭山ニ相成候ニ者三拾ヶ年も相立不申候ハヽ、炭山ニ御用立申間敷哉と奉存候

炭山には三〇年かかる

浦山村
壱ヶ所

字がぞふ山
一　御林長千八百六拾間
　　　横千八百間

此反別千百拾六町歩

是者先年御渡山ニ相成、其後度々炭木伐採り、其後伸立木在之、六ヶ年以前天明二寅年ゟ卯年迄、二ヶ年炭木仕成仕、当時小苗木相残置候得者、凡三拾ヶ年余も相立不申候ハヽ、炭木御用立申間敷哉ニ奉存候

右五ヶ所御林山々之内、字折宇山・寺ノ山・がそふ山三ヶ所之儀者、七拾八年以前炭木御渡山ニ相成、元録(禄)四未年ゟ享保三戌年迄弐拾八ヶ年之間、夥敷入用炭木・焼木ニ追々伐尽候処、御料所之内、銅山最寄御林無之ニ付、土州御領分小麦瀬(畝)山・太平山・桑瀬山・一ノ谷山・大北川山・上瀬戸山、右七ヶ所山々、享保四亥年ゟ宝暦四戌年迄三拾六ヶ年之間、追々願請炭木等取越申候ニ付、右御領分江運上銀差出申候、尤御料請山ニ而も、少々つゝ伸立候場所者炭仕成仕、

土州領の七か山

其分者御改を請、御運上銀少々宛毎年奉差上候、夫ゟ前書折宇山・寺ノ山弐ヶ所、伸立木在之、御届之上炭木仕成候之処、両山共ニ小山之儀ニて、其砌前年他領山買請、焼取候残り炭御座候間、足炭ニ仕候得共、是以吹炭不足仕、無拠御願申上、里方ニ而買炭等仕、吹炭ニ仕候、其後

土州領浅谷山・葛川山・鬼ヶ城山の御林

宝暦七丑年土州御領分浅谷山願請、明和二酉年迄九ヶ年之間、炭仕成候分運上銀者、年限之間他領江相納申候、其後明和元申年津根山村之内、字葛川山・鬼ヶ城山弐ヶ所御林奉願、翌酉年ゟ安永弐巳年迄九ヶ年之間、炭仕成仕、其後ハ銅山付別子山村御林之内、少々宛伸立候場所御願申上、炭仕成仕、御運上銀差上候得共、吹炭不足仕候間、

土州領上津川山と今治領猿田山

安永四未年より土州御領分上津川山、并今治御領分猿田山願請、天明元丑年迄七ヶ年間炭諸仕成仕、御運上之義ハ前々之通、他領江相納候ニ付、差上不申候、其後前書字がぞふ山伸立木在之、御届申上、天明二寅年ゟ翌卯年迄炭仕成仕候得共、大造之炭木ニ而山々焼尽し、銅山最寄百性林等も無御座、差当り難渋仕候ニ付、別子山御林之内、土地宜場所若木伸立在之分、当時所々江手分ヶ仕、炭焼之者差向炭仕成仕、御用銅無滞吹立仕候得共、前書之通炭木差支難儀仕候ニ付、

地吉・外ノ尾山の御林

去午年浦山村地よし・外ノ尾御林弐ヶ所、炭山御渡被成下候様奉願候御義ニ御座候、然ル処、右地よし・外ノ尾両御林、此度御見分御吟味之上、御伺被仰上、御下知之義如何可被仰付哉も、難計御義御座候得共、願之通御渡し山ニ相成候得者、来申年ゟ来ル寅年迄七ヶ年之内、炭木仕成仕、左候得ハ、前書申上候折宇山、引続炭木御用立候様ニ罷成、右之分三ヶ年程も焼取候儀ニ付、右仕成御内ニ者、葛川山之義も伸立候分、又三ヶ年程炭木仕成候ハヽ、右年来之内ニ者銅山附別子山村御林之内ニも、若木伸立も在之、其外御林近辺百性林ニも炭木ニ相成候分、相対ニ而儳(纔)之価ヲ以買請、

御林山焼御序、取交炭仕成候様可罷成、左様相成候得者、彼是見込、来申年ゟ来酉戌年比迄、拾四・五ヶ年程之間、銅山炭木差支候義、在御座間敷、右之通り順繰り宜罷成候得者、其内ニ者外山々若木伸立、手支無之吹炭相続可仕奉存候、勿論右之通被仰付候得者、炭仕成方ニ応シ

銅山附御林五か所の苗木仕立方御尋ね

御改之上、御運上之義も無滞相納り可申候、且亦右五ヶ所御林之義、先年より追々炭山ニ御渡被置候分、苗木仕立方之義御尋ニ御座候処、都而炭木伐採候はは(ママ)、実木等所々ニ立置、并小苗

自分入用を以て、小苗木植付

木生立在之分、相残置候而、手薄間遠之場所者、自分入用を以小苗木植付仕、御林山々何れ番小家相建、山守番人附置、時々見廻生立方見届、手入仕候義ニ付、当時孰レ之山々も小苗木生立方、此度御見分之通、随分手厚ニ御座候

右御尋ニ付奉申上候通、少しも相違無御座候、以上

別子・立川両御銅山師
泉屋万次郎代
嘉右衛門印
治　兵　衛印

未九月

柳田喜十郎様
和　田　繁　蔵様

銅山御林覚書

御銅山御林覚書之扣

一元録(禄)四未年御銅山初入より、銅吹炭并鉑石焼候木、鋪中入用材木、御銅山近辺御林山ニ而被下置、諸仕成仕候、其後追々山伐尽し候ニ付、宝永年中遠藤新兵衛様御支配之節、別子山続津根

津根山・浦山の御林

山・浦山、一柳権之丞様御知行所ニ而御座候所、御附山付ニ仕度旨奉願候処、御吟味之上、御支配地ニ罷成、右御林山御銅山附ニ被　仰付、宝永七寅年御渡山ニ相成申候、依之元録(禄)四未年

土州領の七か山

より享保三戌年迄、弐拾八ヶ年之間、夥敷入用炭木・焼木ニ追々伐尽し、若木苗木ニ罷成、入用過半不足仕候得共、御料所之内、銅山最寄之御林無之ニ付、土州御領分小麦畝山・大平山・猪川山・桑瀬山・一之谷山・大北川山・上瀬戸山、右ヶ所享保四亥年ゟ宝暦四戌年迄三拾六ヶ年之間、追々ニ願請、炭木等取越申候ニ付、右御領分江運上銀差出し申候、尤御料請山ニ而も少々伸立候場所者、炭仕成仕候ニ付、其分者御改を請、御運上銀少々宛も毎年奉差上候

折宇山・寺ノ山御林

一宝暦四戌年津根山村之内、御林折宇山・寺ノ山伸立在之候ニ付、御届申上仕成仕候、両山共小山之儀ニ候得共、其砌者前年他領山買請、焼取候残炭御座候間、足シ炭ニ仕候得共、是以最早大減仕候ニ付、銅吹炭過半不足仕候ニ付、翌亥年土州御領浅谷山願出候処、外木山師掛居候ニ付落着不仕、手支ニ罷成候間、無拠御願申上、里方ニ而買炭仕候、其後宝暦七丑年土州御領浅谷山願請、明和二酉年迄九ヶ年之間炭仕成仕候、御運上之義者、右年限之間他領江相納申候

土州領浅谷山

葛川山・鬼ヶ城山の御林

一明和元申年より御聞済、翌酉年御渡し、安永二巳年迄九ヶ年之間、津根山之内葛川山・鬼ヶ城山仕成申候、其後ハ別子山御林之内、少々宛伸立候場所御願申上、仕成間渡居候得共、小木之義、吹炭不足仕候ニ付、亦々安永四未年ゟ土州上津川山、幷今治御領猿田山願請、天明(元)丑年迄七ヶ年之間、炭諸仕成仕候、御運上之義者、前々奉願上候通、他領江相納候ニ付、差上不申候

土州領上津川山と今治領猿田山

峨蔵山の御林

一右山焼尽シ候ニ付、浦山御林之内がぞふ山奉願候処、御渡被成下、天明二寅年ゟ翌卯年迄ニ仕

成仕廻候故、外ニ最寄之場所無之、必至と差支申候間、浦山之内先年ゟ御手当ニ被成置候地よし・外ノ尾弐ヶ所、奉願上候処、未御下知無御座候ニ付、差当り難義仕候処、別子山之内、少々宛伸立候場所所々江手分ヶ、炭焼人夫差向仕成仕候、乍去是以小木之儀ニ付、無程相仕舞可申奉存候

地吉・外ノ尾山の御林

一　御領所御林山反別、字左ニ
一　足谷御銅山　　一　七番山
一　日浦谷　　一　新山
一　瀬庭谷　　一　十ヶ谷
一　大野谷　　一　一ノ谷
一　床鍋谷　　一　葛籠山
一　泉谷　　一　谷山
一　殿ヶ関　　一　大野山
一　長門山
〆右陰地之分
一　大谷
〆右日之地之分
右御林壱ヶ所
此反別壱万七千七百五拾弐町壱反歩

方限り
（一脱）東者津根山境
一西者立川峰境
一南者土州境
一北者種子川境

銅山近辺四〜五〇町銅煙で諸木生えず
七番山は非常の備え

右之内御銅山近辺四・五拾町程も、銅煙ニ而諸木生立不申候、尤七番山と申山者、銅吹炭幷鋪留木等ニも相成候木在之候得共、是者御銅山非常之備ニ而、已前ゟ囲置申候、其外近山之分者、鉑石焚込候入用焼木、幷鍛冶炭等ニ仕成取越申候
右者御銅山開発ゟ御吟味之上、御銅山附ニ被下置候

折宇山

一津根山村之内
一折宇山御林　壱ケ所
此反別四百五拾町歩
傍示
一西者上成保ロ梅木ニ極印在之候、少シ下り芽野頭を下り、長荒尾筋ゟ中之谷両谷之出会迄
一東者葛川山境畝限り、土州通路道迄
一北者折宇谷道別れゟ同御林土州道之下伝、次郎作り峰ゟ中ノ尾両谷之出会迄
一南者土州北川境峰三ツ森限り
〆

寺野山

一寺野山御林　　壱ヶ所

此反別弐拾五町弐反歩

傍示

一東者ぬるひ滝谷頭之谷限り、山神之北尾筋立会、印立置

一西者別子山村境たりやうす谷限り

一南者大川筋百姓田地境

一北者上者焼野之尾筋、下者山神之北尾筋、印迄

右弐ヶ所之山、宝永七寅年御願申上、其後度々焼出候ニ付、小木ニ而御座候

鬼ヶ城山

一鬼ヶ城山御林　　壱ヶ所

此反別七百弐拾町歩

傍示

一東者ナベラ谷限り

一西者桑本

一南者峰通境目

一北者ヲモ谷流

〆

葛川山

一葛川山御林　　壱ヶ所

此反別弐千五百弐拾町歩

傍示

一東者三ツ森サルダ(猿田)境

一西者大荒谷境

一南者土佐境

一北者コマドチ

〆

右弐ヶ所明和元申年御願申上、同九辰年迄九ヶ年之間焼出し申候

一浦山之内

峨蔵山

一がぞふ山御林　　壱ヶ所

此反別千百拾六町歩

傍示

一西者上(山脱)野村境、大すゝまと

一北者大すゝ谷伝、権現谷落合限り

一東者落合ゟ尾伝、一之抹香見通シ、夫ゟ尾伝、犬の床ふせ迄見通シ

一南者峰、別子山村境

〆

右者宝永七寅年御銅山手当ニ被下置候ニ付、天明二寅年御願申上、炭焼出し申候

一所々御林道法里数左ニ

一別子山壱ヶ所　但居村之義ニ付道法遠近在之、不詳成

〆

一葛川山・鬼ヶ城山迄凡六・七里程

一寺野山・折宇山江凡五里程

〆

右四ヶ所津根山分

一浦山之内がぞふ山江凡三里余

右之分銅山ゟ東江当ル

右両御銅山附ニ前々ゟ被　仰付置候、尤道中筋御林計り通路仕候儀ニ而者無御座候、御百性中人家御高請之場所も数多通路仕候

右之通御尋ニ付、銅山仕来申上候処、相違無御座候、以上

未九月

別子・立川両御銅山師
泉屋万次郎代
嘉右衛門
治兵衛

柳田喜十郎様

和田繁蔵様

一三八 越智・桑村両郡へ買請米貸付御尋につき御答書

未八月予山ゟ来ル返答書写　「〇」（＊印余白書込み、朱書）

伊予国越智・桑村両郡御米之儀、備中江御掛合之上御尋之趣、御答左ニ申上候

本書記事一四一参照

越智郡は取替米を皆済したが、桑村郡は皆済せず

*一両郡取替米と申者、先年米下直之砌、御銅山方臨時用意米ニ調置申候処、先方ゟ達々頼ニ付貸付申候、則御代官所御役人中様御奥印、村方庄屋中連印之證文取之、貸付返済之儀者新穀を以相払済置、翌年御皆済之砌、前年之通断被申出候得者、如右執計新證文ニ引替、皆済手形相渡シ申候ニ付、是迄郡中差支(衍)無差支御座候、当年桑村郡御庄屋中、断ヶ間敷儀被申出候ニ付、返答ニ者数年仕来り之通り取計可遣、左候得者、少も於村方差支無御座旨、種々申聞候、依之越智郡之儀者得心之上、取替米分相済〆申候、桑村郡而已者仕来通之心得無御座候、且又去歳證文不引替儀者、霜月末ニ至り皆済之刻、借米断り被申出候ニ付、御奥印之證文、前来之通持参可被致旨申談候処、渡海御願等致、彼是候而者霜月皆済不調、一統恐入候ニ付、何卒古證文を以貸呉レ、新證文ハ無程致渡海、御印願請、新古引替可申之旨、庄屋中断ニ付證文取之、古證文ニ而貸付米仕候、其後段々催促仕候得共、以今引替不仕候、右之趣御座候得者、午年御年貢被相払候共、郡中聊差支無御座様奉存候、尤辰年取替米之儀、別段之取計仕、午年御年貢請取候時者、此内不埒之次第を以相考江候而者、転(輾)々敷熟談も難相調、銅山方大ニ迷惑之筋ニ可押移も難計奉存候、何卒右申上候趣御差含被成下、御掛合被成下候ハヽ、銅山方ゟも功者之もの差遣、委細之儀者、於御向方対談候様仕度奉存候、則是迄之次第別紙證文之写弐通、奉入御覧候、以上

天明七未年八月

大坂泉屋万次郎代
泉屋治兵衛
泉屋嘉右衛門

一三九　銅山悪病流行、稼方差支の上申

未八月銅山病人多候ニ付、減銅断書之写

乍恐書附を以亦々奉申上候

別子・立川両御銅山諸稼人共、先達而御届奉申上候通、病人移敷（夥）御座候処、於此節者日々相増、就中鋪中水引人夫過半不足仕候、乍去水引之儀者、片時も油断不相成儀故、少々達者付候ものハ不残相集、差向為防居申候、依之鉑石曾而上り不申、右ニ准吹方も不足仕候ニ付、当月分出銅減少可仕と奉恐入候間、又々此段御届奉申上候、以上

天明七未年八月

泉屋治兵衛
泉屋嘉右衛門

右再上申

未八月末ニ山内悪病流行ニ付、稼人夥打臥候ニ付、減銅断書左ニ

乍恐口上

先達而ゟ山内悪病流行、稼人夥敷打臥候得共、鋪中水引方者片時も油断不相成、殊更兼而御承知被為下候通之涌水防方而已ニ打懸り、鉑石曾而上り不申、手後レニ罷成、出銅減少之程難計、奉恐入候ニ付、其段御届申上候処、御時合柄出銅大減仕候而者、若買請御米抔之障等被　仰出而者、至而不軽御事、何分出情稼埋候様、達々御入割被仰聞奉畏候、当月分之儀者、最早無余日御儀候得共、可仕様も無御座候、尤次第ニ冷気ニ趣候得者、追々全快可仕候条、随分勘弁之上、出情稼埋候様可仕候間、幾重ニも宜敷御聞済被為成下候様仕度奉存候、以上

天明七未年八月末出之

泉屋治兵衛
泉屋嘉右衛門

右再々上申

浮種病と傷寒流行

芸州・讃州で雇入

乍恐亦々御届奉申上候

追々御届奉申上候通、山中江浮種病幷傷寒流行仕候所、浮種病者次第ニ相治り申候得とも、傷寒今以退治不仕、死亡候者過半御座候間、隣国幷近在之者共者逃帰り申候ニ付、寄稼人無御座候、居下財達者之分者、多分水引方江差遣申候ニ付、当月鉑石上り方ニ不足仕候、剰去ル十五・六両日大雪風ニ而、吹方懈怠仕候間、稼方差支申候、就右芸州・讃州辺江追々雇附ニ差遣、少々宛入山仕候得共、稼馴不申仕業故、丈々敷無御座候、併多人夫雇附入山仕候ハヽ、何分出情仕度志願ニ御座候、此段乍恐亦々御届奉申上候、以上

天明七未年十月　泉屋嘉右衛門

一四〇　買請米代銀の延納願

申年（天明八）七月迄延納願

乍恐書附を以奉歎上候

別子・立川両御銅山稼人為飯料、買請米毎歳被為　仰付候得とも、多人数之飯料行足り不申段者、前以奉申上候御儀、剰近年別子御銅山鋪中涌水ニ付、水引多人夫相増候故、被為　下置候御米石数之外ニ買足シ、飯料数千石、以前ニも不奉存高直之米相調、殊近国ニ而者払底之年柄故、北国辺迄も調ニ罷越、彼是雑用運送等夥相懸り、弥元直段高直ニ罷成、夥敷代銀ニ而甚銀繰合差支、難渋至極奉存候得共、稼人飯料者其切之義故、不得止事、他借銀を以当時新穀迄漸々取続、稼方不怠出情罷在候処、不計山中江悪病流行仕、段々及死亡候儀、勿論大病故達者仕候而も、中々土中稼難仕義故、御運上銀過半減数仕、恐入候御儀ニ奉存候、且又及減銅候ニ付、銅代銀も減少仕、弥不調大難渋ニ差廻り候、就右御上納銀之儀、正・二月御定例之処、奉恐入候御歎ニ候得共、申

年七月迄御延納被為　仰付被下度、奉願上候、右躰御歎申上候儀、御呵之程至而恐入奉存候得共、如前文之不仕合ニ付、いヶ躰ニ奉存候而も銀繰合相調不申、無拠奉歎上候条、御憐愍之上七月迄御差延被為下候様、精々奉歎上候、以上

年号月

一四一　予州分買請米催促願の提出方手違い一件

御米之儀ニ付、愛宕下ゟ御察当之儀有之、中橋店ゟ申来、其段銅山方江掛合候所、左之通申来候ニ付、則江戸店江写書差下候趣、如左之

九月十二日出江戸来状写御下被下、拝見仕候

一万年様御支配地御割賦米之分者、一粒も御渡不被成下段を以、松山表ゟ御奥書御調印、御勘定所江御指出候所、段々御尋之品も有之、右振合を以、愛宕下ゟ御勘定所江御答被仰上候所、亦御用書ニ者相渡り候分も余程有之段被仰遣、御催促とハ大ニ相違ニ付、此上如何様之御尋可被仰出哉、甚以御当惑之段被仰聞候、勿論登山ニおいて御吟味方不行届之旨、被仰候由

松山表の関知せぬ偽りの願書提出に立腹

一第一不埒と申者、御米請取候ハヽ、不限多少、早速御米請取方可致届事、先代ゟ精々被仰付置候所、此度者偽を以願書為指上候事者、愛宕下ゟ御勘定所江御一言も可申上様者無之、松山御掛り御衆中も無此上不念ニ相成候条、甚以不行届之致方等被仰聞、以之外御立腹御座候由、依之中橋ゟ御答之趣御来書ニ而承知仕候

一従松山表如何被仰遣候哉、其儀難計候得とも、六月已来差出候願書、左ニ申上候

乍恐書附を以奉申上候

万一の大差支は御公儀に対し恐入る

別子・立川両御銅山稼人飯料差支ニ付、去午年御米早々御渡被為成下候様、毎々奉願上候処、御百姓方江川之江御表ゟ厳敷被仰付被下候趣、承知仕、依之私方ゟも毎度催促仕候得とも、今以一向相納り不申、御村方数多有之、此節稼人者追々入込、飯料至而差支迷惑至極、此上延滞仕候時者、御銅山相続無覚束奉存候、若万一大差支ニおよひ候時而ハ、奉対　御公儀様、奉恐入候、御百姓方不作たりとも正米之分者、大躰相納メ被呉、残穀調達米ニ成入割等有之候得者、全ヶ様之御苦労ヶ間敷義、不奉申上候得とも、只今ニ至り漸々半分ならてハ相納り不申、売米相調間渡候義も、諸国津留メ被仰付候御事、勿論御銅山方近年鋪中涌水ニ而、仰山之物入等有之、内間困窮ニ候得とも、是迄御米之御影を以、ヶ成養育仕候処、前条之次第、甚以当惑至極仕候、此段被為聞召訳、早々皆済仕候様被為　仰付可被下候様、精々奉願上候、已上

天明七未年六月

別子・立川両御銅山師大坂泉屋万次郎代

泉屋次兵衛印

泉屋嘉右衛門印

松山限りに差出の催促願（本書記事一三三参照）

附札

此書附其砌預り所御米不納、松山限ニ指出候書付也

乍恐以書附奉申上候

（朱書）「△」此願書者前々記置有之故、此所略ス、合印ニ引合候事

六月の願書は公辺へ取次げない

附札

此願書六月末ニ持参、松山江差出候処、段々御評儀（議）有之、此願書容易ニ取次も難出来、何分向地御代官所江一通り掛合、彼是返答も承合、猶障りも在之ニ付、弥　公辺江出候様相成候

得者、消添《(添削カ)》いたし不申而者、差出かたくとの義被仰聞、追々向地江も御渡り合御座候義と、
然ルニ松山江御取請御奥書被成、御調印之上御差出、又御用状等者相違、今更御勘定所江申
上候様無之、右掛り之者至而不念ケ様と、愛宕下ゟ被仰聞候事者、如何ニ奉存候

公辺へ出す時は添削

附札

越智郡者格別差障りも無之、六・七百石相納り居候得共、取替米差引仕候得者、格別之義も
無之、勿論本違状も参り不申、借り預り候事ニ付、其訳者於松山ニ申上候所、本請取差出不
申、預り之儀者表不立儀ニ付、不吉と被仰聞候、尤当年ニ不限、例迚も在之候、扨又越智ゟ
兼而頼申儀者、若此上桑村之方江御了簡御附候得者、其節者越智辺も同様ニ可然御計可被下
様との義、兼々頼ニ御座候

越智・桑村両郡へ買請米貸付御尋につき御答書（本書記事一三八参照）

伊予国越智郡・桑村両郡御米之儀《(ママ)》、備中江御掛合之上御尋之趣、御答左ニ可申上候
「〇」《(朱書)》此書付前々扣置有之故、此所文言略ス、合印ニ引合見候事

附札

此書附者答書之儀ニ付、格別御構ひ被成候義者無之事哉、右之通万端御承知、従江戸店程能御
返答被成遣候様仕度奉存候、願書之余ニ格別之儀者、別而不奉申上候

六月の願書、江戸中橋店より内願

一六月最初西方御米笠岡江御積被成候節、願書差出、右写東武表江も御指下シ、御手筋方江も中
橋ゟ御内願有之候由、其後愛宕下御用掛り御召出、何角御入割被仰聞候趣、従同所国方江も被
仰越、八月中旬東武御役人様御入込之節、松山衆も角野江御越、同所江私罷越候砌、御手附中
ゟ御内々被仰聞候者、西方幷御預り所不納御米之儀、於東武直訴いたし候由、是者何れゟ申遣

不納米直訴は大間違と東武役人忠告

し直訴いたし候哉、此度之儀者ともあれ、不寄何等ニ直訴いたし候様ニ成候而者、自然大間違出来候節、取替シ出来不申候、兎角近年者諸事右様之品、又しても在之、頭取ニおいても至而不案気(安)ニ被思召候、此段者兼而上方表も申遣、了簡違無之様ニと精々被仰聞候、其後次兵衛殿江も川之江ニ而御沙汰有之、御同人ゟ御答ニハ、何等ニ不寄願書差出候節者、其掛〳〵心得ニ相成事故、早速申遣、猶又変ニ応シ、内分其筋〳〵江くゞり候而、可然品ハ毎々在之事ニ而御座候、丁度此度ニ限り候義ニ而者無御座、御合点之御義ニ御座候と被申上候由、右之次第可有之候間、江戸表江も程能被仰遣、此節之義ニ候へハ、万端当り障り無之候様、御申取被下度候旨、被仰遣可被下候

一四二 地吉・外之尾御林山の炭山願聴許一件願書の添書（本書記事一三〇参照）

願書奥書

一右者松平隠居守予州別子・立川両銅山、銅吹炭指支候旨、書面之通願出候ニ付、先年願出候趣遂吟味、宝永七寅年石原新左衛門様御代官所之節御伺有之、其節別子山続津根山・浦山ニ而、新木伐採跡之通被　仰付候、然レ共、猥ニ伐荒不申候様ニ傍示(牓)相建、渡置候時分者又御伺可申上旨、御聞済之御證文写差出候ニ付、明和元申年津根山鬼城(ケ)・葛川両山遂伺候上、相渡候処伐尽シ、明和九辰年今治領猿田山、葛川山之隣ニ候場所ニ付、買請伐尽シ候間、是迄御渡山之内伐残之生立ニ取合、当時迄仕成仕候処、数十年ニ相成、入用夥敷御座候而差支候段、吟味仕候処、願出候通り相違無御座、依之浦山村地ゟ(吉)外之尾御林両山も、此度御渡被下度旨願出申候、前々御林帳ニも書上候通、深山雪深ク、道法等出方無之候儀、尋常之御払山ニも不相成、勿論

御林帳

跡地田畑ニ不相成場処御座候、然ル上者、向寄ニ付両銅山炭山ニ御渡被遣候者、御運上之儀先前之御定之通、出来銅千貫目ニ付炭運上千八百九拾匁、此代銀五拾弐匁弐分七厘六毛宛之積以、日々相渡取立差上可申候、左候得者、御益之方ニも可有御座と奉存候、将亦右願書先達而奉差上候処、前々炭山之儀ニ付御尋之趣、年旧ク相稼候儀ニ付得と相糺、追而御答申上度旨、炭山之儀者地吉・外尾両御林之儀、先御下知被成下候様願出候ニ付、此段奉窺候、以上

松平隠岐守内
上坂仁左衛門印

天明七未年二月

御勘定所

従来の炭山御尋につき上申

松平隠岐守御預所、予州両銅山炭木払底ニ付、先達而銅山師炭山願書差上候処、前々炭山ニ被下置候御林仕成御尋被　仰渡、則相糺左ニ申上候

宇摩郡
浦山村
一かそふ山御林　壱ヶ所
此反別千百拾六町歩

同郡
津根山村
一折宇山御林　壱ヶ所
此反別四百五拾町歩

同村
一寺野山御林　壱ヶ所
此反別弐拾五町弐反歩

但右三ヶ所御林者雑木山ニ而、銅山向寄之場所ニ付、前々御代官所之節、銅山師江炭山ニ被仰下置、根払ニ仕候跡ニ御座候、然レ共雑木者少々宛、年追年ニ生立来候得共、全躰土地悪敷、

石山ニ而、厳(岩)石等夥敷、素ゟ新畑等ニも不相成場所ニ而、雑木仲立次第、順繰炭木仕成、炭御運上差上来罷在候、依之御留山等ニ被仰付候而も、御用不相立場所故、前々ゟ被下ニ相成居候間、古来ゟ御林帳者、御林之写反別計書載御座候

一鬼ヶ城山
　御林　壱ヶ所　　　同村

此反別七百弐拾町歩

一葛川山
　御林　壱ヶ所　　　同村

此反別弐千五百弐拾町歩

但右弐ヶ所御林者、明和元申年願卸炭山ニ被下置候、是ハ少々御用木も御座候得共、都而土地不宜、諸木生立悪敷、其上深山之儀ニ付、何方江も出方遠ク、運送難成場所ニ付、炭山ニ被仰付置、是以順繰炭仕成ニ付、是迄御運上差上来申候

右五か所の炭山は年久しい

地吉・外之尾御林は地味悪く、深山ゆえ炭山渡方願

右者前々ゟ被下置候炭山之分ニ御座候、勿論夥敷銅鉑石、百余年来昼夜無怠慢、吹立候炭木之儀御座候得者、右五ヶ所炭山ニ被下置候而も、是迄年久敷内ニ者、炭木差支之節者、向寄土州幷今治領之山も買請炭木ニ仕成、同所江運上差出候得者、夫丈御運上相減申候、勿論此節最寄ニ私領山無之、莫太(大)之炭入用高故、近来之様子ニ而も右山之義、炭木不伸立、繰合悪敷差支候ニ付、此度地吉・外之尾願出申候、右両御林被下置仕成候内ニ者、被下置有之候山々も伸立、以来順繰宜敷、取続可仕見込を以御願申上候旨申出、尤銅山最寄ニ付、地吉・外之尾両御林も地味悪敷、深山ニ而節木・回木伸立居、其上出立不弁利之場所ニ付、此度炭山ニ御渡被遣候様仕度、将又前々御渡山ニ相成居候分も、其尽(儘)銅山附ニ被　仰付置候ハヽ、私領山も不相稼、夫丈ヶ之御運上差上

候得者、旁以御益之筋と奉存候、是等之趣申上之候、以上

未二月　松平隠岐守内　上坂仁左衛門

御勘定所

銅山附炭山吟味につき御答書

予州炭山之儀ニ付御吟味御答書

松平隠岐守御預り所

予州両銅山炭山之儀、若御見分等被差遣候様相成、其上ニ而御下知有之候時ハ、往返手間取可申、左候而も是迄炭ヲ相稼候吹炭有之可申哉、差支之儀共者無之哉と御尋ニ付、御答左ニ申上候、炭山之儀先達而申上候通、前々御渡山ニ相成居候分之内、炭木ニ相成候分ハ追々伐尽シ、私領山ニも近山ニ当時炭木ニ相成候山も無御座候ニ付、此度二ヶ所之御林被下置候様ニ願出、尤此願之

四年前から炭山願

義内々者申上、四ヶ年以前ゟ相願候得共、是迄被仰付置候御林反別も余程之儀ニ付、出来次第順繰ニも可相成と存候、吟味を以容易ニ取上不申所、近来之様子ニ而者払底無防候ニ付、無拠奉伺候、右御林被下置、此節専炭仕成不申而者、差支ニ相成難渋仕候間、銅山師毎々願出候得共、若御見分等被差遣候上ニ而者、御下知御座候様ニ相成候而者、遠国之義ニ御座候得者、往返手間取吹炭ニ差支、自と御用銅之御差支可相成程、無覚束様仕度奉存候、右御尋ニ付御答申上候、以上

未三月　矢田紋右衛門

御勘定所

炭運上高の覚

覚

一壱ヶ年ニ銅凡出高拾弐万貫目

此吹炭四拾弐万六千八百貫目
炭御運上銀六貫弐百七拾三匁壱分二厘
但炭三千八百九拾貫目ニ付
銀五拾弐匁弐分七厘六毛宛

往古より無益の山

右者凡平均之積御座候、尤壱ヶ年ニ付六貫弐百目宛、運上取立候得者、十ヶ年之間ニ者千両余ニ相成申候、且炭木仕成候御林山ニ不被下迚、御林之儀者深山ニ而、往古ゟ少も御益無之山ニ御座候間、申上之候、以上

未三月　松平隠岐守内
矢田紋右衛門

御勘定所

予州炭山一件御尋につき御答書

予州炭山一件ニ付御尋之御答書　松平隠岐守御預所

一葛川山・鬼ヶ城山弐ヶ所被下候節者、何程之運上銀相納候哉、増減差引も可申上間、然ル処出銅之高ニ応し候吹炭ニ付、別子運上銀者銅高之外可相増訳ニも無御座候、則増減之儀申上候

一今治領猿田山取請相稼候節、五ヶ年減倍之上分、凡左之通

一銀百四拾八匁壱分六厘　安永四未年分

一銀八拾弐匁八分壱厘　同五申年分

一銀三百弐拾六匁五分弐厘　同六酉年分

一銀四百五拾八匁六分七厘　同七戌年分

一銀四百四拾七匁四分三厘　同八亥年分
　右五ヶ年平均
　　　弐百九拾弐匁七分三厘六毛
一他領山稼尽候ニ付、御料山計炭仕成増減
一銀六貫百拾壱匁八分九厘　天明二寅年分
一銀六貫弐百五拾九匁四分壱厘　同三卯年分
一銀六貫七百八拾九匁四分壱厘　同四辰年分
　右三ヶ年平均、但巳年已前銅山出水強ク、減銅仕候間、右ニ准シ炭運上相減居申候
　　六貫三百八拾四匁二分
　差引六貫九拾壱匁三分八厘弐毛
一今治料（領）と申候者、誰領義ニ候哉、右私領江何程宛運上指出候哉、可申上旨
一右者松平河内守殿領分ニ御座候
一運上割合之儀　炭山三千八百九拾貫目ニ付　銀五拾弐匁弐分七厘六毛宛
　　私領江も相納候由
一銅拾弐万貫目余、大坂江差出御買上ニ相成候哉と、御尋被仰聞候
　但是者銅山ゟ大坂江登セ、大坂ニ而又三返吹直し、夫ゟ棹銅と申ニ相成、是を細工銅共申候
　由、是ヲ御銅座江差出御改請、長崎江御廻し銅ニ相成、素ゟ地売之儀者御法度故、不残右之
　分売上申候由

棹銅を細工銅とも申す

一地吉・外之尾両御林木、何頃之御改ニ有之、木数者何程有之候哉、可申上旨

一外之尾御林木数

千五百本之内
檜七拾五本
栂千四百三十弐本
内五本御用木ニ相成候由

一地吉御林木数四百六拾壱本

但不栂木内弐拾本御用木ニ相成申候由

一右者宝暦十一巳年伸立木改之儀被　仰出、相改候御林帳以、只今用之候

右夫々御尋ニ付奉申上候、以上

未四月

松平隠岐守内
矢田紋右衛門印

御勘定所

地吉・外之尾御林山下渡し聞済の経緯

従予州正月廿四日出、二月四日着

一正月十五日川之江ゟ御呼出ニ付、弁右衛門罷出候処、旧臘被仰付候地吉・外之尾御林御聞済、請書差出候様被仰聞、則下書御渡ニ付、印紙ヲ以同様三通り差出候由、尤御引渡之儀者、雪消次第案内申上、御入込可被下筈也、則右請書左ニ扣置、右炭山之儀ニ付於御勘定所ニ、被仰渡之節、矢田紋右衛門殿ゟ御即答之扣、是又左ニ写置

右聞済の御勘定所仰渡

炭山之儀ニ付、於御勘定所被　仰渡之写

一十二月十二日御運上方御掛組頭、桜井徳右衛門殿ゟ御呼出ニ付、紋右衛門罷出候、御用向左之通

一運上方ニ而佐藤佐左衛門殿江罷出候趣申達候処、直々徳右衛門殿ゟ御詰所へ罷出候様御申聞、

罷出候処、御立会者御吟味役御手附田中亀之助殿・佐右衛門殿ニ而、徳右衛門殿被　仰渡候者、先達而予州両銅山炭払底ニ付、地吉・外之尾両御林炭山ニ、銅山師相渡呉候様願出候ニ付、被相伺候間、見分吟味等相済候ニ付、願之通右御林被下候間、此段銅山師可申渡旨被仰聞、并御林帳ニ記有之御用木者不切取、雑木之分計炭木仕成させ可申候、右両御林炭仕成尽候内ニ者、折宇・葛川之両御林も成木引続相仕成可申旨、見分之節銅山師ゟ申達候、右四ヶ所御林ニ而、凡拾三ヶ年程者炭仕成可申旨も申達候、扨又残り先年ゟ銅山師江被下置有之候分、御林伐尽跡も弐・三拾ヶ年も立候者、炭仕成り候様可相成旨、是又銅山師ゟ見分之節申立候、左候時者十三ヶ年相済、暫御料山懈怠致、私領山ニ而も可仕成姿ニ相聞候、右躰之趣ニ不相成候様、地吉・外之尾之外者御預所被取上、別度折々見廻り等いたし、銅山師ゟ手入為致、十三ヶ年相済候者引続相仕成、此已後順繰仕、炭山已来不相願御運上相減不申候様、取計可申候、将又新鋖筋等見出、増銅等有之節、差懸り差支炭山願等不仕候様、是等之手筋（当）ニ者、隣国并向地最寄炭木仕成候者共江兼掛合、差支無之様銅山師江と（ママ）得可申渡旨、奉行衆被　仰渡候旨被仰渡候、尤今日者一通り請書いたし置、近日右申渡候、逹々委細請書可差出旨被申聞、并先達而出候伺書ニ者證印いたし可遣歟、只今申渡候ニ而可相済候哉と御尋ニ付、御證印被下候之様仕度旨御答仕候、右ニ付先壱通之請書、佐左衛門殿江差出置申候

地吉・外之尾・折宇・葛川山の四か所で一三年間炭仕成申達

〆

右請書（本書記事一四六参照）

炭山之儀ニ付被　仰渡之御請書

（朱書）「△此銘書、追而御勘定所ゟ御直シ被仰付、御認替御差出し候由、申二月廿六日出ニ、江戸ゟ申来候、則奥ニ扣置」

松平隠岐守様御預所予州別子・立川両御銅山、銅吹炭払底仕候ニ付、左之両御林被　下置候者、

前々割合之通御運上差上、炭木仕成申度候段、先達而ゟ御願奉申上候処、段々御糺之上、御見分被成遣、御吟味相済、願之通両御林炭山ニ被下置候旨、去ル十二日被　仰渡之、則御請左ニ奉申上候

一地吉御林　壱ヶ所

一外之尾御林　壱ヶ所

但右両御林、此度銅山師江炭山ニ被下候間、御林帳ニ記シ有之候都而御用木之分、一切伐取不申、雑木之分計炭木仕成可申旨、被　仰渡候事

一折宇御林　壱ヶ所

一葛川御林　壱ヶ所

是者先年ゟ銅山師江被　下置、炭木伐尽候得とも、此内手入も仕置候間、右此度被　下置候両御林、雑木伐尽候迄ニ者、此両山も炭木仕成候様罷成、引続炭木仕成候者、都合右四ヶ所御林ニ而、凡拾三ヶ年程之年数者、他ゟ炭木買請不申可相済候旨、御見分之節奉申上候段、被　仰渡候事

一鬼ヶ城御林　壱ヶ所

一寺野御林　壱ヶ所

一かそう御林　壱ヶ所

但右三ヶ所御林三ヶ所、前々ゟ銅山師江被下置、炭木伐尽シ候跡山ニ御座候処、右御見分御糺之節、弐・三拾ヶ年も過候者、炭木仕成候様ニ可相成旨、御答申上候得共、左候而者、

前ヶ条御林凡拾三ヶ年程相仕成、此三ヶ所御林炭木ニ仕成候迄、暫之年数者御料御林炭仕成怠懈（ママ）仕、其内者御私領山炭仕成可申含ニ相聞候処、右躰之趣ニ不相成様、地吉・外之尾両御林之外、都而五ヶ所御林者御預所江御取上置、別度折々御見廻り等有之、銅山師方ゟも随分出情手入生木為仕、前条御林炭仕成、十三ヶ年相済候者、引続此三ヶ所御林ニ而炭仕成、外山ゟ炭仕成不申、此後右御林々ニ而順繰ニ仕、已来炭山不相願相済、御運上も相減不申候様取計可仕候旨、被　仰渡候事

一右両御銅山銅新鉉筋等見出シ、増銅等有之節、差掛炭山ニ差支、御願不申候様、隣国幷向地等最寄ニ而炭仕成候者共江掛合置、左様之節差支無之様執計之義、兼而銅山師心懸可罷在御儀ニ付、尚又此上炭木差支なき様被　仰渡候事

右之趣御奉行中様被　仰渡候御趣ヲ以被　仰渡、奉畏候、依之御請奉申上之候、以上

天明七未年十二月

予州別子・立川両御銅山師
泉屋万次郎
御印

（朱書）「△此奥書之写、申二月廿六日出ニ、江戸ゟ到来ニ付、奥ニ扣置候事」

炭山御願通被仰付、御請愛宕下ゟ旧冬　御勘定所江被差上候御扣、幷銅山ニ而病人多御座候御届ヶ書、右両通之写、江戸表ゟ二月二日出ニ差為登、同十一日到来ニ付、左ニ扣置申候

右松山御預り役所の請書

銘書

予州両銅山炭山御下知被　仰渡候御請書

松平隠岐守
御預り所

松平隠岐守御預り所予州両銅山、銅吹炭払底ニ付、左之両御林被下置候ハヽ、前々割合之通御運

上差上、炭木仕成申度候段、先達而銅山師ゟ願出候ニ付、奉伺候処、段々御紀之上、御見分被遣、
御吟味相済、願之通両御林炭山ニ被下置候旨、去ル十二日被仰渡之、則御請左ニ申上候
一地よし御林壱ヶ所
一外之尾御林壱ヶ所
但右両御林今度銅山師江炭山ニ被下候間、御林帳ニ記し在之候都而御用木之分、一切伐取
不申、雑木之分計炭木仕成可申旨、被仰渡候事
一折宇御林壱ヶ所
一葛川御林壱ヶ所
但是者先年ゟ銅山師江被下置、炭木伐尽シ候得とも、此内手入も仕置候間、右今度被下置、
両御林雑木伐尽シ候迄ニハ、此両山も炭木仕成候様罷成、引続炭木仕成候者、都合右四ヶ
所御林ニ而、凡十三ヶ年程之年数ハ、他ゟ炭木買請不申可相済候旨、御見分之節銅山師ゟ
申上候由、被仰渡候事
一鬼ヶ城御林壱ヶ所
一寺野御林壱ヶ所
一かぞう御林壱ヶ所
但右三ヶ所御林、前々ゟ銅山師江被下置、炭木伐り尽し候跡山ニ御座候処、右御見分御紀
之節、二・三十ヶ年も過候ハヽ、炭木仕成候様可相成旨、銅山師ゟ御答申上候得共、左候
而者前ヶ条御林凡拾三ヶ年程相仕成、此三ヶ所御林炭木ニ仕成候迄、暫之年数ハ御料御林

炭仕成懈怠仕、其内ハ私領山炭仕成可申含ニ相聞候処、右躰之趣ニ不相成様、地よし・外之尾両御林之外、都而五ヶ所御林ハ御預り所江取上置、別度折々見廻り等仕、銅山師ゟも随分出精手入成木為仕、前条御林炭仕成、十三ヶ年相済候ハヽ、引続此三ヶ所御林ニ而炭仕成、外山ゟ仕成不申、此後右御林ニ而順操(繰)りニ仕、以来炭山不相願相済、御運上も相減シ不申候様取計可仕旨、被　仰渡候事

一右両銅山新鋐筋等見出、増銅等在之節、差掛り炭山ニ差支、御願不申候様、隣国幷向地等最寄ニ而炭仕成候者共と掛ヶ合置、左様之節差支無之様取計之儀、兼而銅山師心掛ヶ可被在候義ニ付、尚又此上炭山無差支様可申渡旨、被　仰渡候事

右之趣　御奉行中様被　仰渡候旨、奉畏候、早速銅山師江申渡候様、在所役人共江早便を以可申遣候、尤追而御請書差越次第差出候様可仕候、依之御請奉申上候、以上

未十二月

松平隠岐守内
矢田紋右衛門印

御勘定所

一四三　銅山傷寒流行、稼方差支の上申

御殿長崎方御掛り江申正月廿七日差出ス

予州両銅山傷寒流行ニ付、減銅可仕哉之書付

松平隠岐守御預り所、予州別子・立川両銅山諸稼人共、当秋已来浮種病幷傷寒相煩、稼方差支候段、先達而届ヶ出候間、流行之病一旦ニ而可相退と奉存、届出候節承置候得共、其後浮種病者相退候処、傷寒者難相止、死失之者数多御座候ニ付、隣国幷近在之者共ハ逃帰り候間、在山之下財

達者之分、過半水引方江遣候故、鉑石上り方不足仕、此趣ニ而者減銅可仕由申達候ニ付、人夫雇集之儀、何分出情仕、相後レ候丈ハ稼埋候様申候得共、数日相後レ候趣ニ付、減銅可仕哉と此段恐入、先ツ御届ヶ奉申上候、以上

未十二月

松平隠岐守内
上坂仁左衛門印

御勘定所

一四四 銅山風雨、破損の上申

申二月十四日与州御銅山風雨ニ付、破損所在之候ニ付、如左之申来り候、則写

乍恐書付を以奉申上候

別子・立川両御銅山、去ル十四日巳ノ刻ゟ南風吹出し候処、追々頻ニ烈敷罷成、丑ノ刻ゟ風西、漸翌十五日申ノ刻ニ相止申候、多人数を以諸方種々相防候得共、何分風烈敷夥破損所出来、左ニ申上候

一御番所一軒
但やね垣廻り吹立申候

一間吹床七ヶ所
但やね垣廻り吹潰、山手ゟ押込申候

一銅吹床九ヶ所
但右同断

一炭蔵九ヶ所

但家根吹取申候（屋、以下同じ）

一荒物蔵弐ヶ所

但家根垣廻り吹取申候

一柱蔵弐ヶ所

但右同断

一鋪中風廻し壱ヶ所

但吹潰申候

一焼釜六拾枚

但家根垣廻り吹潰申候

一下財小家弐拾軒

但家根吹取申候

一山内往来道・橋、夥敷痛ミ申候

右御見分被成下候通り、破損所数多在之、稼方相止ミ申候、尤吹屋之義者、不相怠候様厳敷被仰渡候間、人夫大勢掛り、無油断出情仕候得共、床之内江土砂馳込、其上山手ゟ押込候故、容易ニ難相調、吹屋両日者一向ニ相止メ、取明ヶ普請漸半片成就ニ付、此分吹立申候、一両日中ニ者出来候間、無油断出情可仕候、猶亦鋪中江も落水強、昼夜少しも無手抜、多人数掛ヶ水引上ケさせ申候、双方江手分仕候ニ付、鉑石上り不申、依而減銅可仕と奉存候間、此段御届ケ奉申上候、以上

天明八申年二月

一四五　買請米払下げ願と下知

申二月廿日予州別子・立川両銅山買請御米願書

乍恐奉願上候覚

予州別子・立川両御銅山、当未年買請御米、去年之通八千三百石御割符被成下候趣被仰渡、難有仕合奉存候、御直段之義ハ例年之通、国々所相場弐割安、代銀十ヶ月延納被為　仰付被下候様、奉願上候、両山共御米之御救を以、可也ニ取続、数千之下財無恙産業、(仕脱)冥加至極難有奉存候、御引当家質之義者、御預り所江差上置申候、以上

天明七未年十月

予州別子・立川両銅山師
泉屋万次郎印

上坂仁左衛門殿

右願書の添書

右者松平隠岐守御預り所両銅山、当未年買請米、去年之通別子江五千八百石、立川江弐千五百石、都合八千三百石御割賦被成遣候趣、申渡候処、直段之義者国々所相場弐割安、代銀十ヶ月延納被　仰付被下度旨、願出申候、依之伊予米所相場壱石ニ付銀四拾五匁、此外弐割安三拾七匁五分、美作米所相場壱石ニ付銀六拾五匁四分六毛、此外弐割安五拾四匁五分五毛替之積ヲ以、代銀取立可申候間、願之通被　仰付被遣可被下候、御引当家質之義者、両山共御預り所江取付置申候、山稼之義者随分出情仕候様、常々申付置候、以上

天明七未年十二月

松平隠岐守内
上坂仁左衛門印

御勘定所

右願書の御勘定所下知

御裏書ニ

表書之御預り所予州両銅山、買請米之儀、別子江五千八百石、立川江弐千五百石、合八千三百石、直段之義者、当未年分も是迄之通、伊予・美作国所相場ニ外弐割安之積りを以被相伺、令承知候、於然者伊予国米壱石ニ付銀三拾七匁五分、美作国米壱石ニ付銀五拾四匁五分五毛替を以、米相渡シ候月ゟ十ヶ月延代銀取立之、可被相納候、尤米相渡候ニ応シ家質取之可置、不納在之候ハヽ、家質取上候積、入念可被申付候、断ハ本文ニ在之候、以上

長印　肥前　下野　差扣 藤十郎　左太夫　退出 惣十郎　十左衛門　金右衛門　退出 門三郎　退出 文蔵

押切 金右衛門 未十二月

一四六　地吉・外之尾御林山の炭山願請書の訂正

未ノ十二月炭山之儀ニ付御請書差出シ、松山表ゟ申ノ二月廿一日江戸表江相廻り、矢田紋右衛門殿同廿四日御登城之上、進達在之候由、左之通

御勘定奉行江　壱通
御吟味役江　　壱通
御勘定御役所江壱通

右三通共、御組頭桜井徳右衛門様御取請在之候由、然ル処、右上表シニ与州別子・立川両銅山と申事無之、末ニ御宛所も無之、銅山師名印計ニ而不相済ニ付、御認メ直シ在之候由、則右認メ直し之文言、并上坂仁左衛門殿御奥書等江戸店ゟ到来ニ付、左ニ写置、時示(于)申三月四日

(朱書)「相印△」予州別子立川両銅山炭山之儀ニ付、被　仰渡之御請書

松山御役所ゟ申来り候
表紙之上書ニ、炭山之義ニ付被　仰渡之御請書と在之候所、於御勘定所ニ者、何国之
炭山共見出し不相分候間、相訳り候様可書上段ニ付、右之通御直し被仰付候
但御銅山之御之字ハ書入申間敷、銅山と計書上可申事
右御請書之奥書左ニ
（朱書）「相印△」右者先達而如前書、予州両銅山願之通御下知被仰渡、則申渡、銅山師ゟ御請書差出し候ニ
付、奉差上候、以上
申二月
松平隠岐守内
上坂仁左衛門印
御勘定所

一四七　銅代銀未受領につき上納銀借用一件

覚
一別子・立川棹吹銅弐万五千三百斤
但御極印相済候分
一同棹銅九万斤
但未御極印無御座候分
〆棹銅拾壱万五千三百斤
此代銀百六拾貫百弐拾目四分四厘
又銀四拾五貫目

但未年御手当半通り分

合銀弐百五貫百弐拾目四分四厘

右之通先達而ゟ追々奉願候通、当時出来棹銅御極印、早々被成下候上、代銀幷御手当銀共御渡被為下度、前以奉申上候、来廿三日御上納銀御手当ニ御座候故、此節常是包等相頼不申候而者、右日限間ニ合兼、当惑至極仕候、何卒御慈計を以、右御上納出来仕候様被成下候ハヽ、難有奉存候、万一此節御渡不被下候迚も、他借等を以　御上納可仕筈ニ御座候得共、近年御銅山方別而稼苦敷候段、毎々御届奉申上候通ニ而、身上打震ひ取続罷在候砌故、外ニ銀子調達方も無御座候ニ付、無是非右之入割を以、今夕飛脚相仕立、御銅山御預所江延納之義、御願可申上外無御座、於私甚恐入歎敷奉存候ニ付、不得止事、乍憚此段以書付奉願上候、以上

申三月　　泉屋万次郎

銅座

御役所

上納銀延納願

右につき銅炭運上銀・買請米代銀延納願

乍恐以書附奉願上候 申上候

一予州別子・立川両御銅山、去未年銅炭御運上銀幷買請御米代銀、当申年二月・三月両月割を以、御上納可仕旨被仰渡奉畏、二月分者御書附之通皆御上納仕候、三月分之儀、銀高三百七拾四貫百四拾五匁七分五厘四毛之処、此内百七拾貫目者御掛屋泉屋理兵衛江相渡置候儀、大坂御蔵屋敷御役人中様江御届申上候、相残弐百四貫目余銀子之儀者、銅座御役所江棹吹御用銅拾壱万五千三百斤、此代百六拾貫目余奉売上、外ニ銀四拾五貫目銅山御救ニ為御手当、定例可被為下置

分ニ御座候ニ付、当三月ニ御上納御座候間、都合御渡被下候様、毎々入割申上候処、近々ニ御渡可被下候趣被仰聞候ニ付、差扣居申候得共、今日迄も御渡不被下候、右ニ付又々以書附、銅代御渡不被下候而者、御大切之御上納相滞申候ニ付、無余儀右之訳合、銅山御預所江御届可奉申上外無御座候段、申上候処、御返答ニ者、右書付之趣至極尤ニ候得とも、当時銀操(繰)必至と差支候ニ付、長崎表江も精々懸合申候、未諸埒無之候間、渡方及延引、甚気之毒存候、此上者無拠御預所江届被申候共、致方も無之との御返答ニ御座候、右之趣ニ御座候得者、外ニ余徳之商売も不仕、御銅山稼一筋ニ御座候得者、無是非延納罷成候、近日ニも御渡被下候ハヽ、早々可相納奉存候得共、夫ニ而者遠国海陸相隔候義、御届迄も延引ニ罷成候間、此段奉申上候、尤御上納日者相究居申儀(義)、其已前ニ常是所包方等之間取も御座候間、五・七日も前広ニ用意不仕候而者、相調不申候、右之仕合ニ候者他借等仕、皆御上納可仕筈ニ御座候得共、前以奉歎上候通、御銅山敷中江涌水御座候而、右千人夫遣、幷雑用夥敷入用銀ニ身代打震ひ仕送候ニ付、急々他借も相調不申候、百年来聊無滞御上納仕来候処、今年ニ限間違罷成候段、奉恐入、且歎敷奉存候得共、右銅座御役所ゟ渡り不足銀之分、延納奉歎上候、銅代御渡御座候迄、何卒御宥免被為　下置候様奉願上候

右之趣差懸奉申上候儀、千万恐入奉存候得共、銅代之義者、急度年々心当ニ仕罷在候処、今年銅座御役所銀操御差支之由ニ付、御渡不被下候、間違之段々恐入奉存候、以上

天明八年申三月十五日　　泉屋万次郎

上坂仁左衛門殿

銅代渡る迄、上納銀延納願

右大坂松山蔵屋敷への願書

乍恐以書附奉願上候

一予州別子・立川両御銅山銅炭、幷買請御米代銀御上納之儀、旧冬月割左之通被仰渡候

一金百両

一銀百八貫七拾六匁七分九厘

右二月分

一銀三百七拾四貫百四拾五匁七分五厘四毛

右三月

右之通奉畏候、二月分者皆御上納仕候、三月分之儀、定日御上納可仕筈之処、銅座御役所江売上銅代銀弐百五貫目余御渡不足銀御座候間、毎々御上銀差支之趣を以、御渡被下候様ニ申上候処、近々ニ御渡可被下旨、被仰聞候間、差扣居申候得共、何分御渡無御座候ニ付、又々書附を以申上候ニ者、当廿三日御上納銀御座候間、何卒御皆済可被下候、左も無御座候得者、無拠銅山御預所江延納願可申上外無御座候段、申上候処、御返答ニ者、甚気之毒ニ為被思召候趣、乍去長崎表江も被仰遣候得共、未諸埒無御座候ニ付、被成方も無御座候由被仰付、驚入候義、然共過分之銀子、火急調達之手段も無御座候、依之一昨日当御役所江御上納差支候段、御届奉申上候処、御大切之儀、銅座御渡銀而已心当ニ不仕、親類共江も相談仕、何分延納不仕様可仕旨、被仰渡候間、其旨親類江も申聞、種々勘弁仕候得共、何れも困窮仕居候ニ付、可仕手段無御座、其上昨日銅座ゟ御返答之趣ニ而、弥手術も尽申候間、乍恐御預所江其段被仰達、何分ニも御延納御歎被下度段、奉申上候処、不容易義ニ付、是非共致勘弁御上納可仕、今日ニ至右之通申出候儀、譬御預所江歎候

共、御定日之間ニ合不申間、幾重ニも工面仕御上納可仕様被為　仰付、奉恐入候、就右猶亦親類共立会相談仕候得共、銅座之外ニ差掛候儀ニ付、他借銀も相調不申、当惑至極仕候、此上者恐多候得共、銅代相渡り候迄、御上納御猶予被為成下候様、　御預所江可然被仰遣被下度、種々奉歎上候、尤　御預所江も別紙願書奉差上候ニ付、則写書差上申候、何分御憐愍之上、右間違之段被為訳　聞召、百年来之家業相続仕候様奉歎上候、以上

天明八年申三月十六日　　　　　　泉屋万次郎

遠山新吾殿

右につき松山蔵屋敷へ二〇〇貫目借用の内意伺

乍憚以別紙御内意奉伺候

一昨日奉申上候通、銅座御役所江奉売候棹銅代銀御渡方之儀ニ付、　御上納手当ニ仕居候段、精々奉申上候得共、銅座御役所御銀操合難被成趣被為　仰聞、当惑奉恐入候、既ニ前以月割御差図も被為　仰付置候上之儀、　御上納日ニ間も無御座期ニ至り、右之通御渡方延引、今日之所ニ相成候而者、術計尽申候儀、　御賢察可被成下候、併　御上納万一差支候節之為御手当、兼而家質奉書上置候儀ニ者御座候得共、至而大切之儀ニ付、万々一ヶ様之事ニも相至候節之余分為

引当河州山本新田

手当、河州山本新田高六百四拾八石之場所私所持罷在候、此新田引当ニ差入候ハヽ、他借操合も可仕儀ニ御座候得共、何分昨日銅座ゟ被　仰渡、過急之事故、迚も彼是及相談候共、取引方取敢不申儀ニ御座候間、何卒乍恐当御屋鋪様御威光を以、右山本新田為引当弐百貫目余之所、御上納相済候様御勘弁被成下候ハヽ、　誠以広大之御慈悲難有仕合奉存候、尤返上之儀者、従銅座御役所銅代相渡次第上納可仕儀ニ、　聊相違無御座候、右申上候通、仕方も無御座候ニ付、御

願申上候、此段被為　聞召訳、何卒願之通御許容被成下候様、偏奉願上候、以上
申三月　泉屋万次郎
遠山新吾様

右二〇〇貫目借用証文

拝借仕御銀之事
合銀弐百貫目也㊞
右者此度予州御銅山買請御米代銀之内、銅代銀銅座御役所ゟ御渡無之、振替之手当等も無御座、必至と差支奉恐入候ニ付、御歎申上候処、御憐愍を以御口入被成下、期月無滞上納相済、難有仕合奉存候、然上者銅座御役所ゟ御渡被下候節、早速元利無相違返上可仕候、為後證如件㊞
天明八年申三月十五日　泉屋万次郎㊞
遠山新吾殿
近藤八之進殿
野中久平治殿
中島吉右衛門殿
右之銀子申三月十五日ゟ、日廻元銀壱貫目ニ付、利足一日三分宛之積相加江、急度返上可仕候、㊞
以上

一四八　銅山涌水普請料の借用願

乍恐以書附奉願候
一予州別子御銅山敷中鉑所江、去ル巳年ゟ大変之出水御座候間、種々防方勘弁仕、他国銅山功者

之もの共呼集、普請工面為仕候儀共、追々御注進奉申上候通御座候、何分鉑所江吹出候水引尽
不申而者、出鉑ニ差障、　御用銅減数仕候間、昼夜水引取賃銀入用をも貪(頓)着不仕、諸国ゟ数百
人夫雇集、下地之者ニ差加、引干申候得共、専用之鉑所江涌出申候儀故稼難仕、勿論雑費御座
候段、算用積書を以、午年春御手当銀被為　下置候様、奉歎上候処、御慈悲之上　御拝借被為
仰付候ニ付、早速御銅山江差下、弥諸普請数々手当仕候処〔内〕、既当〔早〕春於敷中、水防普請一ヶ所成
就仕候ニ付、水引惣人数高之内、一昼夜ニ而三拾人程相減申候、此人夫水吹出し候場所江差加、
為防申候、此段御銅山御預所江も御届申上置候、外ニ今弐ヶ所普請ニ取掛居申候得共〔ハ〕、一両年
之内ニ成就可仕、左候時者、御銅山永々為成繁昌之基ニ而、追年御用銅増長可仕、工夫専一ニ
相励罷在候、右御拝借御救銀莫(大)太之御影ニ御座候得共、巳年ゟ涌水幷雑用是亦甚仰山成銀高ニ
御座候故、自力者勿論、他借銀を以相凌申候得共、何分行届不申候ニ付、未年其段奉歎上候所、
前年御憐愍被為　下置、無間も儀故、御聞届難被為　下候間、是非自力相足出情可仕候旨被仰
渡、奉恐入、依之身代破却之積を以出情仕候ニ付、去未年も減銅不仕、御定数奉売上候、乍併
最早少之所持之物も無御座、尤暮方等迄も極々倹約仕、御銅山江仕込申候得共、水替干人夫賃
銀夥敷、其外普請方も殊之外入用銀相嵩申候、今暫之処取続申候ハヽ、諸普請成就仕候間、少
シ宛者相成可申ニ付、何卒勘弁仕度祈願御座候得共、迚も難及自力、然共諸普請相怠申候而者、
決定減銅可仕、此段偏奉恐入候、就右恐多御願御座候得共、午年ニ勘定積書を以奉歎上候銀高
＊ニ而者、御取上難被遊候間、自分入用をも相足、減数(朱書)「●」(朱書)「▲」詰銀高相減、都合銀五百貫目御手当被成
下候様、奉歎上候処、御銀弐百貫目弐拾ヶ年賦之御定、尤右代家質奉差上候御事ニ御座候、前

御手当銀五〇〇貫目下渡し願

以奉申上候通、最上之鉑所江者水吹出難稼、下鉑而已ニ而御定数吹立申ニ付、涌水防方之外ニ失墜夥敷相掛、殊ニ昨年進銅被仰付候砌も、御用銅御急被為遊候御趣、御理解被仰聞候間、大切之御儀ニ奉存、銅山名代之者江も入用銀子ニ貪(頓)着不仕、何分出情可仕旨、呉々差図申下候、旁以他借銀夥敷罷成、此上銀操も難仕、右ニ付御銅山普請入用銀差支、諸用相怠申候而者、恐入奉存候間、御慈悲を以為普請料、御銀五百貫目御手当被為　下置候様、奉願上候、前以奉申上候通、百年来無滞御運上銀奉差上、御用銅奉売上候冥加之程、忘却不仕候得者共、乍恐　御公益相考、御銅山栄久之諸普請仕、聊御山荒シ不申御儀ニ御座候、右奉願上候御銀被為　下置候者、私者勿論、数千之稼人共広太(大)之御慈悲、冥加至極難有奉存候、以上

天明八年申三月廿一日　　泉屋万次郎

銅座
　御役所

(＊印余白、朱書書込み。「●」「▲」箇所、『減数』と『詰』の間への挿入文)

「●可仕旨、段々御紀理解被為　仰聞候ニ付、種々取都▲」

一四九　銅代銀の下渡し願

乍憚書附を以奉申上候

一去十五日以書附奉申上候売上銅代銀、幷定例御手当銀御延引被下候而者、来廿三日御上納銀手当間違申候ニ付、其段銅山御預所江御届可奉申上外無御座旨、奉申上候処、御役所ニも御銀操悪候ニ付、長崎表江も被　仰遣候得共、未諸埒無御座候由、私方之儀も御心労ニ思召被下候得共、御差支之上者無余儀思召候段、御返答御座候間、不得止事、御預所江御届可申上、依之松山御蔵屋敷者　御上納御懸り之義ニ付、委細ニ申上候処、御申聞ニ者当日ゟ遠国江相届申候

共、　御上納日之間ニ合不申、勿論　御公辺江相窺申儀、猶更不相成候趣を以、蒙　御察度候、

然共　御上納銀者極々大切之御儀ニ付、右之御屋鋪様御要用銀之内弐百貫目、暫日之間拝借被

成下、先当難御救被下候故、　御上納銀無滞都合仕候、右返上納之義、甚差急申候得共、外ニ

手当無御座当惑仕候、先日も御銀操悪敷候段、呉々御理解被為　仰聞、無間ヶ様ニ相歎申候義、

御呵之段恐入奉存候得共、右之訳合被為　聞召訳、御憐愍之上御銀御渡被下候ハヽ、難有仕合

奉存候、以上

天明八年申三月廿一日　泉屋万次郎

銅座

御役所

一五〇　銅山病人、稼方差支につき仰渡

申四月七日出、銅山ゟ申来候書付類、左之通

従　銅山御奉行様御代官様江被仰出候来状之写

一銅山病人多、稼方差支候段、先達而届書被差出候ニ付、江戸表江差立、御勘定所江差出候処、

山師甚心得違之趣御沙汰在之候旨、申越候間、則書面写遣候、早々山師御呼出し、右之段具ニ

御申聞、勿論大坂表江も逐一急々申出候様、御申付可在之候、此上万一心得違之筋在之候而者、

御厳密之御時合ニ候得者、いか様六ヶ敷御吟味ニ可相成も難計、甚気遣敷事ニ存候、若右等之

時合ニ至候而者、銅山師不為之義と申存候間、返スヽ是等之趣、精々入念御申聞在之度事ニ

候、右夫々為可申入、如是ニ御座候、以上

三月十九日　上坂仁左衛門

長屋丈左衛門殿

右につき減銅なきよう仰渡

一先達而銅山下財共病人多、稼方差支、減銅も可致哉之旨、御届ヶ書之儀ニ付、東武於御勘定所ニ被仰渡之趣、長屋丈左衛門ゟ申渡在之、委細承知之儀と存候、右等之趣相考候而者、此節之銅山方至而大事之場合と被存候、右様御沙汰在之候上、万一思惑違之儀在之、御吟味在之候時者、迷惑之筋ニも可至哉と、甚気遣敷存候間、何分減銅無之様出情可在之候、猶亦万端容易ニ取計無之様致度事

右之趣、大坂表江も早々可申遣候

申四月

愛宕下松山役人からの御用状

三月廿八日御代官於　御役所、此書付御渡、従　御奉行所手紙も御見せ被成候ニ付、手紙写別ニ写登せ候

申ノ二月十二日、横山市郎右衛門罷出候節之　御用状之写

一御殿長崎掛り松山惣右衛門殿江、旧冬被遣候銅山傷寒流行減銅ニも可及哉之御届ヶ書、其通差出候処、御逢可被成候旨、暫時之内相待候処、御同人御廊下江御出座、先御届書致一覧候処、減銅も可致哉之旨、是者人夫之事、是等之義者、銅山師何分相働、減銅無之様可致事ニ候、近来何角色々銅山師申立事在之、元来銅山方之義者、是迄年々多分之買請御米等被　仰付、其上此内も何角臨時之申立事も在之、従　御上毎々御世話ニ相成居候事、其所も不相弁、近比者色々之事を申立ニ致、甚不届キ之事候、去歳抔者増銅之御沙汰も候処、決而減銅在之候而者不相済、銅山師先達而家事出入ニ而、身上困窮之趣ニ相聞候、是等之場合より色々之事を相工ミ候

銅山師家事出入で困窮

様ニてハ、甚銅山師為ニも相成間敷、此段急度被申聞、若々減銅共在之候ハヽ、急度御吟味之御沙汰も可在之候間、御預り所方ゟも無油断、内々可被相糺置候、致減銅候而者、御上御差支ニ可相成と、其所を見込候様之一躰様子ニ相見江候、今度之申立抔も、後日之含在之哉之程も難計候、何分減銅無之様可被申渡と、被申聞候ニ付奉畏候、御届ニも申上候通、何分減銅無之様、於在所ニも役人共ゟ申渡置候得共、猶又右被　仰渡之趣、早々在所役人共江可申遣旨、申達置候間、能々被　仰付置候様仕度奉存候、則差出し候御届書写、進達仕候

【一五一】銅代銀未受領にて上納銀延納につき仰渡

申四月松山表従　御役所、銅山方迄被仰渡候御手跡之写

一当三月銅山方上納銀、銅座ゟ御渡銀御延滞手当違ニ相成、内々差支候ニ付、大坂表当方役人共江相歎、以他借無異義上納相済候旨、先達而役人共ゟ申越、猶亦届之趣、令承知候、右上納筋者大切之義ニ候得者、銅代銀等若間違候節之手当者、兼而厚覚語(悟)可在之処、御渡銀而已心当ニ致、上納日合相廻り候迄、外手当も無之候段、甚不行届儀在之候、殊ニ近来者、彼是　御上御苦労ニ相成候義も、第一上納無滞相整候上、渡世産業ニ可致儀勿論之事ニ候、併右不都合之処者、近来難渋相嵩候故之事ニも可在之哉ニ候得共、第一之上納筋不覚語ニ在之候而者、忽一大事之儀と被存、苦々敷事ニ有之候、依之以来差懸り右様之義在之候而者、大坂表当方役人共も品ニ寄取計方無之趣、申越候間、向後万一右様之次第在之候而者、甚以不軽事ニ候、何分遂工面、無滞上納可在之候、若亦何分右御渡銀相滞候而者、上納不相整訳ニ候者、当年之義者相済候得共、以来之上納難相整趣、不取敢歎書差出し可申候、左候者江戸表江懸ヶ合候上、御勘定

所江相伺可差遣候

未極印の銅過半あり

一此度銅代等書付之内、御極印未相済候銅過半在之候、是等を差懸り候場合之手当ニ致候義者、甚手薄キ儀と被存候、然共銅座本日御仕成、早速ニ御改方相済候御法ニ在之候哉、是等之義も書付を以、其訳承度候事

右之通大坂表江早々可申遣候

申四月

一五二　銅代銀の下渡し願

松山御屋敷より銀二〇〇貫目借用

乍憚書附を以奉願上候

一去月廿一日書附を以奉願上通、売上銅代銀幷定例御手当銀御渡方、御延滞ニ付、既去月廿三日銅山師上納手当相違仕、大ニ当惑仕候得共、松山御屋敷ゟ御慈計を以、銀子弐百貫目御借渡、先当難御救被下候而、御上納無滞相済候義ニ御座候、乍併右銀子之儀者、早々返上不仕候ハ而者、難相済訳ニ御座候得共、銅代銀を以返済仕候外、手談(段)無御座、難渋至極仕候、御役所表御銀操不宜趣者、追々御理解被仰聞、奉承知罷在候上、可様ニ申上候義、恐入奉存候得共、前段之通急々返済入用御座候上、日々過分之利足等も相懸り、迷惑至極仕候ニ付、不得止事、亦候奉歎上候、何卒御勘弁を以、代銀早々御渡被成下候様奉願上候、以上

申四月十日　泉屋万次郎

銅座
御役所

一五三　銅代銀の渡方御尋につき御答書

銅代銀の渡方

定例御手当銀九〇貫目の渡方

就御尋、乍恐書付を以御答奉申上候

一別子・立川御用棹銅売上代銀御渡方、銅座平日御仕成之義、御尋被遊奉畏候、此義、

一荒銅廻着度毎ニ、御届ヶ申上候義ニ御座候

一右荒銅吹立、箱詰ニ出来迠、其時々御届ヶ申上候毎ニ御改御極印被成下、代銀之義者其日直ニ御渡し被下候義も在之、又者一両日、或者四・五日、十日程も相延、御渡し被下候義も在之候

一銅山方仕入下シ銀等、銀繰差急キ候節者、其段入割を以銅座江相願、棹銅ニ吹立不申已前、廻着荒銅ニ而御見分を請、代銀御渡シ被下候義も折々在之候

一定例被為下置候壱ヶ年九拾貫目宛之御手当銀之義ハ、半年分御定数三拾六万斤箱詰上納相済次第、直ニ四拾五貫目宛御渡し被下候例ニ御座候、然ル処当年者今以相渡り不申候

右之通先年ゟ之御仕成ニ御座候処、当春銅代御渡方御延引候故、度々口達或者書附を以、銅山御上納銀三月廿三日定日ニ候趣、呉々申立相願候処、其度毎ニ御返答ニ者、極印近日ニ可入遣、代銀も近々ニ可相渡候と被仰付候ニ付、相待居申候得共、三月十四日迄も右同様御返答ニ候故、外々可仕方も無御座候間、其段御預所江御届可申上哉と申上候処、乍気毒相届候共、可致様も無之候と御答、御渡し方御延引之段、被仰聞候御義ニ御座候、以上

天明八申年四月　　　泉屋万次郎印

上坂仁左衛門殿

（裏表紙）「泉屋吉左衛門」

解題

「別子銅山公用帳　七番」は、本叢書第三期第五冊に収録した「別子銅山公用帳　五番・六番」に、内容・年代とも連続する記録である。収録年代は、宝暦十二年（一七六二）二月から天明八年（一七八八）四月までの二六年間に至る。本記録は和綴じの縦帳であり、原寸は縦三一・五センチ、横二三・〇センチ、厚さ九・三センチであり、丁数は表紙と裏表紙を除き四五三丁（うち墨付き四四七丁）である。帳面の背には真田紐が取り付けられ、全体をくくれるようにしている。翻刻に当たっては本記録（大坂本店本）に加え、別子銅山と江戸出店の「別子銅山公用帳」を参照し、遺漏なきよう努めた。以下、主要な事項について述べる。

宝暦〜天明期の長崎御用銅と別子・立川銅山

宝暦〜天明期（一七五一〜一七八八）は、幕政史上大きな転換がおこなわれた時期である（中井信彦『転換期幕藩制の研究』など）。長崎の銅貿易においても正徳新例以来の大改革が断行された（鈴木康子「寛延・宝暦期の長崎貿易改革」、『日本歴史』第五三二号）。その経緯を見ると、正徳二年（一七一二）幕府は第一次銅座を廃止して、大坂の銅吹屋仲間一七軒に長崎廻銅を請け負わせ、同五年には正徳新例を発令して、長崎輸出銅を四〇〇万斤から四五〇万斤（オランダ一五〇万斤、中国三〇〇万斤）と改定した。享保元年（一七一六）、幕府はそれまで銅吹屋仲間が請け負っていた長崎御用銅を諸国銅山に割当てる「割合御用銅制」を敷いたが、銅代銀の支払いに窮したので同七年廃止した。同年から長崎奉行が幕領銅山の荒銅を直接買い入れたが、これも長続きせず同十七年からは再び銅吹屋仲間に長崎御用銅を請け負わせ

表1　長崎御用銅の御定高(宝暦元年＝1751)

買入先	御定高	代銀	値段(100斤につき)
	斤	貫　匁	匁
秋田銅	1,650,000	2,582,580	156.52
南部銅	700,000	976,360	139.48
別子・立川銅	420,000	585,816	139.48
柏木銅	105,000	158,865	151.30
多田鉸銅	17,000	21,641	127.32
生野棹銅	60,000	84,180	140.30
備中棹銅	78,000	110,370	141.50
余山代り別子・立川銅	70,000	97,636	139.48
合計	3,100,000	4,617,448	

出典：「大意書」(『近世社会経済叢書』第7巻所収)
「宝暦元未年中　諸向渡候銅代銀請取証文控」(峰家文書B-150-22、大村市立史料館所蔵)及び本文掲載の鈴木・岩崎論文より。

ることにした。その後、元文三年(一七三八)幕府は第二次銅座を設置し、銅座が一手に諸国銅を買い上げて長崎御用銅を調達したが、延享三年(一七四六)長崎御用銅の御定高を三一〇万斤(オランダ一一〇万斤、中国二〇〇万斤)と改訂した(中村質『近世長崎貿易史の研究』、『住友別子鉱山史　上巻』など)。

寛延三年(一七五〇)八月、勘定奉行・長崎奉行兼帯の松浦河内守(信正)は第二次銅座を廃止し、長崎会所が諸国銅山から御用銅を直接買い入れ、その買い上げ値段の引き下げを断行した。併せて長崎会所の出先機関として、大坂過書町に長崎御用銅会所を設置した。このとき、秋田銅山、南部銅山、別子・立川銅山などが御用銅山となり、翌宝暦元年(一七五一)から御定高の買入れが実施された。その御定高をみると、秋田、南部、別子・立川の三山で全体の八九パーセントを占めており、その買い上げ値段も別子・立川銅の場合、一〇〇斤当たり銀一八〇匁から一三九匁四分八厘に引き下げられた(表1参照)。

宝暦四年長崎奉行となった菅沼下野守(定秀)は、長崎御用銅三一〇万斤の確保を確実にするため、秋田、南部、別子・立川の三山を御用銅山に指定し、御定高を改定した。秋田銅が一六五万斤から一八〇万斤に、南部銅が七〇万斤から七三万斤に、別子・立川銅が四二万斤

から七二万斤へと加増され、合計三二五万斤となった。このうち、長崎御用銅は三一〇万斤であり、残りの一五万斤は「唐船持ち渡り人参代り銅」である。いわゆる幕末まで続く「長崎御用銅の三山体制」がここに成立したのである。

宝暦十二年十月、石谷備後守（清昌）が長崎奉行として着任すると、同年冬、石谷は長崎御用銅三一〇万斤が不足するのは、地売銅値段（国内販売用の銅値段）が御用銅値段より高値であるためとし、長崎会所役人へ地売銅値段の値下げの評議を命じた。会所役人の中から、会所が保有する御用御囲い銅を地売銅に放出することによって得られた差益を、銅山御手当銀として交付する建言がなされ、御定値段に手当銀という補助金を加算する施策が考案された（岩崎義則「近世銅統制策に関する一考察」、『九州史学』第一一二号）。いずれにしても、長崎御用銅確保のため、地売銅も統制下に置くことが真剣に考えられたのである。明和三年（一七六六）、大坂過書町の長崎御用銅会所が銅座に取り立てられ、長崎奉行・勘定奉行支配下に御用銅・地売銅ともすべての銅が一手に買い上げられた。幕末まで続く第三次銅座の始まりである。長崎御用銅は、従来どおり秋田、南部、別子・立川の御用三山から公定値段で買い上げ、地売銅は大坂廻着後に問屋・船宿立会で買い上げたが、御用銅値段よりはるかに高値であった。三山の御定高は、秋田銅が明和元年一〇〇万斤に、南部銅が同三年六三万斤に減銅されたのに、ひとり別子・立川だけが従来どおり七二万斤のまとまされた。

宝暦十二年の別子・立川銅山の一手稼行

宝暦十二年（一七六二）二月、立川銅山の請負人泉屋理兵衛と別子銅山請負人の泉屋吉左衛門は叔父・甥の間柄であるが、それぞれ別子・立川両銅山の一手稼行願を松山預り役所に提出し、同年閏四月一手稼行が許可された（以下、本書記事一参照）。延享四年（一七四七）七月、大坂屋久左衛門が経営難に陥り、泉屋吉左衛門名義で稼行したいと出願

してから一五年、宝暦二年の泉屋理兵衛請負から一〇年の歳月を要した。一手稼行が聞き届けられなかった理由に、立川銅山側に居住する西条藩領農民の煙害や銅水増加に対する反対、あるいは銅座（第二次）と勘定奉行神尾若狭守（春央）が立川銅山の経営に触手を伸ばしたことなどがあったが、政権交代と長崎御用銅の逼迫は一手稼行の原動力となった。特に宝暦四年長崎奉行となった菅沼定秀が定めた長崎御用銅の三山体制によって、別子・立川銅が七二万斤とされたことは重要であった。これを実現するためには、別子・立川銅山のさらなる経営合理化が求められたのである。また、長崎御用銅の長崎廻送率は、宝暦元年から明和三年の銅座設立まで四七パーセントから九一パーセントの間で推移し、地売銅値段の高値を反映してなかなか集荷できなかった（岩崎義則前掲論文）。

こうした幕府の長崎銅貿易振興策を背景に、泉屋住友では別子・立川銅山の一手稼ぎを出願したものと考えられる。泉屋理兵衛の言い分によると、「泉屋吉左衛門儀者、近キ親類ニ而御座候間、種々世話仕呉候得共、是迄之稼方ニ而者、所詮相続難仕趣ニ御座候、依之何卒立川御銅山も一手ニ奉請負」と、親類の泉屋吉左衛門にこれまで世話になってきたが、経営難により相続しがたいので一手稼ぎしか方法がないと述べている。いっぽう譲受人泉屋吉左衛門の言い分によると、一手稼行による利点として「別子歓喜間府と申古鋪より掘通シ、立川御銅山之鉑石共ニ別子山内江運出、両山鉑石一所ニ焼吹仕候ハヽ、人手間格別減少可仕」と経営の合理化を主張している。そして、両山一手に稼行し、坑内普請を怠らず、出銅が増加するよう熟考したいと結んでいる。この願書に許可を与えたのは、勘定奉行一色安芸守（政沆）と石谷清昌であり、第三次銅座の設立に深くかかわった人物である。その下知書には「両山一手ニ而相稼候ハヽ、勘弁を以相稼、追々出銅相増御益筋も可有之旨」とあり、長崎御用銅を確保するために一手稼ぎを許可したことが分かる。

明和六年の別子風水害見分一件と詳細調査

明和五年（一七六八）五月、別子銅山は大風水害に見舞われ（本書記事二九参照）、翌年三月幕府勘定所の支配勘定水谷祖右衛門と普請役の和田清助がその見分に訪れた。水谷と和田の見分は厳格を極め、賄方は一汁一菜、銅山への上り下りや炭山への巡見は歩行、用意駕籠には及ばないと厳命した（本書記事三一）。見分内容も詳細であり、別子銅山に対して次の七点の書類を提出させている（本書記事三一〜三八）。

①「子年（明和五）破損所入用覚書」　前年の風水害修復費用を算定させたもので、銀三〇貫二九三匁五分が必要と報告している。

②「予州別子・立川両御銅山仕格覚書」　別子銅山の概況報告書である。幕府や松山藩の巡見使にそのつど提出されたものであり、現在その控が正徳三年（一七一三）から明治三年（一八七〇）まで二〇点余り伝存しているが、本書はその明和六年分である。

③「予州銅山鉑石千貫目諸入用覚」　鉑石（鉱石）一〇〇〇貫目当たりの産銅コスト計算書であり、銀七五五匁六分を要すると算出している。

④「予州銅山鋪中炭山御答書」　別子銅山の鋪内（坑内）の様子と炭山の現況を報告したもの。

⑤「予州銅山諸賃銀之覚」　採鉱・製錬・運搬などすべての稼人の賃金を報告したもの。

⑥「御銅山師下代人数并役附覚」　銅山手代の役職と人数を網羅し、総人数は六三人であった。

⑦「子ノ年破損道橋之覚」　前年の風水害によって破損した道と橋を報告させたものであり、道は延べにして長さ二六〇間、高さ三〜六尺、幅三〜四尺ほど、橋は七か所と報告している。

そのほか、本書には収載されていないが、「別子立川両御銅山図」と「別子竜河両御銅山鋪内惣絵図」の提出も命

じており、両絵図は現在のところ別子銅山図の初見である（『別子銅山図録』『住友別子鉱山史　別巻』所収）。これらにより、幕府は別子・立川銅山合併後の経営状況をつぶさに把握したのである。その後、泉屋住友が提出した長崎御用銅の減銅・値上げ願や買請米の払い下げ願の判断に際し、これらの書類が与えた影響は少なくない。

長崎御用銅御定高の減銅一件

明和五年（一七六八）七月十三日、泉屋住友は長崎奉行石谷清昌へ長崎御用銅七二万斤の減銅願を提出した（以下、本書記事四〇・四二・四三・四五参照）。これは、宝暦四年（一七五四）長崎奉行菅沼定秀によって増額された三〇万斤を減銅してほしいというものであった。泉屋では重要な願書だったので、本書以外に江戸店の「別子銅山公用帳」に別冊として「減銅願書控　拾壱番」があり、ほかに大坂本店に「減銅願書之控」という関連文書がある。

減銅願に至る経緯をみると、寛延三年（一七五〇）、勘定奉行・長崎奉行兼帯の松浦信正から別子・立川銅値段を一〇〇斤につき一八〇匁から一三九匁四分八厘に値下げすると申し渡された。宝暦二年（一七五二）、泉屋では銅山の仕入れ銀に困窮し、御用銅四二万斤のほか、有銅五〇万斤を急に売り上げたいと出願したが、聞き届けられなかった。翌三年には御用銅四二万斤のほか、臨時御用銅四万七四〇〇斤を買い上げてもらっている。宝暦四年十月、長崎奉行菅沼へ御用銅値段の値増しを出願したところ、「秋田・南部と違ひ、御料所之儀ニ付、銅山普請料銀三百貫目拝借、并御褒美銀拾五貫目宛可被下置候間、御定数四拾弐万斤之外、三拾万斤相増、都合七拾弐万斤宛可奉売上」と仰せ渡された。すなわち、別子・立川銅山は幕領なので、銅山普請料三〇〇貫目と褒美銀一五貫目を聞き届けるから御定高四二万斤を七二万斤にするよう申し付けられたのである。具体的には、普請料銀三〇〇貫目の拝領が許されたので、御用銅四二万斤のほか、御用銅一四万七〇〇〇斤を供出した。さらに菅沼から余山代り銅として二〇万斤供出すれば、

御褒美銀二〇貫目を渡すと仰せつけられた。しかし、御用銅値段は地売銅値段より安く、山方元値段に引き合わないので、一五万斤だけ引き受けることにした。さらに菅沼から三〇〇〇斤を加えて合計七二万斤とすれば、褒美銀一五貫目を下げ渡すと仰せつけられ、御用銅の御定高が七二万斤となったのである。明和元年（一七六四）、泉屋住友では経営が苦しいので長崎御用銅の値増銀と御救手当銀二八八貫目、および減銅を出願して同年六月却下されたが、翌明和二年には褒美銀一五貫目の一〇年分、一五〇貫目を一度に前渡しすることを許された。明和四年八月、御用銅七二万斤の負担が重いので、長崎奉行新見加賀守（正栄）へ三〇万斤減銅願を提出したところ、明和二年の褒美銀下げ渡しより間もないということで却下された。

明和五年二月に至り、改めて長崎御用銅七二万斤を減銅して四二万斤にしてほしいと出願すると、同年二月十九日、長崎奉行所から次のような尋問があった。

①普請料手当銀を取りながら減銅願は、いかがなことか。

②御用銅山稼を功にたて、手当銀にもたれているのではないか。

③御用銅の減銅三〇万斤分を、値段の良い地売りに廻したいのではないか。

④損銀が二八八貫目あるというが、三〇万斤を地売りにしても損銀高とならないので、出願の手段としているのではないか。

⑤秋田・南部と違い、幕領の別子へは買請米を支給しており、運上金よりも買請米利潤の方が多いはず、手当銀も支給しているのに、過去の銅値段を引き合いに減銅願はいかがなものか。

⑥銅山師として、紀吹師として、どう心得ているのか。

⑦対馬渡し銅は、別子・立川銅に限定と配慮しているのに、減銅を出願されては配慮を疑われる。

表2　別子・立川銅山の長崎御用銅買上げ値段(100斤につき)

項　　目	定　高	買上げ値段	定値段	褒　美　銀	手　当　銀	手　当　銀
年　　次				宝暦5年～	明和6年～	安永5年～
		匁	匁	匁	匁	匁
寛延3年(1750)以前	——	180.000				
宝暦元～宝暦4年(1751～54)	42万斤	139.480	139.480			
宝暦5～明和元年(1755～64)	72万斤	141.563	↓	(*1) 2.083		
明和2～明和5年(1765～68)	↓	141.563		↓		
明和6～安永4年(1769～75)		151.980			(*2) 10.417	
安永5～享和3年(1776～1803)	↓	151.980	↓	廃　止	↓	(*3) 12.5

註*1　宝暦5年からの褒美銀(毎年15貫目)は、10年分150貫目が前渡しされていたので、明和5年に廃止されて手当銀となっても、安永5年まで10年間は実質支給されていたことになる。
*2　明和6年からの手当銀は、毎年75貫目が支給されたが、15貫目の褒美銀が前渡しされていたので、実質90貫目である。
*3　安永5年からの手当銀は、褒美銀の前渡し期限後なので、15貫目を加えた90貫目とされた。

同年七月十三日、泉屋では長崎奉行所の尋問に御答書を提出し、三〇万斤の減銅願を提出したが、八月却下された。そこで泉屋では方針を転換し、同年十月長崎奉行石谷清昌に手当銀の支給願を提出したところ、同年十二月長崎奉行所から手当銀を次のように許可された。

明和六年から、褒美銀の名称を止め手当銀として毎年銀七五貫目(一〇〇斤につき一〇・四一七匁)を下げ渡すこと。安永四年(一七七五)からは、これに一五貫目(二・〇八三匁)を加えて九〇貫目(一二・五匁)ずつ支給することになった。安永四年から一五貫目加増したのは、明和二年の前渡し銀一五〇貫目の年割り分(一五貫目)が一〇年目の安永四年に切れるからであった。表2は、その間の推移を表にしたものである。

明和六年正月と二月、銅山風水害等を理由に手当銀の支給を前年から実施してほしいと出願したが、五月長崎奉行所から願書却下の申渡があった。これには、①別子銅は、秋田銅より下値に見えるが、買請米や手当銀を考慮すると実質高値であること、②銅山風水害は、銅山発端よりの定式のことと考えるとあり、五月十二日と二十九日に長崎奉行へ請書を提出して落着した。この一件は、幕末までの御用銅御定高と値段を規定したものとして重要である。

表3　別子銅山附の御林

借用年次	御林(村)	寸法(長さ×横)	面積
元禄15年（1702）	別子山（別子山村）		17,752町1反
宝永7年（1710）	折宇山（津根山村）	1500間×900間	450町
宝永7年（1710）	寺野山（津根山村）	420間×180間	25町2反
宝永7年（1710）	峨蔵山（浦山村）	1860間×1800間	1,116町
明和元年（1764）	鬼ケ城山（津根山村）	1800間×1200間	720町
明和元年（1764）	葛川山（津根山村）	4200間×1800間	2,520町
天明7年（1787）	地吉山	1800間×1440間	864町
天明7年（1787）	外之山尾	1800間×1440間	864町

出典：本書記事137

御林山の借用一件

別子銅山では、稼行に大量の炭や木材を必要としたが、稼行が継続するにつれて周辺の山々を伐採し尽くしたため、幕府から特別に幕領の御林借用を認められた。その第一期は、別子銅山の永代稼行が認められた元禄十五年（一七〇二）とそれに続く宝永七年（一七一〇）、第二期は明和元年（一七六四）と天明七年（一七八七）である（表3参照）。第一期は、別子開坑期の産銅高が急増した時期であり、別子山村の銅山附き御林一万七七五二町歩余りと、津根山村の折宇山四五〇町歩と寺野山二五町余り、および浦山村の峨蔵山一一一六町歩の借用が許可された。第二期は開坑から半世紀以上が経過し、炭山の確保に苦慮していた時期であり、津根村の鬼ケ城山七二〇町歩と葛川山二五二〇町歩、および浦山村の地吉山八六四町歩と外之尾山八六四町歩であった。本書には、この第二期の御林山の拝借経緯と絵図が詳細に記されている（本書記事一九・二一・一三七・一四二参照）。

特に天明七年（一七八七）の「御林一件書付之写」（本書記事一三七）には、同年九月御林山の見分に訪れた幕府勘定所の吟味下役柳田喜十郎と普請役和田繁蔵に対し、宝永七年から明和元年まで借用してきた折宇山・葛川山・鬼ケ城山・寺野山・峨蔵山五か所の由来から、同年十月新たに借用した地吉山と外之尾山の請書まで詳細に記載されていた。この一件のうち「御銅山御林覚書」の

部分は別冊があり、『住友別子鉱山史　別巻』で翻刻されている。なお、天明七年十二月の請書によると「此後右御林ニ而順繰ニ仕、已来炭山不相願相済」と、以後は御林山の輪伐によって経営を維持し、御林山の炭山願をしないよう仰せつけられた。事実、これ以降の御林山の下げ渡しはなく、明治八年（一八七五）六月新政府へ鉱山備林として出願したのは、まさに天明七年までに下げ渡された御林山であった（『住友別子鉱山史　上巻』参照）。

買請米の安値段問いただしと値上げ用捨願

明和八年（一七七一）三月十三日、勘定所組頭の倉橋与四郎は泉屋住友に対して、「買請米の買い換え差益と、銅山一手稼行の経費減で、大幅な利益を上げているだろうから、外二割安の安値段を廃止したい」と申し渡した。このとき、倉橋は同年三月の水谷祖右衛門の銅山風水害視察時のデータを握っているので、「偽ケ間敷儀申出候而者、決而相済不申候」と厳命した。これに対し、同年四月泉屋住友は次のような返答書を提出して、その撤回を出願した（本書記事五一参照）。

①御用銅の買上げ値段が不当に安いので、損銀が一〇〇貫目にのぼること。
②これまで、上米と下米の買い替えはしていない。
③買請米値段を少しでも引き下げられると、御用銅の調達に支障が出る。
④当時までの値段で買い受けしたい。

同年十二月、松山預り役所では泉屋の願書に「山師共申出候趣ニ聊相違も無御座」と奥書して勘定所に提出したところ、翌明和九年二月、従来どおりの外二割安値段の買請米支給が許可された。ところが、安永二年（一七七三）九月またしても勘定所から買請米値段の引き上げが仰せつけられた。その理由は、「一手稼行によって経費節減の効果

があり、大いに利益をあげていると聞く」というものであった。同年十月泉屋は、①明和五年からの手当銀によって、鋪内の普請にとりかかっているが、古い銅山なので深鋪となり、御用銅に差し支えている。②買請米のお陰で銅山の相続ができており、この上さらに値上げすれば相続がおぼつかないと返答したところ、翌安永三年正月に従来どおり支給すると申し渡された。しかし、天明五年(一七八五)正月の御勘定小出大助の言によると「我等役向諸国買請米と申事、夥敷有之候が、夫を相減し候ハ拙者役前ニ有之候」とあり、勘定所の基本方針は買請米の削減であった(本書記事五八参照)。このように宝暦〜天明期は、幕府勘定所の経費節減策と長崎銅貿易の維持のため、別子銅山はさまざまな揺さぶりを受けたのである。その意味では、幕末までの諸問題の原点をこの時期に見いだせるのである。

(末岡照啓)

備後町……………………………………………13

ふ

深田之水尻……………………………… 286
福島湊……………………………228,230～2
普請料(銀)…110,116,117,120,125,153,283,
297,300
船木村……………………………………………75
撫養浦……………………………………………60
豊後町…… 17,20,21,26,29,30,32,159,316,
317,323

へ

別子銅山……4,6～8,12,13,15,16,21,26,32,
35,36,40,44～6,49,51,53～63,68～78,
80～3,87～92,109,112,114,118,119,
124,125,133,135～7,140,143,145～7,
149～51,156,157,159～64,167～70,172,
174～9,184～7,189～94,196～206,208～
11,213～8,220,222,224,226,227,233,
235～40,242～4,247,249～52,254,259～
62,267～70,274～6,278,283～7,294,
295,297～9,301,303～6,310,311,313,
314,322,326,328,338,340,341,343,345,
352,354,356,357,359,360,362,364
別子山(村)… 5,83,89,94,287,288,324,327,
331,333,334,336,337

ほ

箒屋町……………………………………………27
褒美銀……110～2,116～21,124～6,129,131,
134,135,138,153,154,269
保土成ル……………………………………… 325
保土野……………………………………… 324
本舗……………………………… 237,238,251

ま

槙木尾……………………………………… 324
マサギ尾…………………………………… 64,66
マサギ谷…………………………………………66
マチキ谷…………………………………………64
松山御役所(屋敷)……9,10,19,20,25,34,38.
39,44,45,50,140,143,148～50,164,194,
198,213,220,236,316,321,361,371,372
松山御蔵屋敷………………25,30,34,182,362
間符役所…………………………………… 103

み

見上ヶ水船夫……………………………… 286
水ガ本……………………………………………65
三田(御屋敷)……41,42,45,147,149,173,182
三ツ森………………………………64,335,337
湊橋町…………………………… 293,296,321
南神崎村…………………………………… 184
南堀江……………………………………………14
南堀江橋通………18,20,24,28,29,31,33,320
都間符……………………………………………92

め

芽野頭……………………………………… 335

や

焼野之尾筋………………………………… 336
ヤケサヽ…………………………………………64
ヤケヲ谷…………………………………………65
ヤジロウ谷………………………………………64
大和間符……………………………… 88,92
山神之北尾筋……………………………… 336
山小屋……………………………93,94,96,166,211
山手金……………………………………………98
山本新田…………………………………… 365

よ

与井村………… 241,245～7,250,253,260～2
吉井………………………………………………91
吉井谷崎山………………………………………90
吉岡銅山…………………………………… 265

り

龍王……………………………………… 325

を

ヲモ谷……………………………………66,336

298,300～2

て

手当銀…110,120,124,126,129～37,154,171,172,219,263,267～9,271,272,275,305,362,368
寺野山…285,288,289,324,328,330,331,333,336,338,346,353,355
天満信保町……… 279,282,283,290,295,321
天満間符……………………………………92
天満村……………………………………88

と

唐・紅毛方(阿蘭陀)……… 118,119,122,125
銅座…… 112,113,124～6,129,131,138,220,238,240,254,255,263,267,269,271,272,275,276,278,279,283,293,295,297～300,302,305,306,313,350,362～6,368,369,371～3
堂島……………………………………………14
堂ノ成ル…………………………………… 325
銅改役所門橋……………………………… 107
銅船……………………………… 25,75,83,95
床鍋(谷)………………………… 101,178,334
床鍋炭宿…………………………85,104,178
床前渡シ橋………………………………… 107
床屋間符……………………………………92
床屋役所……………………………94,104
土州御領……………89～91,285,330,331,333
殿ヶ関…………………………………… 334
富島………… 279,283,292,295,297,316,321

な

長崎会所……………………………134～6
長崎奉行…… 48,109,120,125,127,131,133,137,138,153,154,156
長崎御用銅… 6,44,59,74,89,109～12,116～22,124,125,128～34,138,144,149,153～5,172,173,199,219,238,253,254,267,274～6,279,284,298～302,306～8,310,311,331,362,367,368
長谷御銅山……………………………………90
長門山……………………………………… 334
中西間符……………………………………92
中ノ尾……………………………………… 335
中野川……………………………………… 325
中之谷……………………………………… 335
中橋(店)……50,52,74,75,147,149,159,173,342
長荒尾……………………………………… 335
長尾……………………………………………64
長堀茂左衛門町… 17,23～6,31～3,159,204,207,208,314,319,321,323
中村……………………………………… 184
ナツヤケ尾…………………………………64
ナベラ谷……………………………67,336
鳴ル名(橋)………………………………83,107
南部(銅山)… 110,113,120,134,136,153,298

に

新居浜(浦)…… 34,74,75,78,88,97,99,100,128,150,151,228,230,246～8,253～8,295
新居浜口屋…………………25,83,95,102,167
二本橋……………………………………… 107

ぬ

ぬるひ滝…………………………………… 336

は

灰床之札場………………………………… 286
畑野……………………………………… 286
浜田……………………………………… 266
浜手金…………………………………… 255
浜手運上……………………………………98

ひ

東川……………………………………… 286
東角野村………………………………… 184
東山大水抜……………………………………92
東山間符……………………………………92
ひきか田尾………………………………… 286
飛脚…………………………52,142,181,362
日浦谷……………………………………… 334

十郎か淵……………………………… 286
城士道別レ………………………………64
城師名…………………………… 65, 83, 324
地吉山… 259, 288, 305, 308, 324～8, 331, 334, 346, 347, 351～6
印杭…………………………………………13
尻ナシ尾……………………………66, 325
ジルソウ……………………………………64
次郎作り峰………………………………… 335
城ケ尾台…………………………………… 286
新須賀村……………………………………83
信保町→天満信保町
新山………………………………………… 334

す

角野村………………………………………83
炭山… 38, 57～62, 68, 80, 86, 88, 99, 122, 126, 128, 130, 132, 164, 167, 195, 209, 212, 216, 235, 283～6, 288, 289, 305～9, 312, 326～9, 332, 346～9, 351～6, 360, 361
炭木山……………………………………… 3, 6

せ

石州銀山…………………………………… 265
瀬戸野……………………………………… 325
瀬庭谷……………………………………… 334
セリ谷………………………………………65
せんのつな………………………………… 325

そ

外ノ尾… 259, 288, 305, 308, 324～8, 331, 334, 346, 347, 351～6
ソラムネ……………………………………64

た

大永山……………………35, 48, 91, 287, 289
対州………………………………… 113, 126
大平間符…………………………………… 91, 92
代官(所)……10, 41, 47, 49～52, 56, 59, 75, 76, 82, 87, 88, 127～9, 138, 140, 142～5, 150, 179, 182, 216, 222, 223, 225, 228, 230, 231, 239～41, 246, 253, 260～2, 276, 277, 289, 310, 311, 339, 343, 345, 346, 369, 370
大黒間符…………………………………… 88, 92
高橋……………………………………65, 107
高間町……… 18, 24, 29～31, 33, 319, 320, 322
高森…………………………………………64
紅吹師………………………………… 113, 302
立川銅山… 3～9, 12, 13, 15～9, 21, 26, 29, 30, 32, 34, 35, 40, 44～6, 48, 49, 51, 53～9, 62, 63, 69～78, 80～3, 87, 88, 90～2, 109, 112, 114, 118, 119, 124, 125, 134～7, 140, 143, 146, 147, 149～51, 155～7, 159～64, 167～70, 172, 174～9, 184～7, 189～94, 196～206, 208～11, 213～8, 220, 222, 224, 233, 235, 236, 242～4, 249, 250, 254, 259～62, 286, 287, 294, 295, 299, 303～6, 310, 311, 317, 321, 322, 328, 338, 340, 341, 343, 345, 352, 354, 356, 357, 359, 360, 362, 364
立川峰……………………………………… 335
立川中宿… 56, 83, 86, 88, 95, 97, 99, 100, 103, 107, 164, 166, 181, 324
立川山……………………………… 20, 35, 172
立川山村……………………………5, 11, 88, 90
橘通→南堀江橘通
谷町…………………………………………14
谷山………………………………………… 334
種子川(山)…………………………35, 335
たりやうす谷……………………………… 336
他領炭…………………………48, 56, 89, 177

ち

茶臼石……………………………………… 286

つ

償銀………………………………………… 122
辻か峰……………………………………… 287
津出………………………… 88, 97, 228, 229
葛籠山……………………………………… 334
勤方帳……………………50, 51, 82, 145, 224
津根山(村)…………55, 59～61, 68, 69, 83, 88, 259, 284, 285, 287, 288, 304, 324, 325, 328, 331～3, 335, 345, 346
鋐捜……89, 90, 95, 98, 191, 210, 267, 271, 274,

285, 287～9, 304, 324, 328, 329, 331, 333, 336, 338, 347, 349, 353, 355
おばこ道……324
御林帳……59～61, 347, 351, 352, 355
御林(山)……48, 55, 56, 59, 60, 64, 66, 68, 88～91, 134, 136, 177, 259, 284～7, 304, 305, 307～9, 324～8, 345～9, 351～6
折宇道(谷)別レ……64, 335
折宇山…284, 288, 289, 324, 328, 330, 331, 333, 335, 338, 346, 352, 353, 355

か

掛屋……362
囲米……38
囲籾……39～41. 43, 44
笠岡……140, 222, 310, 344
がぞう(峨蔵)山… 60, 284, 287, 289, 325, 328, 330, 331, 333, 337, 338, 346, 353, 355
金岡湊……228, 230～2
金子村……73, 90
上瀬戸山……330, 333
上津川山……331, 333
上成保ロ……335
川之江……83, 237, 343, 345, 351
川之江御陣屋(御役所)……10, 11, 140, 238
川之江御代官……56
寛永間符……91, 92
歓喜間符……5, 7, 90, 92
歓東間符……92
勘場……57, 83, 94, 105, 235, 236

き

北川……335
北堀江……315
紀州御廻米……74
京都糸割賦(仲間)……3～6, 73, 90, 286
きんちゝみ……286

く

葛川名……65
葛川山…… 55, 59～61, 64, 68, 83, 89, 99, 107, 259, 285, 287～9, 304, 324, 328, 329, 331, 333, 335, 336, 338, 345, 347, 349, 352, 353, 355
口銅……35, 88, 185
九之助町……26, 27
倉敷……52, 139, 140, 142, 144, 222
黒谷……286
黒谷中尾……286
桑瀬山……330, 333
桑本……66, 325, 336

け

鯨油……92

こ

小堂谷……286
呉服町……17, 22, 31, 33, 318
コマドチ……64, 337
小麦畝山……330, 333
小物成銀……163, 183
御用金……241, 245
御用船……74, 75
御用銅→長崎御用銅
御料山……56, 89, 91, 94
権現谷……337

さ

西条……253～6
西条御領……75, 90, 91
済福寺……49
棹銅……111, 121, 126, 154, 219, 220, 350, 361, 362, 373
サルヤガ尾……64
猿田(サルタ)……64, 337
猿田山……177, 287, 331, 333, 345, 349

し

地売(銅)……112, 113, 125, 126
鋪役所……79, 85, 114, 116, 188, 195
自在間符……92
七番山……288, 324, 334, 335
下川トギ……64
十ヶ谷……334

事 項 索 引

あ

秋田(銅山)… 110, 113, 120, 134, 136, 153, 298
秋田銅…………………………………… 134, 136
浅谷山………………………………89, 331, 333
足谷御銅山…………………………87, 109, 334
愛宕下…223, 227, 228, 240, 249, 250, 286, 342, 344
アマツヽミ……………………………………65
荒銅………………………………………… 126, 373

い

生野銅山……………………………………… 265
泉谷…………………………………………… 334
一手稼……4, 7, 8, 10〜2, 15, 16, 21, 32, 35, 73, 92, 134, 152, 155
一ノ谷(山)……………………… 330, 333, 334
一ノ抹香(真向)……………………… 325, 337
猪川山(井ノ川山)………………………… 333
犬の床ふせ…………………………… 325, 337
イハド…………………………………………64
伊原右………………………………………… 325
今治御領……177, 287, 305, 331, 333, 345, 347, 349, 350

う

上野山(村)…35, 55, 165, 286, 287, 289, 325, 337
ウシロ谷………………………………………64
内太郎左衛門町…………………………… 316
馬コロハシ……………………………………64
浦山(村)…… 59, 88, 91, 259, 284〜9, 324〜6, 330〜3, 337, 338, 345, 346
運上(金銀)… 4, 6, 8, 12, 15, 35, 36, 43, 45, 48, 59〜63, 73, 78, 88〜91, 95, 98, 113, 128, 130, 132, 138, 140, 141, 144, 149, 159, 163, 183, 184, 251, 254, 255, 258, 259, 287, 288, 305, 306, 308, 309, 330〜3, 346, 347, 349, 350, 352, 354, 362, 368

え

江戸御金蔵……………………………… 164
江戸上槇町……………………………26, 284
江戸店…9, 11, 17, 38〜41, 43〜5, 49, 159, 164, 187, 252, 276, 342, 344

お

大荒ノ口……………………………………… 325
大荒谷………………………………………64, 337
大川筋………………………………………… 336
大北川山……………………………… 330, 333
大坂御蔵屋敷(西条御蔵屋敷)……254〜6, 258
大坂御蔵屋敷→松山御蔵屋敷
大坂町奉行所…………………74, 159, 207, 208
大坂御金蔵……………………………………74
大島…………………………………………… 254
大すゝ谷……………………………………… 337
大すゝ(の)まと……………………… 325, 337
大谷…………………………………………… 334
大とらへ……………………………………… 286
大野谷………………………………………… 334
大野山………………………………………… 334
大平山………………………………… 330, 333
大休場………………………………………… 325
大藪宮林……………………………………… 287
落合…………………………………………… 337
落合橋………………………………………… 107
おとし橋……………………………………… 106
弟地……………………………………………89
弟地炭宿………………… 101, 104, 212, 324
鬼ケ城山… 55, 59〜61, 66, 68, 83, 89, 99, 259,

わ

若狭→神尾若狭守
和田繁蔵…………………… 324, 328, 332, 338
和田清助……………………………………82
綿屋しな……………………………… 315
渡辺勘右衛門……………………………25
渡辺半十郎…………………………82, 144
渡辺半助……………………………………75
和平(泉屋手代)……………………… 104

万年七郎右衛門… 223, 225, 226, 260, 310, 342

み

三笠屋喜兵衛…… 315
水上武平次…… 313
水谷祖右衛門……82, 151, 152
水野若狭守…… 275
美坂杢兵衛……18, 19, 26
宮川小十郎…… 77, 82, 176, 180, 186, 191
三宅久右衛門……62
宮下順蔵…… 253〜7, 263〜6, 273, 299

む

村井和助……56
村上三郎右衛門(常福)…… 304
村垣左太夫(軌文)…… 304, 360

も

杢右衛門(泉屋手代)…… 105
本右衛門(泉屋手代)…… 103
本岡彦兵衛……38, 41〜5, 47, 48
茂兵衛(泉屋手代)…… 105
森対馬守…… 260
守印→守屋弥惣右衛門
守屋弥惣右衛門… 217, 223, 225, 226, 228〜32
紋右衛門(泉屋手代)…… 103
門三郎→鈴木門三郎
紋蔵(泉屋手代)…… 258

や

弥一兵衛→原弥一兵衛
弥左衛門→横地弥左衛門
弥次兵衛(泉屋手代)…… 104
安右衛門(泉屋手代)…… 104
安太郎(泉屋子供)…… 106
安太郎→金沢安太郎
弥惣右衛門→守屋弥惣右衛門
矢田紋右衛門…78, 82, 127, 142, 143, 146, 149, 156, 158, 164, 193, 197, 200, 225, 227〜9, 251, 278, 307, 308, 310, 348, 349, 351, 356, 360
八蔵屋弥一左衛門…… 148, 149
八蔵屋与兵衛…… 213
柳田喜十郎…… 324, 328, 332, 338
弥兵衛(泉屋手代)…… 103
矢部文助…… 109
山木与惣左衛門…… 87, 88, 109
山口屋喜兵衛…… 320
山下平兵衛(陸多)……82, 147, 161, 163
山田銀右衛門…… 236
山田四郎兵衛…… 5, 10, 12, 13, 15, 16, 19, 20, 22〜4, 34, 36, 38, 40, 46, 53, 201〜3, 205〜8, 214
山田屋久兵衛…… 319
大和屋三右衛門…… 315
大和屋登見……21

よ

与一右衛門(金子村)……73
用助(泉屋手代)…… 104
横沢弥左衛門…… 180
横地弥左衛門……82, 147
横山市郎右衛門…… 252, 253, 260, 306, 370
由右衛門(泉屋手代)…… 105
吉川三郎右衛門…… 8〜10
由助(泉屋手代)…… 104
吉田久左衛門(佳国)……73
吉田権左衛門……11
吉野屋次右衛門…… 320
吉野屋寿斎…… 320
吉野屋正蔵…… 320
吉村喜惣次…… 139
与七郎→古坂与七郎

り

理右衛門→松本理右衛門
利倉屋喜右衛門…… 316
利倉屋利兵衛…… 316
林右衛門(泉屋手代)…… 104
林蔵(泉屋手代)…… 105
林兵衛(泉屋手代)……254〜7

ろ

六郎右衛門(泉屋手代)…… 181

八蔵(津根山村庄屋)…………… 55,65,67〜9
花木庄次郎……………………………306〜8
花房文右衛門………………………………109
林嘉平太…………………………………………56
林為三郎………………………………………313
原弥一兵衛……………………………61,62
播磨屋九兵衛………………………………321
播磨屋定七……………………………………315
播磨徳兵衛……………………………………24
半左衛門→伊奈半左衛門
半七(泉屋手代)……………………………102
半兵衛→泉屋半兵衛

ひ

肥前(守)→根岸肥前守
彦七(泉屋手代)……………………………103
彦四郎→大原彦四郎
彦兵衛(泉屋手代)…………………………102
彦兵衛→勝屋彦兵衛
備前→伊奈備前守
一柳監物…………………………………………90
一柳権之丞…………………………55,88,332
日野屋儀助……………………………………317
日野屋権六……………………………………317
日野屋八右衛門………………………………21
日野屋松之助…………………………22,317
日向→小野日向守
平岡吉左衛門…………………………………87
平岡彦兵衛…………… 128,138,140,143,145
備後→石谷備後守

ふ

武右衛門(泉屋手代)………………………103
福富市右衛門…9,10,17,18,20,38,39,41,42,
45,47,48,50〜2,61,74
福本逸斎………………………………………316
伏見屋吉三郎…………………………………318
伏見屋彦左衛門………………………………21
藤本甚助………………………………………208
藤本豊吉……………………………16,17,20
藤屋七左衛門………………………………246〜8
船橋屋徳兵衛…………………………………318
武兵衛(泉屋手代)…………………………104
古坂与七郎(逵経)…8,9,46,48,54,58,61,70,
72,77
文右衛門(泉屋手代)………………………102
文四郎(泉屋手代)…………………………104
文蔵→野田文蔵
文兵衛(泉屋手代)…………………………103

へ

兵右衛門(泉屋手代)…………………………34
平五郎→栗林平五郎
平左衛門(津根山村組頭)……………65,67〜9
平七→宇田川平七
平兵衛→山下平兵衛
弁右衛門(泉屋手代)………………… 105,351

ま

曲渕市郎右衛門…………………………………88
孫兵衛(泉屋手代)…………………………105
又兵衛(泉屋手代)…………………………104
松浦河内守(信正)…… 109,119,125,153,264
松平隠岐守…6,7,12,13,15,16,20,22〜4,32,
34,40,44,46,49,50,61,63,70〜2,74,
76〜8,81,82,87,116,127,128,145〜7,
156〜64,168,169,171,173〜5,185,186,
190,192,193,197,199,200,202,203,205,
206,208,214,217,218,224〜7,251〜3,
263,278,295,303,307,315,316,318〜22,
345,346,348,349,351,352,354,356,357,
359,361
松平右近将監……………………………8,9,49
松平河内守……………………………………350
松平直次郎…………………… 49〜53,57〜60
松平左京大夫(西条様)……… 88,90,253,254
松本十郎兵衛・伊豆守(秀持)… 82,147,161,
163,169,175,186,191,193,198,200,201,
203,206,208,214,218,227
松本理(利)右衛門… 38,47,48,51,52,54,58,
70,71
松山惣右衛門…………………………………370
松山惣十郎……………………………………275
真鍋新八……………………………… 255,256

唯七(泉屋手代)…… 103
多田屋卯右衛門…… 320
多田屋又右衛門……24
橘屋忠右衛門……23,26〜8,319
立野屋平兵衛……21
田中亀之助…… 352
田中丈右衛門…… 313
田中佐右衛門…… 352
玉成丈助…… 226
弾正→伊奈弾正

ち

忠七(銅船)…… 34,45,74,75
忠次郎(泉屋子供)…… 106
忠八(泉屋手代)…… 103
長左衛門(山守)……68
長四郎(泉屋子供)…… 106

つ

柘植五郎左衛門…… 47,48,54,58,61,70
辻源五郎(盛陰)… 81,147,161,163,169,175,186,191
辻左源次(守美)… 201,203,206,208,214,218
辻良左衛門……255〜9
土山甚十郎……62,73,77
土山宗次郎… 198,200,201,203,206,214,217〜9,225,227
堤重(十)左衛門…… 25,30,32,34
常右衛門(泉屋手代)…… 105

て

伝右衛門(泉屋手代)…… 20,39,42,43
伝次郎→佐々木伝次郎
伝之丞→各務伝之丞
田夫屋武兵衛……22,318

と

遠山新吾…… 241,365,366
藤太郎(泉屋子供)…… 106
藤十郎→中野藤十郎
藤兵衛(泉屋手代)…… 105
戸島八蔵…… 254,255
富屋九郎左衛門……29
富田屋甚七…… 318
友輔→泉屋万次郎
豊田金右衛門…… 208,225,227,304,360
虎市(泉屋子供)…… 106

な

長尾文内……42
長屋丈右衛門…… 370
長山源助……24
中島吉右衛門…… 366
中野藤十郎(定侯)……198,200,201,203,206,214,217,218,227,304,360
中道屋喜兵衛……30
中村久蔵……16,41〜5,56,65
中屋喜右衛門……24
中山林右衛門…… 139
奈良屋清右衛門……23,26〜8,319
奈良屋長兵衛……26
奈良屋忠兵衛……20
奈良屋弥兵衛……23,25〜8,319
難波屋清兵衛…… 315

に

新見加賀守(正栄)…… 111,121,154,191
仁右衛門→菰田仁右衛門
仁右衛門(銅船)…… 74,75
西原多助…… 67〜9

ね

根岸九郎左衛門・肥前守(鎮衛)……161,163,170,176,186,191,193,198,200,201,203,206,208,214,218,360

の

野田文蔵…… 41,42,44,45,47,48,304,360
野中久平治…… 366
野村彦右衛門……76,82,128,138〜40,142〜5

は

長谷部藤蔵……10
八右衛門→稲川八右衛門

近藤八之進……………………………… 366

さ

西条様→松平左京大夫
佐伯源蔵………………………………………56
佐右衛門→田中佐右衛門
坂井津右衛門……………………………………11
堺屋伊兵衛…………………………… 320,321
堺屋小兵衛……………………………… 320
坂苗六左衛門……………………………56,148
坂野喜六郎…………………………… 306,307
佐久間郷右衛門…………………………… 8,9
佐久間甚八……………………………… 252
桜井徳右衛門…………………… 308,351,360
桜井屋治兵衛……………………………………22
左源次→辻左源次
座光寺弥平太……………………………………11
佐左衛門→佐藤佐左衛門
佐々木伝次郎(孟雅)…………… 161,170,175
指物屋又兵衛………………………………… 316
左太夫→小野左太夫
左太夫→村垣左太夫
佐藤佐左衛門…………………………… 351,352
左兵衛(泉屋手代)………………………… 104
三平(泉屋手代)…………………………… 104
三郎右衛門→村上三郎右衛門
三郎右衛門→吉川三郎右衛門
三郎左衛門(新居浜浦)………………………75

し

繁右衛門(泉屋手代)……………………… 105
七右衛門→泉屋七右衛門
七郎治(与井村庄屋)… 241,242,245〜7,250,
253
治兵衛→泉屋治兵衛
島屋市助………………………………… 318
島屋武兵衛……………………………21,317
下野(守)→菅沼下野守
十左衛門(銅船)………………………25,74,75
十左衛門→久保田十左衛門
十郎兵衛→松本十郎兵衛
庄五郎(銅船)………………………… 74,75
丈助(泉屋手代)………………………… 104
庄太良(泉屋子供)……………………… 106
庄八(泉屋手代)………………………… 102
次郎兵衛→川井次郎兵衛
次郎兵衛(泉屋手代)……………………… 313
新右衛門(泉屋手代)……………………… 102
甚十郎→土山甚十郎
甚助→藤本甚助

す

菅沼下野守(定喜)……109,116,117,120,125,
153,360
助右衛門(泉屋手代)……………………… 103
鈴木庄左衛門……………………………………75
鈴木門三郎(正勝)…………………… 304,360
墨屋利兵衛……………………………………22
住吉屋源兵衛…………………………………21

せ

清右衛門(泉屋手代)……………………… 105
政助(泉屋手代)………………………… 102
関川庄五郎……………38,41,42,44,45,47,48
銭屋伊兵衛……………………………23,26〜8
銭屋弥右衛門…………………………………23
銭屋弥助………………………………… 319
千足屋吉兵衛…………………………… 292

そ

雑賀屋嘉助……………………………… 316
惣左衛門→飯島惣左衛門
惣七(泉屋子供)………………………… 106
惣十郎→高尾惣十郎
宗次郎→土山宗次郎
惣兵衛(泉屋手代)……………………… 103

た

高尾惣十郎(信福)……………………… 360
高橋→高橋孫八
高橋孫八………………………… 228,252,308
太喜助(泉屋子供)……………………… 106
武島左膳………………………… 217,222,223
但馬→青山但馬守

加賀屋政五郎…… 318
加賀屋茂兵衛……22
覚右衛門(泉屋手代)…… 105
覚兵衛(泉屋手代)…… 104
鍛治清左衛門……22, 317
風祭甚三郎……52
柏屋与兵衛……22
数右衛門(泉屋手代)…… 103
勝屋彦兵衛…… 208
加藤…… 225
金沢安太郎(定侯)……193, 198, 200, 201, 203, 204, 206, 214, 217, 218, 227
金屋源兵衛……24
金屋庄九郎……24
金屋庄助……24
金子屋庄右衛門……246〜8
嘉兵衛(泉屋手代)…… 104
紙屋三郎兵衛……22, 318
紙屋ゆき……24
川井次郎兵衛・越前守(久敬)…70, 72, 77, 81, 147, 161, 163, 169, 175, 186
川口久三郎……47, 48, 54, 58, 70
川崎平右衛門……241, 245〜7, 253, 261, 262
川崎屋嘉右衛門……21
川崎屋喜兵衛…… 283, 290, 298
川崎屋源兵衛…… 317
川西吉次郎…… 170
河内屋七郎兵衛……21
河内屋太郎兵衛……24
河内屋八右衛門…… 315
神尾若狭守(春央)……18
神波彦大夫…… 109

き

菊右衛門(泉屋手代)…… 104
岸本三太夫……10
岸本弥三郎……16, 17, 20
北村六右衛門…… 315
吉次郎→川西吉次郎
木津屋嘉右衛門……29
紀国屋六兵衛……21
儀兵衛→泉屋儀兵衛
木屋清左衛門…… 293, 298
京屋元助……24
久左衛門→吉田久左衛門
久左衛門(下財)…… 178
久三郎→川口久三郎
金右衛門→豊田金右衛門

く

九右衛門(泉屋手代)……9, 19
久保田十左衛門(政邦)……198, 200, 201, 203, 206, 208, 214, 218, 227, 360
久米右衛門(泉屋手代)…… 104
倉橋与四郎(員尉)……147, 150, 152, 158, 161, 170, 175, 176, 186, 187, 191, 193, 198, 200, 201, 203, 206, 208, 214, 218, 227
栗林平五郎…… 54, 58, 70, 73
九郎右衛門(津根山村組頭)……65, 67〜9
九郎左衛門→根岸九郎左衛門
桑原伊予守(成貞)…… 304

け

源五郎→辻源五郎
源七(泉屋手代)…… 105
源蔵(泉屋手代)…… 182
源太郎→上遠野源太郎
元馬屋次兵衛…… 319
源六(泉屋手代)…… 103

こ

小出大助…… 225, 229〜32, 253, 260
幸助→泉屋幸助
幸助(綿屋しな代判)…… 315
広七(泉屋子供)…… 106
小十郎→宮川小十郎
後藤覚右衛門…… 73, 87, 284
小西甚右衛門…… 318, 323
小西知貞……21
小堀屋喜六…… 317
小堀屋恵休…… 317
菰田仁右衛門…… 62, 73, 74, 77
五郎右衛門(泉屋手代)…… 103, 138〜42
五郎左衛門→柘植五郎左衛門

泉屋万二郎(友輔)……205,207,208,210,213,214,216,218〜20,222〜4,226,230,232,233,235,238〜44,247,249,250,254〜60,262,267,275〜7,279,283,289,290,292〜4,297,299,302,303,305,306,311,313〜24,328,332,338,339,343,354,359,362,363,365,366,368,369,372,373
和泉屋茂兵衛……22
泉屋安兵衛……30
泉屋弥蔵……317
泉屋由兵衛……231,233,242,250
泉屋理右衛門……23,26,28,207
泉屋理助……25
泉屋理兵衛・育斎(入江友俊)…5〜7,12,15〜27,29〜35,73,90,91,159,205,207,319,320
泉屋理兵衛(友直)……316〜9,321〜3,362
泉屋良右衛門……319,321,323
石谷備後守・豊前守・淡路守(清昌)……8,9,46,48,54,58,61,70,72,77,81,123,125,126,147,154,155,161,163,169,172,175,186,191,193,198,200
市兵衛(泉屋手代)……105
市郎右衛門(泉屋手代)……105
市郎兵衛(泉屋手代)……103
一色安芸守(政沆)……8,46,48,52,54,58,61
伊藤平治……149,150,158
稲川八右衛門……56,57,59,60,63,70,72,76,77,81,115,116,142,143,146〜8,160,162,168,169,171,173,175,182,186
稲川杢右衛門……56
伊奈弾正(忠敬)…193,198,200,201,203,206,208
伊奈半左衛門・備前守…54,58,61,70,72,77,81
伊兵衛→飯塚伊兵衛
今西藤蔵……109
伊予→桑原伊予守
入江理兵衛→泉屋理兵衛

う

上坂仁左衛門……227,236,243,251〜3,259,299,303,305,315,316,318〜22,346,348,357,359〜61,363,369,373
上遠野源太郎…8,9,47,48,54,58,61,70,72,77,81,147,161,163,169,175,186,191,193
宇田川平七(定円)……72,77
内山孫兵衛……149
鵜殿出雲守……30,34
浦野新九郎……252
浦野彦大夫……51

え

海老屋儀兵衛……318
遠藤新兵衛……55,73,87〜9,150,332

お

大河原磯之助……56
大河原茂兵衛……138〜40,142
大久保……229
大阪屋伊右衛門……321
大坂屋宇兵衛……29
大坂屋久左衛門……3〜6,73,90,91
大坂屋三右衛門……24,321
大坂屋十兵衛……24
大阪屋助蔵……321
大坂屋藤兵衛……24
大坂屋又次郎……24
大谷新蔵……226
大原彦四郎……62
大村官右衛門……10,11
岡松屋清左衛門……316
岡本八左衛門……313
隠岐守→松平隠岐守
奥平志津摩……190,192,197
奥平藤五郎……148
越智文右衛門……254
越智門兵衛……220
小野左太夫・日向守(一吉)…8,9,46,48,54,58,61,70,72,77,81,147
帯屋善右衛門……290

か

各務伝之丞……208

人 名 索 引

（註） 次と二・治，嘉と加など音通文字は便宜一方にまとめた。

あ

相田作左衛門……………………………… 218
青山但馬守(成存)………………………… 304
明石屋平右衛門…………………………… 320
赤堀三良右衛門…………………………… 254
安芸→一色安芸守
秋山伊左衛門………………………………88
浅井作右衛門…………………… 47,50〜2,82
油屋善七……………………… 283,292,297
尼屋奥次郎………………………………… 315
淡路屋吉兵衛………………………………29
淡路屋六兵衛……………………………… 315
阿波屋善左衛門…………………………… 293
阿波屋利兵衛……………………………… 315

い

飯島惣左衛門(之房)…………… 186,191,193
飯塚伊兵衛(英長)………………………… 227
伊右衛門(銅船)……………………………10
生田弥兵衛…………………………………11
池田屋三郎右衛門…………………………22
池田屋利兵衛……………………………… 318
石原新左衛門………………… 59,87,289,345
石原新十郎…………………………………87
伊十郎(泉屋手代)………………………… 103
伊助(泉屋手代)…………………………… 104
泉屋育斎→泉屋理兵衛
泉屋市兵衛………………… 204,210,211,213
泉屋嘉右衛門…… 286,289,293〜5,313,324,
328,332,338〜41,343
泉屋義助…………………………………… 319
泉屋吉左衛門(友芳)… 55,73,87,89,284,285
泉屋吉左衛門(権左衛門，友紀)…4,6〜8,10,
12〜6,18,20〜34,36,40,44,45,49,53,
59,60,63,68,69,71,75,76,81,87,90,91,
99,102,106,112,114,115,118,119,123〜
7,129〜33,137,138,144,146,148,149,
151,155,157,159,160,162,167,168,170,
172,174,176,177,179,182,186,189,190,
192,196,197,199,201,202,207,208,299,
323,373
泉屋儀兵衛…39,41〜5,112,114,118,119,123
〜7,131〜3,137,138
泉屋九右衛門………………………………55
泉屋くに…………………………………… 315
泉屋熊四郎…………………………………27
泉屋幸助(豊後町手代)…………………… 20,21
泉屋権左衛門→泉屋吉左衛門(友紀)
泉屋作右衛門……………………………… 207
泉屋七右衛門…… 9,20,25,38,39,45,49,65,
67〜9,71,75,80,207,231,233,284
泉屋七兵衛………………………………… 318
和泉屋治兵衛…………………………21,317
泉屋治兵衛…103,216,222,233,235,238〜41,
245〜7,249,250,254,256〜8,260,286,
289,294,313,324,328,332,338〜40,343,
345
和泉屋新助………………………………… 317
泉屋清七……………………………………18
泉屋太郎兵衛………………………………23
泉屋忠右衛門………………………………24
泉屋兵右衛門……………………………… 207
泉屋直右衛門……………… 149,155,157,182
泉屋半兵衛…83,87,98,99,102,105,106,108,
144,148〜51,167,174,176,177,179,189,
196,199,204,210,213,216,222,233,235,
238〜40,245,247,249,250,254〜8
泉屋平七…………………………………… 108
泉屋又兵衛………………………… 231,233

住友史料叢書　第二〇回配本

別子銅山公用帳　七番

平成十八年一月二十日　発行

定価：本体九、五〇〇円（税別）

編　者　住友史料館

発行者　田中周二

印刷所　株式会社図書印刷同朋舎

製本所　株式会社オービービー

発行所　株式会社　思文閣出版

〒606-8203　京都市左京区田中関田町二-七

電話（〇七五）七五一-一七八一

ISBN4-7842-1276-0 C3321